管理学系列

供应链管理

第7版

Supply Chain Management

马士华 关旭 编著

机械工业出版社
CHINA MACHINE PRESS

本书首先分析了当今全球市场竞争的主要特点，然后系统地介绍了供应链管理产生和发展的历史背景，对供应链管理的含义及重要性做了介绍，接着阐述了供应链管理的基本概念与基本理论、供应链管理的核心理念、供应链管理模型及关键管理要素、供应链企业间的协调运作与激励机制、影响供应链竞争力的资源属性和管理属性、供应链体系构建模型和方法、供应链数字化建设以及供应链管理环境下的物流管理、库存管理、采购管理、生产计划与控制等核心内容，最后还比较详细地介绍了供应链管理组织结构设计与职能设置、供应链管理运行体系与绩效评价以及供应链风险管理等方面的内容。

本书可作为高等院校供应链管理、物流管理、物流工程、工商管理、市场营销、电子商务等专业的本科生和研究生教材，也可作为企业管理人员和供应链管理人员的参考书。

图书在版编目（CIP）数据

供应链管理 / 马士华, 关旭编著. -- 7 版. -- 北京：机械工业出版社, 2025.4 (2025.8 重印). -- (文渊·管理学系列).
ISBN 978-7-111-77992-6

I. F252.1

中国国家版本馆 CIP 数据核字第 2025DB9648 号

机械工业出版社（北京市百万庄大街 22 号　邮政编码 100037）
策划编辑：吴亚军　　　　　　　　　责任编辑：吴亚军　伍　曼
责任校对：颜梦璐　张雨霏　景　飞　责任印制：任维东
河北鹏盛贤印刷有限公司印刷
2025 年 8 月第 7 版第 2 次印刷
185mm×260mm · 20 印张 · 2 插页 · 500 千字
标准书号：ISBN 978-7-111-77992-6
定价：59.00 元

电话服务　　　　　　　　　　网络服务
客服电话：010-88361066　　　机　工　官　网：www.cmpbook.com
　　　　　010-88379833　　　机　工　官　博：weibo.com/cmp1952
　　　　　010-68326294　　　金　书　网：www.golden-book.com
封底无防伪标均为盗版　　　机工教育服务网：www.cmpedu.com

文渊
管理学系列

"师道文宗 笔墨渊海"

文渊阁 位于故宫东华门内文华殿后,是故宫中贮藏图书的地方,中国古代最大的文化工程《四库全书》曾经藏在这里,阁内悬有乾隆御书"汇流澄鉴"四字匾。

文渊 管理学系列

作者简介

马士华 华中科技大学荣休二级教授，中国物流与采购联合会采购与供应链专家委员会终身荣誉专家，享受国务院政府特殊津贴。曾任中国物流学会副会长、湖北省物流协会荣誉会长、教育部高等学校管理科学与工程类专业教学指导委员会委员、华中科技大学管理学院副院长等。加拿大多伦多大学、美国宾夕法尼亚州立大学等高校访问学者。长期从事生产运作管理、供应链与物流管理领域的研究和教学工作。作为负责人，主持过国家自然科学基金面上项目4项、国家自然科学基金专项课题2项、国家高技术863/CIMS课题4项，以及数十项企业及地方政府委托的供应链管理和物流管理咨询项目，在国内外重要学术期刊和学术会议上发表论文100余篇。负责的"生产运作管理"课程被评为国家级精品课程，承担的国家863/CIMS课题"集成化供应链管理模式与运作方法研究"荣获湖北省科技进步二等奖，出版的国内第一本《供应链管理》荣获全国首届宝供物流理论创新二等奖。先后获评中国物流学会全国首届有突出贡献的物流专家、中国物流与采购联合会的"改革开放四十年物流行业专家代表性人物"（全国共30人入选）。

关旭 华中科技大学管理学院教授、华中卓越学者首席教授。中国管理科学与工程学会青年工作委员会秘书长，中国"双法"研究会服务科学与运作管理分会副秘书长，*Service Science* 期刊副主编（Associate Editor）。主要研究方向为供应链管理、信息设计和平台经济等，主持包括国家杰出青年科学基金和优秀青年科学基金在内的多项科研项目，在 *Management Science, Marketing Science, Information Systems Research, Production and Operations Management* 等权威期刊上发表十余篇论文。

前言

供应链管理：重构价值网络的协同艺术

在数字技术深度重塑商业格局的当下，供应链管理已从20世纪80年代以前形成的传统企业管理的框架中突围，跃升为驱动产业升级、支撑社会经济可持续发展的关键力量。消费者需求的多变、自然环境变化的影响，都促使供应链管理的本质不断进化。本书深度剖析供应链管理底层逻辑，助力读者掌握系统协同创造价值的精髓，在全球经济变革中推动产业创新，增进社会福祉。

供应链管理的核心，是搭建一个将供应商、制造商、分销商和消费者紧密相连的价值网络，通过信息流、物流、资金流的跨组织协同运作，实现资源的优化配置。这并非简单的流程组合，而是一种系统性的战略布局，旨在打破组织间的壁垒，在动态的市场环境中寻求效率与柔性的平衡。

现代供应链管理呈现出三大显著特征。

首先是客户需求驱动的拉式系统，彻底颠覆了传统的推动式生产模式。在过去，企业往往依据预测进行生产，产品生产出来后再推向市场，这种模式容易导致库存积压或缺货等问题。而如今，借助大数据、物联网等技术，企业能够实时获取终端消费者的需求信息，如消费者的购买偏好、款式需求、尺码分布等，然后依据这些数据反向指导生产决策，确保生产出来的产品能够精准匹配市场需求。

其次是价值共创与共享的生态体系，打破了企业与供应商、零售商之间长期存在的零和博弈局面。在传统模式下，企业与供应商、零售商更多是基于价格的短期交易关系。而在现代供应链管理中，企业与供应商、零售商通过技术共享、联合研发、资源共享等方式，共同探索新的价值增长点。比如，苹果公司与关键零部件供应商长期保持紧密合作，双方在技术研发上相互投入，共同攻克技术难题，这不仅确保了苹果产品的高性能，也为供应商带来了稳定的订单与技术提升，实现了共生发展。

最后是数据赋能的智能决策，借助区块链、人工智能、大数据分析等前沿技术，构建全新管理范式。区块链技术实现了供应链信息的透明化与不可篡改，确保了数据的真实性与可靠性，为各环节的决策提供坚实的数据基础。人工智能则能够对海量数据进行深度分析，实现精准的需求预测、库存优化以及物流路径规划等。

这些特征相互交织,拉式系统所产生的海量数据为智能决策提供了丰富的素材与依据,价值共创所形成的良好合作生态则是实现高效协同的保障,三者共同构成了现代供应链管理的基石。企业若不能及时拥抱这些变革,将在全球产业竞争中处于劣势。透彻理解这些本质特征,是解锁供应链战略价值的关键。

洞悉供应链管理的本质与特征,其战略价值便在企业运营与社会经济发展中清晰呈现。在全球化竞争的激烈浪潮中,供应链效率直接关乎企业的市场响应速度与成本结构。亚马逊凭借"当日达"服务,构建了庞大且高效的全球仓储网络,并运用智能配送算法,实现了商品的快速精准配送。其仓储布局遍布全球主要城市,通过对订单数据的实时分析,提前将热门商品储备至离消费者最近的仓库,当消费者下单后,系统能够迅速规划最优配送路线,安排配送人员取货送货。这种高效的供应链体系,使亚马逊能够在市场中脱颖而出,不仅极大地提升了客户满意度,还通过规模效应降低了运营成本,彰显出高效供应链对企业发展的关键作用。

供应链管理在应对突发事件时同样至关重要。新冠疫情期间,全球供应链遇到挑战,部分企业因供应链韧性不足遭受重创。例如,一些汽车制造企业由于高度依赖单一地区的芯片供应商,在疫情导致该地区芯片生产受阻时,面临严重的芯片短缺问题,不得不减产甚至停产。而部分具有前瞻性的企业,通过构建多元化的供应渠道,提前储备关键物资,以及建立敏捷的响应机制,有效降低了疫情对企业运营的影响。这凸显了构建韧性供应链的重要性,企业需要在日常运营中,通过合理的库存管理、供应商关系维护、风险预警等措施,提升供应链的抗风险能力。

从可持续发展视角看,企业推动绿色供应链转型,是履行社会责任、实现经济与社会价值统一的必然选择,也是供应链管理战略价值在社会责任层面的拓展。随着全球对环境保护的关注度不断提高,消费者对于环保产品的需求日益增长。企业通过在供应链各环节引入环保理念与技术,如采用可再生能源进行生产、使用环保包装材料、优化物流配送以减少碳排放等,不仅能够降低对环境的负面影响,还能提升企业形象,获得消费者的认可与青睐。例如,某知名服装品牌承诺在一定时间内将其产品中的可回收材料占比提升至50%,并在生产过程中采用环保印染技术,这一举措不仅符合环保要求,还吸引了注重环保的消费者群体,提升了产品的市场竞争力,实现了经济价值与社会价值的双赢。

内容特色

紧跟前沿趋势:密切关注供应链管理领域的前沿动态,及时将数字化、智能化等新兴技术在供应链中的应用融入本书,如在相关章节详细介绍供应链数字化建设的内容及实施策略,使读者能够掌握行业最新发展趋势,为其未来的职业发展和研究工作奠定基础。本书还对绿色供应链、供应链服务等热门话题进行了深入探讨,分析其发展现状、面临的挑战及应对策略，拓宽读者视野。同时，本书设置了专门的章节或板块，介绍行业内的最新研究成果和创新实践，确保读者获取的信息始终处于行业前沿。

理论与实践深度融合：本书在阐述供应链管理理论的同时，注重结合大量实际案例，帮助读者更好地理解理论知识在实践中的应用，实现从理论到实践的快速转化。本书不仅详细剖析了成功案例的实施细节与成效，还设置了案例讨论环节，引导读者深入思考案例中的经验与教训，培养其解决实际问题的能力。

知识体系完整系统：本书从供应链管理的基本概念、体系要素，到构建方法、生产计划与控制，再到组织架构、风险管理等方面，形成了一套完整、系统的知识体系。各章节之间逻辑紧密、层层递进，无论初学者还是专业人士，都能从中获取所需的知识和信息。为帮助读者更好地理解和掌握知识体系，本书还提供了丰富的图表和总结归纳，使复杂的内容一目了然。此外，在每章开头介绍重点理论，结尾安排思考与练习题、讨论案例、延伸阅读，方便读者进行自主学习和知识拓展。

强调思政教育：本书在各章中融入思政元素，通过案例分析等方式引导读者思考供应链管理中的社会责任、道德规范等问题，培养读者的职业道德和社会担当，实现知识传授与价值引领的有机统一。

旧版特色和新版变化

在第 1 版中，供应链管理还是一个舶来语。当时，企业管理的核心仍是"纵向一体化"的管理理念。进入 20 世纪 90 年代后，随着人们消费水平的提高，企业之间的竞争以及国内外政治经济环境的复杂化，市场需求的不确定性大大增加。"纵向一体化"由于消耗大量管理资源，无暇顾及消费市场的变化，难以获得较高利润。因此，"横向一体化"的供应链管理受到了人们的关注。为了帮助中国企业破除"大而全"或"小而全"的思想，本书第 1 版详细介绍了供应链管理的内涵及关键职能。

到了第 2 版，中国的供应链管理正处于快速发展的关键时期，已经有企业投身于供应链管理的实践并取得骄人业绩。而在国外，美国物流管理协会更名为美国供应链管理专业协会，这一举动正反映了 21 世纪世界物流发展的主流趋势——供应链管理。第 2 版的编写既补充了之前的不足，更指出了供应链管理的关键背景——全球化。

在第 3、4 版中，金融危机重创了全球经济，各国都在剧变的环境中认识到了供应链的重要作用。无论业界组织还是政府机构，越来越多的人意识到供应链是应对危机的有效手段，可以说，当时的供应链管理的核心正是提高供应链面对危机冲击的可靠性。本书的第 3、4 版正是围绕风险与抗干扰而编写的。

在第 5、6 版中，供应链管理进入了新的时代背景，移动互联网、大数据等新兴技术正深刻改变人们的生活与生产方式。供应链管理的理论也因为与新兴技术的融合而得到了新的发展。政策红利的释放也帮助供应链管理实现了跨越式发展。为了实现国家制造强国的战略，供应链管理作为相适应的发展格局，成了中国培育新增长点、形成新动能的重要抓手。

在经历了新冠疫情、地缘政治的冲击后，国内经济亟待重整。国内大循环为主体、国内国际双循环相互促进的新发展格局，以及发展新质生产力的提出，使加强供应链体系的建设、重构与优化被提到了新的高度，供应链管理也被赋予新的价值。为此，我们也加紧完成了本书第 7 版的修订工作。

新修订的版本保留了第 6 版的结构，结合供应链管理的最新发展做了大量修订，增加了诸如数字化、供应链组织架构设置及职能等方面的内容。主要修订工作体现在如下几个方面：

- 在第 1 章中，从供应链的本质特征出发，并依据管理职能的基本原理，对供应链管理的概念进行了重新定义，同时对相关管理职能从供应链运作的角度进行了解读。
- 重新梳理了第 2 章的供应链管理体系和管理要素，使供应链管理的 10 个关键要素更加贴近实际。
- 修改了第 3 章中供应链构建的原则与要点，增加了供应链结构类型及特点，增加了供应链数字化建设的内容及实施策略。
- 对第 8 章的供应链管理环境下的生产计划与控制的流程和特点做了较多改动。
- 对第 9 章的供应链组织内容做了较大的修改，删除了部分内容，增加了供应链管理组织的结构类型及设置模式、供应链管理部门及主官的主要职能等内容。
- 在全书各章的适当之处增加了思政的内容（如章后的讨论案例），修改、完善了各章的行文表达，增加了反映当代供应链管理的内容；更新了各章"供应链聚焦"的内容，增加了国内供应链管理的优秀例子。

当前，中国供应链正经历从"规模优势"向"质量优势"的战略转型，而此次修订的核心在于数字化以及组织架构等方面。一方面，为了解决智能制造的挑战，供应链的数字化建设是首要任务。新兴技术如物联网、区块链等的推广为供应链带来了结构性变化。数字孪生、数字工厂的出现更是帮助企业实现了高效的供应链响应效率。工业和信息化部《"十四五"智能制造发展规划》提出"打造智慧供应链"，而首批 30 个供应链创新与应用示范城市已形成标杆效应，可以说数字化供应链是未来的发展趋势。另一方面，党的二十大报告明确提出"着力提升产业链供应链韧性和安全水平"，这一挑战促使供应链组织架构的重整与更新。地缘政治与市场环境的变化让供应链韧性的建设显得尤为重要，为了保障供应链建设的持续扩张与重点产业升级转型，供应链建设的韧性、弹性是不可或缺的一环。

致谢

马士华和关旭共同完成了第 7 版的修订工作。关旭还补充完成了各章的思政内容。在本书编写及不断修订完善的过程中，众多力量给予了至关重要的支持与帮助，在此我们致以诚挚谢意。感谢参与过往版本编写与修订的同人，是你们的智慧与汗水奠定了本书的坚实基础。

从第 1 版的探索与架构搭建，到后续每一版的精心雕琢，每一次的研讨、每一处的修改，都凝聚着大家对供应链管理知识传播的热忱。

在第 7 版的修订工作中，编者参考了不少资料，已尽可能详细地列出了资料来源及文献出处，特别是长三角供应链创新联盟、中国物流与采购联合会、商务部国际贸易经济合作研究院分别提供了供应链创新与应用的优秀案例，几家编者曾经为其做过咨询的企业也同意将它们的材料改编成案例，《AMT 前沿论丛》和万联网都提供了很好的素材，对此一并深表谢意。还有些资料可能被引用了而由于疏忽没有指出资料出处，若有这类情况发生，在此表示万分歉意。

由于编者水平有限，再加上供应链管理本身正在不断快速发展，本书的叙述难免出现谬误，不当之处请读者提出批评意见，以便在今后的修订中改正。

编　者

目录 CONTENTS

前言

第 1 章　供应链管理导论 ·················1
1.1　21 世纪全球市场竞争的主要特点 ···1
1.2　新的竞争环境给企业管理模式带来的挑战 ·····················6
1.3　供应链管理的产生与发展 ··········9
1.4　供应链管理的核心理念 ···········17
1.5　供应链管理模式的发展趋势 ·····19
本章小结 ·····························24
关键术语 ·····························25
思考与练习 ···························25
讨论案例　良品铺子的供应链管理模式 ·························25
参考文献与延伸阅读 ···················29

第 2 章　供应链管理要素与集成化运行机制 ······················31
2.1　供应链竞争力的影响因素 ·········31
2.2　供应链管理体系的组成要素 ······34
2.3　供应链管理集成化运行机制 ······43
本章小结 ·····························49
关键术语 ·····························49
思考与练习 ···························49

讨论案例　ZARA 的极速供应链 ·······49
参考文献与延伸阅读 ···················51

第 3 章　供应链的构建与优化 ··········53
3.1　供应链构建的总体框架 ···········53
3.2　供应链类型与产品匹配策略 ······55
3.3　供应链构建原则与要点 ···········60
3.4　供应链结构类型及特点 ···········64
3.5　供应链构建的设计策略与方法 ····68
3.6　供应链数字化建设 ···············75
本章小结 ·····························84
关键术语 ·····························85
思考与练习 ···························85
讨论案例　巴斯夫：行业供应链管理领先者 ·····················85
参考文献与延伸阅读 ···················87

第 4 章　供应链运作的协调管理 ······89
4.1　供应链协调问题 ·················89
4.2　提高供应链协调性的方法 ·········95
4.3　供应链协调运作的激励机制 ······97
4.4　供应契约 ······················100
本章小结 ····························106

关键术语 107
思考与练习 107
讨论案例　新产品开发中的协调运作问题 107
参考文献与延伸阅读 110

第 5 章　供应链管理环境下的物流管理 111

5.1　物流管理的产生与发展 111
5.2　供应链管理环境下物流的特征和意义 114
5.3　供应链管理环境下的物流管理战略 120
5.4　物流自营与外包的决策分析 126
5.5　绿色物流 134
5.6　智能物流 139
本章小结 142
关键术语 142
思考与练习 142
讨论案例　良中行冷链物流网络规划 142
参考文献与延伸阅读 145

第 6 章　供应链管理环境下的库存管理 147

6.1　库存管理的基本原理和方法 147
6.2　供应链管理环境下的库存问题 151
6.3　供应商管理库存 160
6.4　联合管理库存 167
6.5　供应链多级库存优化与控制 172
6.6　大数据时代的供应链库存管理 178
本章小结 179
关键术语 180
思考与练习 180
讨论案例　江铃发动机厂：从 VMI 到 3PL-Hub 180
参考文献与延伸阅读 183

第 7 章　供应链管理环境下的采购管理 184

7.1　采购管理概述 184
7.2　供应链管理环境下的采购模式 187
7.3　供应商选择的程序与方法 194
7.4　供应商关系管理 202
7.5　供应链管理环境下的准时制采购策略 206
7.6　数字化采购管理 212
本章小结 215
关键术语 216
思考与练习 216
讨论案例　L 公司的零星采购问题 216
参考文献与延伸阅读 217

第 8 章　供应链管理环境下的生产计划与控制 218

8.1　基于供应链的分布式生产计划与控制系统 218
8.2　供应链计划管理的原则及方法 226
8.3　供应链管理环境下生产系统的协调机制 234
8.4　大批量定制生产组织模式及延迟制造策略 239
本章小结 248
关键术语 248

思考与练习 ·································· 248
讨论案例 海尔集团数字化转型下的
　　　　　生产计划与控制 ·············· 248
参考文献与延伸阅读 ······················ 250

第 9 章　供应链管理组织设置与运行管理 ························ 251
9.1　企业供应链管理组织设置现状 ··· 251
9.2　企业供应链管理组织结构类型 ··· 253
9.3　供应链管理部门及主官的主要
　　 职能 ······································ 260
9.4　供应链管理实施的执行系统 ······ 264
9.5　供应链绩效评价 ······················ 268
本章小结 ······································ 274
关键术语 ······································ 274
思考与练习 ·································· 275

讨论案例 从物流到供应链：宝供战略
　　　　　转型 ······························ 275
参考文献与延伸阅读 ······················ 277

第 10 章　供应链风险管理 ··········· 278
10.1　供应链风险管理概述 ·············· 278
10.2　供应链风险识别与风险分析 ···· 283
10.3　供应链风险管理的措施 ·········· 294
10.4　重构韧性供应链 ···················· 299
本章小结 ······································ 305
关键术语 ······································ 305
思考与练习 ·································· 306
讨论案例 大洋专用汽车制造有限
　　　　　公司 ······························ 306
参考文献与延伸阅读 ······················ 310

第1章 供应链管理导论

本章重点理论与问题

21世纪的市场竞争已经不再是单个企业之间的竞争,而是企业的供应链和竞争对手的供应链之间的竞争。这句话已经成为企业管理者的口头禅。什么是供应链?供应链管理的内涵是什么?企业应该具备怎样的供应链管理战略思想?本章将对这些问题进行阐述。本章首先介绍21世纪企业面临的竞争环境,进而对传统管理模式存在的弊端进行分析,随后介绍供应链管理思想产生的历史背景,并对供应链的结构模型以及供应链管理的概念、内涵及核心理念进行了阐述。本章还简要介绍了供应链管理模式在发展过程中的三大趋势:一是供应链管理上升到国家社会经济体系建设的宏观战略层面;二是供应链管理向行业细分发展,出现了供应链管理服务企业;三是供应链管理的数字化发展。通过这些内容的学习,读者能够对供应链管理有一个基本的了解,对供应链管理这一先进思想产生和发展的必然性以及它在今后企业竞争中的地位与作用有更深刻的认识,从而为后续供应链管理理论和方法的学习打下良好的基础。

1.1 21世纪全球市场竞争的主要特点

自20世纪90年代以来,随着科学技术的飞速进步和生产力的快速发展,尤其是新质生产力概念的提出,以及顾客消费水平不断提高,企业之间的竞争不断加剧,再加上政治、经济、社会环境的巨大变化,市场需求的不确定性大大增加,企业面临产品需求多样化和个性化、缩短交货期、提高产品质量、降低成本和改善服务的压力。所有这些变化都要求企业对市场快速做出反应,源源不断地开发出能够满足用户需求的定制化产品来占领市场以赢得竞争优势。毋庸置疑,这种状况将在21世纪进一步强化,企业面临的竞争环境更为严峻。

随着经济的发展,影响企业在市场上获取竞争优势的主要因素也在不断变化。认清主要竞争因素的影响力,对于企业管理者把握资源应用、获取最大竞争优势具有非常重要的意义。与20世纪市场竞争的特点相比,21世纪的竞争有了新的特点。下面我们就从历史发展的角度加以阐述。

1.1.1 产品生命周期越来越短

随着消费者需求的多样化发展，企业产品开发的能力也在不断提高，新产品的开发周期大大缩短，其生命周期也越来越短，特别是在科技、时尚和娱乐行业中表现尤为明显。例如，进入 20 世纪 80 年代之后，美国国际电话电报公司（AT&T）新电话的开发周期从过去的 2 年缩短为 1 年；惠普公司（HP）新打印机的开发周期从过去的 4～5 年缩短为 22 个月，而且产品开发周期还在不断缩短。智能手机市场是产品生命周期缩短的典型例子。新款智能手机几乎每年都会发布，老款型号的手机很快就会被视为过时产品。例如，苹果公司的 iPhone 系列和三星公司的 Galaxy 系列都遵循这一模式。这不仅仅是因为技术的快速进步，还因为市场竞争的加剧和消费者对新技术的渴望。再如，某生物制药企业的总经理说："如今市场变化的速度太快，有的企业一年推出一个新产品都不能满足市场需求，企业迫切需要加大新产品的研发力度。以前一个新产品可以'吃'五六年，现在产品的生命周期大大缩短，特别是生物医药产业，如果没有新品研发，很快就会被淘汰。"而在汽车行业，随着电动汽车技术的快速发展，汽车模型的更新换代也在加快。传统汽车厂商和新兴电动汽车公司都在加速推出具有先进技术和性能的新车型，以应对日益激烈的市场竞争和满足消费者对可持续交通解决方案的需求。

产品生命周期缩短、革新换代速度加快，使得产品在市场上存留的时间大大缩短，企业在产品开发和上市时间方面的活动余地越来越小，给企业造成的压力也就越来越大。例如，当今的计算机及数码产品，几乎是一上市就过时了。2013 年以来，传统的 PC（个人计算机）厂商就在想办法改变这一令人紧张的现状。不断提升的性能、更加轻薄的形态、更加精致的设计，这些是 PC 厂商一直在追求的产品进步点。然而，即使是这样的微革新，也赶不上用户需求的变化速度。虽然在企业中流行着"销售一代、生产一代、研发一代、构思一代"的说法，但是这毕竟需要企业投入大量的资源，一般的中小企业在此等环境面前就显得力不从心。许多企业曾红火过一阵，但后续产品开发跟不上，当产品落伍之时，就是企业倒闭之日。

显然，由于技术进步、消费者偏好变化和市场竞争加剧，产品的生命周期正在各个行业中普遍缩短。企业必须不断创新和适应快速变化的市场环境，以保持竞争力。

1.1.2 对订单的响应速度要求越来越高

一般来说，品种、质量、价格、时间和服务是决定企业竞争力的五大要素，但在不同历史时期，这五大要素对企业竞争力的作用是不同的。在工业化初期，企业主要依靠价格进行竞争，这时成本起主要作用；第二次世界大战以后，随着工业化水平的提高，质量逐渐成为影响竞争力的关键；20 世纪 80 年代以后，企业竞争和经营环境发生了深刻的变化，竞争力逐渐转移到品种和服务上；90 年代以后，随着科学技术的进步、经济的发展、全球化信息网络和全球化市场的形成，以及技术变革的加速，围绕新产品的市场竞争更加激烈，面对不断变化的市场，企业不得不快速做出反应，不断开发出满足客户需求的定制化产品，以快速占领市场并赢得竞争。因此，我们所说的企业要有很强的产品开发能力，不仅是指新产品的品种，更重要的是指产品上市时间，即尽可能加快对客户需求的响应速度。例如，20 世纪 90 年代初期，日本汽车制造商平均 2 年可向市场推出一款新车型，而同期的美国汽车制造商推出相同档次的车型需要 5～7 年。可以想象，美国汽车制造商在市场竞争中该有多么被动。对现在的企业来说，市场机会几乎都是稍纵即逝，留给企业思考和做决策的时间极为短暂。一家企业如果对客户需求的反应稍微慢一点，那么很快就会被竞争对手抢占先机。因此，缩短产品开发、生产周期，在尽可能短的时间内满足客户需求，已成为当今所有管理者最关注的问题之一。

技术进步和客户需求的个性化使得产品生命周期不断缩短，企业面临着不断缩短相应周期的巨大压力，竞争力的决定因素最终转移到时间上来。尤其是随着数字化和全球化进程的加快，客户期望更快地获得服务和产品。毋庸置疑，谁能对市场的变化快速做出反应，迅速将新产品推入市场，以最快的速度满足客户需求，谁就能在市场中获得竞争优势。因此，各国企业纷纷将制定竞争战略基点建立在时间的基础之上，出现了**基于时间的竞争**（time-based competition）思想。企业实施基于时间的竞争战略，旨在改善企业中与时间有关的各种绩效指标，快速对市场变化做出反应，获得竞争优势。

企业对订单的响应速度要求越来越高，这一点在多个行业中都有明显体现。制造业企业，尤其是那些提供个性化产品的企业，正在采用更灵活的生产系统来快速响应订单。物流和配送服务也在快速发展，以满足即时配送的需求。例如，美团、饿了么、UberEats 和 DoorDash 使得餐厅能够在几分钟内响应订单，而配送人员则确保在最短时间内将食物送达顾客手中。在技术服务领域，云计算提供商如亚马逊云计算服务（AWS）、腾讯云、阿里云平台可以使企业几乎即时获取计算资源，以响应业务需求的变化。这意味着企业可以在几分钟内扩展或缩减资源，以适应用户需求的波动。在电子商务领域，京东、阿里巴巴等都将即时配送放在了重要的发展地位，亚马逊也是如此。亚马逊通过建立遍布全球的物流中心和使用先进的供应链管理技术，能够在订单完成后的几小时内进行商品的打包和发货，实现当日配送或次日配送，从而极大地满足了消费者对快速配送的需求。

这些例子说明快速响应订单已成为各行各业提高竞争力的关键。随着技术的发展和消费者期望的提升，企业必须不断寻找创新的方法来加快订单处理速度，提供更高效的服务。

1.1.3 企业运营的驱动方式产生了根本变化：从生产者驱动模式到消费者驱动模式

21 世纪是互联网时代。在互联网时代，由于拥有更多的获取和发布信息的渠道，因此消费者的行为决策产生了重大变化。互联网的存在使消费者不受时空约束，消费者能够掌握更多的产品信息，选择余地更大，而快捷的购买方式也使消费者对产品时效性的要求更高。对制造商来说，在有限的时间内做好整个供应链的生产组织工作（如采购与供应、制造装配、库存管理）并及时将产品交付给消费者，已成为现今供应链管理中的关键。如果制造商仍然抱着过去那种先预测再生产最后推销给消费者的管理模式，即所谓的**生产者驱动**（manufacturer-to-customer，M2C）模式，其结果便是企业的发展难以为继。因此，制造商为了适应新消费特征，必须及时转变企业运营模式，从生产者驱动模式转换为**消费者驱动**（customer-to-manufacturer，C2M）模式，即从 M2C 模式到 C2M 模式。C2M 模式强调由消费者反向拉动整个企业运营，企业满足消费者的个性化需求。

C2M 模式是一种以消费者需求为核心，根据消费者的偏好、反馈和行为数据来制定产品开发、营销策略和运营决策的企业运作模式。这种模式强调对消费者需求的敏感度和快速响应能力。C2M 的个性化产品开发模式增强了顾客的品牌忠诚度，并满足了市场对个性化产品的需求。C2M 模式需要企业能够更紧密地与消费者互动，更好地理解和满足他们的需求，从而在竞争激烈的市场环境中获得优势。通过数据分析、社交媒体和直接对话，企业能够更灵活地调整其产品和服务，以响应消费者的变化。

但要想实现 C2M，仅靠企业自身的力量是无法做到的。例如，据媒体报道，美国当地时间 2017 年 3 月 31 日，特斯拉公司 Model 3 在洛杉矶正式发布，同时开始接受预订。短短几天内，Model 3 的订单量就达到了 32.5 万台，而正式投产最快也要大半年之后了。不管怎么样，对特斯拉公司来说，它可以按照订单组织生产而不必担心库存积压问题。企业只有善于整合产品设计与开发、物料采购、生产、仓储物流、末端配送等资源，才有可能在价格、质量、时间、个性化和便利性等方面满足消费者的多重需求。

供应链聚焦

传统的中国服装企业是典型的大批量生产企业。它们每年召开一次订货会，根据订货会上经销商的订单来组织大批量生产，再通过渠道分销出去。在从生产到销售这一漫长（至少一年）的过程中，不仅会产生大量的库存，而且还会出现由于预测失误导致的服装积压，以至于到了下一年度不得不大规模清仓，从而给企业造成了巨大损失。但青岛酷特智能股份有限公司（前身为青岛红领集团，以下简称"酷特智能"）走出了一条不一样的道路。酷特智能利用自己打造的 RCMTM（red collar made to measure）高级西装个性化量身定制平台，为客户提供西装定制一站式个性化服务。在酷特智能的服饰生产线上，每一件西装都不一样，每一件西装面对的都是不同的主人。酷特智能真正实现了从大批量生产转为大规模定制生产，从此不再为该生产什么、该如何控制库存而发愁了。

资料来源：红领品牌官网。

1.1.4　对产品和服务的期望越来越高

进入 20 世纪 90 年代以后，客户对产品质量和服务质量的要求越来越高。客户已不满足于从市场上买到标准化生产的产品，而是希望得到按照自身要求定制的产品或服务。这些变化导致产品的生产方式发生了革命性的变化。传统的标准化生产方式是"一对多"的模式，即企业开发出一种产品，然后组织规模化大批量生产，用一种标准产品满足不同消费者的需求。然而，这种模式已不能使企业继续获得效益。现在的企业必须具有根据每一个客户的特别要求定制产品或服务的能力，即所谓的"一对一"**定制化服务**（customized service）。企业为了在新的环境下继续保持发展，纷纷转变生产管理模式，采取措施从大量生产（mass production）转向大批量定制（mass customization，MC）。例如，以生产芭比娃娃著称的美泰公司，从 1998 年 10 月起，允许客户登录公司官网设计自己的芭比娃娃。客户可以选择娃娃的皮肤弹性、眼睛的颜色、头发的发型和颜色、名字。当娃娃被邮寄到客户手上时，客户会在上面找到娃娃的名字。这是美泰公司第一次大量制造"一对一"的产品。又如，海尔集团是一家全球著名的家电制造企业（当然现在也向其他行业扩展），每年的产品产量非常大，在一般人看来应属于**备货型生产**（make-to-stock，MTS）类型。但是自 2000 年以后，海尔采取了**按订单生产**（make-to-order，MTO）战略来组织生产，其结果是不仅满足了客户的个性化需求，同时还把库存降到了最低限度，拉近了企业与客户的距离，实现了向三个"零"（零距离、零缺陷、零营运资本）目标的迈进。不过，我们应该看到，虽然个性化定制生产能高质量、低成本、快速地响应客户需求，但是对企业的运作模式也提出了更高的要求。

当今客户对产品和服务的要求越来越苛刻，"服务–感受–心理体验"越来越受到关注。由于互联网和快递物流的迅速发展，电子商务使得客户购买产品越来越方便，带给其体验越来越好，也使客户对产品的个性化需求和期望越来越高。客户的价值观发生了显著变化，需求结构普遍向高层次发展：一是对产品的品种规格、数量的要求呈现多样化和个性化；二是对产品的功能、质量和可靠性的要求日益提高，出现了一批具有高消费能力的群体，他们对价格不是很敏感，但是对产品的综合价值非常在意，这类客户逐渐放弃了大众化产品，转而追求高品质的小众品牌；三是商品生产者在满足客户个性化需求的同时，发现最好的产品不是它们为客户设计的，而是它们和客户一起设计的。全球供应链使得制造商和供货商得以紧密联系在一起来完成某项任务。该机制同样可以把客户纳入进来，使企业生产的产品能够真正满足客户的需求和期望。

供应链聚焦

有文章分析说，宝洁公司从20世纪80年代进入中国，一直到2010年前后，在中国的美容美发、个人护理市场和居家护理市场上可以说独占鳌头，始终保持着很高的市场份额，而且还是高端产品的代名词。30多年前，海飞丝洗发水在人们眼中就是一种奢侈品。但是随着中国改革开放不断深化、人民生活水平不断提高，特别是随着高净值人群的出现，中国已有相当一部分消费者进入了消费新时代，开始追逐更能满足自己细分需求的产品。例如，伊索的洗发水、护发素和发膜，卡诗和岚舒的产品及服务等。此外，随着电子商务尤其是跨境电子商务的发展，消费者可以更方便地接触到全球各地的优质产品，开始追逐小众但是品质高的产品。在这种背景下，宝洁公司并没有敏感地抓住中国消费者的变化，多年来始终维持着原来的品牌形象和市场定位，因此，越来越多的消费者认为宝洁公司的产品陈旧过时且不够高端化，品牌也陈旧平庸，很多消费者放弃使用宝洁公司各种品牌的产品。2016年，宝洁公司的业绩报告显示，其在中国的销售出现了大幅度下降。

资料来源：界面新闻网。

1.1.5 应符合环境保护与可持续发展要求

随着可持续发展和循环经济的重要性日益提升，企业越来越注重环境和社会因素。通过控制供应链的不同阶段，企业可以更有效地实施环境友好的生产方法和回收利用策略。

人类只有一个地球，维持生态平衡和环境保护的呼声越来越高。臭氧层被破坏、热带雨林面积不断缩小、全球变暖、酸雨、核废料、可耕地减少……一个又一个环境问题摆在人们面前。在全球制造和国际化经营的市场环境下，各国政府将环保问题纳入其发展战略，相继制定出各种各样的政策法规，以约束本国及外国企业的经营行为。人类对于许多资源的消耗都在迅速接近地球所能承受的极限。随着发展中国家工业化水平的提高，如何在全球范围内减少自然资源的消耗成为维持全人类的生存和发展的大问题。一位销售经理曾说："过去生产经理常问我该生产什么，现在是我问他能生产什么。"原材料、技术工人、能源、淡水资源、资金及其他资源越来越少，各种资源的短缺对企业的生产形成了极大的制约，而且这种影响在将来会愈加严重。在市场需求变化莫测、制造资源日益短缺的情况下，如何才能取得长久的经济效益，是企业在制定战略时必须考虑的问题。

在经济全球化高速发展的大背景下，世界上的所有企业都被各种经济纽带紧密地联系在一起，既互相依存，又互相补充。这使得每家企业都有机会占领更大的市场，但也有可能因竞争失利而被市场淘汰，于是市场竞争变得日益激烈甚至残酷。企业必须不断提高自我适应能力，加快改革步伐，彻底革新原有的管理模式，尽快与先进的管理方法接轨，才能在世界经济全球化的进程中占有一席之地。

由以上分析可见，企业面临着外部环境变化带来的不确定性，包括市场因素（客户对产品、产量、质量、交货期的需求和市场供应方面）、企业经营目标（新产品、市场拓展等）以及地缘政治环境的变化。这些变化增加了企业管理的复杂性，企业要想在这种严峻的竞争环境中生存，必须具有有效应对环境变化的能力。

供应链聚焦

截至2022年年底，占华为公司采购金额前100位的供应商（Top 100 供应商）及高能耗型供应商已百分之百完成碳排放数据统计并实施了碳减排项目。在这部分供应商中，已有67%使用了清洁能源，13%设定了科学碳目标，部分供应商还承诺提前实现碳中和。目前，华为公司供应链碳排放强度呈逐年下降趋势。

多年来，华为公司持续秉承"让科技与自然共生"的环保理念，积极应对气候和环境挑战，基于信息与通信技术，重点围绕"持续推进节能减排、加大可再生能源使用、促进循环经济"采取行动，用科技创新守护人类共同的家园。

华为公司高度重视全球供应链的可持续发展，与合作伙伴共同致力于推动整个供应链的绿色低碳转型，减少供应链对环境的影响，降低可持续发展风险。华为公司每年从节能、减排、可再生能源使用及设定有挑战性碳减排目标等维度对供应商的碳减排绩效进行评估，逐步加大对碳减排优秀供应商的激励。

资料来源：华为公司官网。

1.2 新的竞争环境给企业管理模式带来的挑战

在竞争激烈的全球市场中，面对一个变化迅速且无法预测的买方市场，企业传统的生产与经营模式对市场剧变的响应越来越迟缓和被动。为了摆脱这种困境，一些企业自20世纪60年代起就引入了许多先进的制造技术和管理方法，如基于计算机的物料需求计划、计算机辅助设计、柔性制造系统、准时制生产、制造资源计划等，虽然这些方法取得了一定的实效，但在经营的灵活性、快速满足客户需求方面并没有出现实质性的改观。人们终于意识到，问题不在于具体的制造技术与管理方法本身，而在于企业仍囿于传统生产与经营模式的框架。

1.2.1 以纵向一体化为主导的传统管理模式

管理模式是一种系统化的资源组织与活动控制方法，它把企业中的人、财、物和信息等资源，高质量、低成本、快速、准确地转换为市场所需要的产品和服务。因此，自从有了企业那天起，质量、成本和时间（生产周期）就一直是企业的三个核心活动，企业管理模式也是围绕这三个方面不断发展的。企业的生存和发展程度取决于对这三个核心活动过程的管理水平，因为质量是企业的立足之本，成本是生存之道，而时间则是发展之源。没有好的质量，就无法得到消费者的认可，企业所提供的产品或服务就无法在市场上立足，早晚会被市场淘汰；没有低成本，企业就没有实力进行价格竞争，会因为无法获得再生产所需要的资金而难以为继；而企业要适应不断发展的消费需求，就必须能在最短的时间里提供消费者所需要的产品或服务，因此生产周期（包括产品研制和生产周期）就成了企业能否适应发展要求的关键。为了做好这三个方面的工作，企业每时每刻都在寻找最有效的管理方法。

从管理模式上看，20世纪80年代以前，企业出于对制造资源的占有和对生产过程直接控制的需要，传统上常采用的策略是自身投资建厂或参股供应商企业，一个产品所需要的各种零部件基本上都是在自己企业内由各个工厂加工出来的，企业直接从事并控制各个零部件的生产过程，这就是人们所说的"**纵向一体化**"（vertical integration）或者"**大而全、小而全**"管理模式。在当时，许多生产工厂拥有从铸造、毛坯准备、零件加工、部件装配、总装、包装到运输等一整套设备设施及组织机构。例如，福特汽车公司在亨利·福特的领导下，建立了完全垂直整合的生产系统，包括自己的橡胶种植园、铁矿和运输系统，以及生产汽车所需的所有其他原料和部件。更早的美国钢铁巨头安德鲁·卡内基通过控制从铁矿到钢铁生产的整个过程来降低成本并提高效率。

20世纪，尤其是在制造业和石油行业，纵向一体化成了企业增长和扩张的重要战略。但它也存在一定的局限，比如，企业构成比例是畸形的：受长期卖方市场决策背景的影响，企业的产品开发能力和市场营销能力都非常弱，但拥有庞大的加工体系。在产品开发、加工、市场营销这三个基本环节呈现出中间大、两头小的"腰鼓形"。"腰鼓形"企业适合卖方主导的市场竞争环境，而在买方主导的市场竞争环境下，这样的企业无法快速响应客户需求。

从生产计划与控制机制上看，企业生产管理系统在不同的时期有不同的发展和变化。20世纪60年代以前，比较盛行的方法是通过确定经济生产批量、安全库存、订货点来保证生产的稳定性，但由于没有注意到独立需求和相关需求的差别，因此采用这些方法并未取得期望的成果。60年代中期，出现了**物料需求计划**（material requirement planning，MRP），较好地解决了相关的需求管理问题。此后，人们就一直探求更好的制造组织和管理模式，出现了诸如**制造资源计划**（manufacturing resource planning，MRP Ⅱ）、**准时制**（just-in-time，JIT）生产及**精益生产**（lean production）等新的生产方式。这些新的生产方式对提高企业整体效益及其在市场上的竞争能力确实做出了不可低估的贡献。然而，自90年代以来，消费者的需求特征发生了前所未有的变化，整个世界的经济活动也出现了以前未曾有过的全球经济一体化特征，这些变化对企业参与竞争的能力提出了更高的要求，原有的管理思想已不能完全适应新的竞争形势。

在工业化发展初期，人们的消费水平较低，企业竞争力的主导因素是价格。产品只要便宜、可用，就有市场。要使价格便宜，就必须在生产和流通过程中降低成本。与此相适应，大量生产成为主流生产方式。以汽车生产为例，20世纪初，亨利·福特通过流水作业方式，使过去通过手工方式制造的、价格高昂的汽车，能像"别针和火柴"那样大量生产出来，成本和价格大幅降低，普通工薪阶层都能买得起汽车。大量生产方式满足了人们想拥有一部车的愿望，一举把汽车从少数富翁专享的奢侈品变成了大众化的交通工具，使汽车进入了普通家庭。汽车工业由此成为美国的支柱产业，汽车也改变了人们的生活方式。

后来，随着技术的进步、经济的发展和工业化水平的提高，人们的消费水平也日益提高。此时质量和服务就成为影响企业竞争力的关键。质量高、服务好的产品就会拥有更多的顾客。

日本企业大力开展全面质量管理运动，提高服务水平，日本的产品深受消费者欢迎，不少企业因此获得了成功。

自20世纪80年代以来，随着市场全球化的发展和消费者生活水平的提高，特别是人类社会进入信息化时代，企业面临的经营环境发生了很大的甚至根本性的变化。企业经营环境的不确定性日益增加，人们的消费方式和消费观念也发生了深刻的变化，客户的定制化需求越来越明显，产品品种更新换代的周期越来越短，企业逐渐将竞争优势转移到提高产品的个性化特征和缩短推向市场的时间上。现在，企业家都已经认识到：谁能迅速适应市场环境的变化，不断推出顾客所需要的全新产品，谁就能在市场竞争中拥有主动权，在竞争中获得胜利。而随着全球化和信息技术的发展，许多企业开始从纵向一体化向外包和分散化转变。它们将生产和其他业务流程外包给专业公司，以利用成本较低的劳动力市场和提高灵活性。企业开始通过建立长期的供应商关系、战略联盟和合作伙伴关系，而不是完全拥有供应链的每个环节来实现纵向一体化的效果。

1.2.2 纵向一体化管理模式的主要弊端

以上所介绍的企业管理模式的转变不是偶然的，而是有其必然的变化规律。20世纪40～60年代，企业处于相对稳定的市场环境中，这时纵向一体化管理模式是有效的。但是在20世纪90年代科技迅速发展、世界竞争日益激烈、顾客需求不断变化的形势下，纵向一体化管理模式暴露出种种弊端。

（1）企业投资负担增加。不管是投资建新的工厂还是控股其他公司，企业都需要筹集必要的资金，这一工作给企业带来了许多不利之处。第一，企业必须花费人力、物力设法在金融市场上筹集所需要的资金。第二，资金到位后，随即进入项目建设周期（假设新建一个工厂）。为了尽快完成基本建设任务，企业还要花费精力从事项目实施的监管工作，这样又消耗了大量的企业资源。项目有建设周期，因此在此期间企业不仅不能安排生产，而且要按期偿还借款利息。显而易见，项目建设周期越长，企业的利息负担就越重。

（2）企业承担丧失市场时机的风险。新建项目有一定的建设周期，因此极易出现"项目建成之日也就是项目下马之时"的现象，即市场机会早已在项目建设的过程中逝去，这样的事例并不鲜见。从选择投资方向来看，决策者当时的决策可能是正确的，但就是因为花在基本建设上的时间太长，所以等到生产系统建成投产时，市场行情可能早已发生了变化，进入市场的最佳时机早已错过，从而使企业遭受损失。因此，项目建设周期越长，企业承担的风险越大。

（3）企业被迫从事不擅长的业务活动。采用纵向一体化管理模式，或称"大而全、小而全"管理模式的企业，产品设计、计划、财务、会计、生产、人事、管理信息、设备维修、物流配送等是企业必不可少的业务工作，许多管理人员往往不得不花费很多时间、精力和资源去从事辅助性的管理工作，精力的分散导致他们无法做好关键性业务活动的管理工作。结果，不但辅助性的管理工作没有抓起来，关键性业务也无法发挥出核心作用，不仅使企业失去了竞争特色，还增加了企业产品成本。例如，1996年，办事机构设在密歇根特洛伊的劳动力协会的一个顾问机构指出，通用汽车公司抱着纵向管理思想不放，为它自己的公司生产70%的零部件，而福特汽车公司只生产50%，克莱斯勒汽车公司则只生产30%。正是由于通用汽车公司的顽固做法，它不得不经受来自多方面的竞争压力。通用汽车公司因为生产汽车零部件而消耗的劳动费用远高于其他两家公司，比如，每生产一个动力系统，通用汽车公司就比福特汽车公司多消耗 440 美元，比克莱斯勒汽车公司多消耗 600 美元，因此通用汽车公司在市场竞争中始终处于劣势。这种情况在我国也不少见。例如，某机器制造厂为了解决自己单位富余人员的再就业问题，特意成立了一个附属企业，把原来委托供应商生产的某种机床控制电器转而自己生产。由于缺乏相应的技术和管理能力，不仅成本比外购成本高，而且产品质量低劣，最后影响到整机产品的整体性能和质量水平，一些老客户纷纷撤销订单，使企业蒙受了不必要的损失。

（4）企业在每个业务领域都直接面临众多竞争对手。采用纵向一体化管理模式的企业存在的另一个问题是，它必须在不同业务领域直接与不同的对手竞争。例如，有的制造商不仅生产产品，而且拥有自己的运输公司。这样，该企业不仅要与制造业的对手竞争，还要与运输业的对手竞争。在企业资源、精力、经验都十分有限的情况下，四面出击的结果是可想而知的。事实上，即使是 IBM 这样的大公司，也不可能拥有开展所有业务活动所必需的技能。因此，从 20 世纪 80 年代末开始，IBM 公司就不再纵向发展，而是与其他企业建立广泛的合作关系。例如，IBM 公司与苹果公司合作开发软件，协助 MCT 联营公司进行计算机基本技术研究工作，与西门子公司合作设计动态随机存储器，等等。

（5）企业面临的行业风险增加。如果整个行业不景气，采用纵向一体化管理模式的企业不仅会在最终用户市场遭受损失，而且会在各个纵向发展的市场上遭受损失。

1.3 供应链管理的产生与发展

1.3.1 供应链管理思想产生的必然性

任何事物的产生都有其合理性，供应链管理思想也不例外。归纳起来，供应链管理思想的产生有如下四点必然性。

（1）21 世纪的企业所面临的市场空间和形态都与以往不一样，这种变化必然会给传统管理所形成的思维方式带来挑战。同时，信息社会或网络社会已经影响了人们的生活，这必然要带来工作和生活方式的改变，其中最主要的就是消费需求的变化。

在短缺经济时代，供给不足是主要问题，所以企业的管理模式主要以提高效率、最大限度地从数量上满足用户的需求为主要特征。现在，随着经济生活水平的提高，人们对于产品的个性化需求越来越明显，多样化需求对企业管理的影响越来越大，而品种的增加必然增大管理和获取资源的难度。企业在兼顾社会利益方面面临的压力也越来越大，如环保问题、可持续发展问题等，企业既要考虑自己的经济利益，也要考虑社会利益。

（2）传统管理模式在新环境下的不适应性。传统管理模式以规模化需求和区域性的卖方市场为决策背景，通过规模效应降低成本，获得效益。这样，生产方式必然是少品种、大批量。虽然这种生产方式可以最大限度地提高效率、降低成本，取得良好的规模效益，但它应对变化的能力很差。另外，管理层次多必然影响整个企业的响应速度，企业组织结构呈现多级递阶控制，管理跨度小、层次多，且采用集权式管理，以追求稳定和控制为主。

（3）传统的纵向一体化管理模式应变能力较差。如前所述，纵向一体化管理模式增加了企业的投资负担，企业必须自己筹集资金开展建设，然后自己经营和管理。企业在发现一个新的市场机会时要进行扩建或改建，由此延长了企业响应市场的时间（至少是一个基本建设周期），这样，企业还要承担丧失市场时机的风险。纵向一体化管理模式还迫使企业从事自己并不擅长的业务。这样的管理体制模式显然无法适应瞬息万变的市场需求。

（4）交易成本增加带来的压力。20 世纪 90 年代，全球制造的出现导致全球竞争日益加剧，同时用户需求呈现多样化、变化频繁的趋势，因而企业面临前所未有的"超竞争"。原有的纵向一体化管理模式给企业造成了大量的机会成本，企业已完全不适应市场发展的需要。企业要想生存与发展，必须制定以尽可能快的速度、尽可能低的成本、尽可能多的产品品种为特征的战略，将主要精力用于培养核心竞争力，同时尽可能地利用外部资源。这样一来，就形成了以某个企业为核心的、将若干个资源互补的企业聚集起来的、面向共同市场机会的企业群。这个企业群在其中一家主导企业的协调下相互配合和合作，降低资源整合带来的交易成本，使群体中的每一个参与者都能受益，因此较好地顺应了新的市场竞争环境，其发展过程如图 1-1 所示。

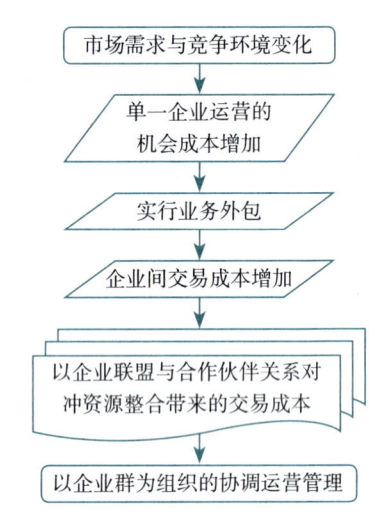

图 1-1 以企业群为主要特征的组织活动

在市场外部压力下，企业都有寻求彼此合作并且降低联盟内交易成本的动力，以形成联盟整体的核心竞争力。于是，以供应链管理思想为代表的新一代管理理念应运而生。

1.3.2 供应链管理思想的萌芽

为了应对在新的市场竞争环境下纵向一体化管理模式的种种不适应，从 20 世纪 80 年代后期开始，很多发达国家的企业逐渐放弃了纵向一体化管理模式，开始将企业的非核心业务从母体企业中剥离出去，本企业只抓具有核心竞争力的业务。那些从母体企业中剥离出去的业务部门转化成具有独立法人资格的利益主体，并与原母体企业形成了业务合作伙伴关系。原母体企业与新的合作企业之间是一种平等合作的伙伴关系，因此后来人们将其称为"**横向一体化**"（horizontal integration）管理模式。随着这种模式的不断发展，以原母体企业为核心的、与合作伙伴形成共同利益联盟的体系逐渐形成，核心企业可利用企业外部资源，发挥合作伙伴的专业化优势，构成一个能够快速响应市场需求的联盟体。例如，福特嘉年华汽车由美国福特汽车公司设计，由日本马自达公司生产发动机，由韩国的制造厂生产其他零件和装配，最后在美国市场上销售。

制造商把零部件生产和整车装配都放在了企业外部，这样做的目的是利用其他企业的资源促使产品快速上马，避免只由自己投资带来的基建周期过长等问题，使产品在低成本、高质量、早上市等方面赢得竞争优势。横向一体化形成了一条从供应商到制造商再到分销商、零售商的贯穿所有企业的"链"。由于相邻节点企业表现出一种需求与供应的关系，所以，当把所有相邻企业依次连接起来时，供应链便形成了。这条链上的节点企业必须达到同步、协调运行，才有可能使链上的所有企业都能受益，于是产生了供应链管理这一新的经营与运作模式。

根据美国科尔尼咨询公司的研究，企业应该将供应职能提高到战略层次的高度，这样才有助于降低成本、提高投资回报。企业和供应商伙伴应形成一个共同的产品开发小组，伙伴成员从共享信息上升到共享设计思想，决定如何以及在哪里生产零部件或产品，或者如何重新定义使双方获益的服务。所有企业一起研究和确定哪些活动能给用户带来最大的价值，而不是像过去那样由一家企业设计和制造一个产品的绝大部分零件。20 世纪 80 年代，曾有机构做过比较研究，发现美国厂商普遍采用纵向一体化管理模式，而日本厂商更多采用横向一体化管理模式。美日两国企业的这种管理模式的选择，与它们的生产结构有着密切的联系。美国企业生产一辆汽车，相当于购价的 45% 的零部件由企业内部生产制造，55% 由外部企业生产制造；然而，日本企业生产一辆汽车，只有相当于购价的 25% 的零部件由企业内部生产制造，外包占的比例很大。这也许能在某种程度上说明美国汽车产业缺乏竞争力的原因。

由此可见，供应链管理的概念是把企业资源的范畴从过去单个企业扩大到整个社会，企业之间为了共同的市场利益而结成战略联盟，因为这个联盟要"解决"的往往是特定客户（至少有别于其他客户）的特殊需要，所以供应商就需要与客户共同研究如何满足客户的需要，还可能要对原设计进行重新思考、重新设计，这样供应商和客户之间就建立了一种长期的依存关系。供应商以满足客户、为客户服务为目标，客户当然也愿意依靠这个供应商。这样一来，借助敏捷制造战略，供应链管理也得到越来越多的人的重视，成为当代国际上最有影响力的一种企业运作模式。这种生产管理模式的变化如图 1-2 所示。

20 世纪 80 年代	20 世纪 90 年代	2000 年以后

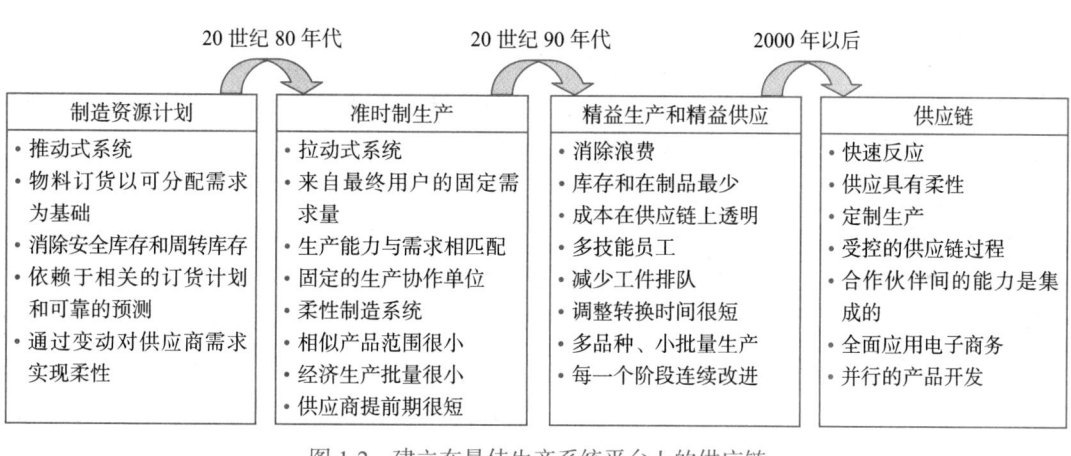

制造资源计划	准时制生产	精益生产和精益供应	供应链
• 推动式系统 • 物料订货以可分配需求为基础 • 消除安全库存和周转库存 • 依赖于相关的订货计划和可靠的预测 • 通过变动对供应商需求实现柔性	• 拉动式系统 • 来自最终用户的固定需求量 • 生产能力与需求相匹配 • 固定的生产协作单位 • 柔性制造系统 • 相似产品范围很小 • 经济生产批量很小 • 供应商提前期很短	• 消除浪费 • 库存和在制品最少 • 成本在供应链上透明 • 多技能员工 • 减少工件排队 • 调整转换时间很短 • 多品种、小批量生产 • 每一个阶段连续改进	• 快速反应 • 供应具有柔性 • 定制生产 • 受控的供应链过程 • 合作伙伴间的能力是集成的 • 全面应用电子商务 • 并行的产品开发

图 1-2 建立在最佳生产系统平台上的供应链

供应链管理利用现代信息技术，通过改造和集成业务流程，与供应商以及客户建立协同的业务合作伙伴联盟，从而大大提高了企业的竞争力，使企业在复杂的市场环境中立于不败之地。有关资料统计，供应链管理的实施可以使企业总成本下降 10%、供应链上的节点企业按时交货率提高 15% 以上、订货生产的周期缩短 25%～35%、供应链上的节点企业生产率提高 10% 以上等。这些数据说明，供应链企业在不同程度上都取得了发展，其中以"订货生产的周期缩短"最为明显。能取得这样的成果，完全得益于供应链企业相互合作、相互利用对方资源的经营策略。试想一下，制造商如果从产品开发、生产到销售完全由自己包揽，不仅要背负沉重的投资负担，而且要花相当长的时间。采用供应链管理模式，可以使企业在最短的时间内寻找到最好的合作伙伴，用最低的成本、最快的速度、最好的质量赢得市场，受益的不止一家企业，而是一个企业群体。因此，供应链管理模式吸引了越来越多的企业。

英国著名教授马丁·克里斯托弗曾说过，21 世纪的竞争不是单个企业和企业之间的竞争，而是供应链与供应链之间的竞争。那些在零部件制造方面拥有独特优势的中小型供应商企业，将成为大型装配主导型企业追逐的对象。有人将这比喻为足球比赛中的中场争夺战，谁能拥有这些具有独特优势的供应商，谁就能赢得竞争优势。显然，这种竞争优势不是哪一家企业所具有的，而是整个供应链的综合能力。

1.3.3 供应链的概念

"**供应链**"这一名词直接译自"supply chain"，国内也有学者将其理解为"供需链"，许多学者从不同的角度给出了不同的定义。

首先，供应链是一个系统，是人类生产活动和整个经济活动中的客观存在。人类生产和生活的必需品，都经历了从最初的原材料生产、零部件加工、产品装配、分销、零售到最终用户这一个整体过程，并且近年来还将废弃物回收和退货（简称反向物流）包含进来。这里既有物质材料的生产和消费，也有非物质形态（如服务）产品的生产（提供服务）和消费（享受服务），生产、流通、交易、消费各个环节形成了一个完整的供应链系统。

在供应链形成的早期，有的观点称供应链是制造企业中的一个内部过程，它是指把从企业外部采购的原材料和零部件，通过生产转换和销售等活动，传递给零售商和用户的一个过程。传统的供应链概念局限于企业的内部管理，注重企业的自身资源利用目标。有些学者把供应链的概念与采购、供应管理相关联，用来表示与供应商之间的关系，这种观点得到了那些研究合作关系、准时制生产方式、精益化供应、供应商行为评估等问题的学者的重视。但这是一种仅仅局限于制造商和供应商之间的关系，而且供应链中的各个企业独立运作，忽略了与外部供应链成员企业的联系，往往造成企业间的目标相互冲突。

其后，逐渐发展的供应链管理开始注意与其他企业的联系，而且更加关注供应链企业的外部环境，认为供应链应是一个"通过链中不同企业的制造、组装、分销、零售等过程将原材料转换成产品，再到最终用户的转换过程"，这是更大范围、更为系统的概念。例如，美国学者史蒂文斯（Stevens）认为："通过增值过程和分销渠道控制从供应商的供应商到用户的用户的流就是供应链，它开始于供应的源点，结束于消费的终点。"这些定义都强调了供应链的完整性，考虑了供应链中所有成员操作的一致性（链中成员的关系）。

而到了最近，供应链的概念更加注重围绕核心企业的网链关系，如核心企业与供应商、供应商的供应商乃至一切前向的关系，核心企业与用户、用户的用户及一切后向的关系。此时企业认为供应链是一个网链，丰田、日产、麦当劳、苹果等公司的供应链管理都从网链的角度来理解和实施。哈里森（Harrison）进而将供应链定义为："供应链是执行采购原材料，将它们转换为中间产品和成品，并将成品销售给用户的功能网链。"

这些概念同时强调了供应链的战略伙伴关系问题。菲利普（Phillip）和温德尔（Wendell）认为供应链中战略合作伙伴关系是很重要的，通过建立战略合作伙伴关系，企业可以与重要的供应商和用户更有效地开展工作。

国务院办公厅发布的《国务院办公厅关于积极推进供应链创新与应用的指导意见》（国办发〔2017〕84号）对供应链的定义是：供应链是以客户需求为导向，以提高质量和效率为目标，以整合资源为手段，实现产品设计、采购、生产、销售、服务等全过程高效协同的组织形态。这个定义将供应链的形成看成一种自觉的行为，通过有组织的活动，把各类资源有效地整合在一起，通过相互之间的协同运作，实现最终目标。

在研究分析的基础上，本书给出一个供应链的定义：供应链是围绕核心企业，通过对信息流、物流、资金流的控制，从采购原材料开始，制成中间产品（零部件）以及最终产品，最后通过销售网络把产品送到用户手中的将供应商、制造商、分销商、零售商直到最终用户连成一个整体的功能网链结构。它是一个扩展的企业结构模式，包含所有加盟的节点企业，从原材料供应开始，经过链中不同企业的制造加工、组装、分销等过程直到最终用户。它不仅是一条连接供应商到用户的物流链、信息链、资金链，而且是一条增值链，物料在供应链上因加工、包装、运输等过程而增加了其价值，给相关企业带来了收益。

1.3.4 供应链的结构模型

供应链的概念超越了企业界限，将企业管理的视角扩展到上下游的各个合作伙伴。根据供应链的实际运行情况，在一个供应链系统中，有一个企业处于核心地位，也可称为"链主"，该企业起着对供应链上的信息流、资金流和物流的管理的作用，是各种"流"的协调与控制中心。从这个角度出发，供应链系统的结构可以形象地如图1-3所示。

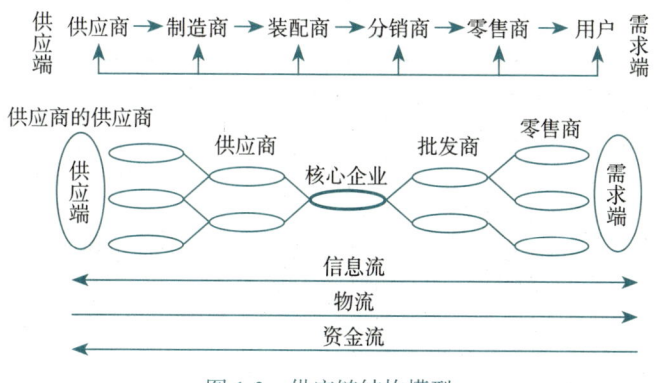

图 1-3 供应链结构模型

从图1-3中可以看出，供应链由所有加盟的节点企业组成，其中有一个核心企业（链主）。核心企业可以是制造型企业，如汽车制造商，也可以是零售型企业，如美国的沃尔玛，其他节点企业在核心企业的主导下，通过供应链的职能分工与合作（生产、分销、物流、零售等），从供应端（"源"）开始，经过中间的不同环节，最后到达产品消费市场的需求端（"汇"），从全局和整体的角度考虑产品的竞争力，以信息流、物流、资金流为抓手管理整个供应链，使其不断增值。

1.3.5 供应链管理的产生

供应链是一个有组织的体系，但是供应链体系本身并不能天然地带来人们所期望的结果，必须通过对供应链的管理，才能让供应链真正发挥出其应有的作用，因此也就产生了**供应链管理**（supply chain management，SCM）的概念。

对于供应链管理，国外在不同时期出现过不同的定义和称呼，如有效用户反应（efficiency consumer response，ECR）、快速反应（quick response，QR）、虚拟物流（virtual logistics，VL）

或连续补充库存（continuous replenishment，CR）等称谓。这些术语因考虑的层次、角度不同而不同，但都通过计划和控制实现企业内部与外部之间的合作，实质上它们在一定程度上都反映了对供应链各种活动进行人为干预和管理的特点，使过去那种自发的供应链成为自觉的供应链系统，有目的地为企业服务。

供应链管理是一种集成的管理思想和方法，它执行供应链中从供应商到最终用户的物流计划和控制等职能。例如，伊文斯（Evens）认为："供应链管理是通过前馈的信息流和反馈的物料流及信息流，将供应商、制造商、分销商、零售商，直到最终用户连成一个整体的管理模式。"菲利普则认为供应链管理不是供应商管理的别称，而是一种新的管理策略，它把不同企业集成起来以提升整个供应链的效率，注重企业之间的合作。最早人们把供应链管理的重点放在管理库存上，作为平衡有限的生产能力和适应用户需求变化的缓冲手段，它通过各种协调手段，寻求把产品迅速、可靠地送到用户手中所需要的费用与生产、库存管理费用之间的平衡点，从而确定最佳的库存投资额。因此其主要工作任务是管理库存和运输。现在的供应链管理则把供应链上的各个企业作为一个不可分割的整体，使供应链上分担采购、生产、分销和销售职能的各个企业形成一个协调发展的有机体。

关于供应链管理的各种比较典型的定义，如表1-1所示。

表1-1　几种典型的供应链管理的定义

研究	定义
Monczka、Trent 和 Handfiel（1998）	供应链管理要求将传统上分离的职能视为一个整体过程并将其交由一位经理人员负责协调，而且还要求与横贯整个过程各个层次的供应商建立合作伙伴关系。供应链管理是这样一个概念：它的主要目标是以系统的观点，对多项职能和多层供应商进行整合，并对外购、业务流程和物料控制进行管理
La Londe 和 Masters（1994）	供应链战略包括"供应链上的两个或更多企业达成一项长期协定……信任和承诺发展成伙伴关系……需求和销售信息共享的物流活动的整合……提升对物流过程控制的潜力"
Stevens（1989）	供应链管理的目标是使来自供应商的物流与满足客户需求协同运作，以协调高客户服务水平和低库存、低成本之间的冲突
Houlihan（1988）	供应链管理和传统物料制造控制的区别：①供应链被视为一个统一的过程，链上的各个环节不能分割成诸如制造、采购、分销、销售等职能部门；②供应链管理强调战略决策，"供应"是链上每一个职能的共同目标并具有特别的战略意义，因为它影响整个供应链的成本；③供应链管理强调以不同的观点看待库存，将其看作新的平衡机制；④供应链管理是一种新的系统方法——整合而不是接口连接
Cooper 等（1997）	供应链管理是"管理从供应商到最终客户的整个渠道的总体流程的集成哲学"
Mentzer 等（2001）	供应链管理是对传统的企业内部各业务部门之间及企业之间的职能从整个供应链的角度进行系统的、战略性的协调，目的是提高供应链及每个企业的长期绩效
Ling Li（2007）	供应链管理是一组有效整合供应商、制造商、批发商、承运人、零售商和客户的协同决策及活动，以便将正确的产品或服务以正确的数量在正确的时间送到正确的地方，以最低的系统总成本满足客户服务要求

供应链聚焦

UPS 公司（美国联合包裹运送服务公司）和 Fender 公司（吉他制造业巨头）进行合作。UPS 公司帮助 Fender 公司完成其配送过程的流线化和集中化，以使 Fender 公司在近几年内实现在欧洲境内销售量翻一番的计划。由 UPS 公司管理来自世界各地制造厂的海陆进货，由第三方物流公司管理其欧洲配送中心（EDC）的库存。由 EDC 的雇员检查产品质量，监控库存，满足配送商和零售商的订货要求，管理多方承运人的交付。通过使用 UPS 公司的配送中心，Fender 公司能够缩短交付时间，更好地监控质量和交付订货。更重要的是，UPS 公司在将吉他运往零售商之前，会完成每把吉他的调音工作，以保证零售商从箱子中取出吉他时即可弹奏。

资料来源：汪标. SCM 环境下制造业与物流业联动发展物流战略联盟模式探析 [J]. 物流工程与管理，2010，32（10）：12-13，16.

1.3.6 供应链管理的内涵

按照法约尔对管理职能的概括，管理有五大职能，即计划、组织、指挥、协调、控制。在其《工业管理与一般管理》一书中，法约尔详细阐述了企业管理活动中的计划、组织、指挥、协调和控制五大管理职能的内涵，这对于建立科学管理企业和其他社会组织具有重要的理论与实践意义。

法约尔管理职能所说的主要对象是一个企业组织，其内涵也基本上围绕企业的经营管理活动来展开。供应链管理则不同，它不仅关注企业自身的管理，而且更加关注合作企业与本企业的管理活动。但是，供应链并不是一个正式组织，链主与合作伙伴之间没有行政或/和产权关系，因此只能以供应链整体利益最大化为目标并与合作伙伴共享，将计划、组织、指挥、协调、控制的职能贯穿整个供应链，保证其有效运营。因此，借助于法约尔的管理理论，这里可以将供应链管理定义为：

供应链管理就是链主企业为使供应链达到最优化，在客户需求为导向、合作伙伴价值共创共享为基础的前提下，通过对供应链端到端的计划、组织、指挥、协调、控制，确保从原材料采购、中间零部件及最终产品的生产制造，到满足最终客户需求的所有过程均能有效操作，把合适的产品以合理的价格及时准确地交付给客户。

下面从供应链的计划、组织、指挥、协调和控制五大管理职能概述供应链管理的基本内涵。

1. 供应链计划

供应链上的合作伙伴在计划的指引下参与整个供应链的运营，因此**供应链计划**（supply chain planning，SCP）管理是一个基础职能，涉及对供应链整体战略和目标的设定，包括决定如何满足客户需求，产品如何生产、存储和运输，以及如何管理库存和采购策略。

首先，供应链上的核心企业（供应链活动的组织者）必须根据需求端的客户订单，制订出订单交付计划，以此倒推出生产计划，再根据生产计划生成对供应商的采购计划，从而为供应链上的参与者提供行动依据，它们再进一步制订出各自的计划。因此，供应链计划管理不同于单个企业的计划管理，而是对整个端到端供应链的计划。

供应链计划必须将需求端的信息完整地、同步向供应链的上游传递，能够为供应端的企业提供足够透明的需求信息，减少需求放大效应对供应链绩效的影响，即通常说的长鞭效应（后面章节将详细讨论）。供应链上的各层供应商都能够了解某一订单的真实市场需求信息，为消除不必要的浪费提供保证。

供应链计划的制订过程应该是一次对端到端供应链整体优化的过程。有效的计划能够保证供应链整体资源的最佳利用，以满足客户需求。这就要求计划职能不仅要在核心企业内部进行计划优化，而且要在整个供应链中进行计划优化，使得供应链总成本最低。

一个优秀的供应链计划还要具备足够的弹性（灵活性）。市场是瞬息万变的，这就要求供应链计划管理体系能够对外部需求的变化做出快速响应，及时调整各个企业的经营活动，保证供应链的稳定性及订单交付的可靠性。

2. 供应链组织

供应链组织职能涉及建立内部结构和外部合作伙伴关系以支持供应链的运作，也就是为了供应链的运营，按照计划目标组织好各种资源，确定供应链管理的组织结构及管理模式、整合并优化社会资源、设计并动态优化供应链架构（系统）。

供应链管理的组织结构，就是要有一个合乎供应链端到端管理的组织管理体系，确定内部各层级职位、人员及其在供应链中的关键角色和责任，保证相互之间有效的沟通和合作，形成强有力的供应链管理力量，对供应链运营做出清楚、明确、准确的决策来达成共同的目标。

组织职能包含了以下内容：供应链资源组织，主要有供应商的选择、激励、评估与淘汰；供应链架构设计与优化，包括供应链网络系统的结构模式，如选择全球性供应链或区域性供应链、集群式供应链或分布式供应链等；供应链物流体系的构成，如是自营物流还是外包物流；供应链数字化建设的资源组织，如是自主开发还是外购成品软件；等等。

3. 供应链指挥

供应链指挥职能关注供应链中的决策和领导，以确保各项计划得到执行。在供应链的日常运营中，要保证供应链计划目标的实现，就要做好对供应链的指挥。不能认为将供应链计划（订单）下达给各个合作伙伴以后只等着收货就行了。企业必须通过供应链的指挥系统，利用各种信息平台和信息渠道，一方面让合作伙伴知悉供应链计划与目标以及可能发生的变化；另一方面及时向不同层次的供应商和合作伙伴下达供应链计划执行指令，通过指令的强约束性保证端到端供应链各个环节的有效衔接。同时，供应链指挥还包括对端到端供应链不同环节人员的指导和激励，确保团队成员明白他们的角色和责任，并积极地工作以实现供应链目标。有效的指挥能够保证端到端供应链活动的顺利进行，及时调整策略以应对挑战。

4. 供应链协调

协调职能确保端到端供应链中的各个环节能够高效地在一起工作。显然，由于端到端供应链体系的构成要素很多，而且每一个要素都有各自的利益诉求，如果协调不好，供应链内就容易因个体利益最大化出现行为扭曲，造成各个参与者步调不一致。这不仅使供应链计划难以执行，而且还容易造成资源浪费，最终可能使供应链整体受损。

因此，供应链的协调职能包括调整内部和外部资源以及解决供应链中的冲突和矛盾，目标就是使得供应链体系内的每一个要素都能服从供应链整体目标。有效的协调可以提高供应链的整体效率和响应能力，以保证端到端供应链整体利益最大化，同时又不牺牲任何一个个体的利益，不仅不牺牲而且还能使其获得比单独行动更大的利益。

这就要求供应链管理者通过各种协调手段和契约，保证供应链上各个主体（供应商和零售商）的活动能建立默契的合作关系，保持整体平衡。需要强调的是，包括供应链协调在内的各项供应链管理职能不是靠指令性命令强制供应链合作伙伴各种行为的，而是通过满足供应链合作伙伴的利益诉求、共同分享供应链创造的价值达成供应链协调运行。

5. 供应链控制

在供应链计划执行的过程中，除了要做好上述计划、组织、指挥、协调等工作外，还要加强对供应链的控制管理。这是因为，一是供应链处于动态的市场变化中，随时可能产生的新的需求会使计划发生变动；二是供应链内部存在诸多不确定性，使供应链运行出现问题；三是供应链运行的外部环境存在不确定性，随时可能出现导致供应链中断的问题。

因此，供应链管理的职能中，控制职能就扮演了重要的角色：监控端到端供应链活动的性能，包括质量、成本、交付时间、低碳等关键指标，确保供应链计划执行到位；随时随地（实时）跟踪不同层级供应商的生产进度和物流过程，通过设置标准并进行比较、出现偏差及时识别、及时采取措施进行修正，使端到端供应链的所有活动始终围绕其终极目标进行，并且实现供应链的持续改进，从而提高其竞争力。

供应链管理的这些职能是相互关联和相辅相成的，它们共同工作以实现端到端供应链的高效运作和持续改进。通过有效地执行这些职能，企业能够更好地满足客户需求，应对市场变化，并提高其整体的竞争力。

> **供应链聚焦**
>
> 金风科技股份有限公司（以下简称"金风科技"）围绕风电装备从制造到使用维护的全生命周期过程，将供应商、物流商、风电场、再制造企业形成供应链体系，以信息化和管理工具为支撑，以风电产业链物流、信息流、资金流的分析优化配置为抓手，通过供应链管理平台整合链条设计、采购、制造、售后安装、运维等资源，为管理人员和技术专家提供数据分析优化的数据来源，提出用户在使用风机装备过程中的整体性能优化方案，同时实现金风科技经济效益、生态效益和社会效益的协调优化。
>
> 其具体做法是：首先，加强对金风科技自身的严格要求，提高金风科技对供应链的驾驭水平；其次，对于上游发电企业，通过提倡客户导向和换位思考的方式来满足其需求；最后，对于零部件供应商，通过加强现场管理系列活动的培训，帮助供应商提升与供应链的协同能力。例如，通过开展供应商管理能力训练，对合格的供应商颁发质量标杆证书、签订技术合作和工作推进计划等方式，鼓励供应商不断创新，提升产品质量。同时带动各类供应商在提升供应链竞争力的过程中积极投入，发挥自身专业优势，为公司产品升级和创新研发换代献计助力，加强关键零部件前沿技术合作，谋求共同发展。
>
> 通过供应链协同平台，供应链的运作得到了有效衔接，有效破解了供应链网络上的"卡点"和"堵点"，提高了信息共享程度，使平台透明、高效，达到了全寿命周期成本最优，进而提升了产品质量与市场竞争力，协同产业链上下游在产品研发、生产制造、产品质量上同步发展，形成整个供应链企业对产品的协同制造。
>
> 资料来源：中国物流与采购联合会，商务部国际贸易经济合作研究院，2023全国供应链创新与应用示范案例集，2023年。

1.4 供应链管理的核心理念

从供应链管理的概念和供应链的结构模型可以看出，供应链管理的对象是一个以核心企业或品牌商为核心的企业群。核心企业通常也就是品牌商，要使该品牌产品具有强大的竞争力，它的供应链管理就必须十分强大。为了使供应链达到提高竞争力的目的，供应链管理要坚持四大核心理念。

（1）**开放与整合理念**（opening and integration concept）。供应链管理概念从提出到现在已有 30 多年的历史。在供应链管理的多年实践中，人们已将供应链管理从一般性的管理方法提升到开放与整合思维的理念。这一思维范式强调从供应链整体最优目标出发，以开放的姿态寻求最佳市场资源，然后将其整合为一个统一体的模式。当企业要拓展一项业务或开辟一个新的市场时，首先应该本着开放的理念从企业外部寻找最佳资源，而不是什么业务都由企业自己来做。因为再强大的企业，其资源和能力在庞大的市场面前都是十分有限的，如果什么事都只想着企业自己来做，可能会丧失很多机会，甚至进入万劫不复的深渊。因此，开放与整合理念就成为供应链管理的重要核心理念之一。

需要指出的是，就供应链整合而言，可分为纵向整合和横向整合。前面曾经分析过纵向一体化（即纵向整合）的弊端，但是这并不代表供应链不能采用纵向整合这一战略。到底是采用纵向整合还是横向整合，要根据核心企业所在的行业和产品特征。例如，在当前电动汽车供应链上，就有不少的核心企业，如特斯拉公司、比亚迪公司采用了具有纵向整合色彩的供应链整合战略，牢固地掌控着供应链的总成本及对供应链运营的控制。

（2）**合作理念**（cooperation concept）。供应链管理是从横向一体化发展而来的，因此在供应链管理的实践中非常强调合作伙伴之间的合作。合作伙伴只有实现了真诚的、战略性的合作，才能共同实现供应链的整体利益最大化。供应链管理的对象是一个企业群，其中的每一个企业都有各自的核心业务和核心能力，如何才能将这些企业的能力整合在一起，形成真正的合力，是关系到能否实现供应链整体目标的关键。每个企业如果都只顾自身利益，那么将损害供应链的整体目标，最后也没有办法保证个体的利益。因此，供应链管理的核心企业要与自己的合作企业形成战略性的合作伙伴关系，必须能够兼顾合作伙伴的利益和诉求，这样才能调动合作伙伴的积极性。如果只想着从其他企业身上赚取利益和将风险转嫁到其他企业身上，这样的供应链是不可能健康发展的。

（3）**协调理念**（coordination concept）。供应链管理涉及若干个企业在运营中的管理活动，为了实现供应链管理的目标，相关企业在运营活动中必须按照计划协调运作，不能各自为政。例如，供应商应该按照制造商的要求，将零件按计划生产出来并准时配送到制造商的装配线上，而且不同零部件的供应商必须同步地将各自的零部件配送到位。任何一个供应商的延误，不仅会使自己遭受损失，而且会连累那些准时交货的供应商，当然更不用说对总装配延误的影响了。协调运作的另一个作用是打破传统的企业各自为政的分散决策方式，通过协调契约的设计使合作双方增加收益，同时达到供应链整体利益最大化的目标。

（4）**利益共享理念**（benefit-sharing concept）。供应链管理强调的另一个重要理念就是利益共享。整合供应链资源、形成合作伙伴关系、协调运作达到整体利益最大化，还不是供应链管理的全部。事实上，能否达到上面说的这几点，还有一个重要影响因素，即供应链的利益共享。之所以合作企业愿意在一个供应链体系内共创价值，是因为它们认为这个供应链能够创造更多的利益，但是这些利益必须共享，才有可能将供应链的资源整合起来。如果合作企业发现供应链的利益被某个企业独占，它们是不可能参与到供应链管理系统中的，即使介入，可能也是抱着短期利益最大化的心态，牺牲的是供应链未来的发展。因此，是否具有供应链管理的核心理念——利益共享是保证合作伙伴能否真心实意地与核心企业站在一个阵营内的重要条件。

> **供应链聚焦**
>
> 由于美国三大汽车厂商在平时的供应链运营中过度侵占供应商的利益，不注重供应商关系管理，因此，当2008年席卷全球的金融危机到来并且危及汽车行业时，美国三大汽车厂商的供应商纷纷撤离底特律。失去了供应商支持的美国汽车行业根本无法应对危机，利润大幅下降，企业甚至滑向了破产的边缘。相反，注重供应商关系管理的德国和日本汽车制造商则在供应商的配合下较好地渡过了危机，很快恢复到正常经营状态。
>
> 资料来源：BBC新闻网。

1.5 供应链管理模式的发展趋势

1.5.1 供应链体系的社会属性及其扩展

随着供应链在社会经济活动中扮演着越来越重要的角色，我们对供应链的认识也有了很大的提高和扩展。供应链管理最初发源于制造业企业的管理活动，经过30多年的发展及壮大，除了供应链管理理论与方法本身得到了理论和实践上的长足进展外，供应链管理还上升到了国家经济建设体系的宏观战略层面。社会对供应链管理的认识也从以核心企业为主导的体系扩展到其他相关领域，使供应链管理在社会经济体系建设和发展中的价值更加突出。为了便于表达，这里将其称为供应链体系。图1-4就是从更大范围描述的供应链体系构成示意图，下面对其做简要说明。

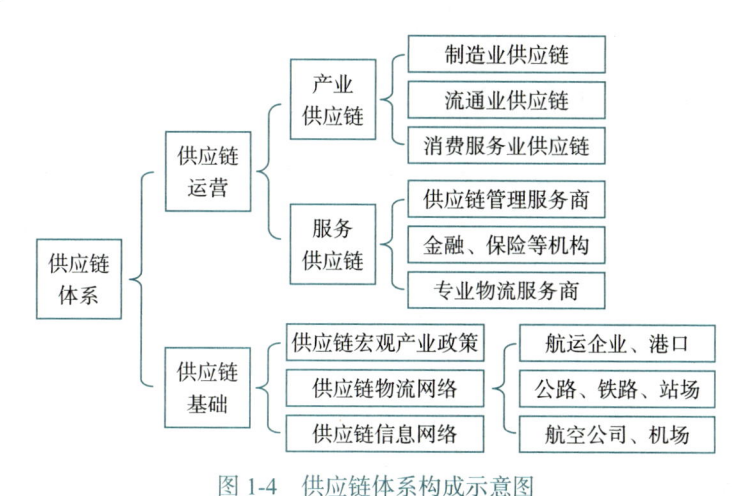

图1-4 供应链体系构成示意图

根据组成供应链体系的要素起的作用不同，可以将供应链体系分为供应链运营和供应链基础两大部分。供应链运营指的是围绕核心企业组成的企业群体开展的生产和销售活动，这是构成一个国家经济活动的主体，也是决定国家整体竞争力的基础，如工业、农业、流通业以及各类服务性企业。供应链基础指的是为使供应链运营得以有效进行而提供的基础性资源支撑，包括：支撑供应链运行的物流网络，如公路、铁路、航空、航运等基础设施及相关运营企业或政府主管部门等，构成畅通的供应链通道，为供应链主体企业的高效运营提供支撑；信息网络，如互联网、物联网（IoT）、移动商务、公共信息共享等各类平台；支持供应链发展的宏观产业政策等。显而易见，供应链基础的建设离不开政府的大力支持。

根据供应链运营的主体内容不同，可进一步将供应链运营分成产业供应链和服务供应链。如前所述，产业供应链是供应链体系的核心，如由各种工业企业、农业企业、流通企业以及消费服务类企业组成的供应链；服务供应链，这里特指为产业供应链提供**供应链管理服务**（supply chain management service）的企业，还有金融、保险、第三方物流、物流平台企业等，它们共同为产业供应链运营的主体企业提供供应链管理服务，助推产业供应链提升其竞争力。

基于以上叙述，我们不难理解现代供应链受到全社会关注的原因了。此外，研究供应链体系还有助于不同行业、不同企业找到其在供应链体系建设中的定位，找准发展方向。对政府主管部门而言，其同样可以在供应链基础中的通道建设、助推供应链的产业政策等供应链体系建设上大有作为。这方面最具代表性的是洛杉矶阿拉米达货运走廊（Alameda Corridor）的建设，它是以全球多式联运为代表的供应链通道建设的经典之作。

> **供应链聚焦**
>
> 洛杉矶港是美国最繁忙的港口。洛杉矶港包括长滩和洛杉矶双子港，是美国最大的集装箱港口，美国大约35%的进出口产品需要通过洛杉矶港，所以洛杉矶港承担了美国西海岸70%的集装箱吞吐量。洛杉矶交通运输系统受到基础设施的制约。这些在100多年前建成的港口，其巨大货运量的集疏运给洛杉矶城市道路造成了重大压力。
>
> BNSF铁路公司和联合太平洋公司在该区原有四条单向铁路引入港口，它们采用的重载列车最长可达2.5km，四条铁路与城市道路形成200个平面交汇道口，每天约有35列火车，以32km/h的速度通过这些道口。港口与城市之间的矛盾不堪设想。
>
> 1995年，联邦政府授权采用PPP（政府和社会资本合作）模式，开始在港口后方建造著名的阿拉米达货运走廊，解决了多式联运"中间一公里"的问题。阿拉米达货运走廊有效解决了货运铁路分割市区的现象，以往200个平面交汇道口不复存在，不再造成市区拥堵，列车运行速度提高了一倍，货车运输排放降低80%以上，噪声降低90%。经济效益上，列车运行时间缩短30%，等待时间缩短75%，港口交通延误减少90%，减少了23%的集装箱货车转运量，节省了巨额的货车短驳费用，港口的铁水联运比例超过1/3，尤其是洛杉矶港有60%的货物经由阿拉米达货运走廊运往全美地区。
>
> 资料来源：搜狐新闻网。

1.5.2 供应链：国家竞争力视角

供应链的资源整合、协调运作和全球优化的思想在实践中取得了巨大的成效，人们认识到，供应链管理不仅是企业的竞争利器，同时还事关一个国家的全球竞争力。为此，有些国家从国家竞争力的角度对供应链进行了宏观管理，例如美国早在2012年就开始将供应链纳入政府管理的视野。

1. 美国政府供应链发展战略

2012年10月12日，美国商务部发布新闻稿，宣布启动新的供应链竞争力咨询委员会，就行业问题向美国商务部、交通部和其他政府机构提供建议。该委员会将作为行业和政府之间的联络人，确保与制造商、分销商和出口商定期联系，委员会的建议将有助于制定助力供应链发展的国家政策，帮助美国企业提升在全球的竞争力。

美国政府不仅关注企业在供应链体系建设上的问题，还从国家安全的角度加强对供应链的管控。2012 年，时任美国总统奥巴马签署了美国国土安全部公布的美国《全球供应链安全国家战略》，该战略设定了两个目标。

- 促进商品的高效和安全运输。促进合法贸易及时而高效地流动，同时维护和保障供应链，使之免受不正当的利用，并降低其在破坏面前的脆弱性。为了实现这一目标，在货物通过全球供应链运输时，将加强其完整性，还将在这一过程中及早了解并解决各种威胁，加强实体基础设施、交通工具和信息资产的安全，同时通过提高供应链基础设施和流程的现代化水平充分发展贸易。
- 培养具有弹性的供应链。建立一个准备应对而且能承受不断变化的威胁和危害并且可以从中断中迅速恢复的全球供应链系统。

除此之外，美国政府其他部门也纷纷在供应链相关领域制定推进供应链发展的政策，试图在全球竞争中维护美国企业的竞争力。

2. 中国政府在供应链发展中的政策与措施

我国政府也充分认识到供应链体系建设的重要性。习近平总书记多次指出，要优化和稳定产业链、供应链，维护全球产业链供应链韧性和稳定是推动世界经济发展的重要保障，并强调产业链、供应链在关键时刻不能掉链子，这是大国经济必须具备的重要特征。党的二十大报告明确提出，要着力提升产业链供应链韧性和安全水平。为了加强我国企业在全球市场上的竞争力，塑造强大的供应链竞争力，我国相继出台了多项举措来推动我国企业的供应链建设。

2017 年 10 月 13 日，国务院办公厅发布《国务院办公厅关于积极推进供应链创新与应用的指导意见》（国办发〔2017〕84 号），将供应链创新与应用从企业行为上升到整个国家的社会经济体系建设层面，赋予供应链创新更重要的职能。2018 年，商务部等 8 部门联合发布了《商务部等 8 部门关于开展供应链创新与应用试点的通知》（商建函〔2018〕142 号），在全国选择 55 个城市和 266 家企业，分别作为供应链创新与应用的试点城市和试点企业，进一步推动 84 号文件落地生根。

随着新质生产力概念的提出，如何从供应链角度推动新质生产力的加快创新发展以推动我国现代化产业体系的建设，成为国家和企业关注的焦点。逐步建立以数字化转型和创新为基础的供应链高效运作能力、供应链智能运营能力、供应链韧性和安全能力、产业链生态整合能力，必将大力推动我国产业链的健康、持续发展以及有效融入全球产业分工体系。

供应链的高效运行离不开物流网络的支撑。为了给供应链运行提供优良的通道和网络基础，国家出台了加强物流基础建设的政策和规划。2018 年 12 月 21 日，国家发展改革委和交通运输部印发了《国家物流枢纽布局和建设规划》，就是要解决部分物流设施运作相对独立、信息不透明、物流网络不健全、衔接不顺畅等问题，整合分散的物流基础设施资源，加强物流设施间的协同运作，为物流高质量发展、供应链高效运作提供有力支撑。

这几件推动供应链体系建设发展的大事，极大地调动了全国各行各业的积极性，许多企业已经逐步认识到供应链管理对企业的价值，主动从传统的管理模式迈向供应链管理模式。特别是在全球贸易充满不确定性的情况下，打造具有强大韧性的供应链，对企业的持续发展更是具有独特的价值。

1.5.3　供应链管理向行业细分发展

供应链企业在实践中不断面临新的挑战及需求，社会上出现了围绕供应链管理的服务性企业，逐渐形成了以现代服务为核心的、为产品制造或流通企业供应链提供管理服务的业态，最终得到了社会的认同，并成为国民经济中的一种统计类别。

供应链管理服务企业的出现不是偶然的，而是在现实世界的供应链管理面临诸多问题和挑战的情况下产生的。

1. 供应链管理者面临的挑战

在企业的供应链管理中，管理者要从提升整体供应链竞争力的角度，全方位地制定供应链战略和管理策略。在企业日常的供应链管理业务中，有象征本企业核心业务的管理，如采购/供应、研发、生产、交付等，这是任何一个产品生产企业供应链的主体业务，显而易见，管理人员要把这些业务流程抓紧抓好。除了供应链的主体业务以外，要想使主体业务达到预期目标，还有很多辅助性的工作要做好，如仓储管理、订单管理、进出口管理、融资管理等。这里不妨将上述内容称为经典的供应链管理体系，如图1-5所示。

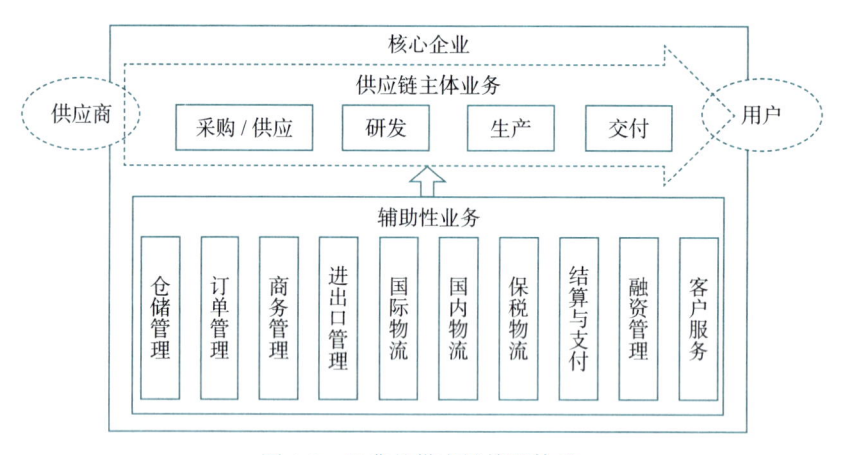

图 1-5　经典的供应链管理体系

虽然这些辅助性业务并不是企业的核心业务，但是在供应链管理过程中，管理者要花费很多精力对这些辅助性业务与主体业务的协同进行协调，甚至有时花在辅助性业务上的时间比花在核心业务上的时间还要多，而且效果还不一定好。

2. 供应链管理服务的业务模式

21世纪初，供应链管理模式已经出现在企业中了，但那时整体市场的竞争并不像今天这么激烈，外部的不确定性也不像今天这样复杂，所以，一般的管理者还能够掌控企业供应链的主体业务和辅助性业务的融合。但是，时至今日，全球市场竞争越来越激烈，各种不确定性因素的变化越来越无从捉摸，特别是竞争对手的供应链管理水平在整体上逐渐提高，由此带来的供应链之间的竞争越来越激烈。在这种情况下，企业供应链管理者感到力不从心，无法兼顾供应链的主体业务与复杂的辅助性业务。企业供应链管理者出现了这种需求，因此有些以现代服务业为主体的企业发现了新的市场机会，它们开始打造以提供供应链辅助性业务服务为主的商业模式，为供应链企业提供除核心业务以外（一般情况下）的管理服务，并且逐渐在社会上形成了自己的口碑和吸引力。

供应链管理服务模式的出现，使企业供应链管理者得以将供应链运作的辅助性业务外包出去，自己则专注于核心主体业务，有力地促进了供应链各种能力的提升。有供应链管理服务企业参与的供应链管理体系如图1-6所示。

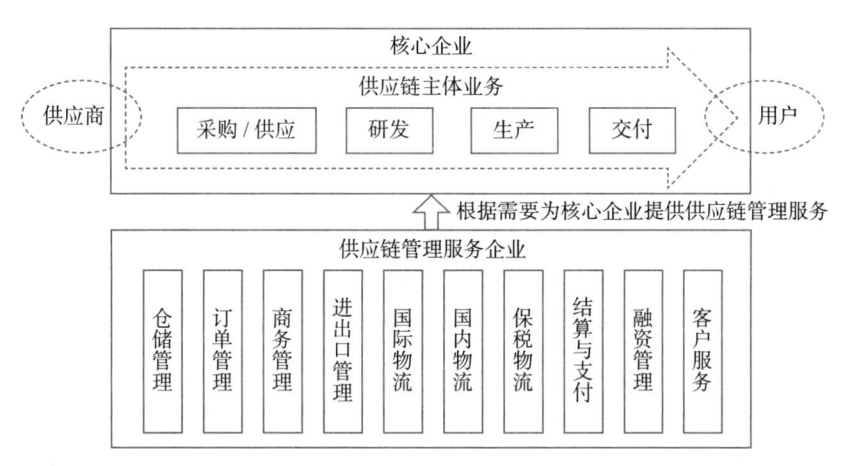

图1-6 有供应链管理服务企业参与的供应链管理体系

3. 供应链管理服务业态的作用

我国政府主管部门认识到了供应链管理服务企业在提高我国工业、农业和流通业供应链整体竞争力方面的价值，在供应链管理服务企业的成长上给予了政策和市场发展的支持。例如，《国民经济行业分类》（GB/T 4754—2017）明确了供应链管理服务的地位，将其纳入"商务服务业—7224—供应链管理服务"，单列统计类别，这一举措为这类企业的发展创造了巨大的空间。

同时，《国民经济行业分类》还明确了供应链管理服务的含义。该文件认为，供应链管理服务是指"基于现代信息技术对供应链中的物流、商流、信息流和资金流进行设计、规划、控制和优化，将单一、分散的订单管理、采购执行、报关退税、物流管理、资金融通、数据管理、贸易商务、结算等进行一体化整合的服务"。

以供应链管理服务企业为主体的业态的出现，对于尽快提高我国各个行业的供应链在国际市场上的竞争力具有积极作用。供应链管理服务企业通过创新的各种供应链管理服务模式，解决了供应链管理者面临的各种问题，使他们能够借助供应链管理辅助性业务外包，并且与供应链管理服务企业形成战略联盟，从整体上优化更加广泛的供应链运作所需的资源，发挥我国企业在科学管理上的后发优势，这对于提升我国企业在全球供应链上的话语权具有重要的价值。

1.5.4 数字化时代的供应链管理

21世纪，数字化和互联网技术的迅猛发展使得供应链管理模式发生巨变。数字化时代下，企业得以通过数据分析、人工智能（AI）、物联网等先进技术，重构和优化供应链管理，以应对快速变化的市场需求和提高竞争力。例如，Uber（优步）利用强大的数据分析能力，通过算法实时匹配司机和乘客、优化司机的路线和调度，以减少等待时间和提高运输效率。这种**数字化供应链管理**（digital supply chain management）彻底改变了供应链物流业的运营模式，为供应链企业提供了高效、便捷的服务。星巴克利用其移动应用程序打造了一种无缝的顾客体验，允许顾客远程下单和支付，大大减少了顾客的等待时间，同时收集顾客偏好数据来进行个性化推荐和服务。这不仅提高了顾客满意度，还优化了库存管理和员工调度，实现了更高效的供应链管理。沃尔玛采用区块链技术追踪其食品供应链中的产品，从而确保食品的来源可追溯和安全。这一技术的应用不仅提高了消费者信心，还优化了库存管理、减少了浪费。在医疗行业，数字化技术使得远程诊疗成为可能。在远程医疗服务中，医生可以通过视频会议对患者进行诊断和治疗，减少了患者的等待时间和交通成本。此外，利用数据分析和人工智能可以更好地管理患者的健康信息，提高治疗效率。

数字化转型重新定义了传统的供应链管理模式，也为供应链管理加上了翅膀。首先，企业运用数字化技术，实现数据透明，使供应链运作实时可视化，更好地对供应链实施端到端的一体化管理；其次，企业可以对供应链进行实时计划与控制，及时纠正产生的偏离；再次，企业可以为合作伙伴提供共享的供应链信息，为合作伙伴做好协同供应或为协同生产提供支持；最后，随着人工智能、云计算、大数据的应用，供应链管理向着智能化发展，这不仅可以提高管理效率，还可以减少人工管理下的失误，使供应链能够对外界或内部变化做出敏捷响应，减少供应链中断或其他形式的损失，最终使供应链整体受益。

供应链聚焦

2019年，百度整合相关的B2B（企业对企业）技术能力与产品服务，推出了企业一站式采销平台爱采购。具备搜索与人工智能基因的爱采购变革了传统的B2B"门户"模式，依托百度的精准搜索能力、人工智能技术以及庞大的流量势能，给海量精准用户提供需求导向的服务，成为兼具精准性与便捷度的新一代B2B平台。

2023年被称为"大模型元年"，新一轮生成式人工智能革命如火如荼，人工智能应用正式进入工业化大生产阶段。爱采购就引入生成式人工智能对产品与服务进行了重磅升级。到了2024年，百度爱采购发布"生成式AI全链路解决方案"，加速B2B数智化转型。

资料来源：腾讯网，36Kr网。

本章小结

本章以历史发展与分析的角度，从传统企业管理模式在新的竞争环境下出现的不适应性入手，对传统管理模式存在的若干问题进行了比较详细的分析，进而引申到供应链管理模式产生的必要性，并由此产生了新一代的管理模式——供应链管理。只有深刻地理解这一历史演变过程，才能够全面理解供应链管理模式的变革性，掌握供应链管理必须坚守的四个核心理念。本章还简要地介绍了人们在实践中总结出的供应链结构模型及供应链管理概念的产生与发展，并从管理的五大职能视角阐述了供应链管理的内涵。本章从供应链管理发展的时代特征总结出供应链体系的社会属性的发展，从政府、企业、社会服务机构等多个角度介绍了供应链管理的发展特点，并从宏观上对供应链的作用和战略价值进行了分析，讨论了供应链管理服务的业务模式及数字化时代的供应链管理发展趋势。

关键术语

供应链（supply chain）
供应链管理（supply chain management，SCM）
基于时间的竞争（time-based competition）
纵向一体化（vertical integration）
横向一体化（horizontal integration）
开放与整合理念（opening and integration concept）
合作理念（cooperation concept）
协调理念（coordination concept）
利益共享理念（benefit-sharing concept）
供应链管理服务（supply chain management service）
数字化供应链管理（digital supply chain management）

思考与练习

1. 供应链管理思想的产生与市场竞争环境变化的关系是什么？
2. 如何理解供应链？供应链有哪些特点？
3. 传统的纵向一体化（或"大而全、小而全"）管理模式为什么不能适应21世纪的市场环境？
4. 如何理解供应链管理？简述供应链管理与传统管理的区别和联系。
5. 如何理解供应链管理的四个核心理念？你认为这四个核心理念的关系是什么？
6. 选择某一企业在供应链管理上的成功案例（国内外的企业均可），根据四个核心理念的基本观点，总结一下该企业供应链管理的成功经验。
7. 收集全球范围内供应链管理发展的动态及趋势方面的资料，总结归纳供应链管理的发展特点。
8. 如何理解我国政府为推动供应链创新与应用所采取的各种措施？
9. 为什么会出现供应链管理服务企业这一细分企业形态？它的作用体现在何处？
10. 在供应链体系建设中，如何发挥政府部门的作用？
11. 数字化供应链管理的优势及其面临的挑战有哪些？

讨论案例

良品铺子的供应链管理模式

良品铺子概况

良品铺子是一家集休闲食品研发、加工分装、零售服务于一体的专业品牌连锁企业。2006年8月诞生于武汉的良品铺子，十几年来深耕华中地区，辐射全国，遍布华中、华东、华南、西北、西南等各省市。良品铺子作为时尚休闲食品的品牌企业，在行业内享有良好的商誉，得到了广大消费者的认同。

公司销售的产品主要有炒货类、糖果类、坚果类、果干类、蜜饯类、鱼肉类、素食类、糕点类8类食品，精选全球32个产地的食材，产品超过1 000种，口味丰富多样。供应商有数百家，所销售的产品大部分是在国内生产的，也有部分产品直接从海外引进。

良品铺子以提供高品质食品、传递快乐、为提高全球华人健康幸福生活水平而努力奋斗为企业使命，坚持研发高品质产品，不断引入先进的经营管理思想，立志成为全球休闲食品零售服务业的领导品牌。

良品铺子的企业理念与企业愿景

"品质第一"是良品铺子经营管理一直遵从的首要理念，也是良品铺子核心价值观的体现。公司在坚持品质把控的同时，信奉"顾客至上，诚信为本"的经营理念，永远将顾客需求放在第一位，以诚信、真诚的原则为顾客服务，为顾客提供公开透明的交流渠道。良品铺子将这一交流平台建设放在首要位置，进而实现完全的透明化，成为良品铺子打造优势零售品牌的核心竞争力。

习近平总书记强调，"新质生产力是创新起主导作用，摆脱传统经济增长方式、生产力发展路径，具有高科技、高效能、高质量特征，符合新发展理念的先进生产力质态"。新质生产力的显著特点是创新，对此，良品铺子的愿景是力争不断创造新的需求，今后的发展将重点围绕顾客需求展开，深入了解顾客思维模式，研究顾客行为方式，从本质上洞悉市场需求，进而设计出满足顾客需求的产品并提供令顾客满意的服务，掀起休闲食品时尚旋风。

此外，诚实守信是市场经济的基本法则，诚信是商品和服务大范围流通交易、降低制度性交易成本的基本条件，货畅其流、商行天下，靠的就是信用商誉。"品质第一"是良品铺子经营管理一直遵从的首要理念，也是良品铺子核心价值观的体现。基于"传递真诚予顾客，友好合作予供应商"的发展理念，良品铺子对从顾客需求出发到顾客获得产品的过程中所涉及的研发、采购、生产、销售、信息反馈等各个环节进行严格把关，期望通过自身的努力，成为食品行业的标杆，以别具一格的经营理念，携手优秀的供应商以及全方位的专家团队开启休闲食品行业透明、真实，顾客与企业零距离交流的先河，带领良品铺子跻身中国知名品牌行列。

良品铺子的供应链结构

在当今市场环境下，企业与企业的竞争已经转为供应链与供应链之间的竞争，每个企业的运作都隶属于某一个供应链运作的环节。良品铺子十分清楚，它的快速发展得益于在供应链管理上的努力，未来的成长取决于对其供应链的深入掌控和优化。这里，我们可以深入分析良品铺子整个供应链的运作特点，从而发现其内在价值。

图1-7是良品铺子的供应链结构图。从图中可以看出，良品铺子的日常运作所处的供应链共有四层。从下游至上游，依次为零售层、核心企业层、产品供应层以及原材料供应层。

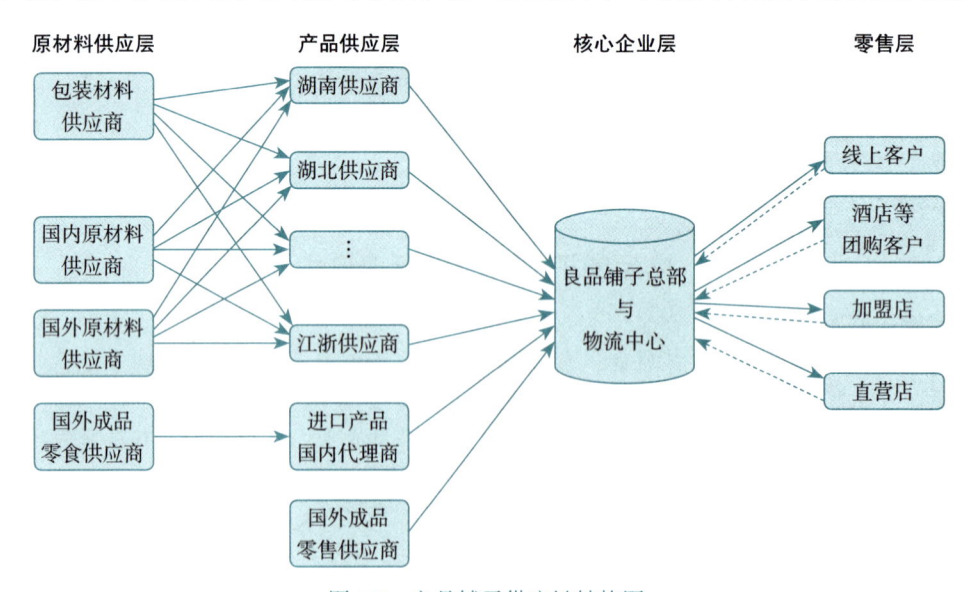

图 1-7　良品铺子供应链结构图

零售层主要体现了良品铺子的销售渠道，包括电子商务中心负责的线上客户、团购部负责的酒店等大批量订单客户，以及营运部负责的加盟店和直营店。

核心企业层即良品铺子所在层，该层对整个供应链的运作起到有效连接上下游的枢纽作用，该层不仅包括汉口总部这个信息枢纽，还包括位于武汉东西湖区的总仓物流中心。

产品供应层决定了整个供应链能够提供给消费者的产品种类以及数量，该层由大量的食品加工工厂组成，包括国内和国外的生产厂。原材料供应层决定了供应链提供给消费者的产品品质的优劣，主要包括产品加工的原料和产成品封装需要的包装材料的供应商，其中包装材料供应商限于国内，而原材料供应商则涉及国内和国外的不同厂商。

整个供应链结构层次特点也存在特殊的情况，如国外成品零食供应商同时存在于上游的两个层面，这是由国内外贸易的复杂性造成的，有时需要第三方经销商的介入，因此增加了供应链结构的复杂性。

从层与层之间的正向物流传递方式看，整个供应链从上游层次之间再到下游各层之间，主要经历了"多对多""多对一""一对多"三种合作形式。实体在各层之间的正向流动主要依赖于第三方物流企业。

原材料供应层和产品供应层之间呈现多对多的网状供应关系，这种网状供应关系最为复杂，而且这种跨省、跨国境的空间交流以及海运、陆运等不同方式的运输更增加了多对多供应方式的管理难度。

产品供应层和核心企业层之间呈现多对一的供应关系，这种供应结构看上去似乎比多对多的供应结构简单很多，但是负责物流运输的公司成员的数量并没有减少很多，相对于多对多的供应关系，多对一主要减轻了交叉关系的处理以及运输规划的错综复杂性。

核心企业层与零售层之间呈现一对多的供应关系，并且这种供应关系是在企业内部发生的，信息透明度更高，分销层次也大大减少。这种供应结构是最为简单的，因为不仅运输路线数量减少了，而且参与物流运输服务的第三方物流企业的数量可以大幅减少，甚至可以独家负责，这样一方面更容易管理，另一方面可以实现规模效应，降低整个供应链的运营成本。

从下游往上游看整条链，可以发现供应链结构的另一个特点，即下游涉及逆向物流，而上游很少涉及。这是连锁行业的普遍特点。在这一特点下，核心企业层需要拥有比上游更强大的物流能力，从实际运营情况看，良品铺子的物流能力的发展的确走在供应链各个个体成员的前列。

最后，从集中与分散的程度看，整个供应链结构下游的集中化程度高，而上游的分散程度高，因此下游更易于实现集中化管理。这主要是因为良品铺子整个核心企业位于下游，而上游较高的分散程度无疑给整个供应链的协同管理带来了困难。因此，作为核心企业，良品铺子应该考虑如何逐步加大上游的集中程度，以促进整个供应链的协同化。

良品铺子供应链的产业覆盖面

良品铺子供应链的覆盖产业范围涉及了多条子链、多个地域和多种行业。根据产品是完全进口、部分进口还是完全国产，良品铺子的供应链可以分为三条子链。完全进口产品的供应链有两种合作方式：一种方式是从国外成品零食供应商直接到良品铺子物流中心，再运至各门店或者通过电子商务部进行线上销售；另一种则是从进口产品国内代理商到物流中心，再配送到良品铺子终端门店进行销售。部分进口产品主要是指原材料需要从国外进口的产品，该产品的供应链结构是最长的，涉及的成员也最多，主要包括国外供应商提供原材料，国内包装生产商提供包装，供应商生产、运送至良品铺子物流中心以及配送至门店和电子商务部进行销售等环节。完全国产产品与进口产品的子供应链的主要区别在于其原材料的采购来自国内。从地域特点来看，良品铺子供应链的业务范围很广，一直扩展到全球范围内的采购，这就造成了各个环节完成时间和不确定性程度的差异。比如，从良品铺子物流中心到门店的配送过程经历的时间最短，而海外原材料的采购所需时间最长，且不确定性程度也最高。国内供应商的采购和国内供应商产品的生产与配送所需时间长度及不确定性水平也不一致，不同供应商的管理水平相差很大。作为链上的核心企业，良品铺子对供应链上游所有企业成员的管控很重要，这也是公司管理的重点，它为保证企业快速成长奠定了良好的基础。从行业种类看，良品铺子的供应链涉及零售业、物流服务业、食品加工业、塑料制品业、纸制品业、养殖业等多个行业，每个行业都处于该供应链上的不同层面，这就导致了其供应链具有明显的多层结构特征。一般来说，多层结构供应链都会存在需求放大效应（长鞭效应），即由于供应链各节点企业都只根据相邻的下游企业的需求信息进行生产或做出供应决策，各企业之间缺少有效的信息沟通，从而造成需求信息失真，导致越往供应链的上游走，需求信息的不真实性程度越高，各层所需维持的库存水平也越高。因此，良品铺子作为供应链的核心企业，采取了各种措施加强各节点企业间的信息共享，从每个子链出发，有效缓解了长鞭效应，进而促进整个供应链的协同管理。

良品铺子供应链合作伙伴的管理

从良品铺子供应链的各个层面涉及的合作伙伴企业来看，除了良品铺子所在层，其余各层均涉及很多个体成员，且种类繁多。

零售层包括线上客户、酒店等团购客户、加盟店、直营店。除了线上销售的客户，这一层的合作伙伴主要是各类终端门店，以连锁零售的模式占据市场，通过扩展门店的销售能力以提高市场份额，满足消费者的各种需求，这样才能扩大公司规模和提高知名度。

直营店和加盟店是良品铺子的主要销售渠道，其客户群体所占比例也是最大的，是最直接体验良品铺子商品品质、服务水平的客户群体，是和良品铺子的销售和品牌形象塑造有着最密切联系的客户群体。在这一层面出现不同种类的销售模式的另一个原因在于零售行业要不断开拓新的销售渠道，实现多元化，满足更多客户的需求。

线上客户的发展迎合了电子商务、网上购物的热潮。相比线下客户，网上销售不受时间、空间限制，同时也节省了门店租金、员工管理等费用，受益群众更广。另外，发展线上客户也有助于扩大良品铺子的知名度，由于良品铺子的主要销售区域是武汉以及周边城市，所以开辟电商销售渠道有益于其扩大连锁门店辐射影响力之外的市场份额，为良品铺子的扩张打下很好的基础。

团购客户主要是指企事业单位、酒店等购买批量较大但频次较低的客户群体，这部分客户是对电商和线下实体店销售客户的一个补充，有利于良品铺子的口碑宣传和塑造其高品质的品牌形象。

由于良品铺子的核心竞争力在于提供多品种的休闲零食，因此这注定了其上游涉及多种多样的供应商，增加了其对供应端的管控难度。在以良品铺子为核心企业的供应链的上游的大部分供应商都是产品生产企业，只有部分进口产品供应商是代理商。按照地域的不同，供应商几乎遍布全国各地，每个供应商提供的产品也互不相同。由于产品无交叉，供应商之间没有同质化的竞争关系。在供应商管理方面，良品铺子允许供应商与其他客户合作，以促进供应商自身的发展。在采购计划上，良品铺子利用先进的信息化系统以电子商务平台的形式与供应商共享销售和库存信息，并提前向供应商下达每月的预估采购量，在双方提前约定的固定的采购周期和到货天数下，保证有效的采购合作。良品铺子视优秀的产品品质为其核心竞争力之一，特别注重培养供应商的质量控制意识，并主动给予指导和相关培训。依靠强大的凝聚力，良品铺子可以为供应商提供互相交流的平台，如定期的供应商大会，帮助供应商共同成长、共同进步，同时也有利于良品铺子宣传自身的发展目标和经营理念。同区域的供应商在今后的发展过程中可以采用共同配送的模式以节约物流成本，这种方式有助于加强供应商之间的沟通与协作。

供应商的上一层即供应商的供应商主要涉及各种产品原材料和包装材料的采购，以及部分海外成品的采购，这一类供应商的客户主要是进口产品的国内代理商。其中包装材料供应商与良品铺子的联系最为紧密。由于良品铺子销售的最终产品都贴有良品铺子自己的商标，直接影响到其品牌形象和品质保证，所以良品铺子对包装材料的要求非常严格。出于地域原因，目前的包装材料供应商并没有统一，一部分是由良品铺子指定的，另一部分则是供应商自己联系的，但这部分包装材料供应商必须通过良品铺子审核后才可以供应包装。原材料供应商并未直接与良品铺子之间形成贸易关系，良品铺子会对上游的产品供应商提出对原材料的质量要求，然后由产品供应商对原材料品质进行实质把关。原材料供应商主要有国内供应商和国外供应商两大类。供应链的上游每一层都涉及多种多样的成员，这给良品铺子的供应链管理带来了难题，如何很好地整合各个层面上的合作伙伴，进而促进整个供应链的协同发展，是公司应该重点关注的问题。

良品铺子的数字化

2012 年之后，休闲零食行业迎来高速增长期，随着大量资本的流入，整个行业进入新零售时代。各大休闲零食零售商也纷纷开始进行"线上+线下"全渠道布局。作为零食行业的领军品牌，良品铺子很早就开始了行动。

2008 年，良品铺子就上线了门店信息化管理系统，实现所有门店在商品、价格、订单上的统一管理，有力支撑了良品铺子门店数量增长战略目标的实现。2009 年，良品铺子上线了仓库信息化管理系统，库存变更实现小时级别，在行业内处于领先水平。2015 年 9 月，良品铺子上线由 IBM 公司和 SAP（思爱普）公司建立的大数据后台系统，实现了供应链的数字化。

随后，2016 年，良品铺子开始构建良品 app，通过 app 将第三方渠道会员向自有渠道进行转移，轻量级会员能够沉淀为重度会员，并向消费者传达其他相关内容。2017 年，良品铺子与阿里巴巴合作上线了智慧门店体系。公司的上游工厂完全按需生产，电商仓库存 18 天，门店库存 17 天，中枢仓库存 10 天，整个周转速度成为行业最快。2018 年 6 月，良品铺子上线智能导购系统，将线上线下会员打通，实现了用户的无缝触达和全面在线。

通过数字化体系的搭建，良品铺子实现了全渠道会员的精准识别和高效运营，构建了一个全融合、高协同的生态圈。在产品端，数字化体系能够实时同步库存数据和顾客反馈，洞察消费者偏好，推动产品优化和迭代。在销售端，数字化体系能够精准洞察消费者的行为，为消费者提供个性化服务。在此过程中，商品流通链路上的效率得到进一步提升。

资料来源：根据咨询报告及搜狐新闻资料整理而成。

问题：在当前数字化时代，你认为该公司的供应链管理还有哪些方面值得改进？

参考文献与延伸阅读

[1] HEIZER J, RENDER B.Production and operations management[M].10th ed.New Jersey：Prentice Hall Press，2011.
[2] FLAHERTY M T.Global operations management[M].New York：McGraw-Hill，1996.
[3] HUGHES J, RALF M, MICHELE B.Transform your supply chain：releasing value in business[M]. London：International Thomson Business Press，1998.
[4] BENDINER J.Understanding supply chain optimization[J].APICS：the performance advantage，1998，1：30-40.
[5] 张申生，等.敏捷供应链管理技术及其在企业中的应用 [C].北京：1998 年 863/CIMS 信息网总网，1998.
[6] 麦肯纳.时间角逐：为永不满足的顾客做准备 [M].周华公，译.北京：经济日报出版社，1998.
[7] 陈禹，王明明.信息经济学教程 [M].2 版.北京：清华大学出版社，2011.
[8] 任守榘，等.现代制造系统分析与设计 [M].北京：科学出版社，1999.
[9] 龙永图."入世"不等于全面开放市场 [J].经济论坛，1999（23）：8-10.
[10] 陈兵兵.SCM 供应链管理：策略、技术与实务 [M].北京：电子工业出版社，2004.
[11] 崔介何.物流学概论 [M].4 版.北京：北京大学出版社，2010.
[12] TOCK J R, LAMBERT D M.Strategic logistics management[M].4th ed.New York：McGraw-Hill，2001.
[13] BOWERSOX D, et al.Supply chain logistics management[M].New York：McGraw-Hill，

2019.
- [14] FLEISCHMANN B, et al.Advances in distribution logistics[M].Berlin: Springer, 1998.
- [15] FRANCIS R L, MCGINNIS L F, WHITE J A.Facility layout and location: an analytical approach[M].New Jersey: Prentice Hall Press, 1992.
- [16] 斯托克, 兰伯特.战略物流管理: 第4版[M].邵晓峰, 等译.北京: 中国财政经济出版社, 2003.
- [17] 巴罗.企业物流管理: 供应链的规划、组织和控制[M].王晓东, 胡瑞娟, 等译.2版.北京: 机械工业出版社, 2006.
- [18] 霍普.供应链管理: 获取竞争优势的科学方法[M].徐捷, 吴琼, 译.北京: 机械工业出版社, 2009.
- [19] AYDIN G.The role of slotting fees in the coordination of assortment decisions[J].Production and operations management, 2009, 18(6): 635-652.
- [20] 杨达卿.供应链为王[M].北京: 中国发展出版社, 2013.
- [21] 谢菲.物流集群[M].岑雪品, 王微, 译.北京: 机械工业出版社, 2015.
- [22] 刘大成, 王荣.数字化时代下全球供应链体系变革[J].供应链管理, 2022, 3(9): 40-50.

第 2 章　供应链管理要素与集成化运行机制

本章重点理论与问题

面对今天市场竞争日益激烈、用户需求的不确定性和个性化增加、高新技术迅猛发展、产品寿命周期缩短和产品结构越来越复杂的局面，企业应该如何应对新的竞争环境，已成为管理理论研究者及实际工作者关注的焦点。供应链管理是为适应这一环境而出现的一种新的管理理念、管理模式，是一种理念全新的以核心企业为中心的企业群的风险共担、利益共享、信息透明的联盟式运营模式。本章从这一大背景出发，在第 1 章给出的供应链管理概念的基础上，进一步阐述供应链管理模式竞争力的来源，分析传统管理模式与供应链管理思想的差异，然后介绍几种供应链管理模式的基本学说，简要介绍供应链管理的 10 个关键要素，最后，从供应链竞争力提升的角度介绍集成化供应链管理的理论模型，并对实现过程进行详细阐述，较为深入地讨论集成化供应链管理运行机制。

2.1　供应链竞争力的影响因素

供应链竞争力可以定义为一个组织通过其供应链设计、计划、组织、执行和监控的能力，以有效和高效的方式满足客户需求，以及与竞争对手相比获得优势的能力。这种竞争力不仅体现在降低成本和提高效率上，还包括提升服务水平、提高市场响应速度、改进产品质量和创新能力等方面。供应链竞争力的核心在于整个供应链网络的综合性能，包括供应商、制造商、分销商和零售商等所有参与方的协同工作。

要想成功地实施供应链管理，使供应链竞争力真正成为在市场竞争中获得竞争优势的武器，就要抛弃传统的管理思想，把企业内部以及节点企业之间的各种业务看成一体化的整体流程，形成集成化供应链管理体系。通过采用信息技术和现代管理技术，将企业生产经营过程中的人、技术、经营管理三要素有机地集成并优化运行，进而通过对生产经营过程的物料流、管理过程的信息流和决策过程的决策流进行有效的控制与协调，将企业内部的供应链与企业外部的供应链有机地集成起来进行管理，以适应新的竞争环境下市场对各个企业生产和管理过程提出的高质量、高柔性和低成本的要求，最后才能实现供应链全局动态最优的终极战略目标。

为了准确理解及建立优化的供应链运行机制，理解供应链管理要素的组成部分及作用，首先需要了解和掌握供应链竞争力的来源及影响因素。关于供应链竞争力的影响因素，很多人从不同的角度进行了阐述，本书将从影响供应链竞争力的资源属性和管理属性两个视角，讨论供应链竞争力的来源。

2.1.1 影响供应链竞争力的资源属性

如同第1章的分析，为了应对21世纪的市场竞争，企业抛弃了传统的"大而全、小而全"的纵向一体化管理模式，转而采用以本企业的核心业务为中心，整合社会资源灵活应对市场竞争的方式，组成以供应链为特征的管理模式，形成了供应链管理思想，这已成为世界各国企业的共识。那么，为什么供应链管理能够带来竞争力的提升呢？

原因之一是供应链管理模式在资源整合的模式上不同于传统的管理思维方式，进而形成了自己独特的竞争力。

1. 深耕某一领域而获得独特优势

在传统的"大而全、小而全"的纵向一体化管理时代，企业几乎拥有生产产品所需的全部资源，换句话说，企业需要将自己的资金投入各个领域，因此背上了沉重的包袱，从而失去了灵活性。而在供应链管理理念的指导下，企业开始寻求在某一专业领域的深度发展，深耕某一领域，将自己的产品（材料、零件、部件等）做专做精。专注于某种材料或零件的经营，可获得成本及技术优势，由此形成自己独有的竞争力。比如在汽车行业，某变速箱制造商专门生产变速箱，因此具有产品优势（技术、成本、更新换代等方面），优于整车厂自己生产的变速箱。变速箱制造商的产品是面向全社会不同整车厂的，其市场规模远大于整车厂自己生产变速箱的规模，因此具有成本优势。此外，它必须专注于变速箱的研发，不断开发技术领先的下一代新产品，甚至可以引导整车厂采用其新的变速箱，从而具有更强的竞争力。

2. 比较优势

企业有大有小、有强有弱，传统的观点一致认为大企业占尽优势，小企业只是任人宰割的弱势群体。但是在供应链管理时代，那些拥有独特优势的小企业则具有一种比较优势，即在某种零件的专业化生产上具有独特优势，这就为专业化生产的小企业带来了生存和发展的空间，有些主机厂甚至到了离不开小企业的境地。

3. 投资风险分担

企业要想适应客户的个性化需求，就要不断投入资金开发新产品。在传统的"大而全、小而全"组织模式下，大大小小的创新都必须由本企业投入资金，一是负担过重，二是企业无法承担持续投入的强度，不少这样的企业被市场淘汰。而在供应链组织模式下，一个产品的不同构成部分是由众多供应商分别供应的，每个供应商都必须承担本企业所在领域创新与开发的投入，这样就分担了主机厂单独应对市场升级的投资风险。

4. 资源的社会化应用

供应链系统是由不同企业组成的动态联盟，它在不同的市场竞争环境下组成以某个主机厂为核心的供应链系统，核心企业可以根据需要任意组合供应商和分销商及零售商。一旦市场环境变了，企业则可以根据新的市场需求再进行重新整合，因此，围绕核心企业构建的供应链具有灵活多变的能力，柔性及响应性都能获得提升，而且代价小、收益大。

以上就是从资源整合的角度对影响供应链竞争力的资源属性所做的分析。

2.1.2 影响供应链竞争力的管理属性

从供应链的结构模型可以看出，供应链系统集合生产所需要的各种不同的大大小小的企业，就像一个复杂、精密的大机器。只有保证供应链系统上的每一个组成部分都能协调运转，才能获得资源整合的最大产出效率。由此可知，供应链竞争力的另一类影响因素就是对供应链的运行管理，如果管理不到位，资源整合的优势不但不能发挥出来，反而会使供应链的竞争力大打折扣，这就是影响供应链竞争力的管理属性。

从影响供应链竞争力的管理属性上看，有如下几个方面的影响因素。

1. 协调一致的行动

从资源整合与应用的角度看，供应链系统具有的优势远大于传统的"大而全、小而全"模式，但是必须有先进的管理体系，才能让资源属性的优势发挥出来。为此，从供应链管理属性上看，首先需要提高供应链系统中每一个参与者的协调运作能力，使每一个独立的利益主体（参与者）的行动与供应链（群体）的总目标协调一致，这样才能保证供应链上各个独立的个体产生的效益大于单一主体企业（即采取"大而全、小而全"模式的企业）的效益，这是供应链制胜的根本。采取何种管理方法体系才能实现供应链的协调运行，是供应链竞争力的关键影响要素。

2. 有效的激励策略

为了实现供应链协调一致地运行，必须调动合作企业的积极性，这是供应链获取竞争力的管理上的制度保障。由于供应链上的每一个合作企业都有各自的利益诉求，因此不能依靠每个企业家的道德水平和思想认识来保证供应链的协调运行，必须研究出适合供应链的激励机制，让合作伙伴具有参与供应链并与之协同配合的主观上的意愿，这样才能获得持久的、事半功倍的效果。

3. 多角色整合者

作为供应链运行的资源整合者（即核心企业、链主），其在供应链运营管理中既是一个多角色整合者，同时还是一个供应链的利益分配者。供应链的多角色整合者必须使供应链的参与者有一个合理的、可预见的预期，即通过与本企业的供应链合作，它们能够获得预期的利益，使整个供应链取得帕累托改进。只有这样，才能保证这些参与者能够且愿意与供应链总目标协调一致，否则将给供应链的协调性带来负面影响，最终削弱供应链的竞争力。

4. 有利的宏观产业政策和宏观管理环境

在影响供应链竞争力的管理属性的因素中，除了供应链系统内的管理水平外，外部的宏观产业政策和宏观管理环境对于供应链竞争力的形成也有着重要影响。宏观产业政策和宏观管理环境要有利于供应链企业对社会资源的整合，在税收、融资、信息化、产业基础甚至地理空间环境（便捷的物流通道）上，都要有良好的宏观环境，这样才能促进本地区企业供应链的形成，通过供应链的竞争力带动本地区的经济发展。

以上就是从资源属性及管理属性两个视角对影响供应链竞争力的诸多要素的分析。需要特别强调的是，影响供应链竞争力的资源属性和管理属性是密不可分的集合体。失去了资源整合的支撑，供应链就失去了存在的根基和比较优势，但是若没有对供应链的有效的管理，那么资源属性也无法形成现实优势。因此，供应链竞争力的双属性是一个完整的概念。

下面，我们将从提高供应链管理效率和水平的角度，细分供应链管理的组成要素，研究供应链管理最佳运作机制等问题。

2.2 供应链管理体系的组成要素

2.2.1 供应链管理与传统企业管理的区别

从供应链管理思想产生的过程可以看出，它与传统的企业管理思想有着根本性差异，由此形成的管理模式也有很大区别。虽然对管理模式没有统一的定义，但是在表述管理模式时一般需阐明三个关键问题：管理对象是谁？管理过程中要协调的关系是什么？依靠什么力量达到管理目标？表 2-1 从管理对象、协调关系和管理驱动力来源三个方面进行了简单对比，可以看出供应链管理的理论基础及运作动力完全不同于传统企业管理。

表 2-1 供应链管理与传统企业管理的主要区别

比较项目	传统企业管理	供应链管理
管理对象	单一企业	围绕核心企业的企业群
协调关系	协调企业内部各部门之间的关系	协调企业与企业之间的关系
管理驱动力来源	依靠自上而下的行政权力	依靠利益共享的整合管理

将表 2-1 中的内容再分解一下，可以看出供应链管理所具有的特点。

（1）供应链管理将供应链中所有参与的企业看成一个整体，供应链管理涵盖整个链上从供应商到最终用户的采购、制造、物流、分销、零售等职能领域过程，认为供应链是由若干相互依存的企业构成的组织形态。

（2）供应链管理强调和依赖战略管理。"供应"是整个供应链中节点企业之间事实上共享的一个概念（任意两个节点之间都是供应与需求关系），同时它又是一个具有重要战略意义的概念，因为它影响甚至决定了整个供应链的成本和市场占有份额。

（3）供应链管理的关键是对所有相关企业采用集成的管理思想和方法，而不仅仅是把各个节点企业的资源简单地连接起来，或者将业务外包出去。

（4）供应链管理强调在企业间建立合作伙伴关系，通过提高相互信任程度和合作关系水平，提高整个供应链对客户的服务水平，而不是把企业之间的业务往来仅仅看作一次商业交易活动。

（5）供应链管理强调合作伙伴之间的协调与激励，这是最具挑战性的任务。强调跨组织的合作，促进供应链上下游各方之间的协同和信息共享，以提高整个供应链的竞争力。如果没有供应链企业之间的协调运作，供应链管理的目标都是很难实现的。这种协调运作必须靠激励机制保证，这是供应链运作管理面临的最具挑战性的问题。

2.2.2 供应链管理体系的构成

随着对供应链管理思想认识的加深，人们开始从整个供应链的角度研究供应链管理的组成要素问题，即供应链管理包含哪些组成部分。虽然不少研究者和实践家提出了不同的学说，但到目前为止还没有一个能被人们共同接受的、将供应链管理有关要素描述清楚的体系。这个问题至今仍然是困扰管理人员的主要难题之一。归纳起来，目前描述供应链管理体系的典型的模型有如下几个。

1. 供应链管理架构的 SCOR 模型

在描述供应链管理要素组成架构上，美国生产与库存控制学会（American Production and Inventory Control Society，APICS）支持开发的**供应链运作参考模型**（supply chain operations reference model，SCOR 模型）是目前影响较大的一种模式。SCOR 模型的第一层描述了六个基本流程——计划、采购、生产、交付、退货和使能，定义了 SCOR 模型的范围和内容，如图 2-1 所示。[①]

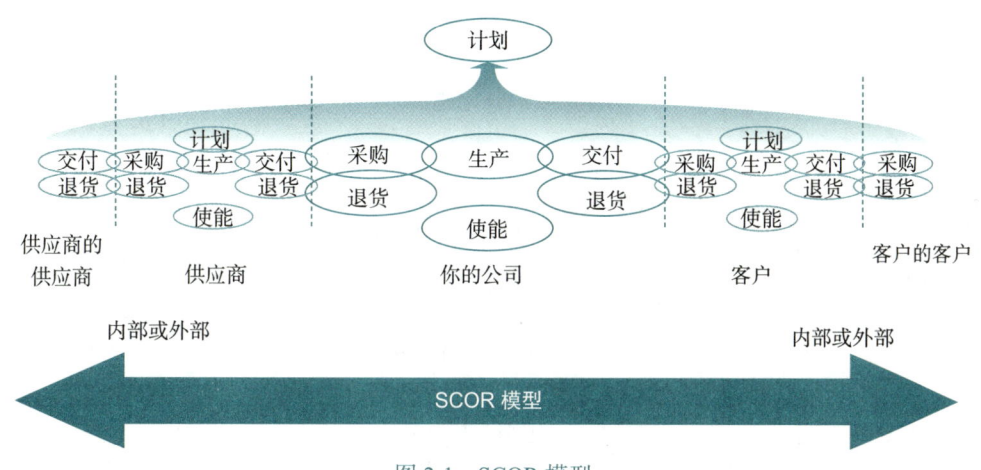

图 2-1 SCOR 模型

SCOR 模型是一个典型的供应链流程模型，已经比较广泛地应用于分析企业供应链运行的问题、制定管理流程改进措施等领域，帮助优化供应链运行管理、提高供应链管理绩效等。SCOR 模型还被用于对某个行业同类型企业的供应链运作绩效进行量化分析，找到本企业改善的标杆及最适宜的供应链管理方法。

2. 供应链管理的八流程模型

美国俄亥俄州立大学的道格拉斯·兰伯特（Douglas Lambert）教授及其研究小组提出了供应链管理的三个基本组成部分及八个运作流程。与供应链管理有关的三个基本组成部分是：供应链的网络结构、供应链的业务流程和供应链管理元素，具体内容如下。

（1）供应链的网络结构，主要包括：工厂选址与优化；物流中心选址与优化；供应链网络结构设计与优化。

（2）供应链的业务流程，主要包括：客户关系管理（CRM）；客户服务管理；需求管理；订单配送管理；制造流程管理；供应商关系管理；产品开发与商业化；回收物流管理。

（3）供应链管理元素，主要包括：运作的计划与控制；工作结构设计（指明企业如何完成工作任务）；组织结构；产品流的形成结构（基于供应链的采购、制造、配送的整体流程结构）；

[①] SCOR Version 12.0，2017，http://apics.org/scor.

信息流及其平台结构;权力和领导结构;供应链的风险分担和利益共享;管理方法;文化与态度。

图 2-2 展示的是供应链管理中的八种业务流程和其他相关要素的框架模型。

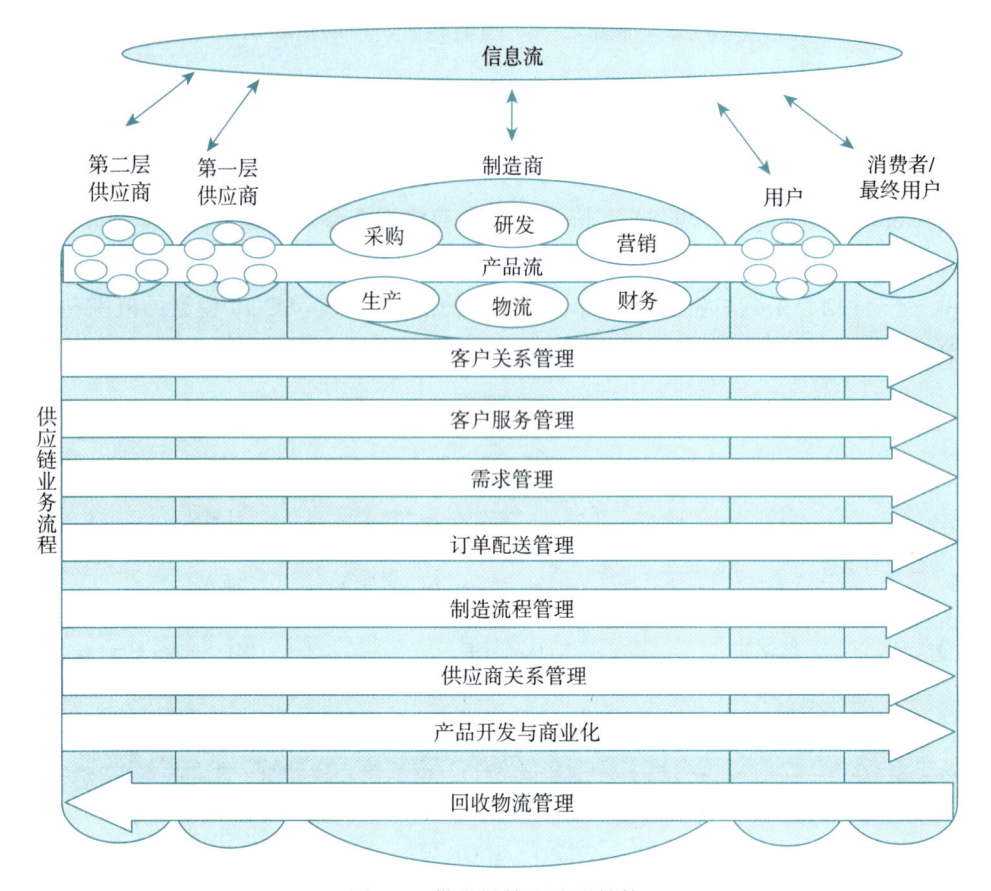

图 2-2 供应链管理流程结构

资料来源:LAMBERT D M, COOPER M C, PAGH J D. Supply chain management: implementation issues and research opportunities [J]. The international journal of logistics management,1998,9(2):1-20.

3. 供应链管理系统模型

还有研究人员从计算机信息系统的角度给出供应链管理构成要素,被称为供应链管理系统模型。所谓供应链管理系统模型,是指采用系统工程理论、技术与方法,借助计算机技术、信息技术等建立的用于支持供应链管理的信息系统。供应链管理系统模型结构包括计划和执行两个层次。计划用于供应链的计划和协调,执行是对顾客订货的处理、配送、采购等作业活动。

供应链管理系统模型结构如图 2-3 所示。

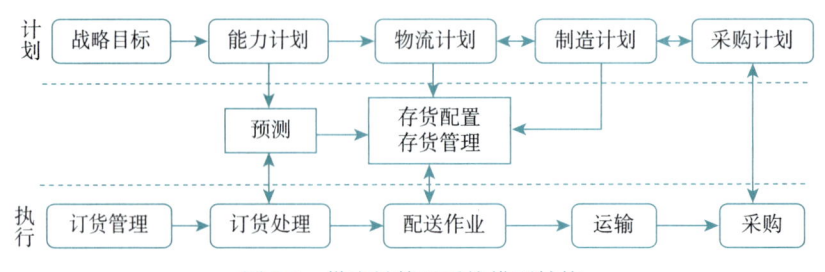

图 2-3 供应链管理系统模型结构

基于大多数研究和企业实践的结果，本书将从集成化供应链管理的视角和管理职能出发，把供应链管理的构成要素归纳为七大管理领域：需求管理、计划制订、生产、订单交付（fulfillment）、物流管理［包括逆向物流（revers logistics）］、采购以及信息支持平台（information support platform）。七大管理领域的结构关系如图2-4所示。

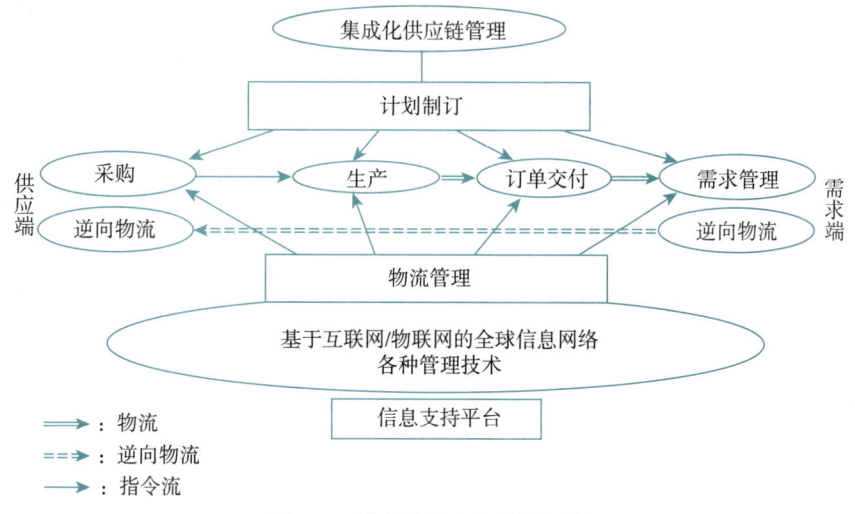

图 2-4　供应链管理涉及的领域

综合上述内容，供应链管理就是以同步化、集成化生产计划管理为指导，以各种管理技术尤其是信息技术和网络技术为依托，围绕需求管理、采购、生产、物流管理、订单交付等职能进行的计划、组织、指挥、协调与控制活动，其目标在于提高用户服务水平和降低总交易成本，并且寻求这两个目标之间的最佳平衡。

以需求管理、计划制订、物流管理、采购、订单交付这几个领域为基础，可以将供应链管理细分为基本职能领域和辅助职能领域。基本职能领域主要包括产品开发、产品技术保证、采购、供应商管理、制造、生产控制、库存控制、分销管理、市场营销等。辅助职能领域主要包括客户服务、仓储管理、会计核算、人力资源管理、信息支持等。

供应链管理呈现出端到端（end-to-end）的特征。供应链管理关心的并不仅仅是物料实体在供应链中的流动，除了企业内部与企业之间的运输、仓储和实物分销以外，还涉及从需求端到供应端的与供应链运营相关的管理要素，主要包括以下内容：

- 战略性供应商和用户合作伙伴关系管理；
- 供应链产品需求预测和需求计划管理；
- 供应链的设计（节点企业、资源、设备等的评价、选择和布局）与优化；
- 基于供应链管理的产品设计与制造管理、集成化的生产计划、跟踪和控制，以及企业内部各工序及企业之间物料供应与需求同步管理；
- 基于供应链的用户订单交付、用户服务和物流（运输、库存、包装、配送等）管理；
- 企业间的资金流管理（融资、汇率、资金使用成本等问题）；
- 供应链企业间的信息交互管理。

总成本（total owned cost，TOC）是指从原材料到最终产成品的费用总和，又称为总拥有成本。供应链管理注重总成本与用户服务水平之间的关系，为此要把供应链各项职能活动有机地结合在一起，从而最大限度地发挥出供应链整体的力量，达到供应链企业群获益的目的。

2.2.3　供应链管理的 10 个关键要素

为了便于读者从整体上了解供应链管理构成要素，根据上面提出的供应链管理构成要素的情况，我们归纳了不同学者的理论研究及企业家的实践成果，将供应链管理涉及的要素总结为 10 个主要组成部分，如图 2-5 所示。它们分别是：需求管理、供应链生产与计划管理、采购与供应管理、供应链网络设计、供应链合作伙伴关系管理、供应链库存管理、物流管理、供应链信息流管理、供应链企业的组织与绩效管理、供应链风险管理。下面分别加以阐述。

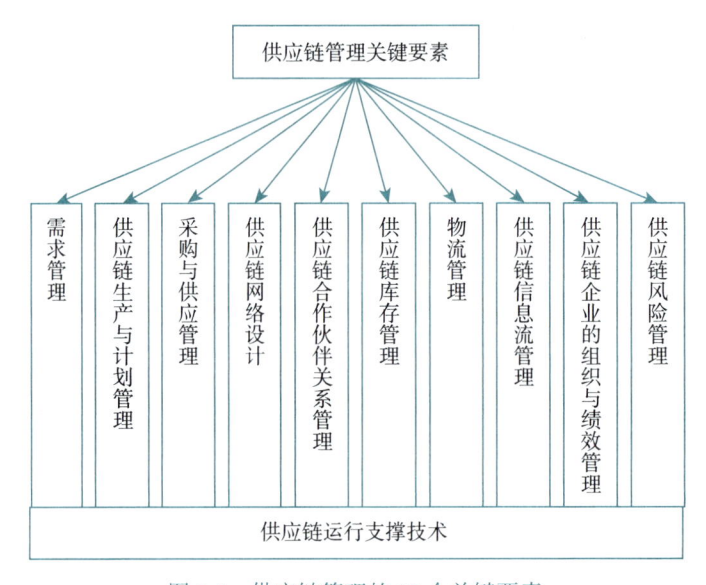

图 2-5　供应链管理的 10 个关键要素

1. 需求管理

供应链管理的产生就是为了应对当今社会高新技术迅猛发展、市场竞争日益激烈、产品寿命周期缩短、产品结构越来越复杂、用户需求的不确定性和个性化增加的复杂环境，因此供应链管理必然是以客户需求为导向的。

为了提高客户满意度，供应链企业必须同时做好线上和线下全渠道的客户需求管理工作，使供应链的运营能够围绕客户需求进行。供应链企业必须采用先进的需求管理和预测技术，将互联网时代的碎片化需求整合起来，这样才能准确掌握客户需求信息和客户动态，为客户提供便捷的消费渠道，快速响应客户的个性化需求，始终如一地为客户提供优质、可靠的产品和服务。

2. 供应链生产与计划管理

供应链生产与计划管理在整个供应链系统中处于中心位置，是连接所有相关的供应链企业生产系统与市场的枢纽，是供应链管理中最重要的要素之一。供应链计划的制订一般由核心企业主导，它的主要功能有：①定义供应链活动范围；②规划供应链企业的客户订单**承诺**能力（available-to-promise，ATP）、多供应商物料需求计划、配送需求计划（distribution requirement planning，DRP）、集中与分散交货计划、订单交付周期压缩计划等；③制订主生产计划（master production schedule，MPS），包括需求预测和需求管理、主生产计划编制、制造支持、减少库存资金占用、供应链需求反查功能、物流资源匹配支持等。整个供应链的生产活动都按照它发出的指令运行。供应链生产与计划管理着眼于优化整个供应链，涉及原材料供应、产品制造、订单交付、产品配送的全过程的管理。

3. 采购与供应管理

供应链管理中的采购与供应管理是指通过供应商寻源、物料采购并维持一定量的库存来确保供应链的生产与订单交付。

首先，企业要根据市场需求及企业生产策略，在供应端寻找最合适的供应商（寻源），在备选的供应商中选择最适合本企业供应链的供应商，确定双方的供需关系、签订采购订单；其次，根据采购订单分批或整体采购物料，并根据生产进度配送到各个环节的生产线，以此保证物料的供应；再次，企业应与供应商保持战略性的合作关系，双方共同承担供应链上的风险，共享供应链的收益；最后，从企业供应链发展战略的角度，着力培育供应商、扶持供应商，为供应商开发新产品提供机会和保障，这是规避供应链风险、提高供应链竞争力的重要工作之一。例如，在目前地缘政治等情况的影响下，为了打破西方国家对我国供应链的打压，很多行业都在培育国内的隐形冠军企业，为"专精特新"的供应商提供支持，解决"卡脖子"的关键零部件的供应问题。

4. 供应链网络设计

供应链网络系统是为客户提供产品生产和服务的物质基础，通常是指由工厂、车间、设备、仓库、配送中心等实体构成的一个有机体系，是实现企业产品物流和配送活动的载体。供应链网络设计是指根据服务于用户的需要，运用科学的方法确定各种设备设施和仓储库房等的数量、地理位置与规模大小，并对各个设备设施所服务的市场（服务对象）范围进行划分，使之与供应链的整体经营运作系统有机结合，以实现高效、经济的供应链运作。供应链网络设计对设备设施的全局性布置以及投产后的生产经营费用、产品和服务的质量及成本都有极大而长久的影响。

不同行业的供应链网络对其功能的需要也不同。因此，供应链网络将根据不同的市场环境进行合理规划和设计，如响应型供应链、效率型供应链、敏捷供应链等。无论哪种功能类型的供应链网络，有关定位、能力及设施柔性的决策对供应链效率与响应速度都有很大的影响，保证供应链网络决策的合理性和正确性是供应链正常运行的前提。因此，供应链网络设计成为供应链管理的重要组成部分。

5. 供应链合作伙伴关系管理

为了降低供应链总成本和供应链上的库存水平，增强信息共享水平，改善相互之间的交流，保持战略伙伴之间业务流程运作的一贯性，必须管理好供应链企业间的合作伙伴关系。供应链上的每个节点企业要想实现财务状况、质量、产量、交货、用户满意度以及业绩的改善和提高，都必须着眼于与合作企业建立起合作伙伴关系，而不能仅停留在一般的交易关系上，也不能仅从自身利益最大化出发。只有供应链的整体竞争力提高了，企业才能从中获得成长。供应链的绩效是以供应链成员企业之间充分信任和相互合作为基础的，可以说，供应链管理就是合作伙伴关系管理。

强调供应链合作伙伴关系，除了强调其作为供应链协调运作的基础与保障、共同分担供应链上的风险之外，还有另一层更重要的理念，即与合作伙伴分享供应链的总体收益，使供应链上的每一个成员都能够在供应链整体价值增加的情况下获得自己应得的那份收益。这就是人们常说的风险共担、收益共享，这是保证供应链协调运作的核心价值观。

6. 供应链库存管理

在日常的生产经营活动中，经常会出现由各种不确定性问题导致的物料供应中断，如原材料延迟到达、机器故障、产品质量存在缺陷、客户订单突然取消等。为了抵御这些不确定因素对供应链整体的影响，企业管理者必须配置一定量的库存（如原材料、半成品和成品等不同形态的物料）以吸收和平衡随机波动因素带来的损失。因此，很长一段时间以来，企业为了提高客户订单准时交付率，常常要维持足够的库存量（作为安全缓冲），这样，即使供应链上的企业出现了问题也不会过于影响整个供应链的服务水平。

然而，提高库存水平必然导致库存持有成本上升，过高的库存水平对供应链效率与成本都有巨大的影响，因此如何协调好物料采购、控制好供应链中的库存水平、保证供应链的物料供应等，一直是供应链管理的重要组成部分。

供应链的库存管理，必须贯彻端到端的思想，即要从整个供应链的全过程物料管理，控制各个环节的库存，包括原材料库存、在制品库存、成品库存以及在途库存等，才能实现供应链总库存成本最低。这就要求供应链的管理者实时采集供应链各个环节的库存数据，感知供应链的运转情况及库存动态，进而做出如何补充库存的决策，目的是既能保证供应链的运转，又能降低供应链库存成本，如图 2-6 所示。

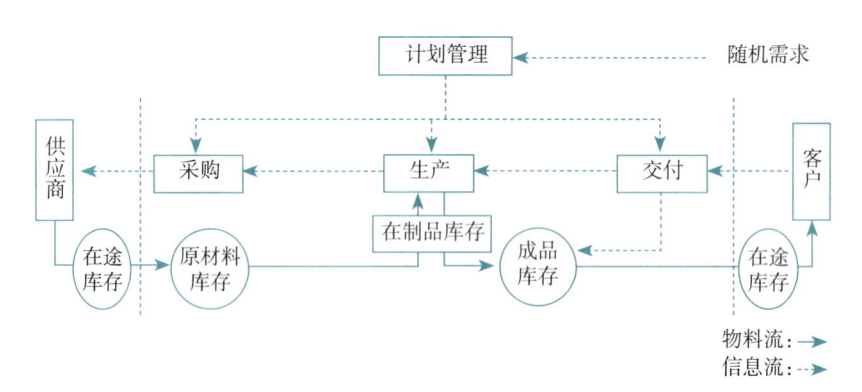

图 2-6　库存在供应链管理中的角色定位

7. 物流管理

在传统的企业管理体系中，物流仅仅被当作企业经营活动中的辅助内容，许多企业并不关注物流管理，缺乏战略性的物流规划和运筹优化。有的企业之所以缺乏整体竞争力，原因之一就是它们的物流体系不通畅，导致产品配送受阻，影响了产品的准时交货。

传统的企业管理者只重视产品生产，而对保证生产正常进行的其他支持系统重视不够。例如，有的企业没有建立有效的供应物流协同管理体系，导致外购材料或零部件缺件，从而延误产品总装配活动，进而影响产品的按期交付。再如，有的企业没有建立敏捷的客户响应系统，产品不能及时、准确地配送到客户手中，企业的服务跟不上客户的需求，特别是在电子商务和 C2M 的环境下，供应链物流系统的末端配送水平直接影响客户的体验。供应链管理理论认为，要想使自己的供应链系统产生超常的竞争优势，就要显著提高企业在成本、质量、时间、服务、灵活性上的竞争优势，这就需要从企业战略的高度对供应链物流系统进行规划和管理，把供应链管理战略通过物流管理落到实处。因此，供应链管理的理论研究与实践都将物流管理作为重要内容。

8. 供应链信息流管理

信息流是供应链上各种计划、订单、报表、库存状态、生产过程、交付过程等指令和其他关键要素相互之间传递的数据流，包含整个供应链中有关库存、运输、绩效评价与激励、风险防范、合作关系、设施和客户的信息以及对信息的分析。因为信息流直接影响着物流、资金流、商流及其他关键要素的运行质量，所以它是供应链性能改进中最重要的要素。对信息流的有效管理，也就是在供应链各个环节之间有效地管理和协调信息的流动，能够保证供应链端到端的透明度，提高可视性，使企业对市场需求的响应更快、资源利用率更高。

信息技术的发展进一步增强了企业应用供应链管理的效果。成功的企业往往通过信息技术来支持和发展其经营战略。信息技术对于整个供应链会产生重大的影响，对于实现供应链的透明度、降低运营成本、提高客户满意度以及增强供应链的灵活性和竞争力至关重要，这种影响还主要表现在以下方面：

- 帮助企业与客户建立新型伙伴关系，更好地了解客户和市场需求；
- 有利于进一步拓宽和开发高效率的营销渠道，有助于改变供应链的构成，使商流与物流达到统一；
- 重新构筑企业或企业联盟之间的价值链。

供应链信息流管理的成功实施需要跨部门和跨组织的紧密合作，以及对信息技术的有效利用。随着数字化技术的发展，供应链信息流管理的能力将进一步增强，为企业带来更大的竞争优势。

9. 供应链企业的组织与绩效管理

现代管理学认为，组织创新是企业核心能力的构成要素之一，是提高企业组织效率、管理水平和竞争力的有效措施。今天，随着互联网及网络技术的出现，企业的供应链管理又再一次发生了变化。目前，世界上不少企业为了提高供应链的效率与响应速度，对企业供应链管理模式，特别是企业的组织结构形式进行了不断研究、探索与实践。供应链组织创新是企业组织优化的重要组成部分，而且这种优化超越了企业的边界，连接起供应链的上下游企业，致力于形成一种现代的、能够支持整个供应链管理的全新组织体系，不但对提高供应链的竞争力起着非常重要的作用，而且创造了新的组织管理理论。

从系统分析角度来看，供应链绩效评价与激励是供应链管理中的一项综合性活动，涉及供应链各个方面的情况。供应链绩效评价的目的主要有两个：一是判断各方案是否达到了各项预定的性能指标，能否在满足各种内外约束条件下实现系统的预定目标；二是按照预定的评价指标体系评出参评方案的优劣，做好决策支持，帮助管理者进行最优决策、选择系统实施方案。

供应链激励的目标主要是通过某些激励手段，调动合作双方的积极性，兼顾合作双方的共同利益，消除由于信息不对称和不道德行为带来的风险，使供应链达到协调运作，消除双重边际效应，实现供应链企业共赢的目标。

通过建立供应链绩效评价与激励机制，管理人员围绕供应链管理的目标对供应链整体、各环节（尤其是核心企业）的运营状况以及各环节之间的营运关系等进行事前、事中和事后分析评价。如果供应链绩效评价与激励机制设置不当，系统将无法正确判断供应链的运行状况，不利于各成员合作关系的协调。因此，保证供应链绩效评价与激励机制的合理性和一致性是供应链运行的关键。

10. 供应链风险管理

在供应链管理的实践中，存在很多导致供应链运行中断或其他异常情况的风险。例如，2000年3月美国新墨西哥州飞利浦公司第22号芯片厂的车间发生的火灾，2001年9月11日在美国发生的"9·11"恐怖事件，2011年的日本大海啸，以及近年的新冠疫情等，都曾经导致供应链运行中断，给企业、国家和世界经济造成了很大的创伤，甚至是致命的打击。因为企业的供应链是环环相扣的，任何一个环节出了问题，都可能影响供应链的正常运作，而这些事件的发生具有极大的不确定性和偶然性，是无法预知的，因此，供应链风险管理是企业管理者必须充分重视的内容。

建立供应链风险防范机制和管理体系，能够使供应链系统在受到内外部各种风险因素的影响时仍然良好、稳健地运行。也就是说，供应链管理通过风险防范机制和有效的应急响应机制，能够快速地应对无法预测的风险，以最低成本最有效地保证供应链正常运行。如果供应链风险防范机制和应急响应机制运行不好，一旦外界发生了变化，供应链系统将可能受到严重干扰，甚至会瘫痪，根本无法运作。因此，供应链风险管理机制设置的合理性和灵活性是供应链正常运行的保证。与此相关的内容在稍后的章节中有更为详细的论述。

21世纪，企业的成功与否关键在于供应链管理的成功与否，而供应链管理的成功与否取决于人们对供应链管理系统的结构与思想的认识和把握，全面构建供应链管理系统的关键要素体系是供应链有效运行的前提和保障。

📋 供应链聚焦

波司登公司建立了供应链、供应商、工厂三方信息交互平台，实现了数据在线管理，拉通了研产－商品－市场再到供应链端到端的核心业务，实现在线协同。

（1）供应商全生命流程在线化管理，构筑数据智能分析系统；
（2）采购需求在线查看，可以对需求进行自动汇集与计算，实现智慧采购；
（3）生产技术资料实现云端共享，资料在线管理，各管理角色按需使用；
（4）构建S&OP（销售与运营计划）一体化数字系统，实现数据共享，一体化运作；
（5）研产协同工作全程在线化、数据透明化，实现材料、工艺、技术标准化。

这样一来，波司登公司实现了从客户到自身工厂和上游供应商的整个供应链的协同管理，通过供应链数字化支撑系统，实现了产地可干预、质量可溯源、产量精准可控、流程透明可视，最终使供应链达到全程、全面协同，快速满足消费者需求。

资料来源：长三角供应链创新联盟，长三角供应链创新与应用优秀案例集（2022），2022年。

2.3 供应链管理集成化运行机制

从影响供应链竞争力的因素看，加强供应链系统内各个组成部分的协调一致性是至关重要的一环。对一个由各种不同利益主体组合在一起的具有离散特征的体系来说，如何使其步调达到基本的一致性，是保证供应链达到预期管理目的的重要问题。否则，这些离散的个体各行其是，将会使供应链的运作效率大大降低，最终影响所有参与者的收益。因此，从保证供应链整体效益的角度看，供应链运作管理的核心是使上下游企业间的物流、信息流、资金流（即人们通常所说的"三流"）实现**集成化运作**（integrated operation）。其目的可以从两方面来理解和阐释：一是通过产品（技术、服务）的扩散机制来满足社会的需求，也就是之前所阐述的整合社会资源达到预期目的；二是通过合作－竞争机制来壮大企业的竞争实力（"合作"指的是协调一致，"竞争"指的是优胜劣汰，淘汰那些不能与供应链保持协调一致的企业）。可见，供应链管理实际上是一种基于"竞争－合作－协调"机制的、以分布企业集成和分布运作协调为保证的新型企业管理模式。

因此，建立一个能使供应链上的所有企业协调一致的、集成化的运行机制，就成为实现供应链管理目标的最基本的任务。

2.3.1 集成化供应链管理理论模型

集成化供应链管理（integrated supply chain management，ISCM）指的是通过跨功能和跨组织的合作与协调，将供应链的各个环节紧密地整合在一起，以提高整个供应链的效率、降低成本并提升客户满意度。这种管理模式强调整个供应链作为一个统一的系统来进行规划和控制，使供应链上各个离散的参与者能够按照统一的目标协调运作，而不是将每个环节分开管理，力图达到单一企业管理条件下的运作效率。也就是说，通过集成化的供应链管理，供应链系统能像集团军那样，全军上下统一号令、一致行动，以获得最大的战果。

集成化供应链管理理论模型如图 2-7 所示。

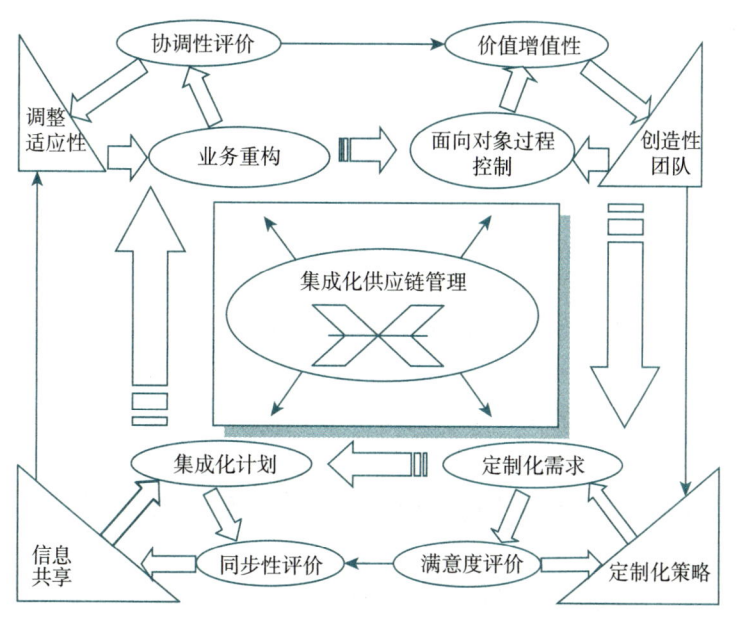

图 2-7 集成化供应链管理理论模型

集成化供应链管理的核心是：由定制化需求—集成化计划—业务重构—面向对象过程控制组成的第一个循环（运作循环）；由定制化策略—信息共享—调整适应性—创造性团队组成的第二个循环（策略循环）；在运作回路的协调性评价—价值增值性—同步性评价—满意度评价形成相应的管理性能评价与提升回路（性能评价循环）。集成化供应链管理围绕这三个大循环展开，形成一个协调的整体。集成化供应链管理的目标是创建一个高效、协调一致、响应迅速的供应链网络，以应对不断变化的市场需求和复杂的全球化挑战。通过集成化管理，企业可以实现成本节约、库存减少、交付时间缩短和客户服务改善等。

在三个大循环的基础上，集成化供应链管理又可以进一步分为四个管理回路，分别如下所述。

（1）调整适应性—业务重构—协调性评价回路，主要涉及供需合作关系、战略伙伴关系、供应链（重建）精细化策略等问题。

（2）面向对象过程控制—价值增值性—创造性团队回路，主要涉及面向对象的集成化生产计划与控制策略、基于价值增值的多级库存控制理论、资源约束理论在供应链中的应用、质量保证体系、群体决策理论等。

（3）定制化需求—满意度评价—定制化策略回路，主要涉及用户满意策略与用户满意评价理论、面向定制化的产品决策理论研究、供应链的柔性敏捷化策略等。

（4）信息共享—集成化计划—同步性评价回路，主要涉及准时制供销一体化策略、供应链的信息组织与集成、并行化经营策略。

先进的信息技术（如供应链管理软件、云计算和大数据分析等）能实现供应链各环节的信息共享和实时通信，信息技术整合是实现供应链透明度和协调性的关键，它可以帮助供应链伙伴实时监控库存、生产进度和物流状态，从而更快地响应市场变化。

2.3.2 集成化供应链管理的问题

要实施集成化供应链管理，就必须面对和解决供应链中存在的许多问题，比较典型的问题包括：供应链企业间的合作关系不紧密；供应链的总成本过高（占净销售额的 5%～20%）；供应链库存水平居高不下；供应链信息共享性较差，经常出现信息被扭曲的现象；订单交付不及时；企业与企业之间协同性较差；缺乏应对不断增加的客户需求不确定性的影响的能力；采购价格和汇率的影响；客户需求越来越个性化，要求越来越高等。

为了解决这些问题，真正实现集成化供应链管理，企业要实现以下几个方面的转变：

- 企业要从供应链的整体出发，全方位考虑企业内部的结构优化和供应链结构优化的匹配问题；
- 企业决策者要转变思维模式，从纵向的一维空间思维向纵横一体的多维空间思维方式转变；
- 企业要放弃"大而全、小而全"的封闭经营思想，向与供应链中的相关企业建立优势互补的战略合作伙伴关系转变；
- 企业要建立分布的、透明的信息集成系统，保持信息沟通渠道的畅通性和透明性；
- 所有人和部门都应该对共同任务有共同的认识与了解，去除部门障碍，实行协调工作和并行化经营；
- 建立风险共担与收益共享的合作机制。

供应链聚焦

美国莱德物流公司向床垫制造商席梦思（Simmons）公司提供了一种新技术，使得后者彻底改变了自己的经营方式。在合作前，席梦思公司在每一个制造厂储存了 20 000 ～ 50 000 个床垫来适时满足客户的需求。合作后，莱德物流公司在席梦思公司的制造厂安排了一个现场物流经理。当订单到达时，该物流经理使用特殊的软件设计出把床垫发送给客户的优化顺序和路线。随后这一物流计划被发送到制造厂，制造厂按照确切的数量、款式和顺序制造床垫，并全部及时发出。该项物流合作从根本上降低了席梦思公司对库存的需求。

资料来源：美国席梦思床垫中国官网。

2.3.3 集成化供应链管理运行机制的建立

企业要实施供应链管理，首先要解决从传统的"大而全、小而全"的管理模式向供应链管理模式转变过程中的问题，也就是说，要把管理模式从过去的面向一个企业的管理，扩展到面向企业及其上下游合作企业的管理，构成一个以本企业为核心的供应链管理体系。

集成化供应链管理体系的构建，就是企业的管理部门按照供应链的绩效目标，将企业各个管理职能在组织结构、管理制度、计划与控制系统、客户关系和供应商关系以及信息支持平台等方面，构成适应供应链管理要求的体系。根据大量的实践和成功的案例，人们总结出了集成化供应链管理体系构建的五个阶段，如图 2-8 所示。

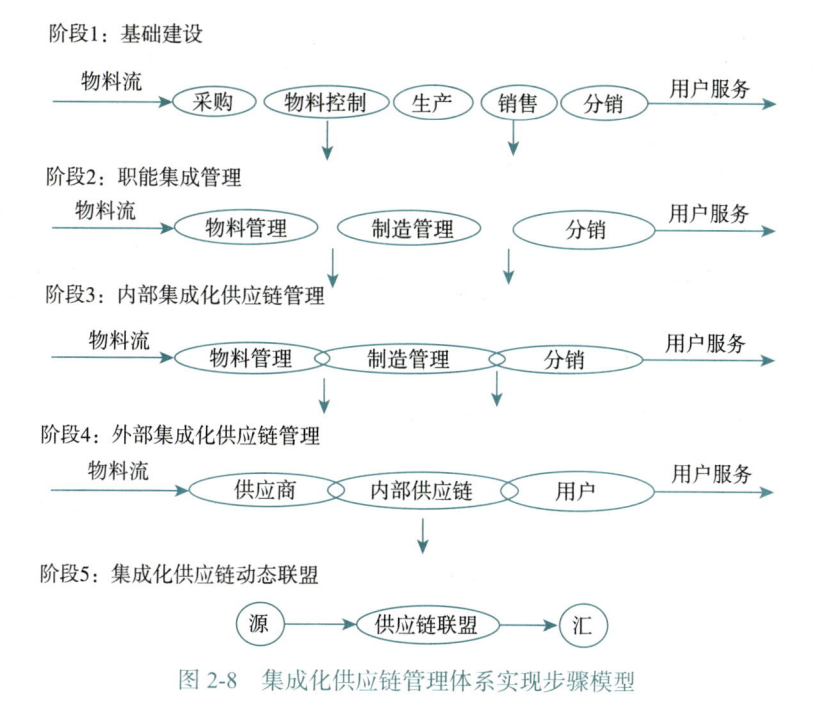

阶段1：基础建设
物料流 → 采购 → 物料控制 → 生产 → 销售 → 分销 → 用户服务

阶段2：职能集成管理
物料流 → 物料管理 → 制造管理 → 分销 → 用户服务

阶段3：内部集成化供应链管理
物料流 → 物料管理 — 制造管理 — 分销 → 用户服务

阶段4：外部集成化供应链管理
物料流 → 供应商 — 内部供应链 — 用户 → 用户服务

阶段5：集成化供应链动态联盟
源 → 供应链联盟 → 汇

图 2-8 集成化供应链管理体系实现步骤模型

1. 阶段 1：基础建设

这一阶段是通过对企业现有运作的分析和总结，梳理出企业内部影响供应链管理的相关因素，同时分析外部市场环境，对市场的特征和不确定性做出分析与评价，然后找到改进供应链的切入点，初步完善企业的供应链。

在传统的企业管理体系中，企业职能部门分散、独立地控制供应链中的不同业务，企业组织结构比较松散，尚未形成真正的供应链管理思维，主要具有以下几个特征。

- 企业管理的核心是注重产品生产，对企业之间的协调关注不够，时间和资源耗费较大，导致成本过高。
- 销售、制造、计划、物料、采购等职能系统和业务过程相互独立、不相匹配，由于部门之间缺乏合作和业务集成不畅，出现库存过多、资金周转较慢等问题。
- 各个职能部门界限分明，相互独立，壁垒森严，经常出现部门间目标冲突的现象。例如，采购部门只关心和控制物料来源与原材料库存，制造和生产部门只注重实现从原材料到成品的转换，销售部门只关心外部渠道网络和区域库存，部门之间的关联业务往往因各自为政而发生冲突。

上述各种现象几乎是所有企业在向供应链管理模式转换的过程中都可能遇到的问题。

处于这一阶段的企业，首先要敢于迈出第一步，为此要加强供应链管理观念的转变，在各个管理层次贯彻基于流程优化的管理思想，使各级管理者尽快摆脱过去那种只注重各自职能目标的思维方式，逐个解决出现的各种困难。与此同时，企业要加强信息化和数字化建设，在转变思想观念的同时优化业务流程，建立基于数字化的管理流程平台，逐渐形成一体化的思维方式，为供应链管理的进一步应用奠定基础。

2. 阶段2：职能集成管理

在基础建设阶段，企业各个职能部门的管理人员逐渐形成了供应链的思维方式，在此基础上，企业就可以着手对职能相近或者联系紧密的管理岗位进行职能上的集成，将过度分散的管理业务进行职能整合，实现企业内部各流程（如订单履行、需求管理、采购、生产计划和配送）的无缝对接，通过流程的标准化和自动化来提高效率。

这一阶段强调的是，在满足用户需求的前提下，通过整合消除由传统的职能专业化带来的各自为政的弊端，力图使各项管理职能相近的业务实现集成，即整合在一个相对集中的单元内。事实上，用户需求在今天已经成为驱动企业生产的主要动力，企业的各级管理者应该认识到，如果整个企业的流程不能实现集成化运作，则生产、运输、库存等成本很可能因此增加。

职能集成管理阶段集中于处理企业内部的物流，企业围绕核心职能，以物流为媒介实施集成化管理，对组织实行业务流程重构，实现职能部门的优化集成。对于具体的改进方式，企业通常可以建立交叉职能小组来参与计划和执行项目，以提高职能部门之间的合作，克服这一阶段可能存在的不能很好地满足用户订单的问题。

在这个阶段，企业一般采用物料需求计划系统进行计划和控制。但是，分销网络普遍存在需求得不到准确的预测和控制、分销基础设施与制造过程缺乏有效连接的问题。由于用户的需求得不到确切的理解，从而导致计划不准确，因此在这个阶段要采用有效的预测技术和工具，对用户的需求做出较为准确的预测、计划与控制。

此时，初步实现职能集成的供应链，在管理上要体现出以下几个主要功能：

- 将分销和运输等职能集成到物流管理中，使物流职能对分销提供更好的支持；

- 将制造和采购职能集成到生产职能中,使采购能够与制造过程协同运作;
- 开始注重降低供应链上的综合成本;
- 注重用户的个性化需求,积极为用户提供各种服务,满足用户需求的能力明显提高;
- 职能部门结构严谨,可使缓冲库存有所下降;
- 有较完善的供应链内部(与供应商/分销商的)协定,如采购折扣、库存缓冲水平、订货批量等;
- 主要以订单完成情况及其履约准确性作为评价指标。

但是,以上采用的各项技术之间以及各项业务流程之间、技术与业务流程之间都缺乏更加有效的集成化运作,库存和浪费等问题仍可能困扰企业。

3. 阶段3:内部集成化供应链管理

这一阶段要实现企业直接控制的领域的集成,要实现企业内部供应链与外部供应链中供应商和用户管理部分的集成,形成内部集成化供应链。集成的输出是集成化的计划和控制系统。为了支持企业内部集成化供应链管理,主要采用供应链计划(supply chain planning,SCP)系统和企业资源计划(enterprise resource planning,ERP)系统来实施集成化计划与控制。SCP系统在更高程度上集成了企业的主要计划和决策业务,包括需求预测、库存计划、资源配置、设备管理、路径优化、基于能力约束的生产计划和作业计划、物料和能力计划、采购计划等。ERP系统集成了企业业务流程中主要的执行职能,包括订单管理、财务管理、库存管理、生产制造管理、采购等职能。SCP和ERP通过基于事件的集成技术连接在一起。

本阶段的供应链企业管理的核心是内部集成化管理的效率问题,主要考虑在优化资源和能力的基础上,以最低的成本和最快的速度生产最好的产品,快速地满足用户需求以提高企业对用户订单的响应能力和效率。这对生产多品种产品或提供多种服务的企业来说意义重大,投资以提高企业的运作柔性也变得越来越重要。在这一阶段,企业需构建新的交叉职能业务流程,逐步取代传统的职能模块,以用户需求和高质量的预测信息驱动整个企业供应链的运作。为满足用户需求而产生的高服务成本是此阶段管理面临的主要问题。

这一阶段可以采用ERP系统中的配送需求计划系统管理物料,运用准时制等技术支持物料计划的执行。这些方法的综合应用可以使企业缩短市场反应时间、降低库存水平和减少浪费。

在这个阶段,企业可以考虑同步化的需求管理,将用户的需求与制造计划和供应商的物料流同步化,减少不增值的活动。

此阶段的供应链管理具有以下几个特征。

- 运用综合管理方法解决战术上的问题。
- 制订有效的中期性计划,实施集成化的计划和控制体系。
- 强调供应链管理的效率,即保证要做的事情尽可能好、尽可能快地完成。
- 提高信息透明度,从采购到分销的完整系统具有可见性。
- 广泛运用电子数据交换(EDI)和互联网等信息技术支持与供应商及用户的联系,提高对市场需求的快速反应能力。EDI是集成化供应链管理的重要工具,特别是在国际贸易合作过程中需要大量关于运输的文件时,EDI可以使企业快速获得信息和更好地为用户提供优质服务;

- 与用户建立良好的关系，而不是"管理"用户。

4. 阶段4：外部集成化供应链管理

实现集成化供应链管理的关键在于这一阶段，将企业内部供应链与外部供应商和用户集成起来，形成一个集成化供应链系统。与主要供应商和用户建立良好的战略合作伙伴关系，即形成供应链战略合作伙伴关系，是集成化供应链管理的关键中的关键。

此阶段企业要特别注重战略合作伙伴关系管理。管理的焦点是以面向供应商和用户取代传统的面向产品的观点，增加与供应商和用户的联系，增进相互之间的了解（产品、工艺、组织、企业文化等方面），相互之间保持业务流程的一致性，实现信息共享等。供应商管理库存和合作计划、预测与补货的应用就是企业改善、建立良好的战略合作伙伴关系的典型方法。通过建立良好的战略合作伙伴关系，企业可以很好地与用户、供应商和服务提供商实现集成及合作，共同在预测、产品设计、生产、运输计划与竞争策略等方面设计和控制整个供应链的运作。对于主要用户，企业一般建立以用户为核心的小组，这样的小组具有不同职能领域的功能，从而可以更好地为主要用户提供有针对性的服务。

处于这个阶段的企业，其生产系统必须具备更高的柔性，以提高对用户需求的反应能力和速度。企业必须能根据不同用户的需求，既能按订单生产，按订单组装、包装，又能按备货方式生产，这种根据用户的不同需求对资源进行不同的优化配置的策略被称为动态用户约束点策略。这个阶段需要实现内外部的流程整合，也就是跨组织的工作流程协同，如与供应商和用户的共同计划和协作。为了实现与外部供应链的集成，企业必须采用适当的信息技术为企业内部的信息系统提供与外部供应链节点企业之间的接口，达到信息共享和信息交互，以及相互操作的一致性。这需要企业采用基于互联网/物联网等的信息技术。

本阶段企业采用需求驱动的同步化、集成化的计划和控制系统。它集成了用户订购信息和合作开发计划、基于约束的动态供应计划、生产计划等功能，以保证整个供应链中的成员实现同步化的供应链管理。

5. 阶段5：集成化供应链动态联盟

在完成以上四个阶段的集成以后，一个网链形式的供应链结构已经形成了，我们称之为供应链共同体，它的战略核心及发展目标是占据市场竞争中的主导地位。随着市场竞争的加剧，为了占据市场竞争中的主导地位，供应链共同体必将成为一个动态的网链结构，以不断适应市场变化、柔性、速度、创新、知识发展等的需要，那些不能适应供应链需要的企业将从供应链共同体中淘汰出去。供应链将成为一个能快速重构的动态组织结构，即集成化供应链动态联盟。企业通过产业互联网及其他移动商务等技术集成在一起，以满足用户的需求。一旦用户的某种需求消失了，它也将随之解体。而当新的用户需求出现时，这样的组织结构又由新的企业动态地重新组成。企业能否成为一个及时、快速满足用户需求的某一供应链的合作伙伴，是企业在这样一个动态的环境中生存、发展的关键。

集成化供应链动态联盟是基于一定的市场需求并根据共同的目标组成的，通过实时信息的共享和物流协同运作来实现集成。主要应用的信息技术是互联网/物联网的集成，同步化的、扩展的供应链计划和控制系统是主要的工具，基于互联网/物联网的电子商务取代了传统的商务手段。这也是21世纪供应链管理发展的必然趋势。

本章小结

本章着重介绍了与供应链管理有关的几个基本问题。首先，对供应链竞争力的来源进行了详细分析，着重阐述了资源属性及管理属性与供应链竞争力的关系；其次，研究了供应链管理模型及管理要素，重点介绍了以 SCOR 模型、供应链管理的八流程模型及供应链管理系统模型为代表的供应链模型，并从更一般化的视角，总结归纳出一个通用性的模型；再次，较为详细地介绍了供应链管理的 10 个关键要素；最后，从供应链有效运行的角度，介绍了一个集成化供应链管理的理论模型（框架），并详细介绍了分阶段实现集成化供应链管理运行机制的过程。

关键术语

供应链运作参考模型（supply chain operations reference model，SCOR 模型）
订单交付（fulfillment）
逆向物流（reverse logistics）
集成化供应链管理（integrated supply chain management，ISCM）

思考与练习

1. 如何理解供应链竞争力？举例进行说明。
2. 将影响供应链竞争力的因素分解为资源属性和管理属性是否合理？
3. 从管理理论的视角出发，你认为供应链管理应该包含哪些要素？
4. 简述供应链管理 10 个关键要素之间的关系。
5. 试讨论几种描述供应链管理体系的模型，它们各有何特点？
6. 为什么要强调集成化供应链管理？集成化供应链管理和供应链协调管理的关系是什么？
7. 如何分步骤地实现集成化供应链管理？

讨论案例

ZARA 的极速供应链

ZARA 是西班牙 Inditex 集团旗下的一个子公司，它既是服装品牌，也是专营 ZARA 品牌服装的连锁零售品牌。根据 ZARA 母公司 Inditex 集团披露的财务信息，截至 2024 年 1 月 31 日，ZARA 在全球各地拥有 1 811 家门店。在其他时尚品牌的利润纷纷下滑的时候，ZARA2023 年财报显示净利润同比大增三成，创了历史新高，被誉为快时尚的领导品牌。

快时尚以"快"为命。根据时尚行业的观点，时尚服装的流行周期为 2 个月左右。也就是说，一家快时尚公司如果能够抓住这 2 个月的市场机会增加销售，那么就能创造价值；否则，某款时装如果在流行周期过去以后才姗姗来迟，那么就只能削价处理。因此，ZARA 的经营战略就是尽一切可能提高响应速度。目前，当其他公司从设计到生产平均需要 4~6 个月的时候，ZARA 的平均生产周期是 2 周，最多不会超过 4 周，这就超出了竞争对手一大截。ZARA 不仅响应速度快，而且品种更新也非常快。它每年设计和投入市场的服装新款大约有 12 000 多种，平均每款有 5~6 种花色、5~7 种规格。每年投产的约有 30 万 SKU（库存单位），不重复出样。

ZARA 具有如此强大的竞争力，主要得益于它的极速供应链系统，其系统结构和运作模式都有着独特的优势。

供应链的选址布局

ZARA 为保证其供应链的极速响应能力，在供应链系统的组建上采取了与众不同的模式。

ZARA 在供应链的选址决策上采取集中式的布局策略，也就是将仓储、生产、物流、合作伙伴（代工厂）聚集在一个方圆 200mile[⊖]的地理空间内。ZARA 将生产时尚产品的基地设在西班牙总部所在地。生产基地有 ZARA 自己的工厂，周边还聚集着 400 多家代工厂，在 ZARA 的协调下共同完成时装生产。生产基地附近还有一个庞大的物流中心，将服装配送到全球各地的专卖店。采用这种模式的供应链体系，虽然其劳动力成本比亚洲等地的同行高出 6～16 倍，但是由于整个生产流程聚集在一个空间有限的区域，所以响应速度极快。事实上，ZARA 不仅具有比竞争对手高出几个量级的响应速度，还省掉了要预测客户偏好的麻烦。

生产组织方式

ZARA 在生产基地拥有 22 家工厂，其 50% 的产品通过自己的工厂生产。这是一个带有纵向一体化特征的生产系统，拥有染色、设计、裁剪和服装加工的一条龙的最新设备，通过保持对染色和加工领域的控制，大大缩短产品生产周期。ZARA 把人力密集型的缝制工作外包给周边的代工厂以降低成本。由于在服装生产过程中，半成品不可避免地在不同工序、不同工厂之间流转，为了提高生产过程中的物流效率，减少半成品在各个环节的等待时间，ZARA 斥巨资在西班牙方圆 200mile 的各个生产单位之间架设地下传送带网络。地下传送带网络将染色、裁剪中心与周边缝制加工工厂连接起来进行流水式传送，避免了地面公共交通道路遭遇阻塞而导致的生产停顿，保证了运输的高效、快速和生产的连贯性，极大地缩短了服装的生产周期。

产品组织与设计

极速供应链是为生产正确的产品准备的。为了准确抓住市场上最畅销的产品，ZARA 对新款时装的开发模式基于诠释流行而非原创流行。ZARA 设计师的主要任务不是创新开发产品，而是发现当下的流行元素，并在艺术指导决策层的指导下重新组合现成产品。ZARA 以各种方式获得时尚产品的市场信息，然后迅速反馈给总部。ZARA 的总部有一个由设计专家、市场分析专家和买手（负责采购样品、面料、外协和生产计划等）组成的专业团队，共同探讨将来可能流行的服装款式、花色、面料等，讨论大致的成本和零售价格等问题，并迅速达成共识。然后，设计师会快速手工绘出服装的样式，再进一步讨论修改。设计师利用计算机进行设计和完善，保证款式、面料纹路、花色等搭配得更为和谐，并给出详细的尺寸和相应的技术要求。接下来，这个团队进一步讨论、确定成本和零售价格，决定是否投产。在产品组织与设计阶段，ZARA 与大多数服装企业不同的是：从距顾客最近的地方出发并迅速对顾客的需求做出反应，始终迅速与时尚保持同步，而不是去预测 6～9 个月甚至更长时间后的需求。

采购与生产

设计方案确定并决定投产后，ZARA 马上就开始制作样衣。由于布料和小装饰品等辅料都存放在 ZARA 仓库里，所以制作样衣只需要很短的时间。同时，生产计划及采购人员开始制订原材料采购计划和生产计划，依据产品特点、产品投放时间的长短、产品需求的数量和速度、专业技术要求、工厂的生产能力、综合性价比、市场专家的意见等，确定各产品是自己生产还是外包出去。

如果决定自己生产，且有现成的布料库存，那就直接领用布料开始生产；如果没有现成的布料，则可以选择采购已染色的布料生产，或采购/领用原纱（一般提前 6 个月从西班牙、印度、远东和摩洛哥等地采购原坯布——未染色的织布，放在仓库里面），进行染色后整理再生产。一般内部工厂只安排生产下一季预期销量的 15%，这样为当期畅销产品补货预留了大量产能。ZARA 自己的工厂生产产品时，其布料和辅料尽量从 Inditex 集团内相关厂家处购买，其中有 50% 的布料是未染色的，这样就可以迅速应对市场上花色变换的潮流。为了防止对某个供应商产生依赖，同时鼓励供应商更快地做出反应，ZARA 剩余的原材料供应来自附近的 260 家供应商，每家供应商的供货份额最多不超过 4%。布料准备好以后，管理人员会下达生产指令，用高速裁床按要求迅速裁剪布料。裁剪好的布料及配套的拉链、纽扣等被一同通过地下传送带运送到当地的外协缝制厂，这样所有的缝制工作全部外包。一般一段时间内一个工厂集中

⊖ 1mile=1.61km。

做一款服装，以减少差错。因此，其他公司需要几个月时间的工作，ZARA 在几天内就能完成。外协缝制厂把衣服缝制好之后，再送回 ZARA 进行熨烫、贴标签和包装等处理并接受检查，产品最后被送到物流中心等待发往全球各地的专卖店。

如果从公司内部的工厂不能获得满意的价格、有效的运输和质量保证，或者工厂产能有限，采购人员可以选择外包。

产品配送

产品包装检查完毕以后，每个专卖店的订单都会独立地放在各自的箱子里，通过大约 20km 的地下传送带运送到配送中心。为确保每一笔订单准时、准确到达目的地，ZARA 采用激光条形码读取工具（出错率不到 0.5%），它每小时能挑选并分拣超过 80 000 件衣服。

为了加快物流周转速度，ZARA 总部还设有双车道高速公路直通物流中心。通常在订单收到后的 8h 以内，货物就可以被运走，公司每周给各专卖店配货两次。物流中心的卡车按固定的发车时刻表不断开往各地。公司将产品从物流中心用卡车直接运送到欧洲的各个专卖店，利用附近的两个空运基地运送到美国和亚洲，再利用当地第三方物流的卡车送往各专卖店。这样，欧洲的专卖店可在 24h 内收到货物，美国的专卖店可在 48h 内收到货物，日本的专卖店可在 48～72h 内收到货物。

销售与反馈

为了减少盲目生产，ZARA 在当季销售到来之前只生产预期出货量的 15% 左右，剩下 85% 的产量都是根据全球市场的销售情况随时决策的。为此，ZARA 的各专卖店每天把销售信息发回总部，专卖店也可以根据当前库存和近两周内的销售预期每周向总部发两次补货订单。为了保证订单能够集中批量生产，缩短生产转换时间和降低成本，各个专卖店必须在规定时间前下达订单，如果错过了最晚的下订单时间，就只能等到下一次了。ZARA 对这个时间点的管理是非常严格的，因为它将影响供应链上游多个环节。

总部收到各专卖店的销售、库存和订单等消息后，管理人员利用这些信息来决定每周生产什么——ZARA 的工厂只会生产它们知道能够销售出去的产品。如果发现滞销，则取消原定生产计划，这样 ZARA 就可以把预测风险控制在最低水平。如果有产品超过 2～3 周的时间还没销售出去，就会被送到专门的专卖店进行集中处理。这样，ZARA 由于滞销而导致的杂货很少，一般也就 15%～18%。

资料来源：根据网络资料整理。

问题：

1. 如何从供应链竞争力管理属性的视角认识 ZARA 的供应链管理模式的独特性？
2. ZARA 为何没有把生产基地设在生产成本很低的亚洲或南美洲？
3. ZARA 的混合供应链结构模式有哪些优点？
4. 为什么 ZARA 的供应链运作模式难以模仿？
5. 比较分析 ZARA 的供应链管理模式与 SHEIN 的供应链管理模式之间的差异，ZARA 在当前数字化时代应该做哪些调整？

参考文献与延伸阅读

[1] HARLAND C.Supply chain operational performance roles[J].Integrated manufacturing systems, 1997, 8 (2): 70-78.

[2] BALSMEIER P W, VOISIN W J.Supply chain management: a time based strategy[J]. Industrial management, 1996, 38 (5): 24-27.

[3] LEWIS J G, NAIM M M.Benchmarking of aftermarket supply chain[J].Production planning

and control，1995，6（3）．

[4] INGER R，BRAITHWAITE A，CHRISTOPHER M.Creating a manufacturing environment that is in harmony with the market：the "how" of supply chain management[J].Production planning and control，1995，6（3）：246-257.

[5] TOWILL D R.Industrial dynamics modelling of supply chains[J]. International journal of physical distribution & logistics management，1996，26（2）：23-42.

[6] MISHRA D P，HEIDE J B，CORT S G.Information asymmetry and levels of agency relationships[J].Journal of marketing research，1998，35（3）：277-295.

[7] PEARCE D G，STACCHETTI E.The interaction of implicit and explicit contracts in repeated agency[J].Games and economic behavior，1998，23（1）：75-96.

[8] BASSOK Y，ANUPINDI R.Analysis of supply contracts with commitments and flexibility[J]. Naval research logistics（NRL），2008，55（5）：459-477.

[9] GROSSMAN S J，HART O D. An analysis of the principal agent problem[J].Econometrica，1983，51（1）：7.

[10] 张维迎．博弈论与信息经济学[M].上海：上海人民出版社，1996.

[11] 何维达．企业委托代理制的比较分析：制衡机制与效率[M].北京：中国财政经济出版社，1999.

[12] LEE H L.Aligning supply chain strategies with product uncertainties[J].California management review，2002，44（3）：105-119.

[13] LAMBERT D M，COOPER M C，PAGH J D.Supply chain management：implementation issues and research opportunities[J].The international journal of logistics management，1998，9（2）：2.

[14] 马士华，林勇．供应链管理[M].4版.北京：高等教育出版社，2015.

[15] 霍普．供应链管理：获取竞争优势的科学方法[M].徐捷，吴琼，译.北京：机械工业出版社，2009.

[16] 冯国经，冯国纶，温德．在平的世界中竞争[M].宋华，译.北京：中国人民大学出版社，2009.

[17] 谢菲．柔韧：麻省理工学院供应链管理精髓[M].杨晓雯，等译.上海：上海三联书店，2008.

[18] 商务部流通发展司．关于降低我国物流成本问题及其建议[J].商场现代化，2013（Z1）：145-147.

[19] RAVINDRAN A R，WARSING D P.Supply chain engineering：models and applications[M]. Boca Raton：CRC Press，2013.

[20] 大数据战略重点实验室．DT时代：从"互联网+"到"大数据×"[M].北京：中信出版社，2015.

[21] 谢菲．物流集群[M].岑雪品，王微，译.北京：机械工业出版社，2015.

第 3 章 供应链的构建与优化

本章重点理论与问题

为了提高供应链管理的绩效水平,企业除了必须有协调高效的管理机制外,还需要设置科学合理的供应链体系结构,这是极为重要的一环。虽说供应链的构成不是一成不变的,但是在实际经营中,不可能像改变办公室的桌子那样随意改变供应链上的节点企业,因为供应商的更换可能会需要很长的时间。因此,作为供应链管理的一项重要内容,无论是理论研究人员还是企业管理人员,都应该重视供应链体系的构建问题。本章围绕这个主题,详细讨论供应链体系构建中的各种问题。首先介绍供应链体系的结构要素,有助于读者了解构建一个供应链涉及的范围。然后讨论供应链与企业产品属性的匹配策略、"推-拉"结合的混合结构模式,以及供应链构建应遵循的基本原则,厘清供应链体系设计中的相关问题。在介绍供应链体系的结构时,本章重点讨论几种供应链的类型及其特点、供应链构建的设计策略及方法。最后,本章将供应链数字化也纳入供应链构建的重要组成部分,讨论供应链数字化建设的基本内容、面临的难点与挑战、方法与策略等内容。

3.1 供应链构建的总体框架

供应链体系的构建包括供应链产品与功能的匹配、运营管理流程的设计与优化、物流网络的建立、合作伙伴的选择、信息支持体系的选择等诸多内容,其中,最重要的一环是使企业的供应链与产品的类型相匹配,否则将极大地影响供应链的绩效水平。为方便起见,本书后面将这些内容统称为供应链构建。**供应链构建**(supply chain configuration)是一个庞大而复杂的工程,也是十分重要的管理内容。

关于供应链构建的理论体系与实践范畴,目前学术界和企业界都还没有统一的认识,但它无疑是一个值得重点关注的方向,从事这方面研究与实践的人也越来越多。图 3-1 为描述供应链管理体系构建的一种通用框架模型。

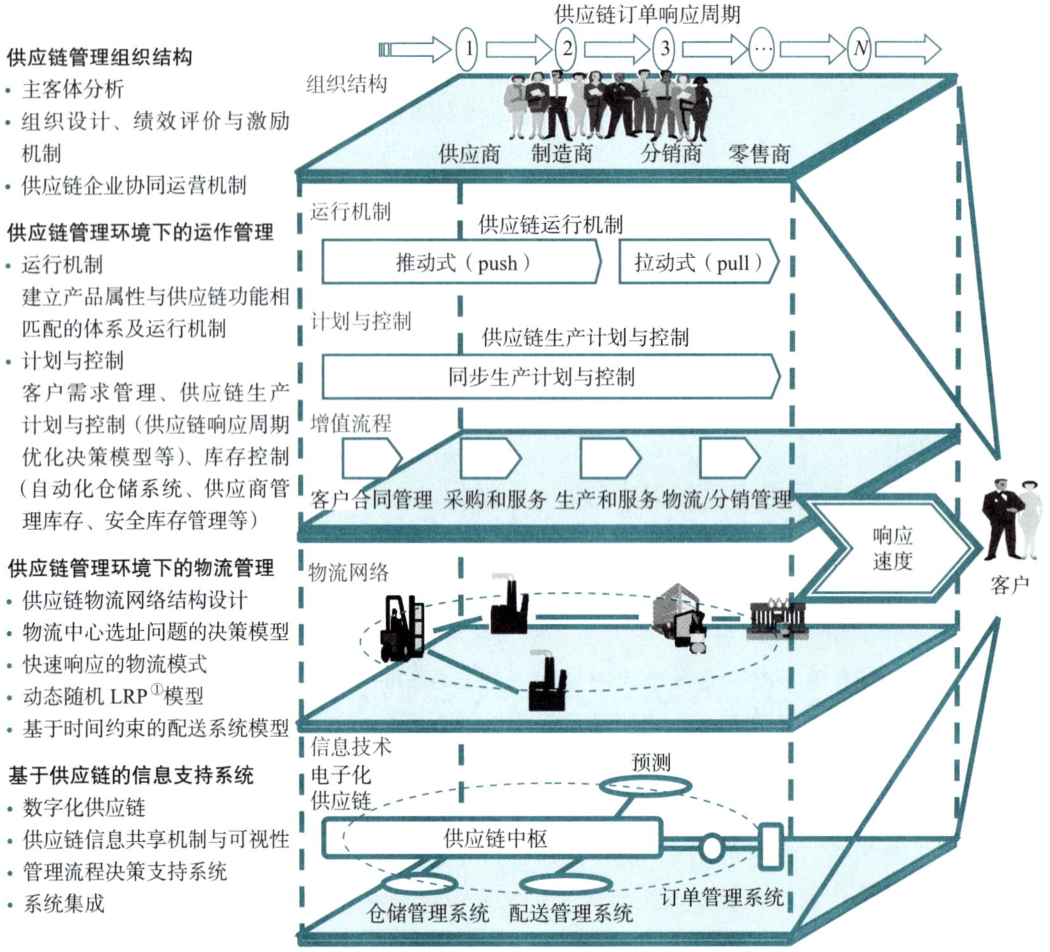
供应链订单响应周期
1
2
3
…
N
供应链管理组织结构
• 主客体分析
• 组织设计、绩效评价与激励机制
• 供应链企业协同运营机制
供应链管理环境下的运作管理
• 运行机制
建立产品属性与供应链功能相匹配的体系及运行机制
• 计划与控制
客户需求管理、供应链生产计划与控制（供应链响应周期优化决策模型等）、库存控制（自动化仓储系统、供应商管理库存、安全库存管理等）
供应链管理环境下的物流管理
• 供应链物流网络结构设计
• 物流中心选址问题的决策模型
• 快速响应的物流模式
• 动态随机 LRP①模型
• 基于时间约束的配送系统模型
基于供应链的信息支持系统
• 数字化供应链
• 供应链信息共享机制与可视性
• 管理流程决策支持系统
• 系统集成
组织结构
供应商
制造商
分销商
零售商
运行机制
供应链运行机制
推动式（push）
拉动式（pull）
计划与控制
供应链生产计划与控制
同步生产计划与控制
增值流程
客户合同管理
采购和服务
生产和服务
物流/分销管理
响应速度
客户
物流网络
信息技术
电子化
供应链
预测
供应链中枢
订单管理系统
仓储管理系统
配送管理系统

图 3-1　供应链管理体系构建通用框架模型

① LRP 为选址 – 路径问题（location-routing problem）。

下面对这一模型的主要内容做简要说明。

（1）供应链管理组织结构。供应链的构建必须同时考虑本企业和合作伙伴之间的管理关系，形成合理的组织关系以支持整个供应链的业务流程。因此，在进行供应链设计时要注意以下方面：第一，要根据核心企业在供应链中的作用，恰当地设计出供应链的网络结构模式；第二，在核心企业内部，要建立恰当的供应链管理组织体系，设计出适应本企业供应链运作管理的职能部门，划分供应链管理部门与其他管理职能部门的边界，既不缺位，也不越位，以支持供应链的协调运作。

除了供应链管理的组织设计外，企业还应设计供应链运行的绩效评价与激励机制，要找到适合本企业供应链管理的绩效考核方法，找到能够激励内部与外部合作伙伴的方式，最终使供应链协调运营，取得最佳管理效果。

（2）供应链管理环境下的运作管理。供应链能够取得单个企业所无法达到的效益，关键之一在于它动员和协调了整个产品（或服务）设计、生产与销售过程的社会资源。但这并不是说只要将所有企业捏合到一起就可以达到这一目标，其中的核心问题在于能否使所有企业的生产过程实现同步运作，最大限度地减少由于不协调而产生的停顿、等待、过量生产或者缺货等问题。因此，供应链构建的问题之一是如何构造适应供应链协调运作要求的生产计划与控制系统。

完成这一过程需要考虑的主要内容包括：一是对客户的需求管理，即准确掌握市场对本企业产品或服务的需求特征；二是建立供应链管理环境下的生产计划与控制模式，主要涉及基于供应链响应周期的资源配置优化决策、基于成本和提前期的供应链订单决策、面向同步制造的供应链流程重构等；三是采用与同步生产组织匹配的库存控制模式，如应用自动化仓储系统（AS/RS）、供应商管理库存、接驳式转运（cross-docking）、虚拟仓储、提前期与安全库存管理等各种技术，实现整个供应链的生产与库存控制目标。

（3）**供应链管理环境下的物流管理**。与同步制造相呼应的是供应链管理环境下的物流组织模式。它的目标是寻找最佳的物流管理模式，使整个供应链上的物流管理能够快速、准确地响应各种需求（包括来自客户的需求和来自合作伙伴的需求等），真正体现出物流是"第三利润源泉"的本质。为此，在构建供应链时，必须考虑物流网络的优化、物流中心/配送中心的选择、运输路线的优化、物流作业方法的选择与优化等方面的内容，充分应用各种支持物流运作管理决策的技术与方法。

（4）**基于供应链的信息支持系统**。对供应链的管理离不开信息技术的支持。因此，在设计供应链时一定要注意将信息化、数字化融入整个系统中。特别是进入21世纪以来，整个市场变化越来越快，要为供应链竞争力提供强力支持，就必然要求供应链信息系统能够实时地采集各种信息的变化与状态，为供应链管理者的决策提供支持。另外，供应链管理强调端到端的信息透明，必须具有良好的可视性，这样才能使供应链管理者随时掌握供应链的运作状况，对可能产生的问题做出及时响应和处理。由此可见供应链信息化在供应链运行管理中的重要性。关于供应链信息化的论著很多，此处不再多言。

本章将以供应链运作管理为核心，重点讨论供应链构建中的产品属性与供应链功能的匹配策略、供应链构建的原则与要点、供应链结构类型和特点，以及供应链数字化转型升级等问题。其他内容，如供应链协调管理、物流管理、库存管理等相关内容，将在后续各章展开论述。

3.2 供应链类型与产品匹配策略

供应链的构建必须要满足企业经营的需要，必须针对不同产品打造不同类型的供应链体系。不同企业的产品有不同特征，甚至一家企业的不同产品也可能有不同特征，而供应链的构建必须符合不同产品的特征，供应链系统与产品特征不匹配会导致效率低下。为此，相关人员应该首先了解和掌握不同类型供应链的基本特征，根据企业对供应链的要求设计和优化整个系统。

根据不同的划分标准，供应链可以分为以下几种类型。

3.2.1 从供应链满足客户需求的角度看

为了确定供应链的类型，可以从供应链满足客户需求的属性上分析供应链构成的类型及特点。从满足需求的角度看，主要是根据企业提供的产品在市场上表现出来的特征，来匹配供应链的功能。1996 年，美国的马歇尔·费舍尔（Marshall Fisher）教授根据产品在市场竞争中的特点，将其分为**功能性产品**（functional product）和**创新性产品**（innovative product），将供应链分为**效率型供应链**（efficient supply chain）和**响应型供应链**（responsive supply chain），相应地，给出了一套供应链功能与产品特征相匹配的方法。

要构建效率型供应链或者响应型供应链，首先需要认识功能性产品和创新性产品两类产品的特点。表 3-1 给出了两类产品的不同需求特征。

表 3-1 产品需求特征的比较

比较项目	功能性产品	创新性产品
需求特征	可预测	不可预测
产品寿命周期	>2 年	3 个月～1 年
边际利润率	5%～20%	20%～60%
产品多样性	低（10～20 种）	高（上百种）
平均预测误差幅度	10%	40%～100%
平均缺货率	1%～2%	10%～40%
平均季末降价比率	几乎为 0	10%～25%
按订单生产产品的提前期	6 个月～1 年	1 天～2 周

从表 3-1 可知，功能性产品主要是指那些市场需求比较平稳、需求量可以预测、市场需求的不确定性程度比较低的产品，当然，其边际利润率也很低。这类产品主要是与人们日常生活相关的食品、日用百货等。这些产品每天都需要使用，在人口没有大的波动的情况下，市场需求也不会有大的波动，因此需求量可以预测。由于这类产品的利润很低，因此对成本高低很敏感。创新性产品，如高档时装、奢侈品、新款手机等，需求很难预测，比如高档时装上市之前很难知能否受到消费者的青睐，有需求的人群也可能完全不可预估，因此预测的难度很大，比较好的做法是根据市场反应及时调整运营策略，这就要求供应链的响应速度要快。这类产品的利润很高，因此对成本高低并不敏感，但是对响应速度要求很高。

供应链管理的成功实践经验表明，在供应链的实施中，应该根据不同的产品特点，选择和设计不同类型的供应链系统。根据企业产品、市场需求和企业经营策略，费舍尔提出了两种类型的供应链：效率型供应链和响应型供应链。

（1）效率型供应链。效率型供应链主要体现供应链的物料转换功能的效率。这种供应链聚焦于原材料转化成零部件、半成品、产品的过程，包括供应链各环节的物流流程的运作效率，能够达成供应链总成本最低的目标。

（2）响应型供应链。响应型供应链主要体现供应链对市场需求的响应功能，即能够根据用户的需求，在第一时间把产品配送到满足用户需求的市场。响应型供应链追求的目标是能够对未预知的需求做出快速反应。两种类型供应链的特点如表 3-2 所示。

表 3-2 效率型供应链与响应型供应链的比较

比较项目	效率型供应链	响应型供应链
主要目标	基于需求的可预测性，以最低生产成本满足有效需求	快速响应不可预测的需求，降低过期库存产品的减价损失
制造过程的重点	维持高平均利用率	消除多余的缓冲能力
库存战略	追求高回报，使通过供应链的库存最少	消除大量的零部件和产品缓冲库存

(续)

比较项目	效率型供应链	响应型供应链
提前期	在不增加成本的前提下缩短提前期	采取主动措施缩短提前期
选择供应商的方法	选择的重点是依据成本和质量	选择的重点是依据速度、柔性和质量
产品设计战略	效率最大、成本最低	使用模块化设计，尽量延迟产品差异化环节

当知道产品和供应链的特性后，就可以设计出与产品类型一致的供应链体系。设计策略如图 3-2 所示。

	功能性产品	创新性产品
效率型供应链	匹配	不匹配
响应型供应链	不匹配	匹配

图 3-2 供应链设计与产品类型策略矩阵

策略矩阵的四个区域代表四种可能的产品和供应链的组合，管理者可以根据它确定企业的供应链流程设计是否与产品类型一致。根据这一供应链设计策略，可以得出一个基本观点：效率型供应链流程适用于功能性产品，响应型供应链流程适用于创新性产品。

供应链聚焦

宜家是 1943 年创建于瑞典的家具零售商，现已成为全球最大的家具零售商。这家企业令人震惊的不仅仅是它超过 400 亿美元的年销售额，其管理供应链和物流的战略也值得众多企业学习。每一家宜家零售店都会有超过 9 500 种商品，宜家实现了给消费者提供价廉物美的商品的承诺。这一切都是通过宜家的效率型供应链战略实现的。从货架的设计开始，宜家就注重减少重物堆积的区域面积，以让消费者更快速地自己提取欲购的商品，这样也降低了运作成本。同时，为了提高店内物流的效率，宜家还专门雇用了专职店内物流经理（负责补货决策）和店内货品经理（负责搬运货物）。他们的工作确保了宜家店内物流的高效率。

资料来源：网易网。

例如，ZARA 和优衣库同为服装生产企业，但是两家企业的产品属性和市场定位完全不一样，经营策略也有很大差异，由此决定了两家企业的供应链体系的不同，如图 3-3 所示。

	功能性产品	创新性产品
效率型供应链	优衣库： • 经典款 • 市场变化慢 • 全球生产布局 • 价位低	
响应型供应链		ZARA： • 快时尚 • 市场变化莫测 • 生产集中布局 • 中高价位

图 3-3 ZARA 与优衣库供应链特点对比

3.2.2 从供应链供应与需求双重变化的角度看

效率型供应链和响应型供应链的划分主要是从市场需求变化的角度出发的，重点是供应链如何处理市场需求不确定的运作问题。在供应链管理过程中，不仅要处理来自需求端的不确定性问题，而且要处理来自供应端的不确定性问题。在有些情况下，来自供应端的不确定性对整个供应链运作绩效的影响可能更大一些。图 3-4 是需求不确定性和供应不确定性对某些典型行业的影响示例。

	需求不确定性 低（功能性产品）	需求不确定性 高（创新性产品）
供应不确定性 低（稳定流程）	Ⅰ 杂货、服装、粮食、饮用水	Ⅱ 时装、家具、手机、流行音乐
供应不确定性 高（变化流程）	Ⅲ 水力发电、某些食品加工	Ⅳ 电信、高端计算机、半导体

图 3-4 需求不确定性和供应不确定性对某些典型行业的影响示例

从需求和供应两个方向的不确定性对供应链运作管理的影响出发，人们进一步细分了供应链的类型，如图 3-5 所示。图 3-5 中显示的效率型供应链和响应型供应链在前面已有介绍，这里重点介绍**风险规避供应链**（risk-hedging supply chain）和**敏捷供应链**（agile supply chain）。

	需求不确定性 低（功能性产品）	需求不确定性 高（创新性产品）
供应不确定性 低（稳定流程）	效率型供应链	响应型供应链
供应不确定性 高（变化流程）	风险规避供应链	敏捷供应链

图 3-5 考虑需求不确定性和供应不确定性的供应链类型

（1）风险规避供应链。风险规避供应链强调企业在供应链管理中要根据供应的不确定性做好风险规避预案，以防供应链突然断裂。例如，2017 年，德国舍弗勒集团唯一的滚针原材料供应商上海界龙金属拉丝有限公司，由于环保方面的原因，被当地有关部门实施了"断电停产、拆除相关设备"整改措施而导致停产，从而使总产成品面临断货风险。其实，在半年前，上海界龙金属拉丝有限公司就已接到环保整改的通知，但是该公司并未认真整改，而舍弗勒集团也未做好万一环保不过关而导致断供的风险对冲计划，所以，当供应商出现断供时，整个供应链马上陷入停顿的边缘。这时舍弗勒集团再去寻找新的替代供应商至少需要 3～4 个月的时间。

（2）敏捷供应链。敏捷供应链是一种综合能力最强的供应链系统，它能够对来自需求和供应的不确定性及时做出反应，始终能够围绕运行环境的变化而变化。

各种新兴技术，如物联网、大数据、区块链、3D 打印、人工智能、AR（增强现实）、VR

（虚拟现实）等，其快速发展对供应链敏捷性的提高具有重要的影响。尤其是伴随着互联网与其他现代通信技术的快速发展和普及应用，供应链上的企业能更加互联地快速响应市场需求的变化。比如，智能制造使得整个生产制造系统依赖于大数据更高效地进行优化和控制，从而更有效地应对各种可能的不确定性。这进一步推动了整个供应链走向智能化，包括智能供应、智能分销、智能仓储、智能运输，乃至整个智能供应链的实现。因此，供应链体系构建需要将新兴技术的发展和应用考虑进来。

> **供应链聚焦**
>
> 3D打印技术的出现将会改变供应链的结构，尤其是其中物流系统的构成。未来的工厂可能直接设置在物流中心里面，工件加工完成后，物流中心可以立刻将其配送到客户手中，大大节约了长途运输的时间，提高了供应链的整体响应速度。例如，2015年5月4日，UPS公司宣布将在其位于肯塔基州路易斯维尔的UPS全球中心引入一家名为CloudDDM（现改名为Fast Radius）的3D打印初创公司，为其提供制造设施并承担向CloudDDM公司客户配送的任务。CloudDDM公司有100台3D打印机，用于制造一次性零部件，或批量制造同样的零部件。目前CloudDDM公司能够使用多种材料生产零部件，包括ABS塑料、聚碳酸酯（PC）、聚碳酸酯-ABS（PC-ABS）和ULTEM 1010，并有多种颜色可供选择。系统在接收订单时会自动预估可能的打印时间，以及检查是否有可用的3D打印机。然后，它会告知客户该3D打印产品第二天能否送到客户手中。基于CloudDDM公司与UPS公司的这种合作关系，任何提交到CloudDDM公司的订单，需要打印的时间在4h之内的，只需在下午6点之前提交，第二天即可送达。
>
> 资料来源：3D科学谷网。

3.2.3 "推–拉"结合的供应链

在供应链构成中，一般很难见到单纯的效率型供应链或者单纯的响应型供应链，现实中的供应链结构类型更多的是"推动–拉动"（push-pull）组合形式。供应链面向市场一端主要以客户需求为驱动力，主张快速响应客户的需求，因此是拉动式的。而供应链上游供应商一端更多的是以预测来驱动生产和供应，因此是推动式的。推动式与拉动式的接口处被称为"推–拉分界点"（见图3-6）。

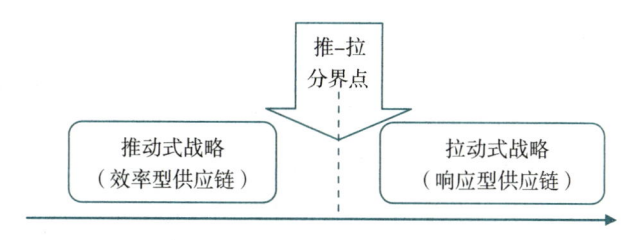

图3-6 "推–拉"结合的供应链

以戴尔计算机为例，虽然需求具有较高的不确定性，规模效益也不十分突出，理论上应当采取拉动式战略，但实际上戴尔计算机并没有完全采取拉动式战略，否则，不但它的成本会非常高，而且响应速度也远远满足不了客户需求。戴尔计算机的组装完全是根据最终客户的订单进行的，此时它的运作是典型的拉动式战略。但戴尔计算机的零部件供应商是按中长期预测进行生产并制定供应决策的，此时它执行的是推动式战略。也就是说，供应链的推动部分在装配之前，而供应链的拉动部分从装配之后开始，并按实际的客户需求进行，这是一种上游企业（如供应商）采用推动式战略、下游企业采用拉动式战略的混合供应链战略。

"推－拉"组合战略的另一种形式是上游企业采用拉动式战略、下游企业采用推动式战略的供应链组合战略。图3-4中的区域Ⅱ表示的是那些需求不确定性高，但生产及运输过程中规模效益十分明显的产品和行业。家具行业是最典型的例子。事实上，一般家具生产商提供的产品在材料上都差不多，但在外形、颜色、构造等方面的差异很大，因此家具的需求不确定性相当高。同时，由于家具产品的体积大，因此运输成本也非常高。

这就有必要对生产、分销策略进行区分。从生产角度看，因为需求不确定性高，企业不可能根据长期的需求预测制订生产计划，所以生产要采用拉动式战略。另外，由于这类产品体积大，运输成本高，因此分销策略又必须充分考虑规模经济的特性，通过大规模运输来降低运输成本。实际上，许多家具生产商都采取这种战略。也就是说，家具生产商是在接到客户订单后才开始生产的，当产品生产完成后，将此类产品与其他所有需要运输到本地区的产品一起送到零售商的商店里，再送到客户手中。家具生产商采用拉动式战略按照实际需求进行生产，采用推动式战略根据固定的时间表进行运输，这是一种前拉后推的组合式供应链战略。

3.3 供应链构建原则与要点

3.3.1 供应链构建的基本原则

在供应链的构建过程中，我们首先应遵循一些基本原则，以保证供应链构建的设计以及重建能使供应链管理思想得以有效贯彻和实施。

（1）**以客户为中心是供应链构建的核心原则**。供应链必须从消费者或最终用户的角度出发，了解其需求。虽然一些企业可能将零售商或其他企业视为它们的客户，但它们应该意识到，供应链的重点应该是为消费者或最终用户提供服务。这与端对端供应链的思想是一致的，供应链企业不仅为直接客户而且为后续客户和最终用户提供价值。这也与需求驱动的供应链这个概念是一致的。无论选择什么术语，供应链构建都应该确保所有供应链参与者（下游和上游）为最终用户提供价值，这是一项基本原则，应被视为高度优先事项。

（2）**端到端供应链原则**。端到端供应链原则侧重于集成网络，从产品设计开始，到原材料采购，经过计划、调度和生产的各个环节，最后交付给客户，还涉及逆向物流和售后支持活动的管理，如备件管理等。端到端供应链的概念强调了供应链生态系统中各个参与组织之间实现协调、协作、整合和联合的重要性。这一原则体现在可视性解决方案、控制塔（control tower）和基于云的技术的进一步开发中，以在整个供应链中创建更广泛的功能。

（3）**自顶向下和自底向上相结合的设计原则**。在系统建模设计方法中，存在两种设计方法，即自顶向下和自底向上的方法。自顶向下的方法是从全局走向局部的方法，而自底向上是一种集成的过程。在设计一个供应链系统时，往往先由主管高层做出战略规划与决策，规划与决策的依据来自市场需求和企业发展规划，然后由下层部门实施决策过程，最后逐步完成整个供应链体系的构建。因此，供应链的设计是自顶向下和自底向上相结合的一个综合过程。

（4）简洁性原则。简洁性是供应链的一个重要原则，为了使供应链具有灵活、快速响应市场的能力，供应链的每个节点都应是精简、具有活力的，能实现业务流程的快速优化组合。比如，对供应商的选择就应以少而精为原则，有的企业甚至选择了单一供应商原则（即一种零件只由一个供应商供应）。与少数的供应商建立战略合作伙伴关系有利于减少采购成本，实施准时制生产。供应链系统的设计更应以精益思想（lean thinking）为指导，从精益的制造模式到精益的供应链是企业努力追求的目标。

（5）集优原则（互补性原则）。供应链各个节点的选择应遵循"强－强"联合的集优原则，达到资源外用的目的。每个企业只集中精力于各自的核心业务过程，就像一个独立的制造单元，这些单元化企业具有自我组织、自我优化、目标导向、动态运行和充满活力的特点，能够实现供应链业务的快速优化重构。

（6）协调性原则。供应链绩效的好坏取决于供应链合作伙伴关系是否和谐，因此，建立战略合作伙伴的企业关系模型是实现供应链最佳效能的保证。和谐也被认为是描述系统能否充分发挥系统成员和子系统的能动性、创造性及系统与环境的总体协调性的指标之一，只有和谐且协调的系统才能发挥出最佳的效能。重要的是，要认识到当今日益复杂的供应链关系有许多不同类型。这些关系涵盖从战术/运营到战略，再到复杂的伙伴关系。没有一种关系类型总是正确的，企业需要不断评估和调整，以使关系类型与当前的需求和目标相匹配。所有供应链关系（无论何种类型）都必须专注于优化网络中每个参与者的能力，以实现整体供应链目标。确保每个供应链关系在运营和战略上保持一致有四个基石：清晰、易懂且实用的期望/服务水平协议；商定的目标和可衡量的绩效成果；商定的信息共享和信任水平；用于处理分歧和误解的精心设计的方法。

（7）动态性原则（不确定性原则）。供应链处于动态的环境中，各种不确定性因素在供应链中随处可见，许多学者在研究供应链运作效率时都提到不确定性问题。不确定性因素的出现，容易干扰供应链的稳定运营，稍有不慎，可能导致供应链运营中断。因此，要及时预见各种不确定因素对供应链运作的影响，并且主动采取措施减少信息传递过程中的信息延迟和失真，增加信息的透明性，减少不必要的中间缓冲环节，提高预测的精度和时效性，从而降低不确定性因素对供应链整体绩效水平的影响。

（8）创新性原则。创新性是系统设计的重要原则，没有创新性思维，就不可能有创新的管理模式。成功的供应链始终是先进技术的采用者，并优先考虑创新和转型。因此，在供应链的设计过程中，创新性是很重要的一个原则。要建立一个创新的系统，就要敢于打破各种陈旧的思维条框，用新的角度、新的视野审视原有的管理模式与体系，进行大胆的创新设计。进行创新设计，要注意以下几点。

- 创新必须在企业总体目标和战略的指导下进行，并与战略目标保持一致；
- 要从市场需求的角度出发，综合运用企业的能力和优势；
- 要充分发挥企业内部各类人员的创造性，集思广益，并与供应链中的其他企业协作，发挥供应链整体优势；
- 建立科学的供应链和项目评价体系及组织管理系统，进行技术经济分析和可行性论证，任何转型举措都必须围绕与可衡量的结果相关的健全评估、选择和实施流程进行构建。

（9）**战略性原则**。供应链的构建应持有战略性观点，从战略的视角减少不确定性因素的影响。从供应链战略管理的角度考虑，供应链构建的战略性还体现在供应链发展的长远规划和预见性上，供应链系统的结构发展应与企业的战略规划保持一致，并在企业战略的指导下进行。

3.3.2 供应链构建把握的要点

1. 供应链的整体性

供应链系统的整体性可以表述为：系统整体不等于各组成元素之和，即非求和原则，$1+1 \neq 2$。组成供应链的元素是企业或企业内的部门，供应链系统的整体功能取决于其结构系统中各组成企业或部门之间的协调关系。当整体小于各组成元素之和（即 $1+1 < 2$）时，说明虽然每个企业或部门的功能是良好的，但也许企业或部门步调不一，协同不好，供应链整体就不可能有良好的功能。

当整体大于各组成元素之和（即 $1+1 > 2$）时，说明虽然每个企业或部门的功能并不是很完善，但如果它们协同一致、结构合理，那么供应链整体依然具有良好的功能。

2. 供应链的相关性

供应链的相关性是指供应链各部分的特性和行为会相互制约、相互影响，相关性决定了系统的性质和形态。供应链内的企业或部门之间相互影响、相互依赖、相互制约，形成了特定的关系。从单个企业看，企业内部各组成部分之间的关系对供应链的性质和功能确实起很大的作用，但是供应链的性质和功能更受组成供应链各企业之间关系的影响。这种战略联盟等关系的强弱决定了供应链的特性，供应链的优劣或性能在很大程度上受它影响。

3. 供应链的结构性和有序性

系统的层次结构和协调活动是现实世界中一些大系统所特有的结构性反映。供应链是按供需关系组成的结构，核心企业与供应商、供应商的供应商、销售商、销售商的销售商组成层层分布的网络结构。系统的有序性揭示了系统与系统之间存在着包含、隶属、支配、权威、服从的关系，统称为传递关系。换句话说，系统并不是孤立存在的，而是按有序性原则存在于某一层次结构中的。供应链的结构不是杂乱无章的，它呈现出有序的特性。其实，供应链的有序性是显然的。只有供应商按时将核心企业需要的部件或原材料送给核心企业，核心企业才能组织生产或制造；只有供应商的供应商将部件或原材料送给供应商，供应商才有可能及时将部件或原材料送给核心企业。实践证明，供应链若不按这样的顺序组建和安排，是行不通的。

4. 供应链的动态性

物质和运动是密不可分的，各种物质的特性、形态、结构、功能及其规律性，都是通过运动表现出来的，要认识物质，首先要研究物质的运动，系统的动态性使其具有生命周期。开放的系统和外界环境有物质、能量和信息的交换，系统内部结构也可以随时间而变化。一般来说，系统的发展是一个具有方向性的动态过程。目前一般认为供应链体系内有三种形式流在流动：物料流、信息流、资金流。上游企业得到下游企业的需求信息，向下游企业传递供给信息和物料；同时，资金流由下游企业向上游企业流动。组成供应链的各个企业都在演变（或壮大或缩小），更替也时有发生，这些企业有的自己主动离开，有的被动离开。

5. 供应链的目的性

人工系统和复合系统都具有一定的目的性，要达到既定的目的，系统必须具有一定的功能。所有系统都有功能，但不一定有目的。没有目的的系统不属于供应链的研究对象。供应链系统肯定有目的，正如前面分析的那样，供应链就是为了增强参与企业的竞争力、使企业拥有更大的竞争优势而建立的动态联盟。一旦参与企业认为此联盟没有什么意义，该供应链存在的目的性将变得很小甚至为零，此时，该供应链也就失去了存在的必要，它或者消失，或者重构。

6. 供应链的环境适应性

任何一个系统都存在于一定的物质环境（更大的系统）之中，它必然要与外界环境产生物质、能量和信息的交换，外界环境的变化也必然会引起系统内部各要素之间的变化。为了保持或恢复系统的原有特性，系统必须具有对环境的适应能力，就像元素必须适应系统一样，因为：系统＋环境＝更大的系统。

一个设计精良的供应链在实际中并不一定能按照设想的那样运行，甚至无法达到设想的目标，这是主观设想与实际效果的差距。原因并不一定是设计或构想不完美，而是环境因素在起作用。因此，构建和设计一个供应链，既要考虑供应链的运行环境（地区、政治、文化、经济等因素），同时还应考虑未来环境的变化对构建的供应链的影响。这就要求我们要用发展、变化的眼光来设计供应链。无论是信息系统的构建，还是物流通道设计，都应具有较高的柔性，以提高供应链对环境的适应能力。供应链系统处于全球市场范围内，它是为了充分利用全球范围内的优势资源（人才、知识、原材料、设备等）而建成的。它的适应性表现在能自我调整（如重构），以适应外部条件的变化。如果外部市场需要生产成本更低的产品才能适应竞争优选规则，那么它就必须重新调整自己的组织。

7. 重视大数据分析和应用

理想情况下，供应链应实现客户/消费者需求驱动。实现这一目标的有效方法是与供应链合作伙伴共享可用的预测和需求规划数据以及相关的分析和见解。供应链合作伙伴还必须愿意分享有关潜在问题的信息，如运输能力短缺、所需材料和供应品供应的意外波动。所有供应链参与者只有在使用一致的、准确的信息时，才能做出最佳的决策，取得最佳的绩效。因此，供应链本质上是数据驱动的。而且，日益增长的复杂性和频繁的供应链中断增加了对实时（或接近实时）数据的可见性与高级智能数据分析相结合的需求。为了成功应对未来的供应链挑战，供应链需要致力于增强分析等大数据分析方法和工具。这些分析方法和工具加上智慧和经验，将有助于开发针对当今问题的复杂解决方案。

8. 韧性和可持续性

供应链必须为最坏的情况做好准备。供应链的设计不仅要具有成本效益，还要具有韧性，使供应链在发生危机时快速恢复原状。而且，随着供应链被广泛视为增强环境可持续性的关键贡献者，可持续性的概念也成为在供应链构建时需要考虑的主要因素。比如：提高运输负载系数（或平均负载与车辆总货运能力的比率）以降低燃料消耗；采用有助于积极改善环境的碳减排举措；使用具有更高能源效率潜力的电动汽车，从而减少对碳基能源的需求。

3.4 供应链结构类型及特点

在现实生活中，可供企业选择的供应商、分销商及其他合作伙伴都可能不止一家，而且分散在不同地域甚至不同国家，如图 3-7 所示。供应链的构建，就是要根据企业的经营战略和供应链管理策略，在众多的供应商和分销商、零售商中选择出最适合本企业供应链的合作伙伴，形成自己的供应链体系。如图 3-8 所示，假定制造商 1 是链主，它要根据自己的需要搭建供应链，可在备选的供应商和分销商等企业中选择最佳的企业作为自己的合作伙伴，构成一个供应链体系，如图 3-8 中用虚箭线连接起来的网络所示。虚箭线连接的供应商、制造商和分销商共同构成的即为在一定条件下建立的以制造商 1 为核心的供应链。

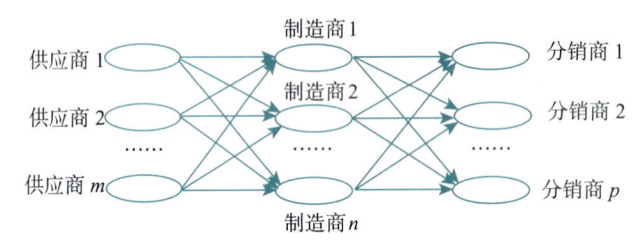

图 3-7 供应链可选企业的示意图

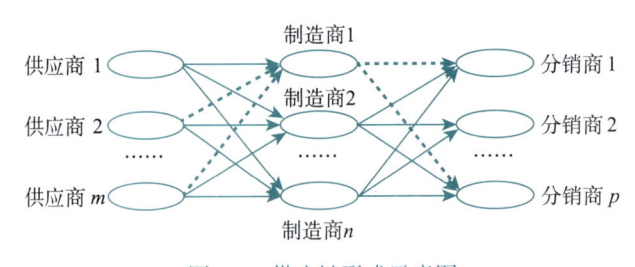

图 3-8 供应链形成示意图

为了得到一个最佳的供应链体系，企业需要了解不同供应链结构的类型和特点。

3.4.1 全球供应链

全球供应链（global supply chain）是指在构建供应链系统的过程中，核心企业从自身需要出发，在全球范围内选择最合适的供应商，包括本土与海外的供应商。也就是说，构成全球供应链的企业不受地理空间限制，供应链上的合作伙伴可以分布在全球任何一个国家或／和地区，这是 20 世纪 90 年代供应链管理模式出现初期最常见的一种结构类型。这种全球布局的供应链，常见于发达国家的企业利用第三世界国家相对廉价的劳动力、较低的制造成本以及便宜的原材料，而将生产制造等业务放在离本国较远的地方，因此也有人称之为**离岸外包**（offshoring）。例如，美国耐克公司将其制造部门布局在了亚洲，根据耐克公司官方报告，在 2022 财年，越南、印尼和中国的工厂分别生产了约 44%、30% 和 20% 的鞋子。通用电气等公司早在 20 世纪 60 年代开始就实施将业务转移到另一个国家的战略。在之后的几十年里，将制造业转移到遥远国家的趋势愈演愈烈。这些战略都是以降低运营成本为驱动的。

全球供应链的优点是，可以在全球范围内选择适应本企业供应链竞争力目标的合作伙伴，将业务外包出去。如有的供应链希望成本最低，有的供应链希望灵活性（柔性）更高，企业都可以根据需要选择合适的合作伙伴。另外，分布式供应链在遇到风险而产生中断时，可以灵活调整供应商，尽快恢复原状态。

虽然全球供应链（离岸外包）可以节省大量成本，但它也会带来一定的风险，包括质量控制风险、跨文化沟通风险和供应链中断风险。尤其是自2020年以来，许多全球或区域性事件暴露了全球供应链的脆弱性，包括新冠疫情以及全球日益重视的减少碳排放绿色运动。新冠疫情暴露了过长的全球供应链的脆弱性，如世界各地港口拥塞导致大规模供应链中断和严重延误。因此，全球供应链的不足集中表现在：第一，供应链日常运作中对物流、信息流的管控难度较大，特别是在信息化水平不高时，无法及时了解供应商的实际状况，无法掌握运输途中货物的路径和达到时间，容易造成订单交付延误。第二，更换供应商的难度较大，即使发现某供应商不太符合要求，要想更换也要花费较大的精力。第三，全球供应链的链路（流程）比较长，结构复杂，造成供应链比较薄弱，容易受到危机事件的冲击而中断，例如，为了控制新冠疫情，某些地区采取封闭管理措施，这对供应链物流产生了较大的影响。

目前，企业逐渐开始重新评估全球供应链的结构。特别是在新一轮科技革命和地缘政治等多重因素的影响下，全球供应链正在进行新一轮的重构，全球化的供应链结构逐渐向本地化、多元化和数字化的方向发展，其核心聚焦在了构建有韧性的供应链以应对全球经济的不确定性。

3.4.2 区域供应链

区域供应链（regional supply chain）是指构成供应链系统的主体处在有限的（相对全球范围而言）空间范围内，通常是相邻、相近的区域。**近岸外包**（nearshoring）的出现和兴起与区域供应链的布局模式有着密切关系。区域供应链是在近几年全球供应链受到比较大的冲击后，人们为了规避全球供应链的风险而采用一种形式，试图通过缩短供应链的地理距离来提高抗击风险的能力，所以有人又将其称为"短链"。

区域供应链的优点是在有限的区域范围内选择供应商，避免供应链太长、太复杂而产生脆弱性，既能尽可能降低外包成本，又能压缩供应链，使其尽量不因运输路线过长而承担比较高的成本。区域供应链运作的可控性和安全性比全球供应链要高很多。比如，据媒体报道，2023年，埃隆·里夫·马斯克宣布，总部位于美国的特斯拉公司将在墨西哥蒙特雷开设一家新工厂，此举进一步支持了将业务留在离总部较近的地方的趋势。此外，制造商承受着日益增长的减碳表现的压力，这也使他们重新考量全球供应链。运输距离的缩短可以大大减少碳排放，被认为是更受欢迎的可持续的做法。显然，近岸外包以及供应链的重构受到了多个要素的影响，特别是当下人工智能、自动化机器人和大数据等技术的出现，都可以提高供应链的效率和生产力，原有的供应链结构模式因此改变。

区域供应链也存在着不足之处，主要是可选择的供应商有限，限制了供应链的柔性和敏捷性，无法及时满足超出区域供应链能力的客户需求。

是否选择区域供应链结构，还要判断该种供应链获得的收益能否大于全球供应链、集群式供应链，即在经济上区域供应链能否占据优势。

> **供应链聚焦**
>
> 近年来，安徽合力股份有限公司（以下简称"合力"）加强了供应链顶层设计，不断优化产业布局，持续进行供应链体系优化和配套能力开发，科学布局供应链企业地域，逐步"织成"了稳定、安全、多元、可控的供应链体系，为防范企业经营风险、增强企业竞争力奠定了坚实基础。
>
> 合力构建了以合肥合力工业园为总部，以陕西宝鸡合力、湖南衡阳合力、辽宁盘锦合力、浙江宁波力达、浙江湖州加力、安徽好运机械为整机制造基地，以合肥铸锻厂、合力铸造（六安）公司、蚌埠液力公司、安庆车桥公司、联动属具公司和安机械公司、安鑫货叉公司和鼎机电公司、皖新电机公司、采埃孚合力传动技术公司为部件支撑体系，以永恒力合力设备租赁公司、合力工业车辆进出口有限公司、合力配件公司、合泰融资租赁公司、合力再制造公司为后市场服务保障，以合力上海科技公司、智能制造产业基金等为前沿技术研究和产业孵化平台的战略蓝图。这些举措形成了整机、关键零部件、后市场、战略性新产业四大业务板块格局，实现了从规模向质量的转型，合力探寻出一条供应链体系建设的发展之路。
>
> 资料来源：中国物流与采购联合会，商务部国际贸易经济合作研究院，2023 全国供应链创新与应用示范案例集，2023 年。

3.4.3 集群式供应链

集群式供应链（cluster supply chain）与产业集群既有联系，又有区别。在供应链管理的情境下，集群式供应链强调与核心企业直接相关的供应链合作者在特定区域（如 30～60 分钟车程范围内）所构成的体系，如研发机构、供应商、合同制造商、批发商、零售商和物流服务商，甚至是终端客户等形成的供应链。西班牙著名快时尚品牌 ZARA 的供应链结构，就是这种类型的典型代表。在西班牙总部所在地聚集着 ZARA 的工厂和 400 多家承接外包业务的企业，它们在 ZARA 的协调下共同完成时装的生产。类似地，中国的时装品牌 SHEIN 的供应链结构也是这种类型的典型代表。

集群式供应链的优点在于其能够迅速根据市场需求组织起供应链制造资源，并且由于该模式在地理上将供应链上下游企业聚集在了一起，因此前后两个环节之间的沟通及物流转运都非常便利，耗时很短。另外，该模式便于对供应链运作的管控，在质量、交货期、成本控制等方面，都可以做到及时发现问题、及时解决问题。总体上看，该模式在市场响应速度、敏捷性和稳健运行方面，具有比较大的优势。

集群式供应链的不足主要表现在以下方面：一是成本可能较高，因为只能在特定的空间内选择供应商，如果这里的供应商的成本高于其他地方的工厂，企业的供应链必须承受高成本；二是柔性受限，因为特定空间内的供应商种类和数量有限，如果市场只是出现一些小的变化，集群式供应链可能还有优势，如果市场发生大的甚至是颠覆性的变化，要想快速重组供应链就有点勉为其难了；三是风险较为集中，一旦集群式供应链的某个供应商中断供货，整个供应链都将无法继续运作，特别是在生产某种特定商品的时候，中断的供应链在恢复之前是无法继续提供这种商品的，因为"鸡蛋都放在一个篮子里了"。

📄 **供应链聚焦**

SHEIN成立于2008年10月，目标是致力于"人人尽享时尚之美"。其以快时尚女装为业务主体，目前进入的主要有北美、欧洲、中东、东南亚、南美等地区市场，直接服务全球超过150个国家的消费者，app覆盖全球50多种语种，拥有11个自有品牌。2021年，该公司的app超越亚马逊成为美国下载量最高的购物app之一，公司2023年的营收和利润均创历史新高。

面对日益激烈的国际竞争，SHEIN最近转变了其业务战略，提出了"供应链即服务"的战略。SHEIN将向全球品牌和设计师开放提供其供应链基础设施和技术，使他们能够利用SHEIN的系统小批量测试新时尚产品，并跟踪它们在消费者中的受欢迎程度。

SHEIN的供应链运营流程，是后端数据中心依据大数据分析进行产品快速上新及测试，供应商环节采用"小单快反"模式，根据商品销售情况快速反应，对爆款产品追单，或对非爆款产品进行修改并重新测试，依托高效迭代的节奏来保持爆品的产出。

SHEIN的供应链是典型的集群式供应链。公司总部及供应链中心位于广州市番禺区，制衣订单也分散于番禺区的中小型制造工厂中。服装产业是番禺区传统优势产业，广州市商务局数据显示，截至2022年10月，番禺区有超3.4万家服装企业，其中有7 281家为服装制造企业。SHEIN能够触达的中国供应商数量超过1 000家，其中围绕SHEIN在番禺区设工厂的核心供应商约有300～400家。根据高德地图的数据，SHEIN总部附近分布着大量服装厂，构建了"一小时"交通圈。其将办公室设在核心厂商中心，背靠高效协同的集群式供应链，不仅缩短了与厂商的距离，也提高了信息传输效率及透明度，进而降低了对供应商的管理成本和交易成本。

资料来源：华尔街日报网。

3.4.4　本地化供应链

在新一轮科技革命和产业变革加速演进过程中，大数据、物联网、人工智能、3D打印等对产业链供应链各个环节的逐步渗透，将从根本上改变原有的研发方式、制造方式、贸易方式、产业组织形态。一方面，互联网技术与制造业的结合，使得制造业研发设计、产品生产、销售管理等全链条网络化，工厂规模更加小型化，交付周期大幅缩短，进而使供应链变得更短。例如，3D打印技术会让本地化生产成为可能。另一方面，人机共融的智能制造模式、智能材料与3D打印技术结合形成的4D打印技术，也将进一步推动制造业由大批量标准化的生产方式转变为以互联网为支撑的智能化大规模定制生产方式，原料采购、产品加工和市场销售都将实现本地化，有很大可能给企业的供应链体系及其管理带来巨大变化。

本地化供应链的优点表现在以下方面：可以克服集群式供应链因地理空间过于狭小而存在的柔性不足问题；可以克服全球供应链或区域供应链范围较大而存在的交付周期较长（物流过程长）、敏捷性受到影响的问题；可以提高供应链的稳定性；可以在响应速度和成本之间做到较好的平衡。

实现本地化供应链的难点主要表现在该模式对本地配套的供应商及产业环境有较高的要求，要能使企业在组建本地化供应链时，有适合的合作企业加入本企业的供应链。

📄 **供应链聚焦**

2022年，施耐德电气有限公司（以下简称"施耐德电气"）执行副总裁、中国及东亚区总裁尹正接受采访时表示，施耐德电气在中国区供应链本地采购率已达90%以上，未来，施耐德电气将继续发挥本地化供应链的优势，更好地响应中国市场的需求，提供更多切中用户痛点的绿色创新的产品和数字化解决方案。

本地化供应链已成为施耐德电气在华蓬勃发展的重要推动力。施耐德电气在中国已经拥有18家智慧工厂和智慧物流中心、17家"零碳工厂"、15家"绿色工厂"、12家碳中和工厂，并拥有1 600多家本地供应商。公司的绝大部分产品在中国生产，供应链短、反应速度快，并且中国区供应链有充分的自主权，能够根据市场需求快速调整，敏捷响应。

资料来源：中国新闻网。

以上讨论的几种供应链结构类型各有优点和缺点。而且各种类型的供应链的边界并不是那么清楚，很多情形下都是一种相对而言的对比分析。因此，在设计供应链体系时，要认真分析不同环境下不同类型供应链的优缺点，找到最佳的结构。在实际工作中，人们往往采取混合的方式，糅合这几种供应链的优点，克服其缺点，设计出适合本企业的供应链体系。

需要特别说明的是，我们说某一种供应链类型时，是指构成该供应链的主体（如占供应商总量60%～70%的企业）所表现出来的特征，并不是说一个供应链上的所有企业都属于这种类型。

3.5 供应链构建的设计策略与方法

一个有效的供应链对每一个合作企业来说都是至关重要的。因为它不仅可以帮助企业提高用户服务水平、达到成本和服务之间的有效平衡，而且可以提高企业的竞争力和柔性、提升企业快速进入新市场的能力、通过降低库存提高工作效率等。

但是，供应链构建也可能因为设计不当而导致资源浪费和失败，所以正确的设计策略是必需的。在实践中，人们在供应链构建的设计策略上，较多地采用基于产品的设计策略，因为该策略可以较好地满足供应链与产品必须匹配的要求。

3.5.1 基于产品的供应链设计策略

马歇尔·费舍尔教授提出了供应链的设计要以产品为中心的观点。进行供应链设计时，首先要明白用户对企业产品的需求是什么，产品的生命周期、需求预测、产品多样性、提前期和服务的市场标准等都是影响供应链设计的重要因素。供应链的构建必须与产品特性一致，这就是所谓的**基于产品的供应链设计策略**（product-based supply chain design，PBSCD）。

基于产品的供应链设计工作可以归纳为如图3-9所示的几大步骤。

基于产品的供应链设计步骤细分如下。

第一步，分析市场竞争环境。目的在于找到针对哪些产品市场开发供应链才有效，为此，必须知道现在的产品需求是什么，产品的类型和特征是什么。分析市场特征的过程要对卖主、用户和竞争者进行调查，提出诸如"用户想要什么""他们在市场中的分量有多大"之类的问题，以确认用户的需求和因卖主、用户、竞争者产生的压力。这一步骤的输出是每一种产品按重要性排列的市场特征。此外，对于市场的不确定性要有分析和评价。

```
┌─────────────────────────────────────────┐
│ 1：分析市场竞争环境（产品需求）          │
└─────────────────────────────────────────┘
           ↓
┌─────────────────────────────────────────┐
│ 2：总结、分析企业现状（现有供应链分析）  │
└─────────────────────────────────────────┘
           ↓
┌─────────────────────────────────────────┐
│ 3：提出供应链设计项目（分析其必要性）    │
└─────────────────────────────────────────┘
           ↓
┌─────────────────────────────────────────┐     比较新旧
│ 4：建立供应链设计的目标                  │ ←── 供应链
└─────────────────────────────────────────┘
           ↓
┌─────────────────────────────────────────┐
│ 5：分析供应链的组成                      │
└─────────────────────────────────────────┘
           ↓
┌─────────────────────────────────────────┐
│ 6：分析和评价供应链设计的技术可能性      │ →  决策点  → 反馈
└─────────────────────────────────────────┘
           ↓
┌─────────────────────────────────────────┐
│ 7：设计和产生新的供应链                  │
└─────────────────────────────────────────┘
           ↓                                    工具和
┌─────────────────────────────────────────┐    技术
│ 8：检验供应链                            │
└─────────────────────────────────────────┘
           ↓
┌─────────────────────────────────────────┐
│ 9：完成供应链设计                        │ → 反馈
└─────────────────────────────────────────┘
```

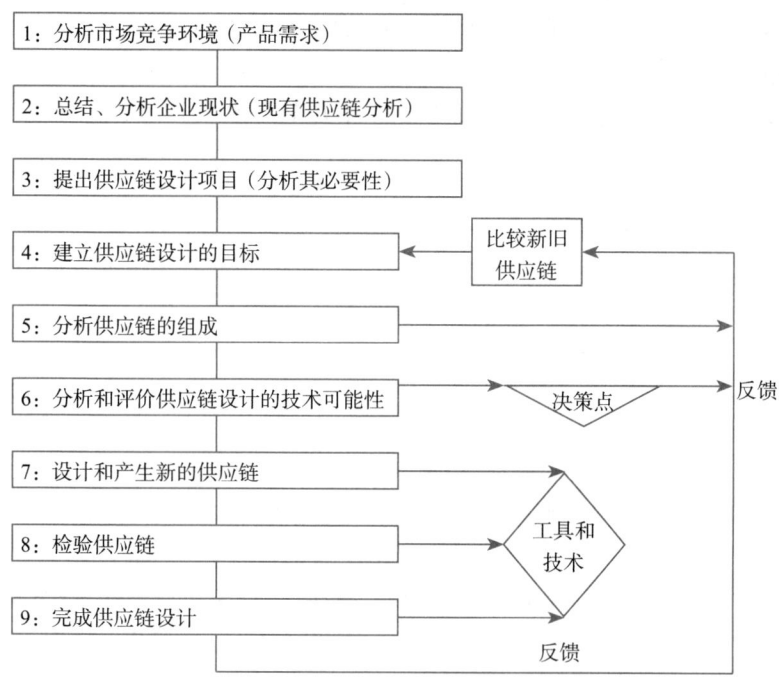

图 3-9 供应链设计的步骤

第二步，总结、分析企业现状。主要分析企业供需管理的现状（如果企业已经有供应链管理，则分析供应链管理的现状），这一步骤的目的不在于评价供应链设计策略的重要性和合适性，而是着重研究供应链开发的方向，分析、找到、总结企业存在的问题及影响供应链设计的阻力等因素。

第三步，针对存在的问题提出供应链设计项目，分析其必要性。

第四步，根据基于产品的供应链设计策略建立供应链设计的目标。主要目标在于获得高用户服务水平和低库存投资、低单位成本这两个目标之间的平衡（这两个目标往往有冲突），同时还应包括以下几个目标：

- 进入新市场；
- 开发新产品；
- 开发新分销渠道；
- 改善售后服务水平；
- 提高用户满意度；
- 降低成本；
- 通过降低库存来提高工作效率等。

第五步，分析供应链的组成，提出供应链的基本框架。供应链中的成员组成分析主要包括制造工厂、设备、工艺和供应商、制造商、分销商、零售商与用户的选择及其定位，以及确定选择与评价标准。

第六步，分析和评价供应链设计的技术可能性。这不仅仅是为了简单地改善设计，更是实现和落实供应链设计的第一步。它在可行性分析的基础上，结合企业的实际情况为供应链设计提出技术选择建议和支持。这也是一个决策过程,如果认为方案可行,就可进行下一步设计;如果不可行,就要进行重新设计。

第七步,设计和产生新的供应链,主要解决以下几个问题:

- 供应链的成员组成(供应商、设备、工厂、分销中心的选择与定位);
- 原材料的来源问题(包括供应商、流量、价格、运输等问题);
- 生产过程设计(需求预测、生产什么产品、生产能力、供应给哪些分销中心、价格、生产计划、生产作业计划和跟踪控制、库存管理等问题);
- 分销任务与能力设计(产品服务于哪些市场、运输、价格等问题);
- 信息管理系统设计;
- 物流管理系统设计等。

在供应链设计中,要广泛用到许多工具和技术,如归纳法、动态规划、流程图、模拟和设计软件等。

第八步,检验供应链。供应链设计完成以后,应通过一定的技术和方法检验或试运行。如果不可行,返回第四步进行重新设计;如果可行,可进入日常运行阶段。

第九步,完成供应链设计。

3.5.2 基于多代理的集成供应链设计思想与方法

随着信息技术的发展,供应链除了具有由人、组织简单组成的实体特征外,也逐渐演变为以信息处理为核心、以计算机网络为工具的人-信息-组织的集成超智能体。基于多代理的集成供应链模式(见图 3-10)是涵盖两个世界的三维集成模式,即实体世界的人-人、组织-组织集成和软环境世界的信息集成(横向集成),以及实体世界与软环境世界的人机集成(纵向集成)。

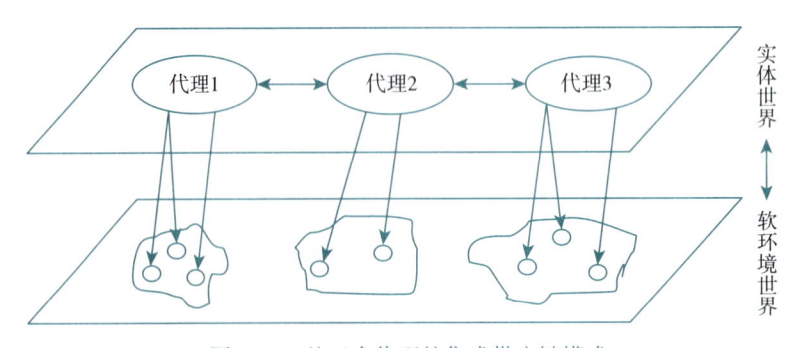

图 3-10 基于多代理的集成供应链模式

可以采用多种理论支持和指导动态建模,基本流程为多维系统分析→业务流程重构→精细化/集成→协调/控制,并行工程思想贯穿于整个建模过程,如图 3-11 所示。

用于基于多代理集成供应链的建模方法主要有基于信息流的建模方法、基于过程优化的建模方法、基于案例分析的建模方法以及基于商业规则的建模方法几种。

过程优化思想在业务流程重构(BPR)建模中得到了广泛应用,并且业务流程重构支持工具被称为业务流程重构研究的一项重要内容。过程优化的关键之处是过程诊断,即识别过程存在问题。识别现有过程存在的问题可采用基于神经网络的企业过程诊断法、基于物元理论系统诊断法以及变化矩阵法。集成化动态建模过程如图 3-12 所示。

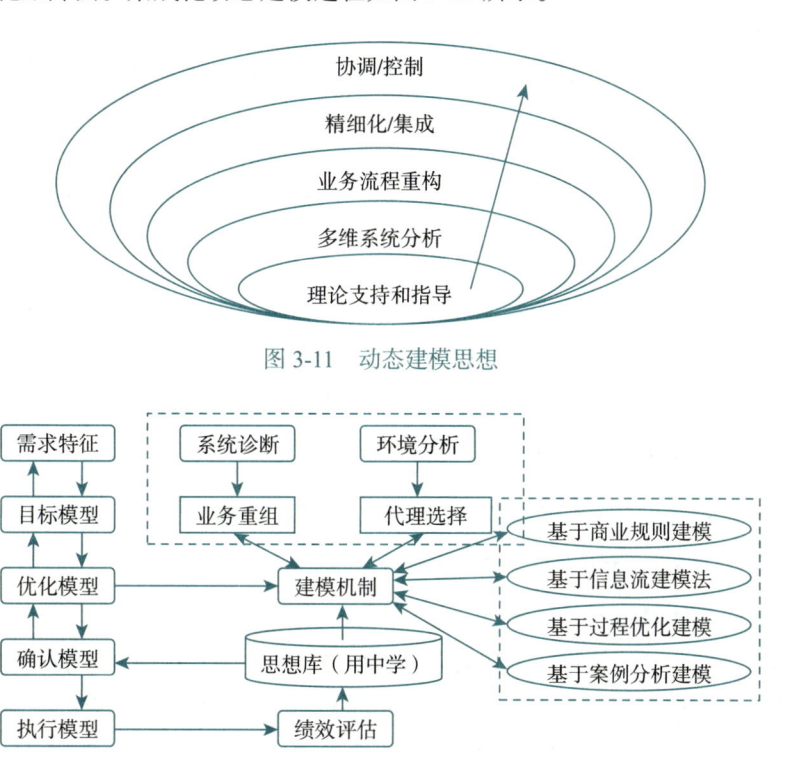

图 3-11 动态建模思想

图 3-12 集成化动态建模过程

3.5.3 供应链构建的设计与优化方法

1. 供应链分析诊断技术

在供应链构建的设计与重建过程中，必须对现有的企业供应链模式进行诊断分析，并在此基础上进行供应链的创新设计。通过系统诊断分析找到企业目前存在的主要问题，为新系统设计提供依据。

（1）供应链不确定性分析。对于供应链的不确定性因素，美国斯坦福大学的李效良（Hau Lee）教授探讨了由于信息的不确定性导致的供应链的信息扭曲，并形象地称之为"长鞭效应"，剖析了产生这一现象的原因和应对措施；其他学者（如黄培清）也探讨了不确定性对库存和服务水平的影响，布鲁斯·科格特（Bruce Kogut）和纳林·库拉蒂拉卡（Naline Kulatilaka）探讨了在全球制造中提高企业柔性对应变不确定性的作用，宋京生研究了提前期的不确定性对库存与成本的影响。供应链的设计或重建都需要考虑不确定性问题，要研究减少供应链不确定性的有效措施和不确定性对供应链设计的影响。

（2）供应链的性能定位分析。供应链的性能定位分析是对现有的供应链做全面评价，对订货周期、预测精度、库存占用资金、供货率等管理水平，以及供应链企业间的协调性、用户满意度等进行全面评估。如果用一个综合性能指数来评价供应链的性能定位，可以用这样一个公式表示：

$$\text{供应链综合性能指数} = \text{价值增值率} \times \text{用户满意度}$$

我们可以通过对用户满意度的测定并结合供应链的价值增值率来确定供应链管理水平，为供应链的重建提供参考。

（3）供应链的诊断方法。诊断方法本身就是一个值得研究的课题，目前还没有一个普遍适用的针对供应链的诊断方法。随着企业创新发展的需要，企业诊断已成为许多企业策划必不可少的内容。国外许多企业都高薪聘请企业咨询专家为企业做诊断，国内对企业诊断问题的研究也逐渐热起来。企业诊断不同于传统的可行性研究报告，它是指企业从实际需要出发，为改善或改革自身提供科学的理论与实际相结合的分析，并提供战略性的建议和改进措施。前的诊断方法主要有以下两种。

- 定位分析法：定位分析法是比较好的系统化比较分析方法。
- 层次分析法（AHP法）：AHP法是广泛采用的多目标综合评价方法，并且可以结合模糊数学，形成定性和定量相结合的分析。

另外，还包括神经网络/专家系统法、物元模型法、熵模型法等。这些方法都已经比较成熟，读者可以找相关专著学习，本书不再赘述。

2. 供应链构建的设计方法与工具

（1）网络图形法。供应链设计问题有几种考虑方式：一是单纯从物流通道建设的角度设计供应链；二是从**供应链选址**（supply chain location）的角度选择哪个地方的供应商，在哪个地方建设一个加工厂，在哪个地方设立一个分销点等。设计所采用的工具主要是图形法（如用网络图表示），可以直观地反映供应链的结构特征。在具体的设计中，可以借助计算机辅助设计等手段进行网络图的绘制。

（2）数学模型法。数学模型法是研究经济和管理问题时普遍采用的方法。当把供应链作为一个管理系统问题来描述时，我们可以通过建立数学模型来描述其经济上的数量特征。

最常用的数学模型是系统动力学模型和经济控制论模型，特别是系统动力学模型更适合用来描述供应链问题。系统动力学模型最初应用于解决工业企业管理问题，它是基于系统理论、控制理论、组织理论、信息论和计算机仿真技术的系统分析与模拟方法。系统动力学模型能很好地反映供应链的经济特征。

（3）计算机仿真分析法。利用计算机仿真技术，将实际供应链构建问题先进行模型化，再按照仿真软件的要求进行仿真运行，最后对结果进行分析。计算机仿真技术已经非常成熟，这里就不多做介绍了。

3. 供应链设计的一般过程

（1）螺旋循环设计模型。劳森（Lawson）在研究设计及设计过程的特征时认为设计行为有如下特征：①设计目标及设计要求是很难描述清楚的；②设计是一个无止境的过程；③设计总有缺陷；④设计与人的价值判断有关；⑤设计问题的解决与问题的出现同时存在；⑥不存在最优设计方案；⑦设计的目的是实施。从设计的行为特征来看，系统设计过程是一个开放性的过程，也是一个螺旋上升的过程。在软件开发过程中，甘恩（Gane）和萨森（Sarson）在1979年就建立了一个结构化分析与设计模型，伯姆（Boehm）在1988年将其发展为软件系统开发的螺旋模型。供应链的设计过程其实也是一个循环的螺旋设计过程，同样可以采用螺旋模式的相关理论。

（2）组织元模型。供应链的每一个节点都是以信息处理为中心、以计算机网络为工具的人、信息和组织的集成体，我们用 Agent 来描述。Agent 有狭义和广义的定义。狭义来讲，Agent 是指一个智能体（或代理商），一般是一个软件或信息系统，我们称之为软件世界的智能体。广义来讲，Agent 是指"分散的、独立的、相互合作的网络中的成员"。宏观上，它就像我们指的加盟供应链的"代理商"。基于多 Agent 集成的供需合作机制指的也是基于这层意义的代理机制。组织元模型也就是 Agent 模型。

供应链建模或设计最为重要的就是组织元的确定。在供应链结构中要区分上游组织元和下游组织元，这两种组织元的功能不同，因而其评价标准也不同。

我们可以用 AHP 法对组织元进行评价，基本框架如图 3-13 所示。通过评价模型对组织元的评价，优选出满意的 Agent 组织元。

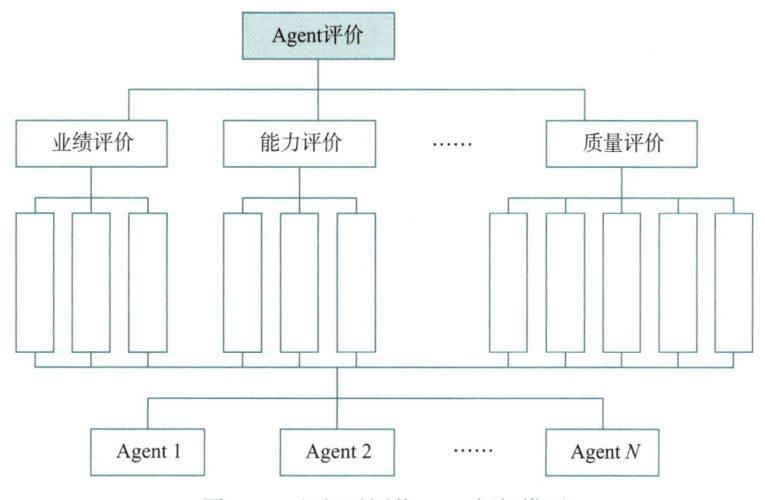

图 3-13　组织元评价 AHP 框架模型

（3）流程分析模型。在选定组织元之后，生产组织方式上采用团队工作方式，业务流程的重构也是必需的工作。为实现最简捷的流程及时间最短的单元组合，需要建立一个流程分析模型对流程中涉及的要素进行合理配置。

（4）任务协调与匹配。选定组织元和流程之后，就要从供应链的整体层面对企业的资源进行合理配置，特别是保持企业内部和企业之间的综合平衡。首先是委托实现机制的建立，然后是采用面向对象的**质量功能展开**（quality function deployment，QFD）和制造决策、制造资源计划及作业计划的制订等。

4. 供应链的重构与优化

为了提高现有供应链运行的绩效，适应市场的变化，增加在市场中的竞争力，需要对企业进行**供应链重构**（supply chain reengineering）与优化。通过供应链重构可以获得更加精益的、敏捷的、柔性的企业竞争优势。尤其是自 2023 年以来，全球供应链活动虽然逐步走出新冠疫情影响，但是受贸易保护主义以及地缘政治冲突等因素的影响，全球供应链依然处于深度重构中，本地化、多元化和数字化特征日益突出，未来将面临更多新的挑战。如何打造稳定、有韧性、可持续的供应链是企业在未来几年应该关注的焦点。一方面，面对全球供应链重构，需顺势而为；另一方面，虽然当前全球经济形势不容乐观，但也应看到供应链国际合作的新机遇。创新、数字化和绿色化转型以及区域和全球伙伴关系是建立更具可持续性和韧性的供应链的关键。

李效良教授等诸多学者和企业家偏重于销售链（下游供应链）的重构研究，提出了一些重构的策略，如供应商管理库存、延迟制造等。丹尼尔·托维尔（Daniel Towill）等人也对供应链的重构进行了研究，提出了关于供应链重构的方法模型。本书归纳理论与实践中关于供应链重构的成果，总结出如图 3-14 所示的一种常见的供应链重构与优化模型。

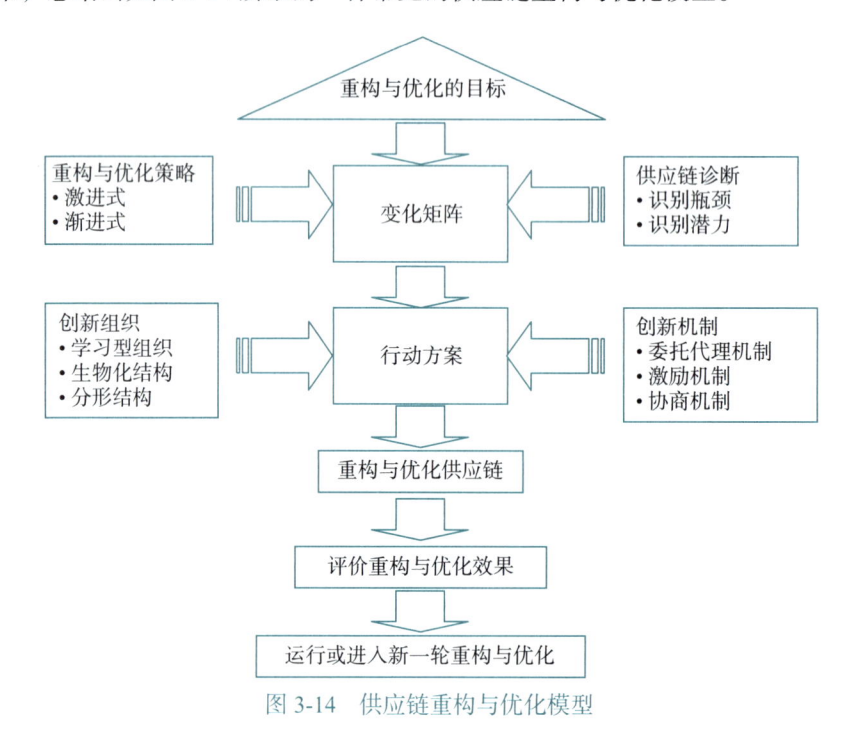

图 3-14 供应链重构与优化模型

供应链的重构与优化，首先应明确重构与优化的目标，如缩短订货周期、提高服务水平、降低运费、降低库存水平、增加生产透明性等。然后进行企业诊断和重构与优化策略的研究，需要强调的是重构与优化策略的选择。必须根据企业诊断的结果来选择重构与优化策略，如是激进式的还是渐进式的。值得注意的是，新一轮工业革命正颠覆基于传统要素禀赋优势的全球供应链配置逻辑。在新一轮科技革命和产业变革下，供应链向数字化、智能化转型，通过优化要素配置、搭建要素共享平台、形成协同网络，实现各国企业间资源的集成、对接，有效提升运行效率，降低断链风险，在维护和提高国际产业链、供应链、价值链韧性中发挥着积极作用。与此同时，经济绿色化、全球产业结构日益服务化也使新技术、新模式持续涌现，为供应链国际合作不断注入新动力，为构建兼顾效率、安全、畅通与韧性的全球供应链提供了新机遇。无论如何，重构的结果都应体现价值增值和用户满意度显著提高，这是我们实施供应链管理始终坚持的原则和主体约束条件。

供应链聚焦

近年来，在复杂的国际形势等的冲击下，全球电子元器件供应严重不足。但是浪潮电子信息产业股份有限公司（以下简称"浪潮信息"）供货一直十分稳定，业绩增长稳健，2022年一季度，浪潮信息营收同比增长超过48%，归属上市公司股东的净利润同比增长超过38%。

浪潮信息供应链的韧性得益于多年的流程改造和数字化建设，例如浪潮信息要求每种物料的可替代率都要在100%以上，并且对不同供应商的地域分布都有明确要求。供应链的高容错性设计让浪潮信息通过部件替代很好地化解了元器件供应问题。仅在2021年，浪潮信息就完成了1 500余种核心部件的替代验证，化解了15万台整机交付风险。

浪潮信息先后部署实施了ERP/APO（高级规划和优化）/MES（生产执行系统）/WMS（仓储管理系统）/PLM（产品生命周期管理）等数十个信息系统，构建了全球供应链控制塔、客户全景生态平台、供应商生态协同平台、数字化工厂等核心平台，所有的业务流程高度自动化，96%的生产订单自动生成，98%的物料计划自动决策和执行。其中供应链控制塔实现了预测牵引需求计划和物料采购计划的制订，订单驱动生产计划和物料计划的制订，形成了预测与订单双引擎供需联动管理模式，支撑全球10个制造中心的计划统筹、产能调度、滚动洞察52周预测。同时，浪潮信息跨组织成立了六大供应保障组，通过赋能核心供应商，加强对二级和三级供应商的管理、货源共享等措施，保障货源稳定供应，目前订单按期满足率一直保持在98%以上。

资料来源：中国经济网。

3.6 供应链数字化建设

供应链的构建，不仅要设计和优化（以物流为主体）的供应链网络布局与结构，还要考虑供应链的数字化体系的建设问题，以支持供应链的信息流管理。众所周知，近些年来，受国际贸易摩擦、供应链本地化趋势加速、客户个性化需求增多等的影响，传统供应链不仅暴露出结构布局上的不足，也逐渐暴露出信息孤岛现象严重、信息化效率低下、数字化水平有限等弊端，已不能满足社会发展的要求。如果没有供应链数字化体系的支持，供应链的日常运作将难以管理，因此，当代供应链体系的构建过程中，数字化建设成为一项重要工作。

3.6.1 供应链数字化建设的基本内容

从当今供应链面临的环境，以及供应链管理面临的挑战来看，最为紧迫的是提高供应链的可视化（或称可见性）水平、加强对供应链全过程的实时管控、使供应链具有对日常业务做出自主响应的能力等几个方面的工作。

1. 供应链端到端可视化系统

传统的供应链管理是在各个供应链环节内独立进行的，如与供应商合作、库存管理等。但现在的供应链管理者希望能够在出现干扰、发生变化或需求增加时，立足整个供应链考虑所受到的影响。这便提出了对供应链端到端的、实时的可视化要求。通过实时的可视化，企业可以更好地把握和应对供应链中的问题，预判供应链的发展趋势，从而提高响应速度和灵活性，以满足客户的需求。

供应链端到端可视化，通俗地讲，一般是指从供应链上游的供应商、供应商的供应商，到中间的核心企业（如制造商），再到下游的客户、客户的客户，乃至最终消费者，能把各种场景下产生的数据实时地采集上来，并通过一定的规则在整个供应链进行传递与分享，使供应链具有全程透明性。例如，制造商在进行生产计划决策时，不仅需要了解制造商自己的成品库存、在途库存、在制品库存以及原材料库存，还需要了解供应商这一端的库存和分销商、零售商这一端的库存，这样才能真正知道影响供应链生产的库存数据，做出的生产计划才能有效指导供应链的资源投入。当今很多企业的供应链上的库存水平很高，就是决策者不知道供应链上的各种库存的真实状况，在盲目的状态下做出无效的生产计划所导致的。

可见，没有供应链端到端的可视化，很难做到对供应链的有效管理，供应链的敏捷性、韧性、可持续性更是无从谈起。构建供应链数字化端到端的可视化系统，就成为最基础、最重要的工作。

（1）搭建多层（multi-tier）视图网络，提高全程可视化能力。所谓供应链多层视图网络，是以核心企业为基点，从第一级供应商的生产和物流地点的位置开始，逐级绘制（映射）出第二级、第三级直至最后一级供应商之间的联系数据图；同样的道理，从核心企业的第一级客户开始，逐级绘制出客户的客户、客户的客户的客户直到最终客户的联系数据图。

视图网络建成之后，还要实时采集各个节点的数据并传至视图网络，这样能够追踪每个零件从制造到交货的每一个确切位置。根据权限在供应链中进行共享，供不同层次、不同节点的管理者做出管理决策时使用。

图 3-15 是 Resilinc 公司研发的多层供应链视图构建软件示意图。图中标注的点就是通过该软件识别出的对供应链连续性至关重要的瓶颈和隐藏的故障点，供应链管理者可以根据这些信息及时地对供应链运作做出相应的调整和优化。

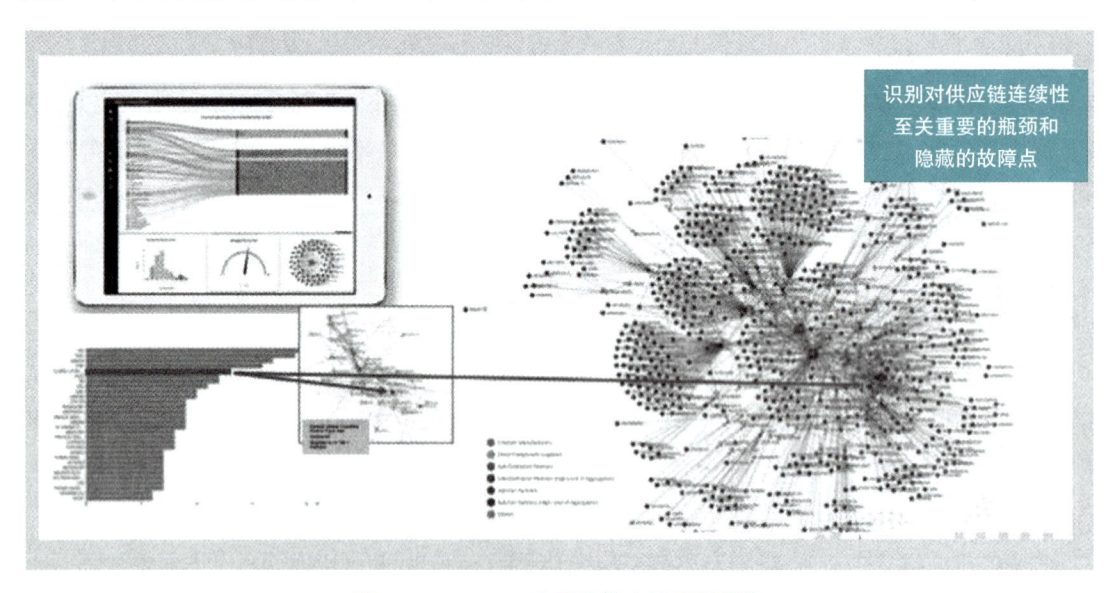

图 3-15　Resilinc 公司的供应链视图网络

资料来源：Resilinc MultiTier Mapping Product Sheet。

供应链视图网络的编制，一般可以根据可公开获得的数据对供应链上的供应商和客户进行映射。可以与这些企业进行合作，让它们主动参与进来，提供各种所需要的数据，因为建设供应链视图网络不需要供应商或客户额外投资 IT（信息技术）集成，能帮助供应商和客户理解并放心地与本企业共享数据。

还可以根据公开的、供应商披露的有关其生产和物流地点的信息以及其他信息，客户的销售网点、物流及其他相关信息，包括介绍这些企业的各种新闻及其他活动的数据，进行视图网络的建设以及对视图进行实时更新。

供应链视图网络的绘制是一项工程浩大的艰难工作，必须做足思想准备与组织准备，持之以恒地进行下去。

（2）端到端供应链视图在供应链管理中的作用。端到端多层供应链视图在实际管理工作中具有重要的作用，主要体现以下几个方面。

1）供应链管理人员可以据此视图精确掌握整个供应链上的供应商和客户的分布，根据市场变化进一步优化供应链的结构与布局，消除供应链盲点。

2）由于视图可以实时根据供应链运作环境更新相关数据，因此管理人员运用视图的可见性，可以使企业能够预测和分析最有可能出现的问题，制定出准确的预防性行动方案并督促执行。

3）供应链视图可以显示零部件的生产、储存地点和运输路线的动态变化，管理人员可以据此做出不同环节的入库及生产决策，指导有关环节的准时生产，减少不必要的库存冗余。

4）由于可以准确掌握同一层级具有配套供货的多个供应商的同步出产状态，分析可能出现的配套缺失风险，提前采取预防措施，因此可以减少供应链由于供应的不配套而产生的中断。

5）可以发现供应商、供应商的供应商可能出现的问题，提前采取措施应对风险隐患。同理，发现客户方面有潜在风险，也可以提前采取措施。

📖 供应链聚焦

Resilinc 公司的全球生物技术客户之一利用供应链视图来避免 2017 年 9 月飓风"玛丽亚"摧毁波多黎各后的供应中断。在飓风"玛丽亚"登陆之前，该公司能够确定波多黎各的两个节点企业（供应商），这两个供应商为其北美制造业务提供 25 到 30 种产品。该公司假设这两个供应商会受到飓风的影响，从其他供应商那里提前购买了价值数百万美元的产品，从而避免了成本高昂的生产延误。

相比之下，飓风"玛丽亚"让类似的公司苦苦挣扎了数周，它们试图分析哪些供应商和材料会受到影响，许多公司随后为保证有限库存的使用进行配置，并支付了巨额溢价。

资料来源：The SCXchange。

2. 供应链控制塔

运用供应链视图网络提供的数据，进一步建立对供应链运作进行全程管控的系统，实现对供应链运作的全程管理，供应链控制塔因此应运而生。

（1）供应链控制塔的含义。供应链控制塔是供应链控制中心的一种形象称谓，它能将供应链企业中的人员、业务流程和技术能力等要素组合在一起，在供应链可视化的基础上，通过对供应链各环节及各项任务的轨迹追踪、情况预警、偏差纠正等活动，提高企业感知潜在负面情况及需求变化的能力，提升供应链的响应和执行能力。

图 3-16 是一个供应链控制塔的工作内容示意图。

供应链的管控中心是核心企业，它要掌握各级供应商工厂对采购订单执行的状况、各个环节物流配送实时动态、运输工具的实时行驶状态、制造商的生产计划执行及订单交付状态、各级客户的商品消耗进度、需求变化等信息，还要掌握供应链上各个环节的库存状态、物料的流向以及外部环境的动态信息，最后以此为依据做出相关管理决策。

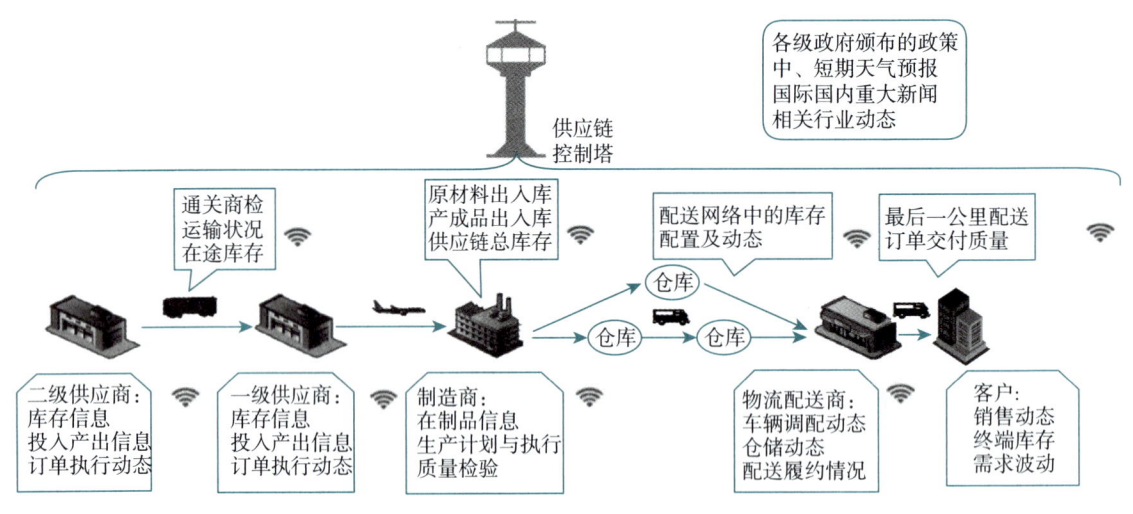

图 3-16 供应链控制塔工作内容示意图

通过提供端到端可见性、决策支持和快速纠正问题，可以强化供应链的优势。强大的供应链可以最大限度地减少中断的影响及在中断发生时迅速恢复。

（2）供应链控制塔的主要作用。

1）供应链全面透明。通过掌握整个供应链（包括供应商、制造商、运输商、仓库和第三方物流企业等）的状况，企业可以主动采取措施管理其供应链，降低公司运营的风险和总成本。

2）更高的预测和决策准确性。控制塔的预测、分析、整合、扩展和组合数据的能力可以支持更好、更自动化的决策和自我纠正，从而改善运营并消除浪费。

3）提高供应链的敏捷性。当意外发生时，敏捷的供应网络可以灵活、迅速改变方向。这种敏捷性源于更好的客户体验、更快的响应时间和更有效的供应链。

4）改善供应链合作关系。连接客户、供应商和物流服务提供商的供应链促进了跨组织合作。由于可以直接与合作伙伴讨论问题，问题解决得更快、费用更低、客户更满意，留住合作伙伴和人才的时间更长。

5）优化库存水平。供应链控制塔提供对整个网络库存的洞察，以确保企业拥有所需的东西。因此，它提高了销售额和利润，同时减少了缺货、材料短缺和库存持有量。

供应链聚焦

作为轨道交通装备产业发展的"领跑者"，中车株洲电力机车有限公司（以下简称"中车株机公司"）积极推动协同供应链管理体系的建设。公司通过部署包含战略规划层、决策分析层、管理监控层、业务执行层的4层架构数字化系统，面向不同对象联通供应链全流程数据流，实现数据驱动业务，联合供应链上下游共同打造需求协同、供应协同、物流协同、资金协同的数字化环境。公司通过供应商门户及ERP系统，统筹管理从研发到供应商、从供应商到公司生产现场、再到客户运维现场的物料全过程管理,实现信息流、资金流、产品流的整合畅通。在协同研发与生产方面,通过门户向供应商直接传递供货明细、设计变更、供货计划等信息,实现了客户需求变更的快速响应。在资金协同方面,供应商在门户直接发起结算流程,实现业财一体化,提升供应链的整体资金利用率。在产品流方面,运用二维码平台等技术,实现供应商交货信息共享、原材料序列号信息可追踪;建立列车运营大数据平台,实现在段服务状态可视化。公司还搭建了包含七大版块、36类图表的数据分析与监控平台,实现从采购申请到合同结算的全过程业务监控与数据分析。此外,中车株机公司通过建设产业集群命运共同体、促进产业集群在海外的裂变、推进自主创新、统筹产业链资源以及考虑采购与客户、与研发、与供应商的协同,打造"柔性+协同"供应平台,促进了供应链各参与方的信息共享和资源配置,实现了供应链的自主可控、协同发展、系统整合。该公司柔性、协同的数智化供应链,是既具备追求低成本、高水平库存周转率特点的经济型供应链,又具备追求快速响应、灵活敏捷特点的响应型供应链。

资料来源:中国物流与采购联合会,商务部国际贸易经济合作研究院,2023 全国供应链创新与应用示范案例集,2023 年。

3. 供应链基层数字化自主决策系统

基层端,如零售终端、生产车间各个设备和各道工序的加工数据、物料移动中的路线等,每时每刻都会产生巨量数据。如果不能及时对收集的数据进行分析和处理,生成协调决策和运营的数据,那么获得再多的数据也是毫无意义的。

基层端数据浩如烟海,纷繁复杂,体量巨大,因此,必须建立起自主式的数字化采集、分析与决策支持系统,才能提高基层端的协同运营能力。

供应链底层数字化自主决策系统示意图如图 3-17 所示。假设某企业生产的产品通过电商或者线下门店进行销售,终端消费者通过各种支付手段购买产品,销售产品的同时,零售端库存随之下降,将产生的支付信息、库存变化及其他必要的信息通过**感知技术**(sensing technology)实时采集进系统,这是第一步。然后,对收集上来的实时数据进行处理,输入到预先设置的管理模型中,运用智能技术进行数据分析,这是第二步。一旦达到决策线(如零售库存降到了补货点),系统就会触发补货条件,并下达指令给配送中心,这是第三步。配送中心接到补货指令后随即进行拣货和配货,并按照时间、地点将货物送到零售库存处,这是第四步。这些工作由数字化系统自主决策,进行自动补货循环。当配送中心的库存下降到补货点后,就会触发生产指令,而后生产出的新产品入库,如此往复。管理人员则以监控及例外管理为主,即提高了系统的连续性,也减轻了人员的负担。

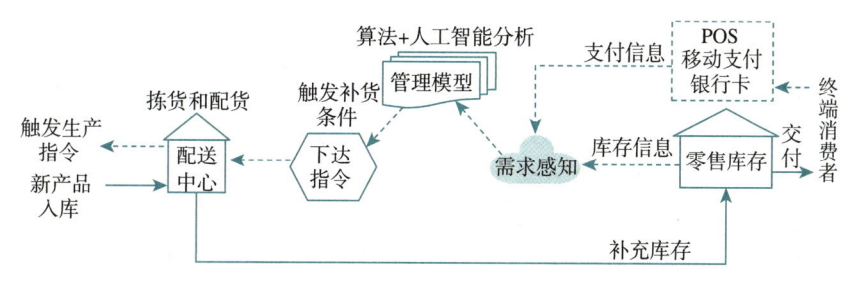

图 3-17 供应链底层数字化自主决策系统

供应链底层数字化自主决策系统建设是供应链数字化的重要组成部分。因此要从以下几个方面做好工作。

一是要设计好业务流程，确定业务数据的种类，如货物的位置、状态、数量、质量、运输时间、温度等信息，确保数据采集具有足够的精确度。

二是确定适合的感知数据的技术和装备，如数据感知层的传感器、机器视觉、RFID（射频识别）等一系列智能感知设备，为供应链数字化提供了传统信息流以外更多样化的信息，既要满足实时性的要求，以确保收集到的数据能够有效支持数字化管理决策，也要适当控制成本。

三是设计出管理模型，选择好匹配算法及人工智能分析技术。人工智能及云计算等技术可以从采集到的数字信息中发现运作的规律，并根据分析结果做出行动，为需求预测、计划制订、订单下达、路线优化等提供支持，提高供应链对外界变化的敏捷性。

四是触发指令后续的执行保障工作。如果没有执行上的保障，即使是最优化的决策指令，也难以取得预期效果，因此，在这种情形下，管理人员的职责之一就是设置一套指令来执行流程并负责落实到位。

> **供应链聚焦**
>
> 在江苏百汇农业发展有限公司的尾货管理上，传统上主要依靠人工，不仅效率低，而且易出错，给公司造成的损失较大。为了解决这个问题，公司建设了"汇多拉"智能精选填装中心，提高食品的保鲜期、货架期以及错峰销售能力，实现农产品提质增效。
>
> 例如，在尾货管理方面，在精细分割工位上，通过在"汇多拉"设置智能提醒模块，尾货被装载于分装盒中，同分装盒一同装入托盘上；通过使用尾货标记按钮，一键备注尾货信息；第一RFID读写器与尾货所在托盘上的RFID电子标签关联，并存储货品信息和尾货信息，再将尾货所在托盘由精细分割工位输送至分装盒卸载及输送单元；第二RFID读写器获取尾货所在托盘上的RFID电子标签上的货品信息及尾货信息，上位机根据第二RFID读写器读取的尾货信息，控制智能提醒模块发出提醒信息。当第二RFID读写器读取的尾货信息为"标记为尾货"时，控制智能提醒模块发出提醒信息，反之，若读取的尾货信息为"未标记为尾货"时，控制智能提醒模块不做处理，从而克服采用人工处理尾货无法实现生产质量追溯的技术缺陷。
>
> 资料来源：长三角供应链创新联盟，长三角供应链创新与应用优秀案例集（2022），2022年。

3.6.2 供应链数字化建设面临的难点与挑战

当前传统供应链进行数字化建设的难点主要有以下几个方面。

1. 数字化意识不强

很多企业的管理人员对数字化的认识不到位。不少人认为数字化是IT人员的事情，或者认为数字化是技术方面的事情，与管理活动关系不大，又或者认为数字化投入巨大，效果不明显，实施数字化建设必要性不大，如此等等，因此欠缺必要的数字化意识。由于认识上的不到位，在实施供应链数字化建设方面，就缺乏有效的组织保障。有些企业在推行数字化建设时，往往由IT部门负责人全面负责，导致在沟通与协调方面非常乏力，不少企业的供应链数字化建设（包括转型升级）由此半途而废，根据有关资料统计，失败的比例高达70%。

2. 数据管理水平较低

在数字化供应链中，数据质量至关重要。为了提高数据质量，需要不断细化供应链中物流、资金流以及信息流的颗粒度,加强对数据的管理,但现实中的供应链数据管理水平却往往不能满足需要。

首先,由于供应链中存在多个利益主体,其管理系统构成各异,导致数据的标准化和统一性不足。这种多源、异构的数据使企业难以有效处理数据,从而导致数据质量低下。其次,供应链涉及多个层次的数据,包括原材料采购、生产、物流、销售等,这些数据常常分散在不同的部门和系统中,数据的整合难度较大,形成了常说的"信息孤岛"。再次,供应链各个环节都需要及时更新数据,以便于更好地控制供应链的运作和改进,然而在实际工作中,数据采集和更新的速度往往滞后于实际情况,这导致可视化的时效性难以保证。最后,更令人担忧的是,在数据的产生与采集的过程中,会出现人为制造假数据等情况,如为了维护本单位的利益,企业会有选择性地屏蔽和扭曲信息,再如电商中"刷单"形成的数据真假难辨,极易混入正常数据之中,这些都给后续依据数据做出的决策带来了极大的风险隐患。

上述这几种现象,仅仅是供应链数字化过程中的几个代表性问题,实际工作中遇到的困难更大,挑战更加严峻。

3. 数据透明度较低

数据透明度低,主要是指数据在供应链中的穿透能力和共享程度低。穿透能力低,是指制造商或许可以获得相邻一级供应商的数据,但是获得不了供应商的供应商(即第二级)的数据,更不用说再往上溯了。数据穿透能力低,那么在供应链中能够共享的程度也很低,最终表现为供应链数据透明度低。透明度低则无法使管理人员及时准确获得完整的数据,也就很难对整个供应链进行调控。数据透明度低的主要原因,是供应链上不同主体各自为政,数据管理的水平高低不一,再加上对于数据共享存在思想上的障碍,不愿意将数据与合作伙伴共享。

4. 数字化实施的组织不力、路径不清晰

有些供应链在数字化建设过程中,由于数字化意识不足,在数字化建设中的领导力就比较薄弱。首先,很多企业没有设置供应链管理的高级主官,因此供应链数字化建设缺乏自上而下的组织保障;其次,没有指导供应链数字化建设的整体规划和路线图,使不少企业在数字化进程中出现了头疼医头、脚疼医脚的外科手术式的实施情况,反而出现了更多的"职能孤岛";最后,在采用何种数字技术平台的选择上没有清晰的战略,这不仅导致在数字化建设中容易出现问题,而且也可能给后期的运行维护带来问题,最后只好将数字化建设搁置一旁,这也是很多供应链数字化建设不成功的原因之一。

5. 数字化人才储备不足

供应链数字化建设需要人才保障。人工智能、云计算、区块链、物联网、数字孪生等新技术大量出现,对供应链人才提出了更高的需求,催生出许多与数字化有关的新岗位。根据有关研究,国外一些优秀的供应链企业在数字化方面已经设置了诸如数据规划、数字可视化、数据挖掘、数字孪生、数字化战略等方面的新的岗位,既有技术型的,也有管理型的,用以支持企业的供应链管理。这些岗位在传统供应链管理中是没有的,因此,就大多数企业的供应链数字化而言,缺乏熟练掌握数字化和供应链管理技能的复合型人才,是当下供应链数字化的一个主要障碍。因此,供应链数字化建设与运作管理专业人才短缺,也是一个新的挑战。

3.6.3 供应链数字化建设的方法与策略

面对供应链数字化建设的难点与挑战,需要一幅清晰的路线图来指导企业如何规划和实施,以提高数字化建设的成功率。

1. 组织结构优化与数字化建设顶层设计

在2000年前后,大多数企业的供应链管理——供给与需求计划、采购、生产制造与物流——都作为单独的职能而设置,各企业将负责计划、采购、制造和物流管理职能进行分解,然后安排给不同部门的人员负责管理。由于部门考核激励机制的作用,这些分属不同部门的管理人员往往没有建立起整个企业运作的全面视图,如若不改善这种管理思维方式,供应链数字化建设就是一句空话。

马歇尔·W.范·埃尔斯泰恩(Marshall W. Van Alstyne)指出,**数字化转型**(digital transformation)是一种彻底的新的思考方式,关注组织如何交付价值给一个由顾客、生产者、提供者和所有者构成的生态系统。数字化转型带来了一种文化,挑战现状并积极寻找以创新的方式交付价值的机会。可见,供应链数字化不是简单的技术性问题,而是一种创新。因此,为了顺利推进供应链数字化建设,首先需要优化供应链管理的组织结构,组建数字化建设团队,确立供应链数字化建设的责任人,并为数字化的建设做好顶层规划。

通过研究世界一流企业供应链管理案例研究,可以发现许多世界一流企业都在企业高层设置专职的或者分管供应链的副总裁,出现了称为首席供应链官(第9章将对此进行详细介绍)等的新领导岗位,该岗位的主官专门负责整个公司供应链的管理并直接向上级领导汇报。

无论供应链主官的称谓如何,其主要任务之一,就是抓好供应链数字化领导和顶层设计工作。首先,企业需要认清自己的供应链竞争力处于什么样的水平,亦即常说的供应链成熟度,对目前供应链的地位进行评估;其次,根据评估结果及企业发展战略确立数字化建设的目标,明确考核标准和指标,如可视化程度、流程效率、客户满意度提高率等,并将各个指标分解到相关部门,做到责任到人;再次,指导数字化建设的技术方案制定、自行开发或外购及软件选型等事项的决策;此外,设置进度里程碑和时间节点,随时检查建设进展,对于偏离目标或进度落后等问题要及时分析原因,并设置解决方案;最后,狠抓供应链数字化建设的落实。

在实施数字化建设的过程中,要加强内外部沟通和团队协作,确保各部门、各企业之间的信息共享和协同合作。领导层需要积极支持数字化转型,培训现有员工(包括合作伙伴如供应商的员工),提升其数字化技能和意识,同时引进具有数字化背景和专业知识的人才,调整或重新定义员工的角色和职责,以适应数字化场景下的流程和工作方式。

2. 优化供应链管理业务流程

数字化建设不是将现有管理模式和业务流程简单地映射到数字化系统里,而是用数字化思维考察现有供应链管理流程,重新审视和优化管理流程,要在数字技术的加持下,识别并消除瓶颈、改善低效环节。因此,数字化建设团队要与企业所有部门共同梳理并优化企业的业务模式,优化业务流程。具体包括以下内容。

- 确定对象,如实地描述现有的业务流程;
- 找出现有业务流程的症结,尤其是从供应链协同的角度发现问题;

- 提出一个优化的、需要数字化系统支持的供应链业务流程（数字化开发团队必须深度参与）；
- 业务数据必须全面、准确、统一；
- 坚持长期数据治理。数据治理涉及业务流程改造，只有作为长期持续推进的工作，才能保证数据的准确性、唯一性，最终可以实现不同口径的数据对接。

3. 业务数据化与数据业务化

这是实现供应链数字化的两个关键环节。

"业务数据化"并不是指简单地模仿现有业务，而是要在优化甚至创新业务流程的前提下进行数据化，简单地说就是通过各种技术手段实时收集、整理和存储数据，并将孤立于各个业务环节的数据贯通。

"数据业务化"则是指数据经过分析加工后，智能化支持各项业务，使其更精准、更高效、更可靠，从而突破人工管理的局限性。利用这些数据，通过分析和处理，提炼出有价值的信息，以支持供应链各个环节的业务决策和优化。这种数据化的过程可以帮助企业实现供应链管理的智能化、高效化和协同化。

4. 数字化建设技术策略及选择原则

供应链数字化建设是一项长期工作，不可能一蹴而就。这就需要企业在实施供应链数字化建设时，合理选择适合的开发技术与实施策略，本着先易后难、先简后繁、先局部后全局的原则，选择适宜的供应链数字化软件和实施路线。

（1）在既有信息系统中嵌入新的管理模块。企业可以在现有的 ERP 系统中嵌入数字化模块，解决供应链管理急需解决的问题。例如，国外电子制造商 Sanmina 的首席信息官和高级副总裁 Manesh Patel 表示，"我们的客户希望响应时间能在几分钟或几小时内，而不是几天或几周"。该公司有成熟的 ERP 系统，但是传统的 ERP 计划更新周期很长，无法满足现今要求。于是，Sanmina 公司整合了过去用于支持管理供应链不同环节的不同功能组的数据仓库，利用 Kinaxis 公司提供的"RapidResponse"供应链计划平台，使其具备处理数百 GB 的大型数据集的能力，可以在几分钟内确定需求变化的影响，同时在数据分析和集成供应链技术方面进行了优化，以提供端到端的可见性和计划能力。这是一个典型的短平快数字化建设案例，能够在有限时间内有效解决当前的问题。

（2）提升 ERP 数字化整体水平。标准的 ERP 系统成熟于 20 世纪 90 年代，在传统工业化时代的供应链管理中能够满足需要，但是已经满足不了当今供应链管理的需求。作为供应链数字化建设的方案之一，有的企业采取了对 ERP 整体升级的策略，通过引入数字化技术，全面改造 ERP 系统提升其数字化能力。如金宝汤公司（Campbell Soup Company）实现实时分析系统升级、耐克公司大幅修改 ERP，就是采取这种策略的代表。

（3）构建新型供应链数字化运营中心。企业可以自主投资建设新型供应链数字化运营中心。供应链运营中心平台，是指按照统一建设标准，为集中存放的供应链数据提供支持的具备计算能力、存储能力、信息交互能力，能够稳定及可靠运行的 IT 应用系统。通常情况下，由企业投资建设，服务于企业供应链自身业务，这对企业的整体实力要求比较高，大公司、大集团往往采取这种方式。

（4）运用供应链服务公司提供的供应链运营服务平台。供应链运营服务平台，由供应链服务提供商建设并维护，通过互联网向客户提供有偿的数据、信息及运作管理服务。企业，尤其是中小企业，采用这种方式能够以较低的成本加快推进企业供应链的数字化建设，快速实现供应链管理的数字化。

供应链数字化建设是一项资源投入很大的工程，既有资金的投入，也有人才的投入，还对管理能力有较高的要求，因此，在许多传统行业里，许多中小企业不具备自己开发和建设供应链数字化系统的能力，在这种情形下，选择行业里优秀的供应链服务平台（包括数字化服务），就成为一种可行的方案。实际上，不仅在国内，国外很多中小企业在数字化供应链转型升级上，也是与供应链服务平台合作，利用平台的资源实现本企业的数字化建设目标。

采用这种方案的供应链数字化建设，关键是要选对供应链服务平台企业。因此，事先的调查与评估就成为重要的工作。

供应链聚焦

远孚物流集团的供应链管理服务模式及 i-SCP 平台，连接了供应链核心企业的上下游企业，以数字化、平台化、智能化为引领，以产业融合、分工协作、集成创新为路径，以核心制造业培育和平台搭建为抓手，有效提升了链主供应链的协同性、敏捷性、稳定性和集约性。

在供应链协同方面，通过 i-SCP，解决了供应链企业之间信息孤岛、各自为政的问题。上游企业及时做好原材料的供应，下游企业制定好销售策略。各环节的管理及对接人员节省了 20%，供应链的协同效率提升了 30% 以上。

在供应链敏捷性方面，i-SCP 打通了整个链条上的信息传递，大大缩短了订单传递与执行、原材料采购、商品交付、资金周转等周期时间，交付响应效率提升了 5%～15%。

在供应链稳定性方面，信息壁垒打通后，减少因信息不对称导致的预测错误、备货不足、库存积压等问题，能够更好地达到协同，供应链稳定性提高。

在供应链集约性方面，提高了资源整合和协同效率，降低各环节的交易成本、减少长鞭效应，可以为核心企业在供应链上节省约 20%～35% 的总成本。

资料来源：长三角供应链创新联盟，长三角供应链创新与应用优秀案例集（2022），2022 年。

本章小结

供应链构建是实施供应链管理的首要环节，也是首要问题。没有一个科学合理乃至优化的供应链体系结构，即使管理人员使出浑身解数，也可能无法达到预期的效果，因为先天不足的供应链构建已经决定了它的价值。本章首先从供应链构建的角度出发，给出了一个供应链总体结构模型，从四个层面介绍了供应链构建的主要内容。然后详细介绍了供应链与产品属性的匹配关系，这是供应链构建需要把握的基本原则。关于供应链的设计策略与方法，重点介绍的是基于产品的供应链设计策略，这也被实践证明是一种很有效的设计方法。随后研究了供应链构建的设计与优化方法，书中仅对设计方法和工具做了一般介绍，更详细的内容读者可以参考其他有关资料。最后，本章讨论了供应链数字化建设问题，认为它是供应链构建的重要组成部分，并从数字化建设的主要内容、面临的难点与挑战以及供应链数字化建设的方法和策略方面展开讲解。

关键术语

供应链构建（supply chain configuration）
功能性产品（functional product）
创新性产品（innovative product）
效率型供应链（efficient supply chain）
响应型供应链（responsive supply chain）
风险规避供应链（risk-hedging supply chain）
敏捷供应链（agile supply chain）
基于产品的供应链设计策略（product-based supply chain design，PBSCD）
供应链重构（supply chain reengineering）
数字化转型（digital transformation）

思考与练习

1. 如何理解供应链管理体系构建总体模型？如何根据这个模型优化供应链的运作管理？
2. 试举例描述几种典型的供应链类型，并比较分析它们之间的区别。
3. 供应链构建的基本原则是什么？如何理解这些原则？
4. 如何面向产品进行供应链的设计？产品的设计策略是否应该与供应链的设计策略保持一致？试阐述你的观点。
5. 供应链构建的设计过程中有哪些策略（不局限于本书所介绍的内容）？
6. 选择一个公司对其供应链进行重新优化设计。
7. 供应链构建的设计主要为了解决哪些关键问题？
8. 在供应链构建的过程中有哪些相互矛盾的目标？应该如何应对这些相互冲突的目标呢？
9. 为何要强调供应链构建中的动态性？
10. 举例说明新兴技术对供应链构建和重构的影响。
11. 有哪些影响供应链数字化建设的关键要素？
12. 为什么说供应链数字化建设（转型）是对组织管理的一种创新？

讨论案例

巴斯夫：行业供应链管理领先者

巴斯夫股份公司（BASF SE，以下简称"巴斯夫"）是位于德国的世界上最大的化工厂之一。公司总部位于莱茵河畔的路德维希港，是世界上工厂面积最大的化学产品基地。公司的产品涵盖化学品、塑料、特性产品、作物保护产品以及原油和天然气等。

巴斯夫产业遍布全球，截至2022年12月，拥有员工111 047名，一级供应商近70 000家，在全球90多个国家拥有350家全资子公司或合资公司，同时经营六个一体化基地和240个额外生产基地，其中位于德国路德维希港的一体化基地是世界上最大的化工总厂。在2023年的《财富》世界500强排行榜中，巴斯夫位列第119位。巴斯夫之所以能够发展成为世界上最大的化工厂之一，除了科技、产品创新以外，还在于它有一个竞争力强劲的供应链管理体系。

巴斯夫的供应链体系结构模式

在过去20多年里，巴斯夫以渐进的方式发展其供应链。巴斯夫由约80个不同的业务部门组成，已形成了先进的运营模式，明确定义业务部门的角色与责任，做到以"同一公司"的方式为全球几乎所有行业提供服务。

巴斯夫的客户对化工原材料的需求各不相同，因此，巴斯夫将供应链的战略定位为：通过供应链细分和"差异化供应链服务"，以有竞争力的成本满足不同客户的定制化需求。巴斯夫供应链体系结构如图3-18所示。

图 3-18 巴斯夫供应链体系

市场上不同客户有不同的项目需求，因此，巴斯夫的供应链构建的基本原则就是要适应不同的项目需求，根据客户的个性化要求提供差异化服务。巴斯夫的供应链运作围绕三个核心展开：提高对客户订单的响应性、适应客户多变的灵活性、获得良好的成本/效益性。为此，在运作管理上，巴斯夫着力在提高自身能力、提高对市场变化的敏捷性、抓好供应链的精益管理上下功夫。

巴斯夫供应链治理结构

巴斯夫供应链管理的重点是建立了一个全局性治理结构，如图 3-19 所示。所谓供应链治理结构，是指为了实现资源配置的有效性，企业管理者对供应链的构成单位、业务关系及供应链协调管理的一整套制度的安排。作为有效治理的一部分，巴斯夫成立了一个领导委员会，其成员包括所有利益相关者，该委员会定期召开会议，审查实际绩效，决定重要项目，并确定巴斯夫供应链的战略方向。

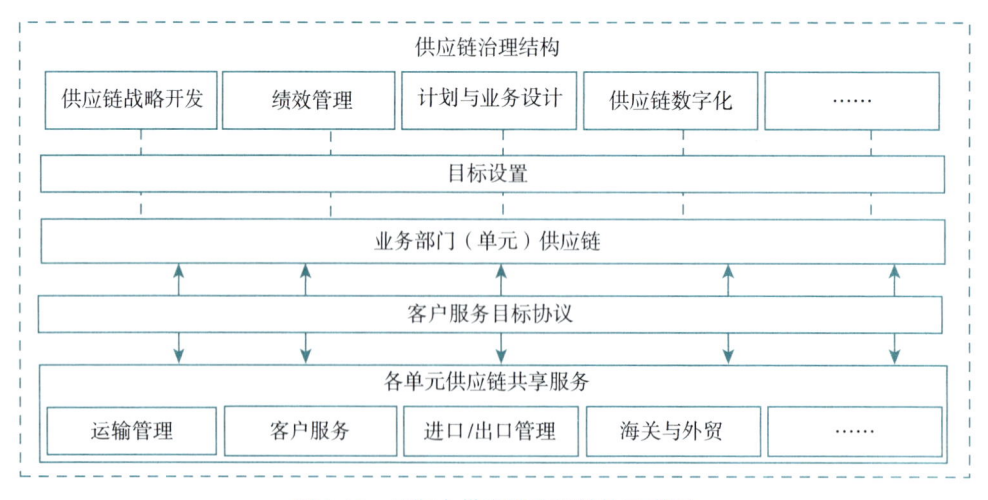

图 3-19 巴斯夫供应链治理结构示意图

巴斯夫供应链管理模式的几个特点

根据巴斯夫供应链体系及其治理结构模式，可以总结出以下几个方面的供应链运作管理特点。

（1）供应链战略规划。巴斯夫的供应链体系紧紧围绕三个核心要素，即精益、能力、敏捷展开，着力塑造巴斯夫供应链的竞争力：提高对客户订单的响应性、适应客户多变的灵活性、获得良好的成本/效益性。

（2）供应链体系内的共享服务。巴斯夫设立了一个服务交付部门，专注于物流整合管理，把包括运输管理、客户服务、进口/出口管理以及海关与外贸在内的物流进行统一运作，为不同的单元供应链提供共享的资源。巴斯夫通过多个供应链共享服务计划，提高了流程效率，从而改善了客户体验、成本和敏捷性。更确切地说，巴斯夫进一步整合了客户服务活动、统一流程和增强客户服务人员的能力。相关的服务文化转型计划让员工参与进来，使绩效和客户满意度明显提高。

（3）供应链领导力。领导供应链需要出色的能力。除了在运输、仓储、库存管理和生产规划方面具有明显的职能专长外，巴斯夫认为现代供应链领导者还需要具备强大的商业敏锐度、面向全球的眼光、专业技术以及有影响力的领导技能，能够承担起管理供应链的责任。

（4）合作共赢。无论是上游的供应商还是下游的客户，巴斯夫始终将其视为自己的合作伙伴，利用自己的优势，延伸供应链管理范围，帮助供应链上的合作伙伴成长。巴斯夫在全球的原材料供应商有6 000多家，除了经济层面的合作外，巴斯夫还致力于将供应链的价值"升华"。其中，"1+3模式"便是巴斯夫创造的一种带动中小企业共同成长，以履行社会责任、实现共赢的新商业模式。所谓"1+3模式"，就是以巴斯夫为核心，吸纳客户、供应商和物流服务提供商，组成一个团队。通过供应链传递巴斯夫优秀的社会责任理念，并以最佳范例、专业知识以及量身定制的解决方案指导合作伙伴。之后，这3家受益的公司再分别将此模式复制到它们各自的另外3家商业合作伙伴身上。通过各种与供应商实现共赢的方式，巴斯夫一方面巩固了彼此的信任度，加强了长期战略合作伙伴关系，另一方面大大提升了合作伙伴的专业水平和社会责任感，产生了企业与社会共赢的更高价值。

当前，供应链的管理、创新与应用已上升为国家战略。党的十八大以来，以习近平同志为核心的党中央高度重视我国供应链的发展，多次提出要推进供应链创新，形成完整高效的产业供应链。党的二十大报告进一步指出，"着力提升产业链供应链韧性和安全水平""推动创新链产业链资金链人才链深度融合"，明确了产业链现代化的重点任务。通过学习和借鉴巴斯夫的供应链管理模式，我国企业可以提升供应链的效率和响应性，实现供应链的可持续发展，并在履行企业社会责任方面发挥更大的作用。

资料来源：根据"BASF：A story of a supply chain leader"（Lora Cecere，*Supply chain shaman*，February 23，2017）和"巴斯夫：供应链上的'点金术'"（中国石油报，2012年10月18日）及其他材料改编。

问题：一个一体化的、协调的供应链"超级组织"具有对客户需求变化的高度应对能力，能迅速支持企业的快速发展。请你根据该案例给出的信息，谈一下在供应链体系构建时要考虑哪些因素才能达到此目的。

参考文献与延伸阅读

[1] BOOTH R.The role of supply chain re-engineering in the pharmaceutical industry[J].Logistics information management，1996，9（3）：4-10.

[2] LEWIS J G，NAIM M M.Benchmarking of after-market supply chain[J].Production planning and control，1995，6（3）：258-269.

[3] TOWILL D R.Industrial dynamics modeling of supply chain[J].International journal of physical distribution & logistics management，1996，26（2）：23-43.

[4] FISHER M L.What is the right supply chain for your product[J].Harvard business review，1997（March-April）：105-116.

[5] 周文勇，田蕾.基于供应链的虚拟企业[J].物流技术与应用，1999（4）：14-17.

[6] 陈一鸣，高阳，单汨源.动态联盟企业的组织建立过程研究[J].制造业自动化，2001（10）：4-7.

[7] PRAHALAD C K, HAMEL G.The core competence of the corporation[J].Harvard business review, 1990 (May-June): 1-15.

[8] KUMAR N.The power of trust in manufacturer retailer relationships[J].Harvard business review, 1996 (November-December): 92-106.

[9] 杨家本.系统工程概论[M].武汉：武汉理工大学出版社，2002.

[10] NEW S J.A framework for analyzing supply chain improvement[J].International journal of operation & production management, 1996, 16 (2): 19-34.

[11] CHOPRA S, MEINDL P.Supply chain management: strategy, planning, and operation[M].New Jersey: Prentice Hall, 2013.

[12] SINGH J.The importance of information flow within the supply chain[J].Logistics information management, 1996, 9 (4): 28-30.

[13] HARLAND C.Supply chain operation performance roles[J].Integrated manufacturing system, 1997, 8 (2): 70-78.

[14] SHAPIRO B, RANGAN V K, SVIOKLA J J.Staple yourself to an order[J].Harvard business review, 1992 (July-August): 113-122.

[15] CHIKAN A.Integration of production and logistics: in principle, in practice and in education[J].International journal of production economics, 2000 (69): 129-140.

[16] 陈继祥，霍沛军，王忠民.超竞争下的企业战略协同[J].上海交通大学学报（社会科学版），2000（4）：86-89.

[17] 王蔷.战略联盟内部的相互信任及其建立机制[J].南开管理评论，2000（3）：13-17.

[18] HOPP W J.Supply chain science[M].New York: McGraw-Hill, 2008.

[19] LAMBERT D M.Supply chain management: processes, partnerships, performance[M].Supply Chain Management Institute, 2014.

[20] BOWERSOX D J, CLOSS D J, COOPER M B.Supply chain logistics management[M].3rd ed.New York: McGraw-Hill, 2002.

[21] WILSON R. 24th annual state of logistics report[R].Washington DC: National Press Club, 2013.

[22] RAVINDRAN A R, WARSING D P.Supply chain engineering: models and applications[M].Boca Raton: CRC Press, 2013.

[23] 姜宏锋.决胜供应链：VUCA 时代企业打造供应链竞争利器的实践[M].北京：中国人民大学出版社，2019.

[24] 长三角供应链创新联盟，长三角供应链创新与应用优秀案例集（2022），2022.

[25] Resilinc Multi Tier Mapping Data Sheet 2024, https://resource.resilinc.com /rs/863-OTG-034/images.

[26] Bob Violino.Analytics: your supply chain's competitive edge, https://www.cio.com/article/193960.

第 4 章　供应链运作的协调管理

本章重点理论与问题

在供应链的日常运行中，供应链上的企业之间发生着频繁的工作流、物料流、资金流、信息流的交换，它们之间运作的协调性对供应链的整体绩效影响很大。但是，供应链管理的目标不可能通过一般的行政管理手段加以实现，因为企业和企业之间并不存在隶属关系，它们在法律上是平等的，不可能依靠以行政命令为前提的管理，只能通过共享利益来调控。因此，为了提高企业乃至整个供应链的竞争力，供应链企业需要通过一定的机制来协调各种运作决策。近几年来，"供应契约"已成为供应链协调企业间各种业务活动的基本手段。本章首先简单介绍几种较为常见的供应链运作不协调现象并分析其产生的原因；然后讲述提高供应链运作协调性的主要手段及方法，并从建立供应链协调激励机制的角度，讨论了供应契约在供应链协调中的激励作用；最后介绍了常见的供应契约及其在供应链中的作用。

4.1　供应链协调问题

在前面几章曾经谈到，供应链竞争力的来源之一就是对供应链的管理水平，其中一项重要工作就是协调管理。供应链运作的协调管理问题涉及如何高效、有效地整合和协调供应链中的各个环节，以确保物资、信息、资金流畅、同步地流动，从而提高整个供应链的性能和响应市场的能力。协调管理是解决供应链中多个独立实体之间的操作不一致、信息不对称、目标冲突等问题的关键。

传统上，自发运行的供应链往往会因多方面原因而处于失调状态。首先，供应链成员之间的目标不一致会造成供应链失调；其次，供应链与外部环境之间、供应链内部成员之间的信息往往是不对称的，也会由于缺乏系统外部信息或系统内部信息而产生外生风险，同时还会由于成员隐藏行动或隐藏信息而产生内生风险；最后，各成员为了实现自己的利润最大化目标，采取的决策往往与供应链整体利益最大化不一致。凡此种种，都会使供应链的运作不能协调一致，由此产生了种种不协调现象。很显然，如果不解决好供应链的协调运作问题，就不可能实现供应链管理的终极目标。

因此，分析供应链运作失调现象及其产生的原因，给出供应链运作失调的解决方法，对供应链管理者来说具有重要意义。下面对几种常见的供应链运作失调现象做简要介绍。

4.1.1 供应链中的需求变异放大现象

需求变异放大现象也被很多人称为"**长鞭效应**"（bullwhip effect 或者 long tail effect）。需求变异放大是对需求信息在供应链传递中被扭曲的现象的一种形象描述。其基本含义是：当供应链的各节点企业只根据来自其相邻的下级企业的需求信息做出生产或供给决策时，需求信息会被信息不透明、批量折扣策略及短缺博弈等因素和行为扭曲，造成需求信息失真（通常是放大了需求），而这种被扭曲了的信息会沿着供应链逆流而上，使订货量逐级放大。当订单信息传递到源头供应商时，其获得的需求信息和实际消费市场中的客户需求信息相比发生了很大的偏差：需求变异效应将实际需求量放大了。由于存在订单需求放大效应，因此上游供应商往往比下游供应商维持更高的库存水平。这种现象反映出供应链上需求的不同步。图 4-1 显示了需求变异放大现象的原理和过程。如果将供应链上不同环节在一段时间内的订单信息变化曲线从市场需求端到供应商端依次相连，连接起来构成的图形很像美国西部牛仔使用的一种长鞭，所以被形象地称为"长鞭效应"。

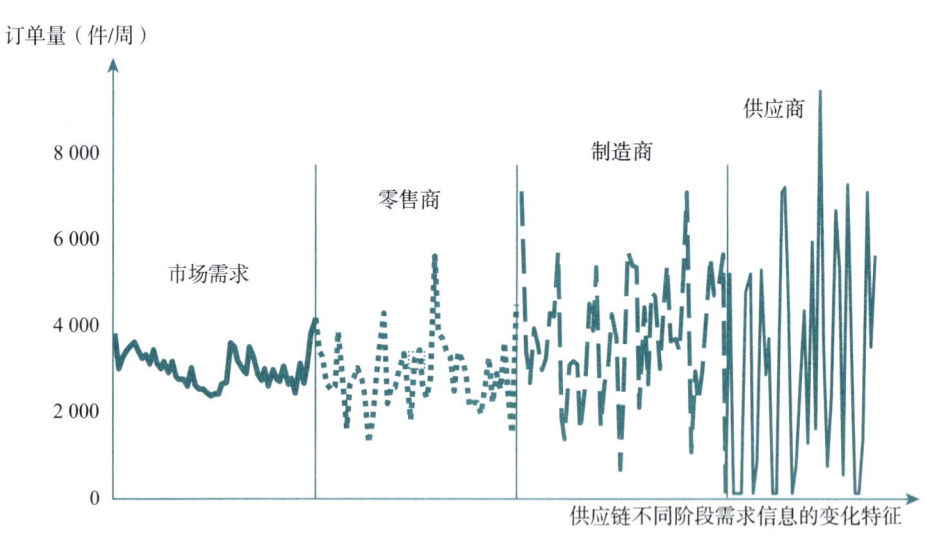

图 4-1 需求变异放大现象示意图

需求变异放大现象最先由宝洁公司发现。宝洁公司在一次考察该公司最畅销的产品——一次性纸尿裤的订货规律时，发现零售商销售的波动性并不大，但当它考察分销中心向宝洁公司的订货时，惊奇地发现波动性明显增大了。有趣的是，当它进一步考察自己向其供应商（如3M 公司）的订货时，它发现订货的变化更大。除了宝洁公司外，其他公司（如惠普公司）在考察其打印机的销售状况时也曾发现这一现象。

实际上，早在 1958 年，弗雷斯特（Forrester）就通过对一个具有四个环节的渠道的研究，揭示了这种工业组织的动态学特性和时间变化行为，发现其各自的决策行为导致需求信息被扭曲和放大了。在库存管理的研究中，斯特曼（Starman）在 1989 年通过一个"啤酒分销游戏"验证了这种现象。在实验中，有四个参与者，他们形成了一个供应链，各自独立进行库存决策而不和其他成员进行协商，决策仅依赖其毗邻成员的订货信息。斯特曼把这种现象解释为供应链成员的系统性非理性行为的结果，或称为"反馈误解"。

人们已经对需求变异放大现象进行了深入的研究，将其产生的原因归纳为以下几个方面。

（1）需求预测修正。需求预测修正是指当供应链的成员采用其直接的下游订货数据作为市场需求信号时，就会产生需求变异放大现象。举一个简单的例子，当库存管理人员需要决定向供应商的订货量时，可以采用一些简单的需求预测方法，如指数平滑法。在指数平滑法中，未来的需求被连续修正，这样，送到供应商手中的需求订单反映的是经过修正的未来库存补给量，为保险起见，经过修正的订货量都是比较大的。

（2）产品定价策略导致订单规模的变动性。产品的定价策略可以分为两种情况。一种是批量折扣。批量折扣极有可能扩大供应链内订单的批量规模，进而引起供应链上各阶段库存尤其是安全库存的增加。另一种则是由于批发、预购、促销等因素引起的价格波动。如果库存成本低于由于价格折扣所获得的利益，那么销售人员当然愿意预先多买，这样订单就不能真实反映需求的变化，从而产生需求变异放大现象。

（3）分摊订货成本。由于订货成本及运输的固定成本很高，同时供应商提供批量折扣的优惠，因此下游企业可能大批量订购产品以分摊订货成本。当大批量订购的产品大大超出需求扩张量时，订单的变动性就会在供应链内被放大，使订单量的变动比需求量的变动更加不稳定。

（4）补货提前期太长。因为补货企业发出订单时，会将两次供货期间的需求计算在内，如果需求的偶然性变动被误认为是一种增长（减少）趋势，那么订单的变动性将更大。补货供给期越长，被计算在内的预测的需求将越多，变动也将更大，需求变异放大现象就越明显。

（5）短缺博弈。高需求产品在供应链内往往处于短缺供应状态。这样，制造商就会在各分销商或零售商之间调配这些产品的供给。通用的做法是：当需求大于供应量时，理性的决策是按照用户的订货量比例分配现有的库存供应量。比如，当总的供应量只有订货量的50%时，合理的配给办法就是所有的用户获得其订货量的50%。此时，用户为了获得更大份额的配给量，会故意夸大其订货需求。当需求下降时，订货又突然消失。这种由于个体参与的组织的完全理性经济决策导致的需求信息扭曲最终导致需求变异放大现象。

4.1.2 曲棍球棒现象

供应链的**曲棍球棒现象**（hockey stick phenomenon）指的是在财务报告期临近结束时，特别是在季度或年度的最后几周内，销售额急剧增加的现象。这种情况下，销售图表的形状类似于曲棍球棒，开始时平缓，而在期末时急剧上升。这一现象在许多行业中都很常见，尤其是在面临销售目标和业绩评估压力的企业中。

1. 曲棍球棒现象实例

某国际著名食品公司在中国的工厂年产饮料20多万t，产值约为5亿元。与其他快速消费品一样，该企业采用备货型生产方式组织生产，其生产的产品主要在湖北省销售。产品按不同的品牌和包装计算。该企业共有20多种规格的产品，不同的包装规格可以按照统一的容量标准换算为标准箱。该企业将销售区域按地理位置进行了划分，并指定不同销售人员负责特定区域，每个区域一般有几个到十几个经销商。该企业与行业内的其他企业一样，为了激励经销商多从本企业进货，出台了根据经销商每月累计订货量向其提供一定返利的政策。双方事先通过销售契约约定了一个目标订货量，经销商的累计订货量必须达到或超过这个数量，才能拿到相应的返利。企业采用4-4-5的统计方式（即每季度前2个月按4周计，第3个月按5周计）。为了便于分析，这里将该厂2023年和2024年的日销售出库量按时间序列绘成了曲线图，如图4-2所示。

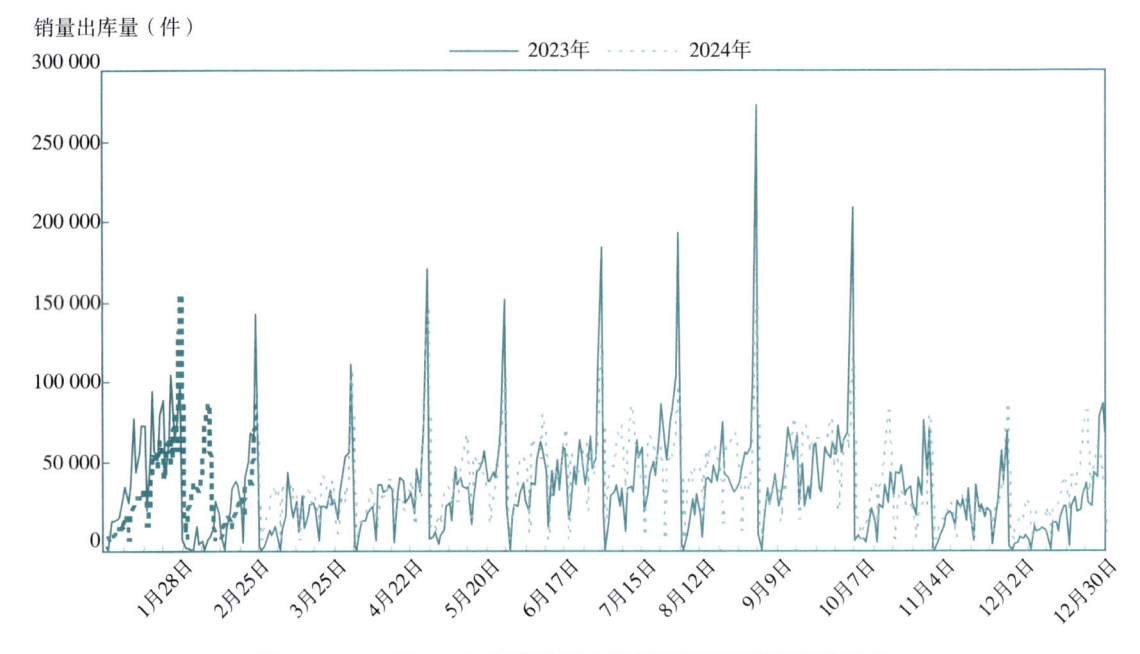

图 4-2　2023年、2024年某公司全年每日销售出库量变化趋势

从图4-2可以看出，每月月初产品的出库量很低，月中逐步增加并达到相对均衡，月底的出库量则急剧增加。因为图4-2中出库量的图形就像曲棍球运动中球棒的形状，所以被形象地称为曲棍球棒现象。

2. 曲棍球棒现象对企业运营的影响

曲棍球棒现象的存在给企业的生产和物流运作带来了很多负面的影响。首先，这种现象对生产和供应链造成压力，导致生产计划和物流安排必须迅速调整以应对需求的急剧增加。在这种情况下，企业在每个考核周期的期初几乎都收不到经销商的订单，而在临近期末的时候订货量又大幅增加。对运用备货型生产模式的企业来说，为了平衡生产能力，必须按每期的最大库存量而非平均库存量建设或租用仓库，从而使企业的库存费用比需求均衡时高很多。其次，这种现象的存在使企业的订单处理能力、物流作业人员和相关设施、车辆在每个考核周期的期初因订单太少而处于闲置状态，造成能力浪费。而到了期末由于订单出库量剧增，甚至超出正常工作能力的限度，所以厂内搬运和运输的车辆不停运转。在急于完成订单的情况下，可能会忽略对产品质量的控制，从而影响最终产品的质量。但有时还是短缺，即使拼命加班也处理不完。这时，企业为了按单出货，不得不向外部寻求支援。无论出现哪一种情况，企业都必须付出额外的加班费和物流外援费用，不仅费用上升，而且由于订单太多，工作人员的差错率也大幅增加，送货延误的情况也时有发生，企业的服务水平显著降低。对运用按订单生产和准时制生产模式的企业而言，曲棍球棒现象的危害更大，曲棍球棒现象导致供应链需求的不稳定性，使得供应链规划变得更加困难，也增加了库存成本和运营风险，甚至会影响到部分经销商对某些产品的正常需求，从而导致部分终端客户的流失。

3. 曲棍球棒现象产生的原因

站在供应链整体运作的视角来分析产生曲棍球棒现象出现的原因，可以发现有两种主要因素。

一是企业内部对销售人员的激励机制导致曲棍球棒现象。较早研究这种现象以李效良教授等人为代表的一批学者。在考察产生曲棍球棒现象的原因时，他们认为企业对销售人员的周期性考评及激励政策造成了这种需求扭曲的现象。在企业的营销系统中，为了激励销售人员努力工作，通常会对他们规定一个固定工资和一个销量目标，如果销量超过了这个目标，就能够拿到奖励的佣金，超出目标越多，拿的佣金也越多。如果销量在目标以下，就只能拿固定工资。销售人员非常精明，他们在考核期限未到时，会看看不努力能够卖多少，如果什么都不干就能达到目标当然是最理想的。但是快到期末的时候，他们就会觉得不努力不行，如果离目标还有一定的距离，他们就会拼命地干。大家都拼命地干，订单就会增多。

二是除企业对销售人员的激励机制外（这属于企业内部管理问题），曲棍球棒现象的产生还有更为重要的影响因素。企业管理者为了促使经销商长期购买本企业的产品，在与经销商合作的方式上，普遍采用**总量折扣**（volume discounts）的价格政策，即经销商在一个月内的订货总量达到或超过双方事先约定的数量（通常这个量比较高），企业可以给经销商额外的返点奖励。实证研究和案例分析发现，这种促销政策是造成曲棍球棒现象的一个重要原因，甚至可以认为是产生曲棍球棒现象的根源。比如，在一个月的交易中，在月初和月中这段时间，经销商的订单都比较正常，基本上根据其所在区域的市场销售情况向企业下达采购订单。但是，经销商也清楚，如果将每日的出货量在月末累加，其订单总量一般是很难达到能够获得企业返利的水平的。因此，经销商为了能够拿到总量折扣，就会在月底那一两天增加订货量，直到达到总量折扣要求的水平。这就是在图 4-2 中月底的出库量远高于月内其他时间的原因。特别是在近 10 年，基于买方在某一固定周期（月、季、年）的累计购买量的折扣方式越来越流行。在快速消费品行业，这种价格政策更为普遍。

实际上，基于总量折扣的价格政策并不能增加终端客户的实际需求。经销商增加的订货量大部分被积压在渠道中，延长了终端客户购买产品的货龄，从而使消费者的福利受损，并增加了供应链的总成本及供应链成员的经营风险。另外，如果经销商的库存太多，或者产品临近失效期，通常会采取两种措施：一是折价销售，这种方式会对市场造成冲击；二是迫使企业退货或换货，从而形成逆向物流，增加公司与经销商处置产品的费用。从长远来看，这两种措施的结果对企业和经销商的正常经营与利润提高都不利。

由于曲棍球棒现象出现在企业与经销商之间的业务交易过程中，因此可以认为这也是一种供应链不协调的现象。

4.1.3 双重边际效应

在影响供应链协调运作的问题中，更为隐蔽的一种是**双重边际效应**（dual marginalization effect）。

双重边际效应是在供应链中，当两个以上的独立经济实体，在分散的、独立决策的过程中各自追求最大化自身利润时，确定的产品价格高于其生产边际成本，可能导致整个供应链的总体利润低于最优水平的现象。与前面介绍的两种很明显的不协调现象不同，双重边际效应是一种更加隐蔽的供应链不协调现象。如果供应链上的企业各自为政,每个企业都从自身利益出发开展供应链业务进程,会影响供应链总体收益。例如,如果下游企业(如零售商)的定价过高,必然会造成市场需求萎缩,供应链总体收益下降,致使供应链达不到整体协调。事实上,早就有学者发现了双重边际效应。1950 年,斯彭格勒(Spengler)发表了一份研究报告,指出零售商在制定库存订货决策时并不考虑供应商的边际利润,因此批量很小,达不到优化的水平。

企业个体利益最大化的目标与整体利益最大化的目标不一致,是造成双重边际效应的根本原因。从另外一种意义上讲,就是分散决策、风险单边转移导致了双重边际效应,如图 4-3 所示。

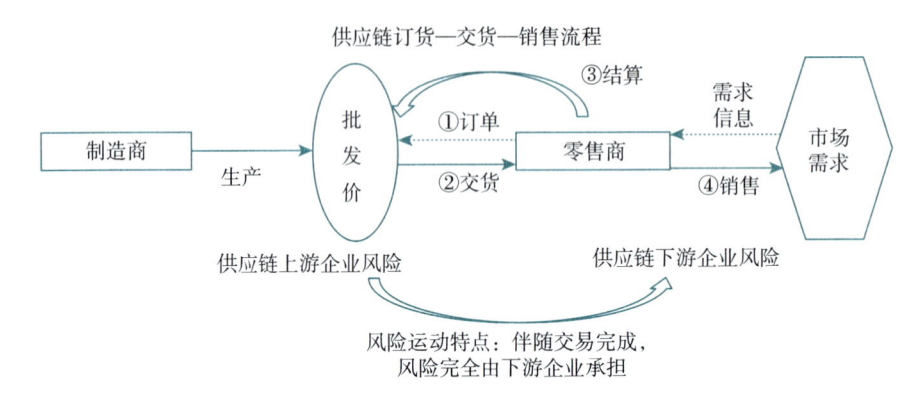

图 4-3 供应链分散决策及风险特点

图 4-3 描述的传统供应链决策过程是:首先,供应链上的零售商根据市场需求情况做出订货决策并向制造商发出订单;其次,制造商生产出产品并按批发价交货,同时与零售商进行结算,此时物权就转移到了零售商处;最后,零售商努力将产品卖出去,因为若到了销售周期期末仍没将产品卖出去,则只能当作废品处理掉,这将给零售商带来超储损失。上述供应链运作流程表明,当制造商根据零售商的订单按期交货并结算以后,自己的收益就得到了保证,至于零售商的订货量是多了还是少了、是缺货还是积压,则都是零售商要承担的风险。零售商为了自己的利益,在下达订单时是按照自身风险最小的原则行事的,绝不会为了整个供应链利益最大化而承担全部的风险。

为了减弱双重边际效应,就要努力提高供应链的协调性,尽可能消除不协调因素的影响,使整个供应链的收益达到最大化,使每个参与者都能获得更大的收益。

实现供应链的协调运作是供应链成功的关键。供应链的协调并不是以牺牲某一个体的利益来提高其他个体或系统的利益,而是以实现双赢乃至多赢为目标,至少要使改变合作模式后的个体或系统的利益不低于之前合作模式下的利益,也就是要实现帕累托改进。比如,制造商和零售商之间的合并或紧密合作可以减少双重边际化问题,因为价格决策可以在考虑整个供应链利润最大化的基础上进行。而通过制定合同安排,如收益分享或两级定价策略,可以使得供应链中的各方在保证自身利润的同时,也考虑到整个供应链的最优利润。另外,通过信息共享和协同计划,供应链中的各方可以更好地协调定价和库存决策,以减轻双重边际化效应带来的不利影响。

作为一种能够实现供应链协调的有效机制,**供应契约**(supply contract)得到了广泛的研究。帕斯特纳克(Pasternack)比较早地提出了"契约"的概念,他使用单周期报童模型研究了回购契约，指出当供应商允许零售商获得部分退款并退回过剩产品时，可以在一定程度上实现渠道的协调。随着对契约关注的日益增加，越来越多的学者以帕斯特纳克的研究为基础，希望在供应链上下游之间通过协商达成最佳（或满意）的契约参数，设计合理的供应契约形式实现供应链的协调，从而有效地解决"双重边际效应"和"长鞭效应"等问题，在最大化供应链的整体利润的同时，优化供应链绩效。

供应链运作不协调的现象还有很多，如供应链上的供应物流不能协同配套供应、厂商促销脱节、零售商不能提高最终用户的体验等，这里就不一一阐述了。从上述三种现象就可以看出，如果不能很好地解决这些问题，供应链管理的绩效水平会大打折扣，进而影响人们实施供应链管理的信心。

4.2 提高供应链协调性的方法

4.2.1 缓解"长鞭效应"的方法

1. 提高供应链企业对需求信息的共享性

需求扭曲来源于传统的多级供应链需求信息的传递机制，每一个节点企业的预测需求均成为上游节点企业订货决策的放大因子，并且具有累积效应。消除需求信息扭曲的基本原则，是供应链上的每一个节点企业必须在自身的需求中排除下游节点企业订货决策对上游企业的影响，这就要求供应链上的需求信息必须透明、共享，这样一来，每个节点企业就可以根据最终产品市场的实际需求进行自身的需求预测。

2. 科学确定定价策略

解决由价格折扣导致的"长鞭效应"问题，要求供应商采取每天低价策略和分期供应契约策略，前者通过价格的持续性，后者通过供货的阶段性来抑制市场价格的波动，减少"长鞭效应"对上游企业的影响。如全球最大的连锁会员制仓储量贩超市开市客（Costco）采取独到的平价策略，将所销商品的毛利率维持在14%以下，极大地提升了消费者黏性。

3. 提高运营管理水平，缩短提前期

企业在运作管理中通常采用经济订货量法来降低库存成本，而订货提前期对经济订货量的影响很大，进而影响批量采购的大小。因此，缓解因批量订购而出现的"长鞭效应"的影响，缩短订货提前期是关键。这对供应链管理提出了新的要求。一是要求需求方增加订货次数，以最低的订货成本快速地将需求传递给供应商。通常可以通过 EDI 技术或订货看板技术来实现，但应用这些技术的前提条件是：组成供应链系统的企业具有基于网络信息的伙伴关系，供应链是稳定的战略联盟。二是要求必须降低小批量物流配送的成本，以抵御由于交货频率高而引发的物流成本上升，这可以通过第三方物流的配送优化来实现。在引入第三方物流企业后，存储成本是可以减少甚至消除的。第三方物流企业通过供应链及时、准确、高效的配送体制，使供应链节点企业实现最低库存，从而大大降低成本。

4. 提高供应能力的透明度

现代供应链企业应通过共享生产能力与库存信息，采取风险共担、利益共享的策略来应对

供应短缺所导致的"长鞭效应"。这种策略在实践中得到了较好的应用，出现了一种新的管理方法——联合管理库存。联合管理库存强调多方同时参与，共同制订库存控制计划，使供需双方能相互了解，供需能力一目了然，从而缓解"长鞭效应"。此外，供应商管理库存也可以达到这一目的。

5. 建立战略合作伙伴关系

通过建立供应链战略合作伙伴关系可以消除"长鞭效应"。供需双方在战略联盟中相互信任，公开业务数据，共享信息和业务集成。这样，各方都能了解对方的供需情况和能力，避免了短缺情况下的博弈行为，从而减少了产生"长鞭效应"的机会。

> **供应链聚焦**
>
> 华润无锡医药有限公司建设的数字化平台，使供应链各环节得以实现无缝对接。在医药供应链的体系中，有制造企业、配送企业、零售商、医疗机构及消费者等多个不同的主体，而每个主体都在随时调整着自己的经营活动。企业通过供应链的数字化，使供应链环节上的各个成员之间可通过数字化平台实时交流和共享信息，还可以实现供应链管理的数字化，从而更加有利于增强供应链上信息的流动性、透明性以及信息的对称性，通过需求信息的集成化减少供应链上的不确定性风险，而节点企业之间合作的无缝性则减少了合作的阻力和不顺畅带来的影响。
>
> 实现供应链上下游企业间的业务集成，使下游客户能够了解供应商的供货能力，从而可以通过这种供给的保障，消除短缺博弈心理，不再虚增其需求，进而避免需求信息逐级放大导致的风险。
>
> 资料来源：长三角供应链创新联盟，长三角供应链创新与应用优秀案例集（2022），2022年。

4.2.2　缓解曲棍球棒现象的方法

为了消除价格折扣导致的曲棍球棒现象，李效良教授等人建议，最好的办法就是宝洁公司的天天低价政策。然而，由于商业模式的惯性和市场不成熟，目前在快速消费品行业，基于总量的价格折扣方式仍然盛行，很少有企业运用天天低价的政策。为了解决这个困扰许多企业的难题，这里结合某些企业的实践，提出了一种可行的解决方案。

在快速消费品行业，企业通常会经营不同品牌和不同包装规格的多种产品。为了消除曲棍球棒现象，平衡物流，企业可以采用总量折扣和定期对部分产品降价相结合的方式。假定企业向经销商提供两种规格的产品，当经销商的两种产品月累计进货量达到一定的数量以后，企业根据该数量向经销商提供一定的返利，即运用总量折扣的价格政策。在具体运用这一政策时，企业可以适当降低返利率，然后在考核周期的初期降低其中一种产品的转让价格，在期中再将其价格调高。在这种政策下，经销商为了投机，会在期初多订降价产品，而在期末为了拿到返利增加另一种产品的进货，期中则进行正常补货，其订货量将变得相对均衡，从而缓和企业出库中的周期性曲棍球棒现象，使销售物流更为平稳，以减轻企业库存和物流的压力，提高物流运作的效率和效益。这种方式还能够使经销商在不同时期的订货比较单一，可以减少双方处理订单的工作量，增加企业单品的生产批量，从而提高生产的规模效益，减少转产的频次。

除了以上方法之外，企业还可以对不同的经销商采用不同的统计和考核周期，从而让经销商的这种进货行为产生对冲，以缓和企业出货中的曲棍球棒现象。企业通过延长考核周期可以减少曲棍球棒现象出现的频率,通过缩短考核周期可以降低出库波动的幅度。此外,通过与经销商共享需求信息和改进预测方法,企业能够更准确地了解经销商的外部实际需求,从而在设计折扣方案时,尽可能让折扣点与经销商的外部需求一致或略高,这样做也能够缓和曲棍球棒现象。当然,最好的方法是,企业能够根据每期经销商的实际销量提供折扣方案,但由于信息不对称,企业很难了解经销商的实际销售情况,或需要付出很大的人力和物力去调查及统计数据,可能会得不偿失。

4.3 供应链协调运作的激励机制

4.3.1 供应链激励问题

上一节提出了缓解长鞭效应、曲棍球棒现象等对供应链的不良影响的主要措施,这些措施对提高供应链运作的协调性具有重要的意义。但是,供应链管理的理论与实践研究证明,即使减少了长鞭效应或曲棍球棒现象对供应链的不利影响,也并不能保证供应链整体实现最佳收益。在大多数情况下,供应链成员总是先关心如何优化企业自身的绩效,然后才去考虑供应链的整体绩效,这种自我优化意识导致了供应链的低效率与不协调。双重边际效应就是这一现象的表现。因此,如何消除双重边际效应的影响,就成了在应对长鞭效应和曲棍球棒现象基础上的另一项重要任务。

解决双重边际效应问题需要供应链企业间的合作和信息共享。但是,由于在供应链成员之间缺乏组织机构进行有效的监督,所以传统的控制机制无法在供应链管理中发挥作用,不能通过行政手段解决双重边际效应问题。在这种情况下,只能通过在供应链企业间建立激励机制,以保证成员企业间形成更紧密的战略合作伙伴联盟,合作伙伴共担风险、共享收益,企业利益与供应链的整体目标协调一致,从而提高供应链的整体竞争优势。

下面考虑一个简单的单周期库存下的供应链系统。该系统由一个制造商和一个零售商组成,如图 4-4 所示。制造商生产的产品按 122 元 / 件批发给零售商,该产品的市场零售价格为 200 元 / 件。如果零售商订货过多,在销售期末每一件没有卖出去的产品只能按 18 元 / 件的残值价格处理掉。制造商的生产成本为 40 元 / 件。市场对该产品的需求概率分布如表 4-1 所示。

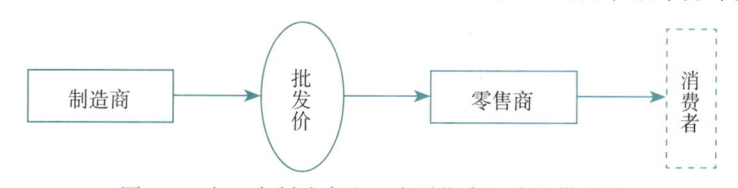

图 4-4 由一个制造商和一个零售商组成的供应链

表 4-1 市场需求概率分布

需求量 / 件	概率	需求量 / 件	概率
300	0.00	900	0.22
400	0.01	1 000	0.12
500	0.04	1 100	0.05
600	0.10	1 200	0.01
700	0.20	1 300	0.00
800	0.25		

熟悉库存控制模型的读者很容易发现，这实际上就是一个报童模型决策问题。在这里，先考虑在传统的批发价交易模式下（也有人称其为批发价契约）供应链的决策模式。

传统的模式是一种分散决策过程：①零售商根据市场需求确定一个订货量；②零售商向制造商下达订单；③制造商按批发价交付；④零售商按零售价销售，最后计算各自的利润。

符号设定[1]：

p ——单位产品零售价格；

w ——制造商的单位产品批发价，即零售商的进货价格；

c ——制造商的单位生产成本；

s ——剩余库存单位产品残值；设定 $p>w>c>s \geqslant 0$；

μ ——需求期望值；

σ ——需求标准差；

Q ——订货量；

C_u ——订货不足（缺货）成本；

C_o ——订货过量（超储）成本；

$F(Q)$ ——分布函数；

$\Phi(Q)$ ——标准正态分布函数；

$L(Q)$ ——损失函数；

$L(z)$ ——标准正态损失函数。

对零售商：

需求预测符合期望值为 μ、标准差为 σ 的正态分布时，其期望利润最大化订货量 Q 符合下式：

$$\Phi(Q) = \frac{C_u}{C_o + C_u}$$

根据 $\Phi(Q)$ 查找标准正态分布表对应的 z 值：

$$z = \frac{Q - \mu}{\sigma}$$

$$Q = \mu + \sigma z$$

然后计算：

$$期望销售损失 = \sigma \times L(z)$$ [2]

$$期望销售量 = \mu - 期望销售损失$$

$$期望售后剩余库存 = Q - 期望销售量$$

最后可得：

$$期望利润 = (p-w) \times 期望销售量 - (w-s) \times 期望售后剩余库存$$

本例计算结果如下：

根据表 4-1 的数据，计算出市场需求的期望值 μ 为 809，标准差 σ 约为 155.6。对于零售商而言，多订购一件产品存在超储风险，第 Q 件产品的期望损失为 $C_o \times \Phi(Q)$，其中，$\Phi(Q)$

---

[1] 详细内容可参考杰拉德·卡桑和克里斯蒂安·特维施所著的《运营管理：供需匹配的视角（原书第 2 版）》。

[2] 在标准正态损失函数表中查找该 z 统计值。

为需求的分布函数，即需求小于等于 Q 的概率。

当制造商与零售商之间按批发价模式交易时，零售商的超储成本与缺货成本如下：

$$C_o=w-s=122-18=104（元/件）$$
$$C_u=p-w=200-122=78（元/件）$$

从而

$$\Phi(Q)=\frac{C_u}{C_u+C_o}=78/(78+104)=0.428\,6$$

得

$$z=-0.18$$

所以，零售商最优订货量为

$$Q=\mu+\sigma z \approx 809+155.6\times(-0.18) \approx 781（件）$$

查标准正态损失函数 $L(z) \approx 0.495$，则

$$期望销售损失 = \sigma \times L(z) \approx 77（件）$$
$$期望销售量 = \mu - 期望销售损失 = 809-77=732（件）$$
$$期望售后剩余库存 = Q - 期望销售量 = 781-732=49（件）$$

最后可得：

零售商期望利润 $=(p-w)\times$ 期望销售量 $-(w-s)\times$ 期望售后剩余库存
$=(200-122)\times732-(122-18)\times49=52\,000（元）$

制造商利润 $=(w-c)\times Q=(122-40)\times781=64\,042（元）$

供应链总利润 $=$ 零售商期望利润 $+$ 制造商利润 $=52\,000+64\,042=116\,042（元）$

批发价契约的特征是，当制造商以一定的批发价将产品交付给零售商后，制造商的收益就得到了保证，因为一旦产品出厂以后，所有权就属于零售商，至于能否销售出去制造商是不会关心的。由于这种批发价交易机制只能保证供应链上游企业的利益，风险都集中到了零售环节，因此，零售商为了保证自己的利益，在向制造商订货时，就会按照最有利于自己的订货策略发出订单。如本例，根据以上数据不难看出，在零售商订货决策的临界状态，如果零售商多订 1 件产品并卖出去了，它的收益是 78 元；但如果多订 1 件产品且没有卖出去的话，它的损失是 104 元。如果我们假定销售出去与否的概率相同，零售商的期望风险将大于期望收益。于是，零售商就会把订货的数量向减少 1 件的方向移动，那么整个供应链也就少了 1 件产品带来的收益。

站在制造商的角度，它一定希望零售商尽可能多地订货，但是，在传统合作机制下，零售商没有任何动力使自己冒着承担整个供应链的风险增加订货量。制造商应该如何说服零售商尽可能多地增加订货量呢？这就需要有一个对零售商进行激励的机制，这就是供应链协调中引出的激励问题。

4.3.2 基于回购契约的激励模式

仍以上面的例子为讨论对象。现在，制造商向零售商提出了一个激励机制。它向零售商承诺，如果零售商增加了订货量但没有销售出去，制造商会以 78 元/件的价格将未销售出去的产品回收。这时，零售商的考虑是什么呢？它会分析，如果多订购 1 件产品并且销售出去了，

那么它的收益为 78（=200-122）元，而如果多订购 1 件产品但没有销售出去，它的损失是 44（=122-78）元。假定销售出去与否的概率仍然相同，显然此时零售商的期望收益大于期望损失，它就会把订货的数量向增加 1 件的方向倾斜。这就是回购契约的基本思想。

当制造商与零售商之间建立了基于回购契约的交易机制时，供应链的收益情况为

$$C_o = w - 78 = 122 - 78 = 44 \text{（元/件）}$$
$$C_u = p - w = 200 - 122 = 78 \text{（元/件）}$$
$$\Phi(Q) = \frac{C_u}{C_o + C_u} = 0.6393$$

得

$$z = 0.36$$

同理可得，最优订货量为

$$Q = \mu + \sigma z = 809 + 155.6 \times 0.36 \approx 865 \text{（件）}$$

查询标准正态损失函数 $L(z) = 0.2445$，则

$$\text{期望销售损失} = \sigma \times L(z) \approx 38 \text{（件）}$$
$$\text{期望销售量} = \mu - \text{期望销售损失} = 809 - 38 = 771 \text{（件）}$$
$$\text{期望售后剩余库存} = Q - \text{期望销售量} = 865 - 771 = 94 \text{（件）}$$
$$\text{零售商期望利润} = (200 - 122) \times 771 - (122 - 78) \times 94 = 56\,002 \text{（元）}$$
$$\text{制造商利润} = \text{期望销售量} \times (w - c) + \text{剩余库存} \times (w - c - 78 + s)$$
$$= 771 \times (122 - 40) + 94 \times (122 - 40 - 78 + 18) = 65\,290 \text{（元）}$$
$$\text{供应链总利润} = \text{零售商期望利润} + \text{制造商利润} = 56\,002 + 65\,290 = 121\,292 \text{（元）}$$

因此，相较于传统的批发价契约，在回购契约机制下，如果零售商通过努力将产品销售出去了，那么不仅它的收益增加了，制造商的收益也随之增加了，整个供应链的收益也增加了。这就是能够使供应链运行达到协调的回购契约。

为何回购契约具有这样的效果？实质上，制造商提出的回购策略（回购价＜批发价）本质上是一种分担风险的行为。过去，按批发价完成交易后，产品不能完全销售出去的风险是由零售商承担的，如有未销售出去的产品形成存货，损失由零售商一方承担。而采用回购的合作方式后，期末如有未出售的产品，制造商通过回购的方式承担了一部分风险。在这样的情况下，零售商就愿意增加订货量。这也是供应链基本理念的体现——风险共担、收益共享！

需要指出的是，采用回购契约时要注意科学合理地确定回购价格。回购价格设置得过高或过低都会影响回购契约的实施效果。

4.4 供应契约

4.4.1 供应契约的参数

随着对供应契约的研究日益重视，人们不断建立新的契约模型，深挖原有契约模型的潜在意义，并致力于将供应契约应用到实际管理中。

究其本质，对供应契约的研究离不开契约参数。通过设置不同的参数，可以构建出多种不同的供应契约模型。例如，在契约中研究超储库存的退货问题，就形成了回购契约；在契约中

研究供应链的利润分配问题，即为利润共享契约。因此，以不同的契约参数为出发点，就能够以不同类型的供应契约为对象展开研究。

此外，契约参数的具体设定会影响到供应契约的作用。例如，数量折扣契约中折扣百分比的设计，最低购买数量契约中最低购买数量的确定，以及收益共享契约中利润分享参数大小的设定等，都会影响供应契约的效果。在供应链合作中，缔结供应契约的目标是优化供应链绩效，提高供应链竞争力，并确保契约双方共同获利。为了实现上述目标，必须在供应链合作双方的谈判过程中设计合理的契约参数，从而影响双方的动机和行为。

供应契约的参数设定必须对供应链节点企业起到激励和约束作用，以影响节点企业的行为，促进企业之间建立更紧密的合作，使节点企业通过致力于增加整个供应链的利润来提高自身的收益。契约参数问题是管理供应契约时要解决的主要问题，参数的设计已经成为供应契约中最为重要的一个环节。

一般而言，供应契约的参数有以下几种。

（1）决策权的确定。在传统合作模式下，契约决策权的确定并不是一个非常重要的因素，几乎每个企业都有自己的一套契约模式，并且按照该模式进行日常的交易活动。

但在供应链管理环境下，供应契约决策权的确定发挥着相当重要的作用，因为在供应契约模式下，合作双方要进行风险共担以及收益共享。

（2）价格。价格是契约双方最关心的内容之一，可以表现为线性的形式（按比例增长或下降）或者非线性的形式。合理的价格使得双方都能获利。卖方在不同时期、不同阶段会有不同的价目表，一般价格会随着订货量的增大和合作时间的延长而降低，以激励买方重复订货。

（3）订货承诺。买方一般根据卖方的生产能力和自身的需求量提出数量承诺。订货承诺大体有两种方式：一是最小数量承诺，二是分期承诺。对于单个产品，最小数量承诺意味着买方承诺其累计购买量必须超过某特定数量，即最低购买数量；对于多品种产品，最小数量承诺则要求买方的购买金额超过某最低量，即最低购买价值。使用分期承诺时，买方会在每一个周期开始之前提出该期的需求量。

两种最小数量承诺方式有着明显的区别。从一定意义上说，前者给出总需求量，有利于卖方做好整个契约周期内的生产计划，然而一旦市场发生变化，绝大部分市场风险便转移到卖方身上。后者则要求买方在各个周期的期初给出当期的预计订货量承诺，进行了风险共担，使得卖方的风险有所降低，同时也迫使买方加强市场决策的有效性。

（4）订货柔性。任何时候买方提出数量承诺，卖方一般都会提供一些柔性，以调整供应数量。契约会细化调整幅度和频率。这种柔性包括价格、数量以及期权等量化指标。这样，一方面，卖方在完成初始承诺后，可以提供（或不提供）柔性所决定的服务补偿；另一方面，买方也从中获得收益，当市场变动影响其销售时，就可以使用柔性机制来避免更大的损失。同时柔性也提供了强有力的约束，使合作双方在契约执行过程中，在更多地考虑自身利益的同时，改善经营，从而使两者长期都受益。

（5）利润分配原则。所有企业生产最根本的目的都是实现自身利润的最大化，因此，在设定契约参数的时候，利润分配原则通常是企业协商的重点。因此，在高度合作的情况下，如何能够维护合作双方自身的经济利益不受侵害，同时又可以尽可能扩大渠道利润，就成为利润分配所要考虑的问题。

供应契约往往以企业的利润作为建模的基础，在合作双方之间划分供应链的整体渠道收益就是利润分配问题。供应契约包括按什么原则进行分配，分配的形式是怎样的，以及如何设计利润分配的模型等。

供应链利润分配原则主要体现为收益共享和风险共担。在实际利润的分配过程中，供应链的核心企业起着决定性的影响，它在供应链成本、交易方式、利润激励等方面都有着举足轻重的作用。此外，核心企业对利润分配的态度还会影响其他企业对合作的积极性以及对供应链增值的贡献。

（6）退货方式。从传统意义上讲，退货似乎对卖方很不利，因为它要承担滞销产品带来的风险和成本。但事实上，实施退货政策能有效激励买方增加订货，从而扩大销售额，增加双方收入。从某种意义上讲，如果提高产品销售量带来的收入远大于滞销产品所带来的固定成本，或者买方有意扩大市场占有率，那么退货政策给卖方带来的好处就会远远大于其将要承担的风险。

（7）提前期。在质量、价格可比的情况下，提前期是买方关注的重要因素之一。提前期导致需求信息放大，产生"长鞭效应"，这对卖方而言也很不利。因此，有效地缩短提前期，不仅可以降低安全库存水平，节约库存投资，提高客户服务水平，很好地满足供应链时间竞争的要求，还可以减少"长鞭效应"的影响。

在传统的库存模型中，提前期或被设置为固定值，或用随机变量来表示。其实，将提前期作为可控变量来调整供应契约，能够为供应链带来收益。

（8）质量控制。在基于供应链的采购管理中，质量控制主要是由供应商进行的，企业只在必要时对质量进行抽查。因此，关于质量控制的条款应明确职责，还应激励供应商提高其质量控制水平。对供应商实行免检，是对供应商质量控制水平的最高评价。契约中应指出实行免检的标准和对免检供应商的额外奖励，以激励供应商提高其质量控制水平。质量问题是买卖双方谈判的矛盾所在。对卖方而言，提高原材料或零部件的质量，则意味着成本的增加；对买方而言，只有在价格不变的前提下保障原材料或零部件的质量，才能提高成品的合格率，才能增加收益。为此，买方需要在契约的设计中，针对质量条款采取某些激励措施，如进行质量方面的奖励或惩罚等，以达到双赢的目的。

（9）激励方式。对节点企业的激励是使节点企业参与供应链的一个重要条件。为节点企业提供只有参与此供应链才能得到的利益是激励条款所必须体现的。此外，激励条款应包含激励节点企业提高质量控制水平、供货准时水平和供货成本水平等内容，因为节点企业业务水平的提高意味着业务过程更加稳定、可靠，同时费用也会随之降低。一般而言，有以下几种激励模式可供参考。

- 价格激励。高价格能提高企业的积极性，不合理的低价会挫伤企业的积极性。供应链利润的合理分配有利于供应链企业间的稳定合作和顺畅运行。
- 订单激励。供应链获得更多的订单是一种极大的激励，在供应链内的企业也需要更多的订单带来的激励。一般来说，一个制造商拥有多个供应商。多个供应商竞争来自制造商的订单，获得较多订单对供应商是一种激励。
- 商誉激励。商誉是企业的无形资产，对于企业极其重要。商誉来自供应链内其他企业的评价和在公众中的声誉，反映了企业的社会地位（包括经济地位、政治地位和文化地位）。

- 信息激励。信息对供应链的激励实质上属于一种间接的激励模式，如果能够很快捷地获得合作企业的需求信息，企业就能够主动采取措施提供优质服务，必然会使供应链合作各方的满意度大大提高。这对在合作方建立信任有着非常重要的作用。
- 淘汰激励。为了使供应链的整体竞争力保持在一个较高的水平，供应链必须建立对成员企业的淘汰机制。对供应链参与者来说，被淘汰是一种风险，因此淘汰激励是一种负激励。

（10）信息共享机制。供应链企业之间任何有意隐瞒信息的行为都是有害的，充分的信息交流是供应链良好运作的保证。因此，契约应对信息交流提出保障措施，例如规定双方互派通信员和每月举行信息交流会议等，防止信息交流出现问题。

综上所述，契约需要考虑的因素非常多。此外，在契约的签订过程中，还需要考虑众多复杂因素的一些动态的、不断重复的博弈过程。

4.4.2 几种常见的供应契约

如前所述，供应契约中有许多参数，将这些参数单独列出或者进行组合，就可以形成多种不同类型的供应契约。一般而言，较常见的供应契约包括以下几类。

（1）**回购契约**（buyback contract）。回购契约规定，在销售季末，零售商可以以一定的价格把未售出的产品全部退还给供应商。回购契约是一种在不确定性需求系统协调中常见的契约方式，它既是一种风险分担机制，又能起到激励订购的作用。回购契约的最大特点在于，它能够较灵活地消除随机需求下系统的双重边际效应。通过缔结回购契约，供应商与零售商共同分担市场风险，而刺激零售商订货的措施则能够提高其期望利润。

回购契约往往应用于生产周期较长而销售季节较短的商品交易中，它在时令商品（如服装、图书等）市场中得到了广泛采用。

（2）**收益共享契约**（revenue sharing contract）。在这种契约中，供应商拥有货物的所有权，决定批发价格，而收益共享的比例则由零售商决定。对于每一件卖出的产品，零售商根据事先确定的收益共享百分比，从销售收入中扣除自身应当享有的份额，然后将剩余部分收益交给供应商。

（3）**数量折扣契约**（quantity discount contract）。该契约规定，在一定时期内，供应商根据零售商承诺购买的数量，按照一定的比例对价格进行调整。

数量折扣契约在实际交易中非常普遍，通常采用的方式有两种：全部单位数量折扣和边际单位数量折扣。当采用前者时，供应商按照零售商的购买数量，对所有产品都给予一定的价格折扣；后者只对超过规定数量的部分给予价格折扣。研究发现，在确定性需求或者不确定性需求下，数量折扣适用于风险中性和风险偏好型的零售商。

（4）**最小购买数量契约**（minimum purchase contract）。在最小购买数量契约下，零售商在期初做出承诺，将在一段时期内向供应商购买至少一定数量的产品。通常供应商根据这个数量给予一定的价格折扣，购买产品的单位价格将随着数量的增加而降低。这种契约在电子产品行业尤为普遍。

最小购买数量契约与数量折扣契约有些类似，但不同的是，前者需要做出购买数量承诺，这种承诺并非一次性的，也可以是一段时期或者一个年度内的购买数量的总和。

（5）**数量柔性契约**（quantity flexibility contract）。交易双方拟定契约，规定每一期内零售商订货量的波动比率。采用这种契约时，零售商承诺一个最小购买数量，然后可以根据市场实际情况，在最低和最高订货范围内选择实际的订货量。按照契约规定，供应商有义务提供低于最高采购数量的产品数量。这种方式能够有效地遏制零售商故意高估市场需求，从而导致供应链库存增多的不利现象。

（6）**带有期权的数量柔性契约**（flexibility quantity contract with option）。在这种契约模式下，零售商承诺在未来各期购买一定数量的产品，同时它还向供应商购买了期权。这种期权允许零售商可以在未来以规定的价格购买一定数量的产品，从而获得了调整未来订单数量的权利。

（7）**削价契约**（markdown contract）。这是一种经过改进的回购契约，供应商为了避免零售商将未售出的产品返还给自己，会采取一定的价格补贴措施，激励零售商继续保留那些未售出的产品。价格补贴虽然对供应商来说实施起来比较方便，但可能会给予零售商套利的机会，因此必须建立在买卖双方充分信任的基础之上。目前，价格补贴已经被广泛应用于IT产品的销售中。

价格补贴实质上是一种价格保护策略，是供应商分担零售商过剩库存风险的另外一种方式。它通过对期末未售出产品进行价格补差来实现，并经常应用价格递减方式实现短生命周期产品的协调。研究表明，价格补贴与回购有很大的相似性，也可实现供应链系统的协调，但针对多零售商时，会出现不能确保各零售商均参与契约的情况，主要原因在于价格补贴实现协调的条件与客户需求信息无关，仅与买卖双方的成本结构有关。

（8）**备货契约**（backup contract）。零售商和供应商经过谈判后，双方拟定契约为零售商提供一定的采购灵活性。备货契约的流程为：零售商承诺在销售旺季采购一定数量的产品，供应商按零售商承诺数量的某一比例为其保留产品存货，并在销售旺季到来之前发出所预存的产品。在备货契约中，零售商可以按原始的采购价格购买供应商为其保留的产品，并及时得到货物，但要为没有购买的部分支付罚金。

（9）**质量担保契约**（quality warranty contract）。质量问题构成了零售商和供应商谈判的矛盾。供应商知道自己的生产质量水平，拥有信息优势，而零售商却处于信息劣势。由于信息不对称，会产生两个问题：第一，供应商由于不具备提供某种质量水平的能力，可能会做出错误的质量承诺，零售商不能正确辨认供应商的能力，于是产生了错误选择；第二，供应商可能存在恶意的欺骗行为，导致了严重的道德问题。为了保证零售商和供应商自身的利益不受侵犯，并保证供应链绩效最优，签订契约的谈判双方必须在一定程度上实现信息共享，运用合作激励机制，设计质量惩罚措施，如当供应商提供不合格产品时对其进行惩罚。

4.4.3 供应契约的作用

如前所述，供应契约的类型多种多样，尽管不少契约的理论模型与实际情况存在一定的距离，但其仍然能够为管理者提供审视供应链的决策依据，因而具有极大的管理意义。

在实际运作中，企业采用较为普遍的契约方式有回购契约、收益共享契约和数量折扣契约等。供应契约的采用能给企业带来相当可观的收益。例如，百视达（Blockbuster

公司[1]在20世纪90年代末，通过与录像带的供应商实施收益共享契约，曾使其录像带出租的业务额提高了75%，市场份额也从25%上升到了31%。

📄 供应链聚焦

2023年2月17日，国内媒体爆出了宁德时代新能源科技股份有限公司（以下简称"宁德时代"）面对理想汽车公司、蔚来汽车公司、赛力斯集团、极氪汽车公司等多家战略客户，正在推行一个电池降价计划。据消息称，宁德时代拟面向核心战略客户推出"锂矿返利"计划，即在未来三年向部分优质客户将50%的碳酸锂原料按20万元/t的价格结算，其余按照市价计算，差价返还主机厂，但客户需要承诺将约80%的电池采购量交给宁德时代，合作签署后，将从同年三季度开始执行。

宁德时代的"锂矿返利"计划之所以备受业内关注，有两个方面的原因。一方面，"锂矿返利"的形式足够新颖。一般动力电池主机厂定价有三种定价方式：第一种是价格联动模式（即价格与主材联动）；第二种是定价返利模式（即确定一个价格，年底按照碳酸锂价格的变动情况进行返利）；第三种是全年锁价模式（即按照一口价的方式把一年的价格确定下来）。但像宁德时代这样以锂矿原材料返利的为首例。另一方面，宁德时代给出的价格折扣看起来足够高。资料显示，此前碳酸锂价格在较长一段时间内都维持在50万元/t甚至60万元/t的高位，消息发出当天，国内电池级碳酸锂的价格居于44万元/t的高位，而宁德时代的电池售价相对于国内其他电池厂商的价格通常高10%。在外界看来，宁德时代近乎半价的电池折扣价格，对于被电池的高成本压得苦不堪言的新能源车企而言，颇具吸引力。

资料来源：中国经济网。

采用供应契约，既能克服"长鞭效应"和"双重边际效应"等多种不利影响，有效地实现供应链的协调运作，又可以保障供应链企业之间的合作关系，其作用主要表现在以下几个方面。

1. 减弱"长鞭效应"的影响

供应链的信息失真导致了"长鞭效应"，对于供应链企业具有非常大的危害。供应契约可以很好地减弱"长鞭效应"的影响，主要表现为供应契约的签订降低了供应链中的库存水平。供应契约同时具有柔性和相对稳定的优点，在供应链中，每家企业都不必像以前那样维持较高的安全库存水平。

一般而言，企业通常致力于实现自身利益的最大化，当需求信息在供应链中逐级放大时，便导致了"长鞭效应"。供应链企业之间的合作将原来的局部优化转化为整体利益最大化，而供应契约的特性可以使这种合作具体化，防止这种合作行为成为纸上谈兵。

供应链企业之间在确定合作关系之后签订契约，使各节点企业明确各自的职责。如前文提到的，以前供应链的上游总是将下游的需求信息作为自己需求预测的依据，当下游企业订购时，上游企业的经理就会把这条信息作为将来产品需求的信号来处理。基于这个信号，上游企业调整需求预测，向供应链增加或减少订购，使其供应商也做出相应的调整。这是导致"长

---

[1] 虽然百视达公司的供应链协调做得比较好，但是由于其经营战略及内部管理问题，最后还是被奈飞（Netflix）公司打败，2010年9月百视达公司宣布破产。

鞭效应"的主要原因。现在企业之间签订了供应契约，一方面，下游企业对上游企业的需求数量趋于固定，即使有变动也在供应契约的柔性范围内，对供应和需求的影响不大。这样上游企业就不必对下游企业的需求进行预测，从而避免了信息在整条链上产生滞后，防止了"长鞭效应"的产生。另一方面，供应契约可以提高供应链上的信息共享程度，基本上供应链上的每个节点都可以共享所需要的信息，这就避免了一些不必要的猜测，避免了由于信息不对称产生的"长鞭效应"。

2. 实现供应链系统的协调，消除双重边际效应

如前所述，供应链的双重边际效应是指当供应链各节点企业都试图使自己的利润最优时，不可避免地会损害供应链的整体利润。供应契约就是为了尽量减少这种损害而出现的一种解决办法。

供应契约通过调整供应链的成员关系来协调供应链，使分散决策下供应链的整体利润与集中系统下的利润尽可能相等。即使无法实现最好的协调（与集中系统下的利润完全相等），也可能存在帕累托最优解，使得每一方的利润至少不低于原来的利润值。供应链各节点企业可以通过签订不同类型的供应契约来克服双重边际效应所导致的供应链效率低、渠道利润减少等问题，使供应链达到最佳协调。

3. 增强供应链成员的合作关系

建立协调的供应链的好处有目共睹，但这种协调要基于相互信任。供应链是由多个企业组成的联合体，彼此之间没有任何产权上的联系，仅仅是动态的合作关系。然而，供应契约可以以书面的形式保证合作企业的权利和义务，使这种权利和义务具有法律效应，这样即使信任机制不健全，也可以实现供应链合作企业的紧密合作，加强信息共享，相互进行技术交流和提供技术支持。

供应链合作关系产生了新的利润，新增利润如何在供应链中进行分配，是决定供应链企业能否继续保持合作关系的一个重要因素。供应契约模型研究了利润的分配模式，通过企业之间的协商，将利润在供应链的各个节点企业中进行了分配。契约的特性就是要体现风险共担和收益共享原则，从而使供应链成员企业达到帕累托最优。

随着契约参数的改变，供应链承担的风险在供应链上不同阶段之间发生了转移，从而影响了零售商和供应商的决策，稳固了它们之间的长期合作伙伴关系，同时提高了供应链的总体收益。

此外，还可以通过修改契约的激励模式，为合作企业创造更好的优惠条件，减少彼此之间的不信任感，实现双赢，进一步增强供应链节点企业的合作关系。

本章小结

本章首先引出供应链协调运作对提高供应链整体效益的重要性，然后简单介绍了供应链运行中的几种典型的不协调现象，分析了产生这些现象的原因。针对需求变异放大现象、曲棍球棒现象等不协调现象提出了相应的改进方法，以缓解这些不协调现象给供应链带来的损失。针对双重边际效应问题，本章从供应链运作激励的角度进行了分析，阐述了供应链协调机制，并较为详细地介绍了回购契约的协调机制和激励原理，然后简要介绍了另外几种常见的供应契

约，分析了其在供应链协调管理中的作用。这些管理措施可以多管齐下，使供应链能够协调运行，使整体利益达到最大化。

关键术语

供应链协调（supply chain coordination）
长鞭效应（bullwhip effect）
曲棍球棒现象（hockey stick effect）
双重边际效应（double marginalization）

供应契约（supply contract）
回购契约（buyback contract）
收益共享契约（revenue sharing contract）

思考与练习

1. 请列举供应链运作中的不协调现象并简要分析其原因。
2. 在市场竞争激烈、顾客差异化需求日益明显的情况下，供应链企业运作的协调性对企业有哪些好处？
3. 引起供应链"长鞭效应"的原因有哪些？如何缓解供应链上的"长鞭效应"？
4. 分析供应链管理环境下曲棍球棒现象出现的原因，并给出解决方法。
5. 如何理解供应链企业合作中的双重边际效应？能否举例说明？
6. 供应契约的本质是什么？这些供应契约是如何使供应链协调运行的？
7. 请你分析一下每年"双11"电商购物节当天的销售现象。能将"双11"的销售情况看作曲棍球棒现象吗？请进一步分析其对供应企业带来的利弊。
8. 供应链运作管理的协调性与供应链激励之间的关系是什么？如何构建供应链管理中的激励机制？
9. 有效实施供应契约的基本要求有哪些？
10. 讨论回购价格的确定对回购契约的实施效果会产生哪些影响。
11. 太子奶集团曾经采用过"先打款后发货，卖不掉的货可退回厂家"的销售政策。站在太子奶集团的角度看，这种策略是回购契约吗？
12. 本章"供应链聚焦"介绍了宁德时代的锂矿返利计划，请讨论：①你认为这是一种什么形式的供应契约？②成功实施该计划的条件是什么？

讨论案例

新产品开发中的协调运作问题

党的二十大报告对强化企业科技创新主体做出了明确的部署，提出要强化企业科技创新主体地位，这一是表明企业在国家创新体系里面的摆位进一步提高，二是表明企业要在全链条创新中发挥更大作用。然而，企业要在技术创新、成果转化、产业孵化等方面继续保持主体地位，可能会面临一些协调和运作上的挑战。

L公司的产品结构

L公司是某电子消费品生产和销售企业。公司擅长的是营销，生产和经销的产品种类丰富，既有自有品牌产品、连锁产品、平台产品，也有本地采购（简称"地采"）产品。这四部分产品之间并不是完全独立的，除地采产品外，其他三种产品之间存在一定的包含关系。

自有品牌产品是指L公司自主研发并生产的产品，公司拥有独立生产线与产品专利。连锁产品是指贴有L公司品牌商标的产品，它又分为三类不同的产品组合：拥有独立生产线与专利，自主研发，即自有品牌；拥有供应商生产线独家使用权、没有产品专利但是拥有唯一产品销售权，即产品定制；没有生产线也没有产品专利，但是拥有产品品牌协同使用权，即OEM

（原始设备制造商）产品。平台产品包括连锁产品与一般平台产品，由于所有产品的种类、数量均在采购平台上显示，因此称为平台产品。平台产品采取的是集中采购（简称"集采"）模式，这类集采产品是指向一般上游供应商采购的产品，产品品牌、生产线等均为供应商所独有。地采产品也属于一般产品，是各门店、分公司出于地域原因根据当地特点独立采购并销售的产品。地采产品的特点是数量少、各地区种类差异性大，属于一般平台产品，公司无产品品牌，生产线属于供应商单独所有。

令人头疼的问题

L公司的刘总目前为了公司的产品战略伤透了脑筋。根据公司的产品发展战略，连锁产品是公司未来发展的重点，连锁产品的品牌提升与打造也是连锁化经营的基础。因此，公司应该重点打造自己的连锁产品，提升品牌知名度，形成品牌效应。但是，目前公司在这四类产品的开发战略上很模糊，同时又存在不少问题。

问题1：目前公司的产品发展战略是，逐步扩大连锁产品市场份额，打造自己的产品品牌优势。但公司新产品的开发方式与该战略不相协调。公司新产品研发主要采取外部聘用的方式，与产品俱乐部里的专业工程师合作，每年每个工程师开发出10种新产品即算完成任务。由于专业工程师对产品的设计与研发通常基于自己的专业知识与经验，因此他们并不十分关心也不清楚L公司对产品的定位、营销、生产等相关信息（如生产能力、公司产品战略等）。公司也没有定期推出新产品的计划，新产品的推出比较随意（仅仅规定专业工程师每年产出10种新产品），这样既不利于连锁产品的产品更新与品牌建立，也使连锁产品的种类受到较大的限制，不利于连锁产品的推广。

问题2：公司并没有基于供应链的角度对新产品研发进行资源整合，达不到协同研发的效果。尽管公司建有基于互联网及ERP的沟通平台，但产品俱乐部的工程师、公司内部产品研发部门及供应商等，都没有有效利用沟通平台，特别是没有对供应链上的各级企业进行产品开发协调，无法及时有效地提高新产品的适用性与顾客满意度，而且也没有聚集民间高手参与产品的概念设计与研发，对于近几年流行的众包模式更是知之甚少。

问题3：公司既缺乏对成功的新产品的鼓励和激励，也缺乏对不太成功的产品的教训总结。公司目前采取的模式是产品设计小组筛选构思与预处理，外聘的专业工程师团队的研发小组负责开发，虽然这种模式成本低、灵活性好，但是并不利于实施公司的连锁产品打造与推广战略。公司没有建立自己的专业研发团队，没有定期推出有吸引力的连锁产品，也没有从供应链的角度聚集各级单位参与产品的协同研发，因此新产品开发时好时坏，导致公司的发展极不稳定。

经过分析，刘总认识到，在公司现阶段连锁产品发展战略模式下，仅仅通过营销创造顾客需求、开拓连锁产品的市场、提高连锁产品占有率，无法取得本质上的突破。提高连锁产品品牌效应与市场份额，不仅与公司的营销能力密切相关，更与新产品的适应性、创新性有关。公司只有设计出满足顾客需求的产品，才能吸引更多的顾客，从而达到更加广泛地创造顾客需求的目的。因此，为了有效推进连锁产品战略，公司必须重新审视新产品设计与研发模式。

改进方案

为了解决L公司新产品开发中的问题，刘总组织了一个委员会，专门研究具体的对策。首先，委员会达成共识：由于公司的整体战略是在未来5年内大力发展自己的连锁产品，而现有的产品开发模式又无法与未来的推广连锁产品战略相匹配，因此公司应该重构产品研发部门，打造新的产品研发体系。同时，公司还应该重视调动供应链上企业的积极性，尤其是供应商的积极性，这样才能有效建立连锁产品品牌效应，逐步提高连锁产品市场份额及竞争力。

其次，基于以上分析，委员会提出了一种基于供应链的新产品协调开发思路，如图4-5所示。该思路的核心思想是，公司的产品研发部门利用公司基于互联网和ERP的沟通平台有效整合供应链上的各级参与者，从供应链整体优化的角度出发，激励供应链上的各级企业参与公司产品研发工作，利用与整合供应链的信息资源，进行产品协同研发，共同研发出适合供应链运作的创新性产品。

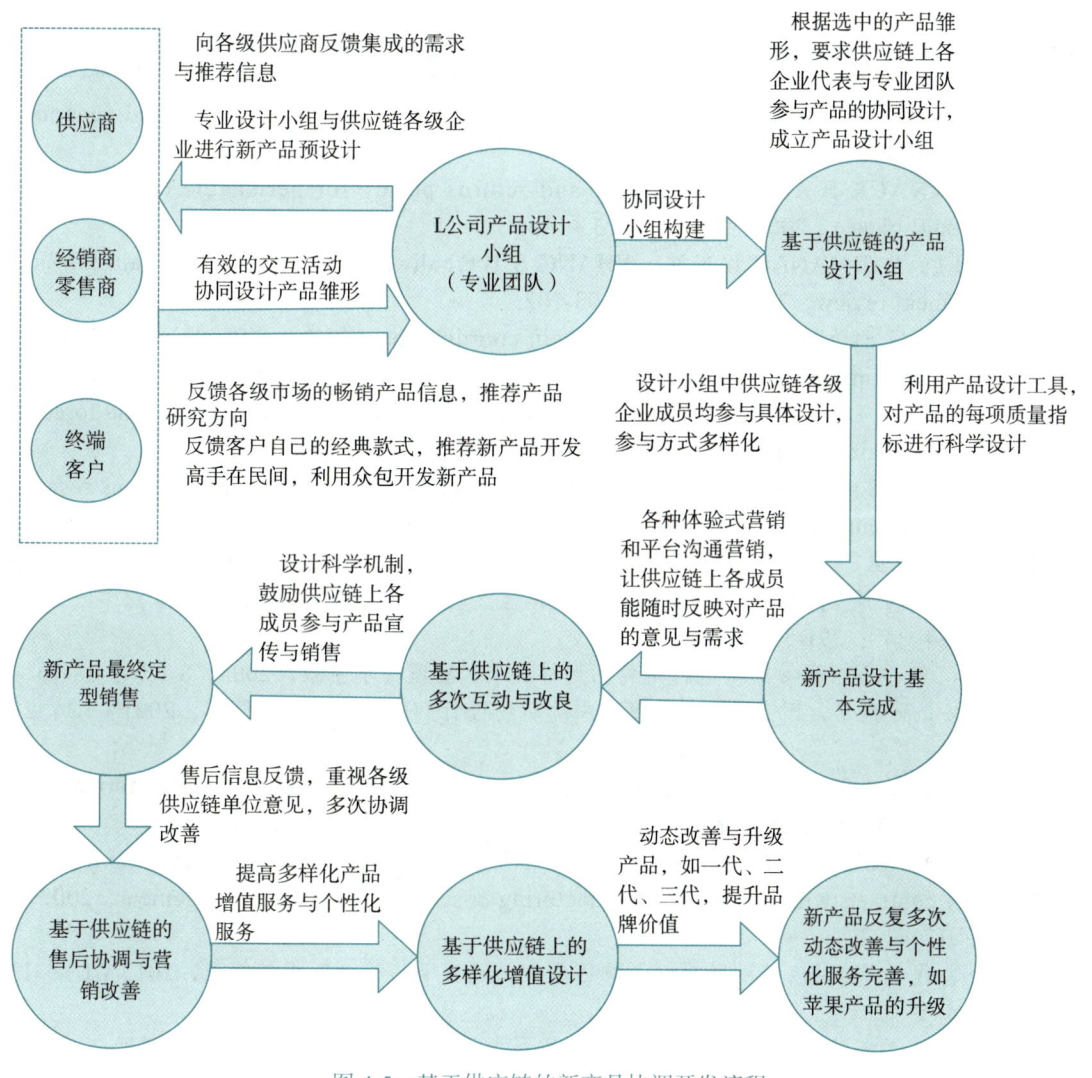

图 4-5 基于供应链的新产品协调开发流程

委员会还分析了公司具备的协同研发优势：有良好的供应链互动平台（L 公司建立的沟通平台），能充分连接供应商、经销商、零售商和最终客户。但是，L 公司需要打造实施供应链协调的更有利的条件：①建立科学合理的激励措施，鼓励供应链上的各级企业参与产品的设计、协调开发与优化，并与参与开发的各企业共享利益，提高它们的参与度和忠诚度（借助公司的特价产品、返利等）；②建立合理的体验式营销模式，鼓励供应链上的各级企业参与产品创新，实现产品的协同开发与营销；③在新产品销售阶段，公司必须以顾客服务为主导，重视顾客在使用产品过程中的感受，重视顾客对产品提出的意见与其他需求，从而为产品设计出更多的个性化增值服务。

刘总看到新的方案很有创意，但同时他又有些担心。好的方案成功实施的关键是什么？刘总一直在思考这个问题。

资料来源：根据 L 公司的咨询报告整理而成。

问题：你认为 L 公司新产品研发的原有模式存在哪些问题？实现基于供应链的新产品协调开发计划要解决哪些关键问题？

参考文献与延伸阅读

[1] SPENGLER J J.Vertical integration and antitrust policy[J]. Journal of political economy, 1950, 58（4）: 347-352.
[2] PASTERNACK B A.Optimal pricing and returns policy for perishable commodity[J]. Marketing science, 2008, 27（1）: 133-140.
[3] LEE H L, PADMANABHAN V, WHANG S.The bullwhip effect in supply chains[J].Sloan management review, 1997, 38（3）: 93-102.
[4] CACHON G, LARIVIERE M.Supply chain coordination with revenue-sharing contracts: strengths and limitations[J].Management science, 2005, 51（1）: 30-44.
[5] CACHON G, LARIVIERE M.Contracting to assure supply: how to share demand forecasts in a supply chain[J].Management science, 2001, 47（5）: 629-646.
[6] CACHON G.Supply chain coordination with contracts[C].Handbooks in operations research and management science: supply chain management, 2001.
[7] 张凯, 高远洋, 孙霆. 供应链柔性批量订货契约研究[J]. 管理学报, 2006, 3（1）: 81-84.
[8] 庄宇, 胡启, 赵燕. 供应链上下游企业间弹性数量契约优化模型[J]. 西安工业学院学报, 2004, 24（4）: 391-394.
[9] 王迎军. 客户需求驱动的供应链契约问题综述[J]. 管理科学学报, 2005, 8（2）: 68-76.
[10] 马新安, 张列平, 田澎. 供应链管理中的契约设计[J]. 工业工程与管理, 2001（3）: 22-25.
[11] TSAY A A, LOVEJOY W S.Quantity flexibility contracts and supply chain performance[J]. Manufacturing & service operations management, 1999, 1（2）: 89-111.
[12] BARNES-SCHUSTER D, BASSOK Y, ANUPINDI R.Coordination and flexibility in supply contracts with options[J].Manufacturing & service operations management, 2002, 4（3）: 171-207.
[13] 王利, 代杨子. 供应链激励机制影响因素实证研究[J]. 工业工程与管理, 2013（1）: 13-24.
[14] 乔华国, 江志斌, 谢文明, 等. 基于产品服务系统的供应链共享合同设计[J]. 工业工程与管理, 2013（1）: 25-30.
[15] MCLENNAN N.Collaborative principles for better supply chain practice: value creation up, down and across supply chains[M].London: Kogan Page Limited, 2019.

第 5 章　供应链管理环境下的物流管理

本章重点理论与问题

物流贯穿整个供应链，它连接着供应链中的各个企业，是企业间相互合作的纽带。有别于企业框架下的物流管理，供应链管理框架下的物流管理被赋予了新的意义和作用。如何有效地管理供应链环境下的物流活动，使物流能与供应链中的信息流、资金流有效集成并保持高效运作，是供应链管理要解决的一个核心问题。然而，我国企业在传统管理思想的影响下，曾经存在重生产、轻物流的现象，没有将物流看作增强企业竞争力的一个重要领域。本章首先对物流管理的基本概念及供应链管理环境下物流的特征进行了简要阐述，然后比较详细地论述了物流管理在供应链管理中的地位和意义，并就供应链管理环境下的物流管理战略进行了讨论，包括物流管理战略的框架、一体化物流管理战略、战略渠道设计等。在物流运营模式上，对比分析了自营与外包物流业务的利弊及选择策略。本章最后简单介绍了绿色物流、智能物流的概念和发展现状。

5.1　物流管理的产生与发展

物流，译自英文单词 logistics，被认为来源于法语 logistique。1838 年，瑞士作家 A.H. 若米尼（A.H. Jomini）在《战争艺术概论》一书中定义了物流这个词，他认为物流是一门为军队良序采购、优化组合、按时发货、运输、保障到货的艺术。也有文献指出，logistique 其实来源于古希腊语 logistikos，属于古希腊数学的一个分支，最早的关于物流的文献记载可追溯到公元前 500 年古希腊哲学家及数学家毕达哥拉斯（Pythagoras）。

1935 年，美国销售协会最早对实物分销（physical distribution）下了定义："包含于销售之中，并伴随种种经济行为的物质资料和服务从生产地点到消费地点的流动过程。"国内学者认为这就是关于分销物流的最早表述。

第二次世界大战期间，美国根据军事物资供应管理需要，在对军火进行供应时，首先采用了军事后勤管理（military logistics management）一词。军事后勤管理在物流管理的起源和发展过程中扮演了重要的角色，在第二次世界大战之后逐渐形成了一门独立的学科。20 世纪 60

年代，源于军事的后勤管理较为广泛地应用于企业管理之中，先后出现了物流工程（logistics engineering）、企业物流管理（business logistics management）、物流配送（logistics distribution）等管理方法，直到形成了今天的**物流管理**概念，并统一用"logistics management"表示。

美国学者唐纳德·鲍尔索克斯（Donald Bowersox）在1974年出版的《物流管理》（*Logistics Management*）一书中对物流管理下了定义："以买主为起点，将原材料、零部件、制成品在各个企业之间有策略地加以流转，最后达到用户手中，其间所需要的一切活动的管理过程。"这是比较全面的关于物流管理的论述。

美国物流管理协会（Council of Logistics Management，CLM）1976年在定义物流管理时指出：物流活动包括用户服务、需求预测、销售情报、库存控制、物料搬运、订货销售、零配件的供应、工厂及仓库的选址、物资采购、包装、废物的处理、运输、仓储等。

2005年CLM改名为美国供应链管理专业协会（Council of Supply Chain Management Professionals，CSCMP）之后，重新定义了物流管理的概念该定义一直沿用至今，逐渐成为国际普遍采用的定义：物流管理是供应链管理的一部分，是以满足客户需求为目的，对产品、服务及相关信息在供应点与消费点之间正向或逆向的、高效和经济的流动与存储进行计划、执行、控制的过程。

中华人民共和国国家标准《物流术语》（GB/T 18354—2021）将物流定义为："根据实际需要，将运输、储存、装卸、搬运、包装、流通加工、配送、信息处理等基本功能实施有机结合，使物品从供应地向接收地进行实体流动的过程。"对物流管理的定义为："为达到既定的目标，从物流全过程出发，对相关物流活动进行的计划、组织、协调与控制。"

站在供应链管理视角并综合现有文献和研究，本书给出物流管理的定义：物流是供应链的一个组成部分，物流管理是对供应链上各种物料（包括原材料、零部件、产成品）、服务及信息从出发点到接收点的流动过程实施计划、组织和控制的活动的总称。物流管理充分运用信息技术，将运输、仓储、装卸、加工、整理、配送等活动有机结合，为供应链的运作管理提供支持，为用户提供一体化的综合物流服务。

从以上叙述可知，管理者已经从早期的侧重于企业内部的物流活动管理，逐步将眼光转向企业外部，把企业的**出厂物流**（outbound logistics）与**入厂物流**（inbound logistics）管理以及供应、制造、分销配送等活动集成在一起，从而使物流活动逐渐上升到供应链这一更高、更大的平台上。

图5-1是站在供应链的角度描绘的企业运作过程中物流和信息流相互作用的示意图。

从图中不难看出，物流涉及供应链上的各个环节，包括供应物流、生产物流、企业内物流、分销物流以及逆向（退货）物流，每一个环节都会对企业以及整个供应链的竞争力和绩效产生很大的影响。因此，现代物流管理是把一个企业乃至一个供应链作为一个有机的整体来研究的。企业的各个部门间、供应链上的各企业间存在着相互影响、相互制约的关系，探索物流管理的方法就要充分考虑到这种互动关系，从系统的角度来分析问题。比如，一个企业的储运部门运作出现问题，其根本原因可能不在该部门内部，该部门可能受到生产部门或销售部门的问题的影响，甚至这一问题可能是供应商相关部门造成的，这些推测为解决问题提供了新的思路和方法。

这也从另一个方面强调了加强物流管理必须对企业或供应链进行整体优化。由于企业或供应链中存在互动关系，因此物流管理在进行优化时要特别注意避免局部最优而造成总体次优的情况。典型的例子就是运输与仓储成本的相互关系，过分地强调节约运输成本可能造成库存及仓储成本的增加，特别是目前在企业经营遍及全球、产品生命周期不断缩短的情况下，其结果可能是总成本的增加。

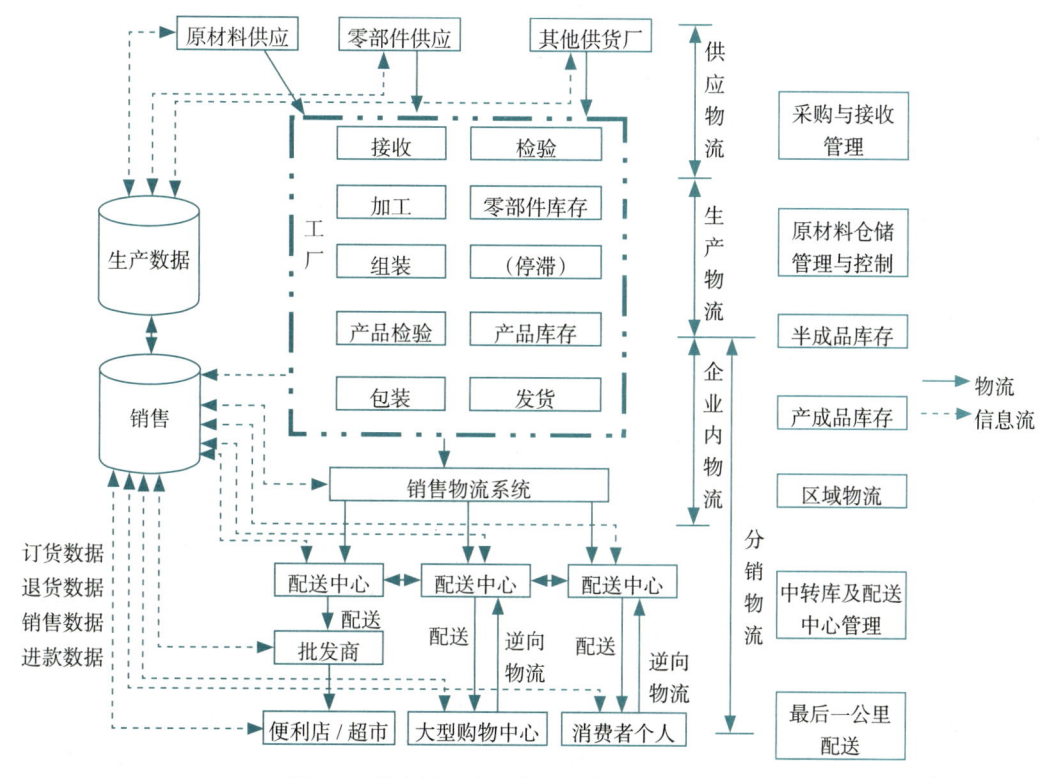

图 5-1 供应链环境下物流与信息流的相互作用

供应链聚焦

巨大的多样化产品需求加上日益缩短的交货期望值，给零售业企业的供应链及其物流带来了前所未有的挑战，尤其在速度和效率这两个指标上。

2023 年开始，亚马逊在全球配送领域掀起了一场速度革命。据统计，2023 年亚马逊为 Prime 会员提供了前所未有的快速配送服务，超过 70 亿件商品实现了当日或次日送达。其中，美国市场完成了 40 多亿件商品的快速配送，欧洲市场也成功配送了 20 多亿件商品。2023 年亚马逊每个包裹的平均中程运输距离同比缩短了 25km，这一业绩不仅帮助亚马逊刷新了自己的配送速度纪录，也让全球电商行业为之震惊。除此之外，亚马逊还不断拓展"当日达"服务。2023 年第四季度，亚马逊在美国实现当日或隔夜送达的商品数量同比增长超过 65%。在英国，超过 70% 的 Prime 会员订单能在当日或次日送达。

另一大巨头阿里巴巴，其旗下天猫平台订货量和成交额全面增长，2023 年，仅"双 11"全周期累计访问用户数就超过 8 亿，创下历史峰值。作为天猫、淘宝海外的官方物流服务商，2023 年"双 11"期间，菜鸟对天猫、淘宝海外的消费者承诺新马（新加坡、马来西亚）集运 5 日达。为保障此次"双 11"的物流时效，菜鸟临时扩容超过 50 000m² 的集运仓和分拨中心，又新增近千组干线车次和数千名仓库临时用工，全力应对大促峰值。全球零售交易市场速卖通也在太平洋时间 11

月 11 日凌晨 0 时启动"双 11"正式售卖期，活动将持续至 11 月 17 日。英国、西班牙、荷兰、比利时及韩国的"速卖通 Choice"服务，让消费者可受惠于菜鸟与速卖通合作的国际快递快线服务"全球 5 日达"，包裹能实现 5 个工作日到达。

资料来源：阿里巴巴官网，搜狐新闻网，IT 之家网。

5.2 供应链管理环境下物流的特征和意义

越来越多的文献指出物流已经成为企业竞争优势的来源之一。而作为整个供应链脊梁的物流体系，无疑会对整个供应链的绩效产生巨大的影响。越来越多的企业也意识到，成功的供应链管理依赖于高效的物流管理。

5.2.1 供应链管理环境下物流的特征

企业竞争环境的变化导致企业管理模式的转变，新的竞争环境促进了企业竞争优势要素的改变。在 20 世纪 70 年代以前，成本是主要的竞争优势，而 20 世纪 80 年代则把质量作为竞争优势，20 世纪 90 年代比拼交货时间，进入了基于时间的竞争。到了 21 世纪初，这种竞争优势转移到了敏捷性和韧性上来。在这种环境下，企业的竞争体现在如何以最快的速度响应市场要求，并规避潜在的风险和不确定性，满足不断变化的多样化需求。企业必须能在实时的需求信息下，快速组织生产资源，把产品送到用户手中，并提高产品的用户满意度。在激烈的市场竞争中，传统的单一企业竞争模式已经很难使企业在市场竞争中保持绝对的竞争优势。尤其是信息时代、数字时代、人工智能时代的到来，进一步加剧了企业竞争的压力。信息资源的开放性打破了企业的界限，建立了一种超越企业界限的新型合作关系，为创造新的竞争优势提供了有利的条件。供应链管理的出现就迎合了这种趋势，它顺应了新的竞争环境的需要，将企业从资源约束中解放出来，创造新的竞争优势。

如前所述，供应链管理实质上是一个扩展了的企业概念，它从以下几个方面扩展企业的基本原理和思想。

- 横向思维模式（战略联盟）；
- 强调核心能力；
- 资源扩展/共享；
- 群件与工作流（团队管理）；
- 竞争性合作；
- 同步化运作；
- 用户需求驱动。

上述几个方面不可避免地影响了物流环境。由于供应链管理下物流环境的改变，新的物流管理和传统的物流管理相比有许多不同的特征。这些特征反映了供应链管理思想的要求和企业竞争的新策略。归纳起来，供应链管理环境下的物流运作策略如表 5-1 所示。

我们首先来考察一下传统物流管理的情况。图 5-2 为传统的物流系统模型，在传统的物流系统中，需求信息和供应信息（反馈信息）都是逐级传递的，上级供应商不能及时地掌握市场信息，因而对市场信息的反馈速度比较慢，从而导致需求信息的扭曲。

表 5-1　供应链管理环境下的物流运作策略

竞争的需求	竞争特征	物流运作策略
对定制化产品的开发、制造和交货速度	敏捷性	通过畅通的运输通道快速交货
资源动态重组能力	合作性	通过基于互联网/物联网的信息网络获得信息共享、知识资源和资金资源支持
物流系统对变化的实时响应能力	柔性	多种形式的运输网络、多源信息获取途径、敏捷的供应链系统
物流系统从意外事件中快速恢复的能力	韧性	合理设计系统冗余、建设韧性敏捷的供应链系统
对用户服务能力的要求	满意度	多样化的产品、亲和的服务、可靠的质量

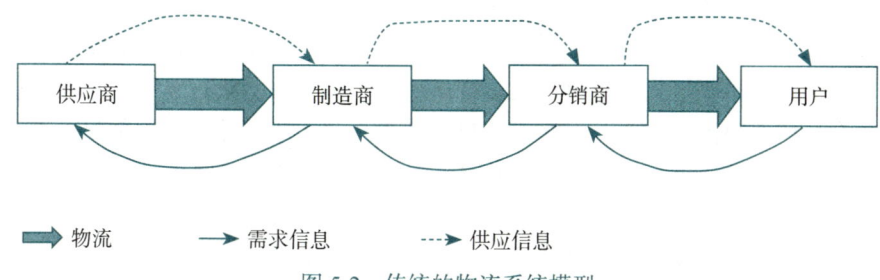

图 5-2　传统的物流系统模型

另外，传统的物流系统并没有从整体角度进行物流规划，常常导致有的环节的库存不断增加，而有的环节的库存无法满足需求。这样，企业就会因为物流系统不协调而丧失市场机会。

简言之，传统的物流管理的主要特征表现在：企业自我封闭的物流系统；供需关系不稳定，缺乏合作；资源的利用率低，没有充分利用企业的有用资源；信息的利用率低，没有共享有关的需求资源，需求信息扭曲现象严重。

图 5-3 为供应链环境下的物流系统模型。

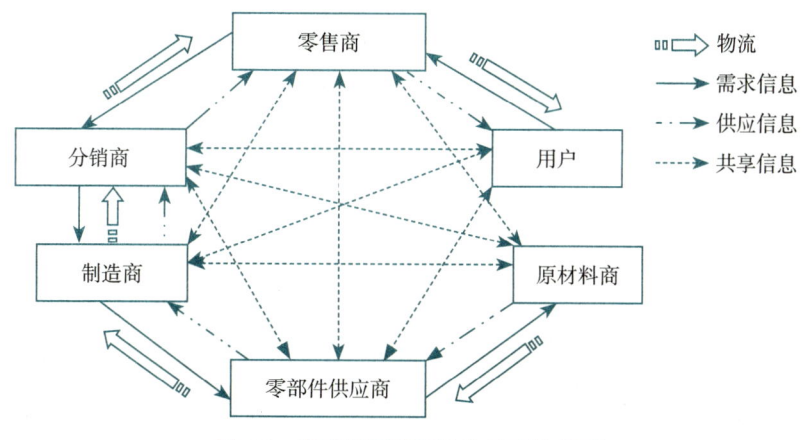

图 5-3　供应链环境下的物流系统模型

与传统的物流系统相比，供应链环境下的物流系统中的信息流量大大增加。需求信息和供应信息的传递是网络式的，信息传递更加快速和透明。尤其随着当今互联网和物联网技术、云计算技术和大数据技术的飞速发展，企业可以很快掌握供应链上不同环节的、实时的运行信息，包括需求信息和供应信息，以及其他共享信息。

在供应链管理环境下，提高信息的共享程度以及可视性对供应链管理是非常重要的。利用物联网设备，如全球定位系统（GPS）和 RFID 标签，可以实现货物实时跟踪，为企业和客户提供实时的物流信息，包括货物位置、运输状态、环境条件等，从而大大增强了物流过程的透明度和可控性。由于可以做到实时共享信息，因此供应链上任何节点企业都能及时掌握市场的需求信息和整个供应链的运行情况，每个环节的物流信息都能透明地与其他环节进行交流与共享，从而避免了需求信息的失真现象。物流网络规划能力的提升反映了供应链管理环境下物流的特征。充分利用第三方物流的资源有利于降低库存的压力，保持安全库存水平，保证交货准时。

作业流程的快速重构可以提高物流系统的敏捷性。通过剔除不增加价值的过程，供应链的物流系统可以进一步降低成本，为实现供应链的敏捷性、精细化运作提供基础性保障。

信息跟踪能力的提高可使供应链物流过程更加同步化和透明化，也为实时控制物流过程提供了条件。在传统的物流系统中，许多企业只有能力跟踪企业内部的物流过程，没有能力跟踪企业之外的物流过程，原因之一就是缺乏共享的信息系统和信息反馈机制。

合作性与协调性是供应链管理的一个重要特征。如果没有物流系统的无缝连接，那么会出现所订的货物逾期未到、顾客的需求不能及时得到满足、采购的物资常常在途受阻等情况，使供应链的协调性大打折扣。利用云计算和区块链技术实现供应链各参与方之间的信息共享和业务流程协同，可提高供应链的整体效率和响应能力。因此，无缝连接的供应链物流系统是实现供应链协调运作的前提条件。

灵活多样的物流服务提高了用户的满意度。制造商和物流服务商的实时信息交换，及时地把用户对运输、包装和装卸的要求反映给相关企业及相应的管理部门，可提高供应链管理系统对用户个性化需求的响应能力。

归纳起来，供应链管理环境下物流的特征可以用几个词简要概括：信息共享、交货准时、响应敏捷、过程同步、合作互利、服务满意。

5.2.2 物流管理在供应链管理中的地位和意义

供应链是物流、信息流、资金流的统一。物流管理很自然地成为供应链管理体系的重要组成部分。在企业供应链的运作活动中，物流是渗透到各项经营活动之中的活动，贯穿整个供应链系统，如图 5-4 所示。

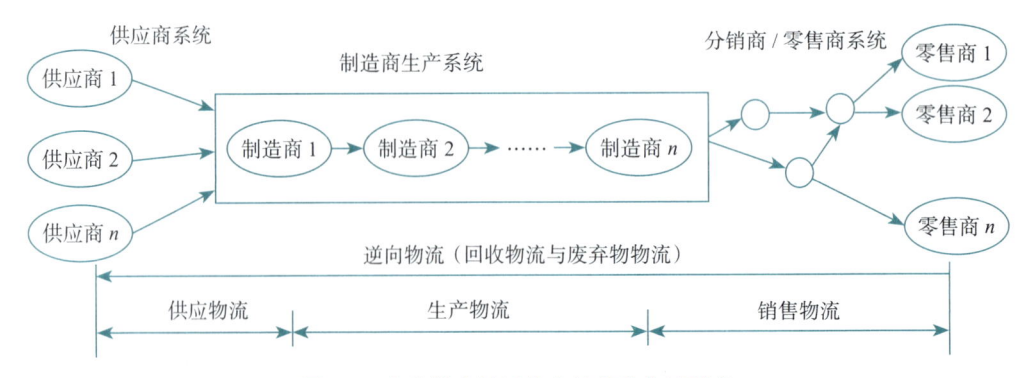

图 5-4　企业供应链运作中的几种物流形态

具体而言，供应链上的物流包括以下几个方面的内容。

- 供应物流，即组织原料、辅料供应的物流活动。企业应关注如何降低这一物流过程的成本，解决有效的供应网络、供应方式及库存控制等问题。
- 生产物流，即原料及辅料从企业仓库或企业"门口"进入生产线的开端，随生产加工过程流过各个环节，直到生产加工终结，再流至产成品仓库。研究重点是缩短物流活动时间，缩减生产周期，节约劳动力。
- 销售物流，即伴随销售活动，将产品所有权转给用户的物流活动。特点是通过包装、送货、配送等一系列物流活动实现销售，这需要研究配送方式、包装技术、运输路线优化等问题，并考虑采取诸如少批量、多批次、定时、定量配送等特殊的物流方式达到目的。
- 回收物流。企业在供应、生产、销售活动中总会产生各种边角余料、废料、循环包装材料等，对这些物品的回收是需要伴随物流活动的。回收物品如果处理不当，往往会影响整个生产环境，甚至影响产品的质量，还会占用很大空间，造成浪费。
- 废弃物物流，即对企业排放的无用物进行运输、装卸、处理等的物流活动。企业应从环保的角度对包装、流通加工等过程产生的废弃物进行回收再利用。

物流管理在供应链管理中的重要作用可以通过价值分布来衡量。表 5-2 为供应链上的价值分布。不同的行业和产品类型在供应链上的价值分布不同，我们可以看出，物流价值（采购与分销之和）在各种类型的产品中都占到了整个供应链价值的 50% 以上，制造的价值小于 50%。在易耗品和耐用消费品中，物流价值所占的比例更大，达到 80% 以上，这充分说明了物流管理的价值。供应链是一个价值链的增值过程，有效地管理物流过程，对于提高供应链的价值增值水平具有举足轻重的作用。

表 5-2 供应链上的价值分布

产品	采购	制造	分销
易耗品（如肥皂、香精）	30%～50%	5%～10%	30%～50%
耐用消费品（如轿车、洗衣机）	50%～60%	10%～15%	20%～30%
重工业产品（如工业设备、飞机）	30%～50%	30%～50%	5%～10%

从传统的观点看，物流在制造业企业的生产过程中被视为辅助功能部门。但是，现代企业运作方式发生了转变（即从大批量生产转向精细的准时制生产和定制化生产），那么物流活动便需要随着企业运作方式的变化而变化。另外，对用户需求的及时响应要求企业以最快的速度把产品送到用户的手中，即提高快速响应市场的能力。这一切都要求企业的物流系统具有和制造系统以及外部合作伙伴协调运作的能力，以提高供应链的敏捷性和适应性。因此，物流管理不仅要保证企业内部生产过程连续性的问题，还要在供应链管理中发挥更重要的作用。这包括创造用户价值、降低用户成本、协调制造活动、提高企业敏捷性、提供用户服务、塑造企业形象、提供信息反馈、协调供需矛盾。

要实现以上几个目标，物流系统应做到准时交货、提高交货可靠性、提高响应性、降低库存费用等。现代市场环境的变化要求企业加快资金周转、快速传递与反馈市场信息、不断沟通生产与消费的联系、提供低成本的优质产品、生产出满足用户需求的定制化产品、提高用户满意度。

只有建立敏捷而高效的供应链物流系统才能提高企业竞争力。供应链管理是21世纪企业的核心竞争力，而物流管理又将成为供应链管理核心能力的主要构成部分。显而易见，抓好物流管理，对于提高企业以及整个供应链在市场上的竞争力具有十分重要的意义。

一般来说，衡量供应链竞争力和运作绩效的指标很多，比较常用且较为主要的指标有：供应链响应周期、供应链总成本、供应链总库存水平、供应链按期交付可靠性、供应链客户服务水平以及供应链韧性等。物流管理对这些指标的影响都是很大的。

（1）物流管理对供应链响应周期的影响。这是物流管理对供应链竞争力影响最大的一个方面。供应链响应周期是指整个供应链从接到客户订单到最终交货的时间间隔。有调查表明，在供应链总生产周期中，真正花在生产过程上的时间不到总周期的5%，剩余的95%都消耗在等待、存储过程中了，这不但使响应周期延长，还增加了成本。另据有关报道，欧洲一家日杂公司的经理说，其产品从渔场码头到工厂加工再到超级市场，需要150天的时间，而真正消耗在生产中的时间只有45分钟。在对美国食品杂货业的一次调查中发现，麦片粥生产厂的产品从工厂到超级市场，途经一连串的分销商、批发商、集运人，居然要走上104天。这些事实告诉我们，物流管理水平的高低对供应链响应周期的影响是巨大的。

（2）物流管理对供应链总成本的影响。从宏观上来看，物流管理水平的高低反映在供应链总成本上，可以从物流费用占总费用的比例中看出来。在发达国家，如美国和加拿大，物流费用占总费用的9%～10%，而我国企业物流费用占总费用的比例则高达18%～20%[○]。仅此一点，就足以说明物流管理对供应链竞争力的影响。根据美国研究人员对供应链绩效的研究，每1美元中就有0.85美元流向仓储和运输过程，可见物流过程消耗的费用之高。实践表明，如果供应链上的物流费用下降0.1%，就能使生产效率提高10%，这是多么大的效益！这些数据都说明了物流管理对整个供应链竞争力的影响。在我国企业中，物流成本占总成本的比例很高，这与物流管理在整个供应链中的组织水平很有关系。企业在生产与物流的各个环节之间的组织协调很差，导致各种零部件及产成品的运输时间、交货时间、到货时间不同步。如有的产品很早就生产出来了但很晚才交货，最终影响了整个装配进度。那些不能同步出产的零部件形成了等待库存，既消耗了时间，又占用了资金，增加了资金使用成本。

（3）物流管理对供应链总库存水平的影响。低水平的物流对供应链总库存水平最典型的影响就是订货量在供应链上被逐级放大，即长鞭效应。这一效应的结果是供应链上各级库存量越来越大，从而增加了库存成本，使供应链的总体竞争力下降。当然，造成长鞭效应的原因是多种多样的，但最终还是反映在物流过程上。如果能提高物流管理水平，长鞭效应就可以被减弱乃至消除，供应链总库存水平就会下降。

提高物流管理水平不仅有助于减少或消除长鞭效应，而且可以降低各种与此相关的费用。根据某项研究结果，供应链上的库存周转次数每增加一次，可以得到如表5-3所示的效果。

表5-3 库存周转次数每增加一次的效益

项目	金额（万美元）
节省存储费用	65.5
节省库存维持费用	100.3
节省运输费用	33.7

○ 数据来源于中国物流与采购联合会，不同的统计口径得到的数据可能不一样。

（4）物流管理对供应链按期交付可靠性的影响。按期交付可靠性是对供应链整体信誉的一种衡量，也是供应链吸引客户的一种有力手段。按期交付可靠性高，就容易得到客户的信任，就会有源源不断的订货，反之则会逐渐失去现有客户。这一点也是影响供应链整体竞争力的关键因素。在影响按期交付可靠性的因素中，物流是显而易见的关键因素。在实际经营中，往往由于物流组织落后，整个供应链生产不能同步进行，如有的环节早生产出来的零部件等待进一步加工（装配），而有的环节不能按时加工完零部件，造成缺货现象，最终影响产品的总装配，进而影响按时交货。因此，提高物流管理在同步制造中的作用，是提高供应链按期交付可靠性的重要环节。

（5）物流管理对供应链客户服务水平的影响。供应链管理的核心是向所有提出需求的客户提供及时且精确的产品。客户服务水平是构成供应链竞争力的关键要素之一。决定客户服务水平的最重要的业务领域，是被称为"配送渠道"的结构。物流过程中的作业活动必须在任何需要的时间跨越广阔的地域进行，这对服务质量的要求非常高，因为绝大多数物流作业是在监督者的视野之外进行的。不正确的物流作业导致重做客户订货所花的费用，远比第一次就正确操作所花的费用多。物流管理既是供应链客户服务水平的主要组成部分，也是供应链总成本的影响因素，毫不夸张地说，它是决定一个供应链最终成败的业务战场。

（6）物流管理对供应链韧性的影响。物流管理在构建和维护供应链韧性方面扮演着至关重要的角色。供应链韧性是指供应链在面对各种潜在干扰（如自然灾害、供应中断、需求波动、政治不稳定等）时，能够快速恢复到正常运作状态的能力。韧性供应链能够有效缓解干扰带来的负面影响，保持供应链的连续性和竞争力。

具体来说，物流管理可从以下方面影响供应链韧性。多样化的物流网络可以提高供应链的灵活性和适应性，通过使用多种运输方式和备选物流路径，企业能够在面对特定运输模式或物流节点受阻时迅速调整，确保货物流动不受干扰。高效的库存管理（如安全库存、分散仓储策略等）可以帮助企业在供应中断时仍能满足客户需求，上述策略虽然可能增加一定的成本，但对于提高供应链抗击突发事件的能力至关重要。物流管理系统［如运输管理系统（TMS）］、物联网、云计算等信息技术的应用，可以增强供应链的可视性和透明度，使企业能够实时监控物流状态，快速识别并响应潜在的风险和干扰。物流服务提供商和供应链合作伙伴之间的紧密合作关系有助于增强整体供应链的韧性，通过建立信任和共享关键信息，合作伙伴可以共同制定应急计划、共享资源和信息，以协同应对供应链中断。物流在供应链的应急准备和响应中发挥关键作用，具备灵活应对能力的物流系统可以在发生干扰时迅速启动备用方案，如启用备用供应商、改变运输路线、调整生产计划等，以最小化干扰影响。物流系统通过持续的改进和学习，有助于提高供应链的适应性和恢复力，对过去干扰事件的分析和总结可以揭示供应链的薄弱环节，促使企业采取预防措施，提高未来的韧性。

物流对于增强供应链韧性的影响体现在多个方面，包括提高供应链的适应性、确保物流的连续性、增强信息共享和协作能力等。在当今充满不确定性的市场环境中，构建一个具有高度韧性的物流系统是供应链管理的重要组成部分。

由以上分析不难看出，物流管理水平的高低和物流能力的强弱直接影响着供应链的整体竞争力及其绩效。但是，采用传统的物流管理理念难以完全满足以上要求，因而，必须建立在供应链框架下的现代物流管理理念。

供应链聚焦

酷特智能在供应链创新与应用中，实现了集中物流配送。酷特智能与国内外主要物流公司建立合作关系，进行系统对接。酷特智能运用应用智能仓储物流系统避免无效物料流转和搬运，真正实现"零搬运"。其智能仓储物流系统对不同生产单元生产的产品进行智能管理，如通过系统进行一对一智能配套，效率和准确率高，避免产品入库时的低效率和高差错。感应器自动扫描RFID芯片实现自动入库，对产品进行智能定位管理且订单数据可追溯。RFID芯片与条形码、二维码结合使用，准确反映库存、库位，不需要人工记录和查找。除仓储的智能管理外，企业还通过系统对接第三方物流进行数据交换和共享。

资料来源：中国物流与采购联合会，商务部国际贸易经济合作研究院，2023全国供应链创新与应用示范案例集，2023年。

5.3 供应链管理环境下的物流管理战略

现代物流管理系统处于复杂多变的供应链环境之中，物流管理需要运筹与决策，要为提高供应链的竞争力提供有力保证，正确、合理的**物流管理战略**（strategy of logistics management）在供应链管理中有着非常重要的指导意义和作用。

5.3.1 物流管理战略的意义

古人云，"兵马未动，粮草先行"。物流系统为企业产品打入市场架桥铺路，为生产源源不断地输送原材料，为交付提供"最后一米"的有力保障。没有通畅而敏捷的物流系统，企业就无法在当下的市场竞争中站稳脚跟。

在传统的企业管理体系中，物流被看作企业经营活动中的辅助内容，许多企业并不关注物流管理战略，缺乏战略性的物流规划和运筹。有的企业虽然生产管理做得很好，产品研究开发也很有水平，但用户满意度就是上不去。原因是多方面的。例如，有的企业物流体系不通畅导致产品分销受阻，影响了产品的准时交货；或者有的企业由于原材料的供应问题没有解决好，没有建立良好的原材料供应渠道，影响了产品的生产，同样制约了企业经营战略的实现；还有的企业在售后服务方面缺乏服务用户的观念，没有建立通畅的用户信息反馈机制，企业的经营战略没能跟上用户的需求，缺乏捕捉市场信息的敏捷性，最终只能遗憾地失去用户。

供应链管理的战略思想就是要通过企业与企业之间的有效合作，建立一种低成本、高效率、响应性好、具有敏捷性的企业经营机制，产生一种超常的竞争优势；就是要使企业在成本、质量、时间、服务、灵活性方面的竞争优势显著提高，加快企业产品进入市场的速度。这种战略思想的实现需要站在企业战略的高度对供应链物流系统进行规划与运筹，并使供应链管理战略通过物流管理战略的贯彻实施得以落实。

由此可见，物流管理战略对供应链管理来说是非常重要的，重视物流管理战略问题是供应链管理区别于传统的物流管理的一个重要标志。

5.3.2 物流管理战略的框架

图5-5为物流管理战略的框架结构，物流管理战略的内容分为四个层次。

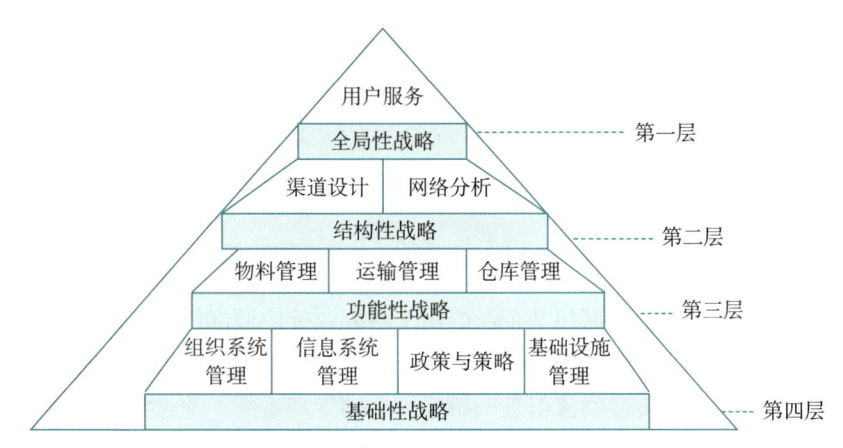

图 5-5 物流管理战略的框架结构

1. 全局性战略

物流管理第一个层次的战略是全局性战略，主要是用户服务。在供应链管理环境下，物流管理的最终目标是通过有效的供应链运作来满足用户需求（把企业的产品或服务以最快的方式、最低的成本通过整个供应链交付给用户），因此，用户服务应该成为物流管理的最终目标，即全局性战略目标。通过良好的用户服务，企业可以获得第一手市场信息和用户需求信息，增加亲和力并留住用户，提高信誉，以获得更多的利润。

要实现用户服务的战略目标，企业必须建立用户服务评价指标体系，如订单响应时间、订货满足率、平均缺货时间、供应率等。虽然目前关于用户服务的指标还没有统一的规范，对用户服务的定义也不同，但企业可以根据自己的实际情况建立提高用户满意度的管理体系，通过实施用户满意工程，全面提高用户服务水平。

2. 结构性战略

物流管理的结构性战略包括渠道设计和网络分析。渠道设计是供应链设计的一个重要内容，包括重构物流系统、优化物流渠道等。优化物流渠道可以使供应链获得最低的物流成本，同时提高物流系统的敏捷性和响应性。网络分析是物流管理中另一项很重要的战略工作，它为物流系统的优化设计提供参考依据。网络分析的内容主要包括：①库存状况分析，通过对物流系统的不同环节的库存状态的分析，找出降低库存成本的方法；②用户服务调查分析，通过调查和分析，发现用户需求和获得市场信息反馈，找出服务水平与服务成本之间的关系；③运输方式和交货状况分析，以使运输渠道更加合理化；④物流信息及信息系统的传递状态分析，通过有针对性地采取措施，提高物流信息传递过程的速度，增加信息反馈，提高信息的透明度；⑤合作伙伴业绩的评估和考核。用于网络分析的方法有标杆分析法（benchmarking）、调查分析法、多目标综合评价法等。

对物流管理系统的结构性分析的目标是不断减少或优化物流环节，消除供应链运作过程中不增加价值的活动，提高物流系统的效率。

3. 功能性战略

物流管理的功能性战略，又称职能战略，主要包括物料管理、运输管理、仓库管理三个方面。内容主要有运输工具的使用与调度、采购与供应、库存控制的方法与策略、仓库的作业管理等。物料管理与运输管理是物流管理的主要内容,必须不断地改进管理方法,降低库存成本和运输费用,优化运输路线,保证准时交货,实现物流过程的适时、适量、适地的高效运作。

4. 基础性战略

物流管理的基础性战略是指为保证物流系统的正常运行提供基础性保障,内容包括组织系统管理、信息系统管理、政策与策略、基础设施管理。

要优化物流系统的组织管理结构和人员配备,就要重视对企业有关人员的培训,提高员工的业务素质。例如,采购与销售部门是企业的两个对外业务协调部门,它们工作的质量直接关系到企业与供应链合作伙伴的关系及企业的形象,必须加强对这两个部门的领导与组织工作。

信息系统是物流系统中传递物流信息的桥梁,仓储管理系统、配送需求计划系统、运输管理系统、EDI/互联网数据交换与传输系统、电子资金转账(EFT)、POS(point of sale,销售点)系统等对提高物流系统的运行效率起着关键作用。因此,企业必须从战略的高度进行规划与管理,才能保证物流系统高效运行。

5.3.3 一体化物流管理战略

一体化物流(integrated logistics)是从 20 世纪末发展起来的最有影响力的物流管理战略之一,其基本含义是不同职能部门之间或供应链上不同企业之间通过物流上的合作,达到提高物流效率和客户满意度、降低物流成本的效果。这种战略强调跨部门、跨组织的合作,利用技术和信息系统整合供应链的物流活动,从而提升整个供应链的性能。

一体化物流包括三种形式:垂直一体化物流、水平一体化物流和物流网络化。在这三种一体化物流形式中,目前研究最多、应用最广泛的是垂直一体化物流。

1. 垂直一体化物流

垂直一体化物流要求企业将提供产品或运输服务等的供应商和用户纳入管理范围,并作为物流管理的一项中心内容。垂直一体化物流要求企业对从原材料到用户的每个过程实现物流管理;要求企业利用其自身条件建立和发展与供货商及用户的合作关系,形成合力,赢得竞争优势。这种整合可以是向上游(如原材料供应商)扩展,也可以是向下游(如分销渠道和零售商)扩展。比如,制造公司直接投资或拥有其原材料供应商(如钢铁厂)和/或其产品的分销渠道(如专卖店),或者服装品牌拥有自己的纺织厂、设计团队、生产工厂以及零售店铺。垂直一体化物流的思想为解决复杂的物流问题提供了方便,体现在控制能力强,可以更有效地控制成本、质量和交付时间,同时提高供应链的透明度和协调性,减少供应链中的不确定性和风险。雄厚的物质技术基础、先进的管理方法和信息技术使这一思想成为现实,并在此基础上继续发展。

随着垂直一体化物流的深入发展,人们对物流研究的范围不断扩大,在企业经营集团化和国际化的背景下,迈克尔·波特首先提出了价值链的概念,其中涉及的供应、制造、分销就是供应链管理的主要功能活动。供应链管理强调核心企业与相关企业的协作关系,通过信息共享、技术扩散(交流与合作)、资源优化配置和有效的价值链激励机制等方法体现经营一体化。供应链是对垂直一体化物流的延伸,是从系统观点出发,通过对原料、半成品和成品的供应、生产、销售给最终消费者的整个过程中的物流与资金流、信息流的协调,来满足顾客的需要。所以,供应链管理是集成化管理,它关注的是产品的流动而不是传统观念下的功能分割或局部效率。

2. 水平一体化物流

水平一体化物流是同一行业中多个在供应链同一层级上的企业之间的整合，这些企业通常提供相似的产品或服务，企业在物流方面合作从而获得规模经济效益和物流效率。例如，不同的企业可以用同样的装运方式进行不同类型商品的共同运输。当物流范围相近，而某个时间段内物流量较少时，几个企业同时分别进行物流操作显然不经济，于是就出现了企业在装运本企业商品的同时，也装运其他企业商品的情况。从企业经济效益上看，水平一体化物流降低了企业的物流成本；从社会效益上看，它减少了社会物流过程中的重复劳动。不同商品的物流过程不仅在空间上是矛盾的，在时间上也是有差异的。

要解决这些矛盾和差异，企业必须依靠掌握大量物流需求和物流供应能力信息的信息中心。此外，实现水平一体化物流的另一个重要条件就是要有大量的企业参与并有大量的商品，这时企业间的合作才能提高物流效益。当然，商品配送方式的集成化和标准化等问题也是不能忽视的。

供应链聚焦

英国企业供应链合作伙伴 Wincanton 公司的 2024 年最新研究显示，英国零售商对未来几年的增长前景持乐观态度，超过 83% 的英国零售商计划在未来三年内实现订单量增长。

然而，为了实现这一目标，零售商需要克服一些挑战，因为目前有较高比例（89%）的零售商表示订单增加会对他们成功履行客户订单的能力产生负面影响。这反映了该行业持续面临的挑战。

许多零售商在努力进行投资以实现现代化并在其运营中加入机器人和自动化创新，61% 的受访者表示，未来五年内对该领域的投资不可行。然而，数据显示了一个潜在的解决方案，即共享用户设施有助于缓解劳动力和投资问题。这将使零售商提高供应链灵活性并释放其全部增长潜力。71% 的零售商认为外包和物流功能将使他们更加敏捷。超过 71% 的受访者认为，共享仓储托管将提高他们应对客户需求波动的能力。69% 的受访者认为，共享运输托管将提高他们应对客户需求波动的能力。

Wincanton 公司 e-fulfilment 部门的董事总经理卡尔·穆尔（Carl Moore）评论道："听说英国零售商正在计划增长，即使在面临许多挑战的背景下，这也是一个极好的消息。采用更加协作的供应链方法，如共享仓储和运输，将大大提升零售商的敏捷性，帮助他们实现增长目标。"

资料来源：Wincanton 公司官网。

3. 物流网络化

第三种物流一体化形式是物流网络化，它是垂直一体化物流与水平一体化物流的综合体。当一体化物流的每个环节同时是其他一体化物流系统的组成部分时，以物流为联结的企业就会形成一个网络，即物流网络。这是一个开放的系统，企业可自由加入或退出，企业在业务最忙的时期最有可能利用这个系统。物流网络发挥规模经济的条件是一体化、标准化、模块化。要实现物流网络，首先要有一批优势物流企业与生产企业结成共享市场的同盟，把过去那种直接分享利润的组合发展成优势联盟，共享市场，进而分享更大份额的利润。同时，优势物流企业要与中小型物流企业结成市场开拓同盟，利用相对稳定和完整的营销体系，帮助生产企业开拓销售市场。这样，竞争对手成了同盟军，物流网络成了一个生产企业和物流企业多方位、纵横交叉、互相渗透的协作有机体。由于先进信息技术的应用，当加入物流网络的企业增多时，物流网络的规模效益就会显现出来，这也促使了社会分工的深化，第三方物流的发展也就有了动因，整个社会的物流成本会由此大幅下降。

> **供应链聚焦**
>
> 德国软件巨头 SAP 公司与 Uber 货运部门一起协作打造现代化货运。Uber 货运部门加入 SAP 物流网络系统后，客户可以通过系统直接获取 Uber 货运部门的费率信息和承运商实时报价，并通过智能自动化流程简化装货与运输流程。这个基于 SAP 云平台和 SAP HANA 商业数据平台的集成方案可以使得物流流程更加无缝化，降低运输成本，提供更好的客户体验。这不仅优化了物流流程，更重要的是把客户放在了整个电子供应链的核心位置。承运商、货运代理以及其他物流合作伙伴也可以在这个平台上更好地协作，交换物流信息和共享实战经验。
>
> 资料来源：Uber 公司官网。

5.3.4 战略渠道设计

渠道设计问题是物流管理和供应链管理的重要内容之一。战略渠道设计就是通过网络分析，优化或确定物流供应链的制造工厂、分销中心、仓库等设施的位置和数量，使物流系统合理化，获得合理的运输和库存成本。网络设计是一个复杂的系统工程，需要站在供应链管理的战略高度，从供应链管理整体角度而不是局部利益出发考虑问题。

战略渠道设计可以分为三个步骤：一是网络分析，通过网络分析来确定网络要素及其之间的关系，比如工厂的位置、分销地点和数量、供应商的数量和位置等；二是优化设计，采用数学模型或其他方法进行优化决策分析；三是组织实施网络设计方案。

物流网络设计（渠道设计）有两种情况：一种是配送中心或分销点的设计，这是一种局部物流网络设计；另一种是供应链全局物流网络设计。

1. 局部物流网络设计

局部物流网络设计通常就是布置分销点，比如分销中心的选择问题，这是供应链物流网络设计中常见的问题。下面是一个关于供应链物流网络设计问题的例子，物流网络模型如图 5-6 所示，有多个配送中心，每个配送中心从各原料工厂进货后送到各个需求点。

网络设计的目标是使物流系统的总成本最低，这是一个成本优化的决策问题。与任何一种优化问题一样，这个问题也受到各种条件的约束。这些约束包括：工厂的生产能力约束，即要求各工厂的供应量小于生产能力；用户的需求量约束，即要求进货量大于等于需求量；配送中心的物流均衡约束，即要求配送中心的进货量等于发送量。

这是单一产品配送中心的选址决策，即局部物流网络设计。当考虑多种产品时，问题将变得非常复杂。在这种情况下，一般采用简化处理的方法，目前已有一些算法模型可用来解决这类问题，如 CFLP（capacitated facility location problem）法、运输规划法、鲍莫尔-沃尔夫（Baumol-Wolfe）法等。

```
    工厂1        工厂2     ……      工厂k
```

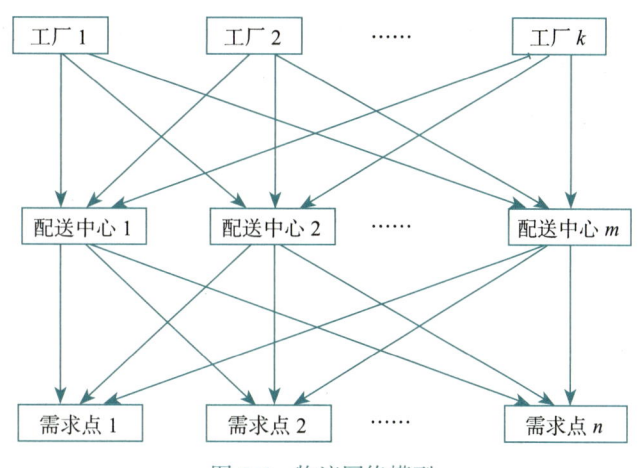

图 5-6　物流网络模型

2. 全局物流网络设计

全局物流网络设计考虑的不是优化某个节点（如上面所述的配送中心的问题），而是从全局的角度考虑，特别是从供应链管理全局的角度考虑。全局物流网络设计的主要决策问题，对上游供应链来说是供应商的选择与确定，对下游供应链来说是分销商与代理商的确定，因此全局物流网络设计要把两个市场的约束都考虑进来。

进行网络设计时还要考虑非物质因素，如对下游物流网络的设计要考虑地区文化、消费观念等，对上游物流网络的设计则要更多地考虑运输费用、技术合作的优势、供货的可靠性和协作管理成本等。整体的供应链网络物流优化不是单纯的网络运输问题的优化设计，而是一种战略性的规划，需要从供应链的整体角度去考虑问题。

全局物流网络设计最主要的目标有两个，一是降低用户成本，二是缩短响应时间，只要这两个目标达到了，物流网络优化的主要目的就达到了。

📒 供应链聚焦

近年来，伴随着中国电商平台跨境业务进入"快车道"，物流企业也迈开加速出海步伐。北美、欧洲、东南亚、中东、拉丁美洲……随着一个又一个国际市场的打开，中资物流企业带动当地不断创新，在为外贸增长提供新动能的同时，也将物流服务信息化和高效物流带给目标市场。随着跨境电商的业务需求与当地物流基础网络建设的不断优化，海外仓的布局与建设逐步拓展延伸。

2023 年 11 月初，在位于德国法兰克福、多特蒙德、杜伊斯堡等多地的京东物流海外仓内，工人及物流机器人都在以繁忙的节奏有条不紊开展工作，为即将到来的西方"黑色星期五"购物节做准备。一个月前，京东物流已经通过海运等方式，提前完成国内"双 11"购物节的海外货物运输。

阿里巴巴国际站正式上线外贸人工智能产品"生意助手"，电商平台"多多跨境"启动"全托管"服务，京东物流、极兔快递等物流企业在多个国家实现本地包裹配送"次日达"……电商企业跨境业务的高速发展，也带动"四通八达"的物流行业，为世界多国带来高效物流服务。以京东物流在德国多特蒙德附近的海外仓为例，京东物流引入料箱机器人，将存储能力提升 300%，拣货效率也提高三四倍，每日可处理逆向订单超 2 万件，比本地同业速率高出 3 倍。

资料来源：环球时报。

5.4 物流自营与外包的决策分析

5.4.1 物流运营模式的分类

在供应链管理环境下，企业强调构建核心竞争力，因此，物流运营模式主要包括企业内部物流管理部门的自营物流模式和外包给第三方物流企业的外包模式。不同的物流运营模式有不同的特点。

1. 自营物流模式

顾名思义，自营物流模式是指企业自己组建企业物流系统，设置专门的管理部门负责管理。自营物流模式的优点是可以加强对本企业物流活动的全程管理，保证客户订单交付等任务的完成，可以取得比较好的物流服务质量，对于提高企业的品牌影响力具有重要意义。

但是，自营物流模式也有比较明显的不足，即物流运营的成本较高。因为只要企业开展物流业务，就必须准备车辆、仓库、运输人员，需要占用大量流动资金。如果企业自己管理物流，一开始就要投入大笔资金建设物流基础设施，而且每天还要投入大量精力去管理物流的具体业务。特别是一旦企业的物流业务量有限，车辆、仓库、装卸搬运设施的利用率得不到有效提高，企业的物流成本很快会大幅增加。

在"大而全、小而全"时代，几乎所有企业的物流都以自营为主，只有运输、仓储等个别环节外包。

2. 外包模式

外包（outsourcing）模式是指由物流业务的供需方之外的第三方去完成物流服务的运作模式，承担企业物流外包的服务方主要是第三方物流企业。

第三方物流（third party logistics，TPL/3PL）是一种实现供应链物流集成的有效方法和策略，它通过协调企业之间的物流服务，把企业的物流业务外包给专门的物流企业。通过将企业的物流运作外包给第三方物流服务提供者，供应链企业能够把时间和精力放在自己的核心业务上，因而有助于提高供应链管理的运作效率。

第三方物流提供的一个主要服务是集成运输，它使供应链的小批量库存补给变得更为经济。因为在某些情况下，小批量的货物运输（非满载运输）显然是不经济的。多品种、小批量生产的供应链环境必须小批量采购、小批量运输，这就提高了货物的运输频率。而增加运输频率就要增加运输费用，显然不经济。第三方物流可以为大多数企业、多条供应链提供运输服务，比如，当多家供应商彼此位置相邻时，第三方物流就可以采用混装运输的办法，把各家供应商的货物依次装在同一辆货车上，实现小批量交货的经济性，这就是第三方物流系统提供的集成运输（联合运输）的好处。

第三方物流不但提供运输服务，还可以提供其他形式的物流服务，如顾客订单处理、流通加工、物流信息服务、仓库管理（联合仓库），图 5-7a 表示的是物流分销中心靠近用户所在地，图 5-7b 表示的是通过第三方物流提供的服务把产品从中心仓库快速运输到用户所在地。

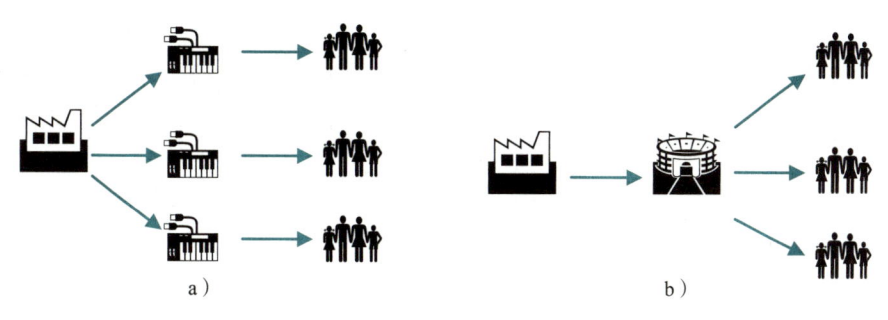

图 5-7 第三方物流服务的应用

> **供应链聚焦**
>
> 贺卡巨头贺曼（Hallmark）公司于 1994 年成立了一家名为 Ensemble 的子公司，生产卡片、礼品包、明信片、书签、文具等礼品。Ensemble 子公司的职员致力于产品创新，即发现市场需求、开发产品、在投入生产之前将创意提供给零售商。总之，Ensemble 子公司的业务就是为市场需求量身定制解决方案。它通过世界各地的数百个供应商来进行生产，但在分销环节，只有一个合作伙伴——USCD 分销服务公司。根据协议，USCD 分销服务公司全权处理 Ensemble 子公司的所有订货、仓储及美国境内的运输工作。平均每天有 100 批货物需运至贺曼公司的卡片店、杂货店及其他零售点。Ensemble 子公司接收来自美国境内的 4 000 多个客户的订单，这些订单以电话传真、EDI 传入 Ensemble 子公司，Ensemble 子公司再通过计算机将其传输给 USCD 分销服务公司以完成订单。
>
> 资料来源：MBA 智库。

5.4.2　物流外包的优势分析

随着社会分工的进一步细化和物流业的快速发展，物流外包逐渐被供需双方所认可。

外包是一种长期的、战略的、相互渗透的、互利互惠的业务委托和合约执行方式。在当今竞争日趋激烈和社会分工日益细化的大背景下，将物流外包给专业的第三方物流企业，可以有效降低物流成本，提高企业的核心竞争力。具体说来，将物流外包能够带来以下几个优势。

1. 解决资源有限的问题，使企业更专注于核心业务的发展

企业的主要资源包括资金、技术、人力资本、生产设备、销售网络、配套设施等要素，这些往往是制约企业发展的主要"瓶颈"。特别是在当今时代，生产技术和市场需求的变化十分复杂，一个企业的资源配置不可能局限于组织自身的范围之内。即使对一个实力非常强大、有着多年经验积累的企业集团来说，仅仅依靠自身的力量也是不经济的。

为此，企业应把主要资源集中于自己擅长的主业，而把物流等辅助功能留给物流企业。利用物流外包策略，企业可以集中资源，打造自己的核心能力并使其不断提升，从而确保企业能够长期获得较高的利润，引导行业朝着有利于企业自身的方向发展。

> **供应链聚焦**
>
> 美国通用汽车公司的萨顿工厂通过与莱德物流公司的合作，取得了良好的效益。萨顿工厂集中

于汽车制造，而莱德物流公司管理萨顿工厂的物流事务。莱德物流公司接洽供应商，将零部件运到位于田纳西州的萨顿工厂，同时将成品汽车运到经销商那里。萨顿工厂使用 EDI 进行订购，并将信息发送给莱德物流公司。莱德物流公司从分布在美国、加拿大和墨西哥的 300 个不同的供应商那里进行所有必要的小批量采购，并使用特殊的决策支持系统软件来有效地规划路线，使运输成本最小化。

资料来源：搜狐新闻网。

2. 灵活运用新技术，实现以信息换库存，降低成本

科学技术日益进步，将物流外包给专业的第三方物流企业可以充分利用第三方物流企业不断更新的信息技术和设备。第三方物流企业的信息系统能够以一种快速的、更具成本优势的方式满足不同企业不同的且不断变化的配送及信息共享需求，而这些服务通常都是单一企业难以做到的。同样，第三方物流企业还可以满足企业潜在的顾客需求，从而使企业能够接洽到零售商。

3. 减少固定资产投资，加快资金周转

企业自建物流系统需要投入大量的资金来购买物流设备、建设仓库和信息网络等。这对于缺乏资金的企业，特别是中小企业来说是个沉重的负担。如果将物流外包，不仅减少了对设施的投资，还解放了仓库和车队对资金的占用，加快了资金周转。

4. 企业得到更加专业化的服务，从而降低营运成本，提高服务质量

当企业的核心业务迅猛发展时，企业的物流系统需要跟上核心业务发展的步伐，但这时企业原来的自营物流系统往往因为技术和信息系统的局限而相对滞后。与企业自营物流模式相比，将物流外包给专业的第三方物流可以通过集成小批量送货的要求来获得规模经济效应，第三方物流在组织企业的物流活动方面更有经验、更专业化，从而能够降低企业的营运成本，改进服务，提高企业运作的灵活性。

对一般企业而言，它不可能获得从事物流管理所需的各方面的人才。通过将物流外包给第三方物流，委托企业不但可以引入资金、技术，同时也可以根据自己的需要引入"外脑"。物流专家或是专业人才不一定属于该委托企业，却可以成为企业所使用的一部分有效的外部资源。特别是对那些财力、物力有限的小企业而言，将物流外包使它们更容易获得企业所需要的智力资本。

5. 与合作伙伴分担风险

首先，在迅速变化的市场和技术环境下，通过物流外包，委托企业可以与合作伙伴建立起战略联盟，利用战略合作伙伴的优势资源，缩短产品从开发、设计、生产到销售的时间，减轻技术和市场需求的变化造成的产品风险。其次，战略联盟的各方都发挥了各自的优势，这有利于提高产品和服务的质量，提高新产品开拓市场的成功率。最后，采用物流外包策略的企业在与其战略合作伙伴共同开发产品时共担风险，从而降低了产品开发失败给企业造成巨大损失的可能性。

在我国的企业发展环境下，物流外包更加具有现实意义，即企业可以通过将物流外包获得第三方物流的创新能力和专业技能。将物流外包除了可以减少物流费用支出，还可以实现自身

难以完成的产品开发和市场开拓等。

6. 提高企业的柔性

企业选择物流外包的重要原因之一是需要提高柔性。选择物流外包，企业可以更好地控制其经营活动，并在经营活动和物流活动中找到一种平衡，保持两者之间的连续性。企业还可以提高柔性，使自身由于业务精简而具有更大的应变空间。因此，采用了物流外包的企业可以精简机构，对市场需求的变化做出更快的响应。

当然，与自营物流模式相比较，物流外包在为企业提供上述便利的同时，也会给企业带来诸多的不利。外包以后如果协调监管不到位，则会产生一些风险。比如，企业不能直接控制物流活动，存在订单延误或产品损坏的风险；企业不能保证供货的准确性和及时性；企业不能保证顾客服务质量且无法维护与顾客的长期关系；企业将放弃对物流专业技术的开发等。

> **供应链聚焦**
>
> 2023 年，日日顺供应链科技股份有限公司（以下简称"日日顺公司"）与新能源汽车领军企业比亚迪公司再度达成深度合作，双方将聚焦汽车零部件入厂物流及汽车备件物流两大领域，共同打造更加安全稳定的汽车供应链服务体系。以零部件入厂物流服务来说，依托辐射全国的仓配资源，日日顺公司能够根据比亚迪公司生产排期的变化提前规划服务节奏，运用智能配车、智能排程等数字化系统及工具为其匹配合适的运输车辆并设计合理的行驶路线。针对部分路线，日日顺公司还采用了"双驾驶员"模式，进一步缩短在途时间。日日顺公司多管齐下提升服务效率，不仅帮助比亚迪公司减少了在干线运输环节的车辆投入，缩短了主机厂的零部件库存周期，降低了仓配环节成本，还通过将零部件及时送达，帮助车企避免停工停产带来的损失，进一步增强其抗风险能力。
>
> 作为中国新能源汽车品牌出海的领头羊，比亚迪公司的成功也离不开与海外物流服务提供商的合作。比如，BLG 运营商在德国为比亚迪公司提供物流和港口服务，中远海投供应链发展有限公司为比亚迪公司提供接车、验车订舱、整车装箱、港口集疏运、海事申报、报关等厦门口岸全程地面服务，助力比亚迪公司新能源车出口澳大利亚。2024 年，科捷公司连续中标比亚迪公司在泰国、越南的供应链出海业务订单，为比亚迪公司提供境外原材料及配件的供应链端到端一体化服务。
>
> 资料来源：日日顺公司官网，上海国际海事信息与文献网，网易。

5.4.3　物流外包失败的根源

物流外包作为一种提高物流速度、节省物流费用和减少在途资金积压的有效手段，确实能够给供需双方带来较多的收益。尽管供需双方均有信心和诚意，但在实践的过程中，物流外包举步维艰，常常发生合作中断甚至失败的情况。导致物流外包合作中断和失败的原因有许多，既有体制制约、人为失误，也有观念陈旧和技术缺陷等。

1. 抵制变化

许多企业，尤其是那些目前财务状况令人满意的企业，不愿通过物流外包的方式来改变现有的业务模式。此外，寻求物流外包的企业有时还会遇到来自企业内部某些部门的抵制，因为它们担忧目前从事的工作很可能会被第三方物流所取代。尤其是一些国有企业，物流外包意味着解雇大批员工，这对企业的领导人来说风险非常大。

通常，企业对第三方物流企业能力的认识程度普遍不深。第三方物流行业相对来说还很年轻，尤其是在中国，一些非常优秀的物流企业，其发展历史也不是很长。因此许多企业的高级管理人员出于担心物流外包的不确定性而抵制原有自营物流模式的变化。

2. 害怕失去控制

许多企业都宁愿有一个"小而全"的物流部门，也不情愿把物流外包，原因之一是不愿放弃对这些物流功能的控制。此外，供应链流程的部分功能需要与客户直接打交道，许多企业担心如果失去内部物流能力，会在与客户交往和其他方面过度依赖第三方物流企业。这种担心在那些从来没有进行过物流外包的企业中更为普遍。大多数已经进行了物流外包的企业表示，它们通过和第三方物流的合作，实际上改善了信息流动，增强了控制力，改善了企业管理其业务的能力。

3. 第三方物流缺乏合格的、专业的物流顾问

企业在进行物流外包时，如果选择的第三方物流企业缺乏合格、专业的物流顾问，物流外包便会失败。物流服务供应商的运作与生产工厂类似，工厂生存的关键是拥有一批有专业技术才能的员工，核心技术一定由工厂内部掌控，而不依靠其他合作伙伴来提供支持。如果第三方物流企业缺乏具有项目设计和作业操作技能的专业人才，那么将物流外包给这样的物流企业是很容易出问题的。

4. 工作范围不明确

工作范围即物流服务要求明细，它对服务环节、作业方式、作业时间、服务费用等细节做出明确的规定，工作范围的确定是物流外包最重要的一个环节。

工作范围不明确已经成为除上述三个因素以外其他导致物流外包合作中断和失败的首要原因。工作范围是指委托企业告诉受托的物流企业其需要什么服务并愿意付出什么价格，它是合同的一部分。跨国企业在物流外包方面具有丰富的操作经验，如惠普公司、IBM 公司等，它们在实施物流外包时会要求供应商与其签署两份文件：一是一般性条款，即一些非操作性的法律问题，如赔偿、保险、不可抗力、保密、解约等内容；二是工作范围，即对服务的细节进行具体描述。如果供应商曾经与它们合作过且履行过一般性条款，则其在以后的合作中将不必再签署一般性条款，供应商仅仅需要对新项目的工作范围做出明确的回复。由此可见惠普公司、IBM 公司对工作范围的重视程度。

物流外包的失败大多归结于工作范围不明确，如在物流合同中常出现的"在必要时供应商将采取加班作业以满足客户的需求"，合同双方虽然对此描述并无异议，但问题就出现在"必要"上。在实际运作中，双方经常就如何理解"必要"发生分歧，委托企业认为"提出需求时即为必要"，物流企业却认为"客户提出需求且理由合理时为必要"。

对于类似的情况，合作双方经常遇到，因为合作双方没有花费相当的时间和精力明确、详细地制定工作范围。

若要确保物流外包成功，企业在寻找合作伙伴时，要冲破思想和观念的阻碍，并积极了解受托的物流企业是否拥有可以满足外包项目所需要的实力；还要与供应商签订必要的法律文件，讨论全部服务项目细节，拟定工作范围，以保证物流外包的顺利进行。

> **供应链聚焦**
>
> 2018年2月，肯德基出现鸡肉短缺现象，导致英国和爱尔兰750多家门店关闭。这场危机也对肯德基的财务状况造成了影响，2018年的营业额下降了73%，2018年的税后利润下降了27.8%。鸡肉短缺的原因有很多，包括以下方面。
>
> - 物流外包合同变更：敦豪航空货运公司（DHL公司）在2018年2月接管了肯德基的物流合同，但其在运送冷藏食品方面显然经验不足。而将物流外包给DHL公司是当时肯德基期望通过整合物流服务来提高效率和降低成本的发展战略的重要部分。
> - 交通延误：2018年2月14日，DHL公司位于英国拉格比的仓库附近发生碰撞，导致交通延误，也为鸡肉短缺埋下了祸根。
> - 交接不力：向DHL公司和QSL公司（快餐物流公司）的过渡失败。
>
> 鸡肉短缺导致一些餐厅提供有限的菜单，而另一些餐厅则缩短了营业时间。肯德基门店关闭引起媒体广泛关注，并引发公关危机。顾客们非常失望，这一事件在社交媒体上引起广泛讨论，严重损害了肯德基在英国的品牌形象。
>
> 为了解决这个问题，肯德基重新聘请了Bidvest公司，后者正是在2018年之前一直给肯德基提供物流服务的公司。在这次危机之后，肯德基很快重新和Bidvest公司签署了一项长期协议，协议要求Bidvest公司负责肯德基在英国约三分之一门店的物流。肯德基还与DHL公司合作改善了其余门店的情况。
>
> 资料来源：BBC新闻网，DHL公司官网，肯德基官网（英国）。

5.4.4 物流运营模式的选择

企业物流运营模式主要有自营物流和物流外包等。在进行物流决策时，企业应根据自己的需要和资源条件，综合考虑以下主要因素，慎重选择物流运营模式，真正提高企业的市场竞争力。

1. 物流对企业成功的重要性和企业对物流的管理能力

物流对企业成功的重要性和企业对物流的管理能力是影响企业采取自营物流还是物流外包的最重要的因素，决策状态如图5-8所示。

	低	高
高	组建物流联盟（Ⅱ）	自营物流（Ⅰ）
低	物流外包（Ⅲ）	寻找物流合作伙伴（Ⅳ）

（纵轴：物流对企业成功的重要性；横轴：企业对物流的管理能力）

图5-8 自营物流/物流外包决策状态

如果物流在企业战略中起关键作用，但企业自身物流管理水平较低，对于这类企业（Ⅱ）来说，组建物流联盟将会在物流设施、运输能力、专业管理技巧上收益极大。对于物流在其战略中不占关键地位，但其物流水平很高的企业（Ⅳ）来说，最佳的选择是寻找物流合作伙伴共享物流资源，通过增大物流量获得规模效益，降低成本。位于Ⅱ、Ⅳ的企业可以建立物流联盟，位于Ⅳ的企业可以成为伙伴关系的领导者。对于那些有很高的顾客服务需求标准、物流成本占总成本的比重极大、物流管理能力强的企业（Ⅰ）来说，采用自营物流的方式是最佳选择。对于那些物流在其战略中地位并不是很重要、自身物流管理能力也比较低的企业（Ⅲ）来说，采用第三方物流是最佳选择，因为这样能大幅度降低物流成本，提高服务水平。

2. 企业对物流控制力的要求

越是竞争激烈的产业，企业越是要强化对供应和分销渠道的控制，此时企业应该选择自营物流。一般来说，主机厂或最终产品制造商对渠道或供应链过程的控制力比较强，往往选择自营物流，即作为龙头企业来组织全过程的物流活动和制定物流服务标准。

3. 企业产品自身的物流特点

对于大宗工业品原料的回运或鲜活产品的分销，企业应利用相对固定的专业物流服务供应商和短渠道物流；对于全球市场的分销，企业宜寻求地区性的专业物流公司的支援；对于产品线单一或为主机厂做配套产品的企业，企业可以在龙头企业的统一管理下选择自营物流，也可以选择物流外包；对于技术性较强的物流服务（如口岸物流服务），企业应采用委托代理的方式；对于非标准设备的制造商来说，自营物流虽然有利可图，但物流工作还是应该交给专业物流服务公司去做。

4. 企业的规模和实力

一般来说，大中型企业由于实力较雄厚，有能力建立自己的物流系统，制订合适的物流需求计划，保证物流服务的质量。另外，大中型企业还可以利用过剩的物流网络资源拓展外部业务为其他企业提供物流服务。而小企业则受人员、资金和管理资源的限制，物流管理效率难以提高。此时，小企业为把资源用于主要的核心业务上，就适宜把物流管理交给第三方专业物流公司。例如，实力雄厚的麦当劳公司每天必须把汉堡等保鲜食品运往中国各地，为保证准确及时供货，麦当劳公司组建了自己的货运公司。

5. 物流系统总成本

在选择自营物流还是物流外包时，企业必须弄清两种模式物流系统总成本的情况。计算公式为

$$D = T + S + L + F_W + V_W + P + C$$

式中　D——物流系统总成本；

T——该系统的总运输成本；

S——库存维持费用，包括库存管理费用、包装费用以及返工费；

L——批量成本，包括物料加工费和采购费；

F_W——该系统的总固定仓储费用；

V_W——该系统的总变动仓储费用；

P——订单处理和信息费用，指订单处理和物流活动中广泛交流等问题所产生的费用；

C——客户服务费用，包括缺货损失费用、降价损失费用和丧失潜在客户的机会成本。

这些成本要素之间存在着二律背反现象：减少仓库数量可以降低库存维持费用，但会带来运输距离和次数的增加，导致运输成本增加。如果运输成本的增加部分超过了库存维持费用的减少部分，物流系统总成本反而增加了。所以，在选择和设计物流系统时，要在自营或外包的基础上对物流系统的总成本加以论证，最后选择总成本最低的物流系统。

6. 第三方物流的客户服务能力

在选择物流运营模式时，第三方物流为企业及企业客户提供服务的能力对物流服务而言是至关重要的。也就是说，第三方物流在满足企业对原材料及时需求方面的能力和可靠性，以及第三方物流对企业的零售商和最终客户不断变化的需求的反应能力等应该作为企业首要的考虑因素。

7. 自拥资产和非自拥资产第三方物流的选择

自拥资产第三方物流是指有自己的运输工具和仓库，从事实实在在物流操作的专业物流公司。它们拥有较大的规模、坚实的基础设施和完善的物流系统。这也是人们常说的重资产模式。重资产的第三方物流专业化程度较高，但灵活性可能受到一定的限制。非自拥资产第三方物流是指不拥有硬件设施或只租赁运输工具等少量资产，主要从事物流系统设计、库存管理和物流信息管理等工作，而将货物运输和仓储保管等具体作业活动交由别的物流企业承担，但对系统运营承担责任的物流管理公司。这也是人们常说的轻资产模式。轻资产模式的第三方物流运作比较灵活，能制定服务内容，可以自由组合、调配供应商，管理费用较低。企业应根据自己的要求对两种模式加以选择和利用。

在对物流运营模式的选择做具体决策时，企业应从物流在企业中的战略地位出发，在考虑企业物流能力的基础上充分比较各方面的约束因素，进行成本评价，决策程序如图 5-9 所示。

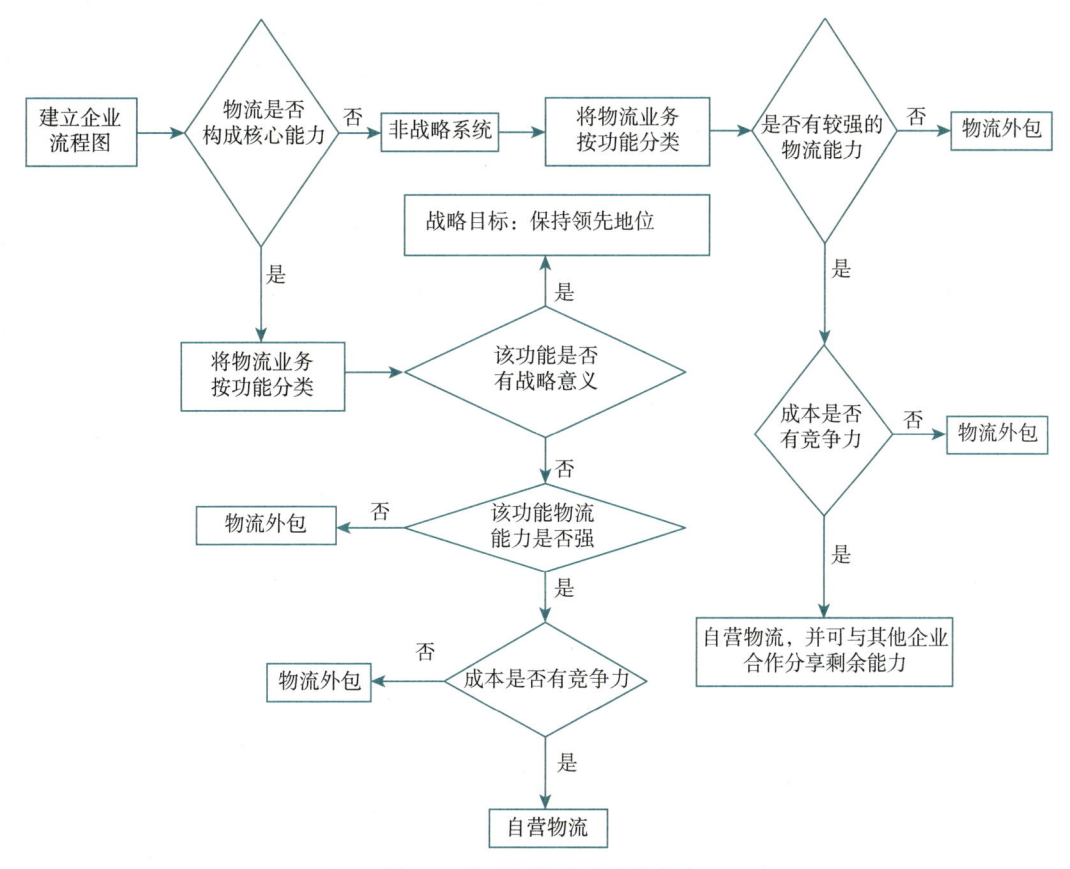

图 5-9 物流运营模式决策程序

5.5 绿色物流

绿色物流是近几年来企业界和学术界都非常关注的一个新课题,涉及从环境和可持续发展的角度建立与环境共生的物流管理系统。

5.5.1 绿色物流的概念

绿色物流(green logistics)是指通过充分利用物流资源,采用先进的物流技术,合理规划和实施运输、储存、装卸、搬运、包装、流通加工、配送、信息处理等物流活动,降低物流对环境影响的过程。

目前,企业界和学术界的共识是,绿色物流从可持续发展的角度出发去研究物流和供应链,强调减少物流活动对生态环境的影响。随着企业在环保问题上的压力加剧,减少物流活动的环境足迹(environmental footprint)越来越受到企业的关注。有统计表明,仅仅货运、仓储、搬运等活动产生的二氧化碳排放量便占世界总排放量的10%。因此,绿色物流的核心目标是降低物流活动的二氧化碳排放量,建立对环境友好的、低环境污染的物流体系。

5.5.2 绿色物流的管理

1. 绿色供应商管理

供应商的原材料及半成品质量的好坏直接决定着最终产成品的性能,所以要实施绿色物流还要从源头上加以控制。由于政府对企业的环境行为实施严格管制,并且供应商的成本绩效和运行状况对企业经济活动构成直接影响,因此在绿色物流中有必要增加供应商选择和评价的环境指标,即要对供应商的环境绩效进行考察。例如,潜在供应商是否因为环境污染问题而被政府课以罚款?潜在供应商是否因为违反环境规章而有被关闭的风险?供应商供应的零部件是否采用绿色包装?供应商是否通过了 ISO 14000 环境管理系列标准的认证?

2. 绿色生产管理

绿色生产包括绿色原材料的供应、绿色设计与绿色制造。

绿色产品的生产首先要求构成产品的原材料具有绿色特性。绿色原材料应符合以下要求:环境友好性;不加任何涂镀,废弃后能自然分解并能被自然界吸收;易加工且加工过程中无污染或污染很小;易回收、易处理、可重用,材料种类少,这样有利于原材料的循环使用。

绿色设计要求面向产品的整个生命周期,即在概念设计阶段就要充分考虑产品制造、销售、使用及报废后对环境的影响,以使产品在再制造和使用过程中可拆卸、易收回,不产生毒副作用及保证产生最少的废弃物。

绿色制造追求两个目标:一是通过可再生资源、二次能源的利用及节能降耗措施缓解资源枯竭,实施持续资源的利用;二是减少废料和污染物的生成排放,提高工业品在生产过程和消费过程中与环境的相容程度,降低整个生产活动给人类和环境带来的风险,最终实现经济和环境效益的最优化。

> **供应链聚焦**
>
> 中华人民共和国工业和信息化部(简称"工信部")印发的《"十四五"工业绿色发展规划》(以

下简称"规划")阐述了"十四五"期间工业绿色发展的总体思路，明确了碳排放强度持续下降、污染物排放强度显著下降、能源效率稳步提升等发展目标和具体工作安排。规划明确，到2025年，工业产业结构、生产方式绿色低碳转型取得显著成效，绿色低碳技术装备广泛应用，能源资源利用效率大幅提高，绿色制造水平全面提升，为2030年工业领域碳达峰奠定坚实基础。

上海蔚来汽车有限公司（以下简称"蔚来"），作为一家全球化的智能电动汽车公司，在绿色供应链管理战略指标、绿色供应商管理指标、绿色生产指标、绿色回收指标、绿色信息平台建设指标和绿色信息披露指标等方面有着优异的成绩，并在2024年成功入选工信部首次公布的《绿色供应链管理企业名单》。

"Blue Sky Coming"是蔚来自创立伊始一直秉持的初心。从材料的低碳绿色，整车工厂的高效环保低碳生产，到发起Clean Parks生态共建计划，蔚来一直在点滴中推动可持续发展。而蔚来供应链发展作为链接上游零部件合作伙伴的关键环节，承担着建设可持续、低碳排放、有韧性供应链的使命。

面对整车上千个零部件，蔚来从2021年就启动零部件碳足迹摸排，通过同上游合作伙伴的紧密协同，量化主要零部件的碳排放，建立整车零部件降碳的数据基础，并积累适用于蔚来体系的碳排放数据库。同时，通过与上游原材料合作伙伴协同，逐步从源头上确保低碳材料的供应，支撑供应链上核心零部件长期低碳。

资料来源：中国政府网，蔚来官网。

3. 绿色运输管理

交通运输工具消耗大量的能源；运输过程中排放大量的有害气体，产生噪声污染；运输易燃、易爆化学品等危险原材料或产品可能引起的爆炸、泄漏等事故，这些都会对环境造成很大的影响。构建企业绿色运输体系至关重要。

合理配置配送中心，制订配送计划，可提高运输效率以降低货损量。开展共同配送可减少污染。共同配送是指为了满足城市一定区域内的配送需求，人为地进行有目的、集约化的配送，如由同一行业或同一区域的中小企业协同配送。共同配送、统一集货、统一送货可以明显减少货流，还可以有效地消除交错运输，缓解交通拥挤状况，提高市内货物运输效率，减少空载率。共同配送有利于提高配送服务水平，使企业库存水平大大降低，甚至实现"零"库存，降低物流成本。

多式联运是指以单元货物为对象，以单元装载系统为媒介，有效地巧妙组合各种运输工具，从发货方到收货方始终保持单元货物状态而进行的系统化运输方式。运输方式的转换可削减总行车量，包括转向铁路、海上和航空运输。多式联运是物流现代化的支柱之一。

现在政府部门对运输污染采取极为严格的管理措施。例如，北京对机动车制定了严格的尾气排放标准，同时政府交通部门充分发挥经济杠杆的作用，根据机动车的排污量来收取排污费。企业如果没有绿色运输，将会承担更多的经济成本和社会环境成本，影响企业的经济运行和社会形象。

供应链聚焦

为物流信息定制二维码，扫码即可查看实时信息；企业只需打开app就可以在网上下单租赁货运托盘；物流配送完成，有人上门回收货运托盘并发送到下一家使用单位……安全、便捷、费用低廉，这就是 2019 年 7 月京东物流公布的开放式托盘循环共用系统。这也是继新能源物流、循环包装袋后，京东物流在绿色环保领域的又一举措，通过物流托盘的循环利用开启了绿色运输模式。京东提供的托盘运用分为两种模式。

一种是托盘静态租赁模式，这是典型的共享经济模式，企业可以通过限时租赁的方式应对淡旺季的托盘需求波动。企业再也不用投入大量资金来购买托盘，在使用旺季可以加大租赁量，淡季可以减少租赁量。灵活、轻资产的租赁模式明显降低了企业缺乏托盘数据统计与管理所带来的过度采买、报废、丢失等大量隐性成本，最高可以为企业减少 10% 的资金占用量。

另一种是服务于带板运输的动态租赁模式。京东提供的全国物流网络既是一个覆盖广泛的托盘收发体系，又是可靠的供应体系、高效的维修分拣体系。它不但能够保障托盘在各地及时地供应，更能确保客户手里的每一块托盘都保持标准和稳定的品质。在带板运输模式下，托盘会在供应链上下游快速流转，托盘的平均周转率可以提高 60%～80%。

托盘的循环使用，不仅对环境零压力，实现了绿色运输，而且单次使用成本低，可使企业节省 20% 以上的运输成本。

资料来源：新浪财经。

4. 绿色储存管理

储存在物流系统中起着缓冲、调节和平衡的作用，是物流的一个中心环节。储存的主要设施是仓库。现代化的仓库是促进绿色物流运转的物资集散中心。绿色储存要求仓库布局合理，以节约运输成本。布局过于密集，会增加运输的次数，从而增加资源消耗；布局过于松散，则会降低运输的效率，增加空载率。仓库建设前还应当进行相应的环境影响评价，充分考虑仓库建设对其所在地的环境影响。例如，易燃、易爆商品仓库不应设置在居民区，有害物质仓库不应设置在重要水源地附近。采用现代储存保养技术是实现绿色储存的关键，如气幕隔潮、气调贮藏和塑料薄膜封闭等技术。

5. 绿色流通加工管理

流通加工是指继续对流通中的商品进行生产性加工，使其成为更加适合消费者需求的最终产品。流通加工具有较强的生产性，也是流通部门对环境保护大有作为的领域。

实现绿色流通加工主要考虑两个方面：一方面，变消费者分散加工为专业集中加工，以规模作业方式提高资源利用效率，减少环境污染；另一方面，集中处理消费品加工过程中产生的边角废料，以减少消费者分散加工所造成的废弃物污染。

6. 绿色装卸管理

装卸是指跨越运输和物流设施进行的发生在输送、储存、包装前后的商品取放活动。实施绿色装卸要求企业在装卸过程中正当装卸，避免商品损坏，从而避免资源浪费以及废弃物造成环境污染。另外，绿色装卸还要求企业消除无效搬运，提高搬运的灵活性，合理利用现代化机械，保持物流的均衡顺畅。

7. 产品绿色设计、绿色包装和标识

绿色物流建设应该源于产品设计阶段，以产品生命周期分析等技术提高产品整个生命周期的环境绩效，在推动绿色物流建设上发挥先锋作用。

包装是商品营销的一个重要手段，也是在商品输送或储存过程中为保证商品的价值和形态而从事的物流活动。包装也是绿色物流管理的一个重要方面。大量的包装材料在使用一次以后就被消费者遗弃，从而造成环境问题，过度的包装也造成了资源浪费。白色塑料污染已经引起社会的广泛关注。在日本，经营食品的商人已放弃塑料包装，在食品界掀起了"绿色革命"，取得了较大的成效。在给食品包装时尽量采用不污染环境的原料，用纸袋取代塑料容器，这就避免了将用过的塑料包装收集到工厂再循环所面对的技术困难和成本。

绿色包装是指采用节约资源、保护环境的包装。特点包括：材料最省、废弃最少且节约资源和能源；易于回收利用和再循环；包装材料可自然降解并且降解周期短；包装材料对人的身体和生态无害。绿色包装要求提供包装服务的物流企业进行绿色包装改造，包括使用环保材料、提高材质利用率、设计折叠式包装、建立包装回用制度等。

5.5.3 绿色物流的实施策略

1. 树立绿色物流观念

观念是一种具有根本性和普遍意义的世界观，是一定生产力水平、生活水平和思想素质的反映，是人们活动的指南。以前由于长期的低生产力，人们更多地考虑温饱等问题，往往只顾眼前利益而忽视长远利益，只顾个体利益而忽视社会利益，企业因这种非理性需求展开掠夺式经营，忽视长远利益和生态利益及社会利益，进而收到来自大自然的警告。人们开始意识到：一切经济活动都离不开大自然。资源取之于大自然，复归于大自然。于是，循环经济或绿色经济应运而生，引起人们的经济行为甚至社会经济结构的转变。一系列新的市场制度和经济法规迫使企业为降低环境成本转而采用绿色技术，进行绿色生产、绿色营销及绿色物流等经济活动。许多专家认为，21世纪是绿色世纪。据经济合作与发展组织统计，2000年世界绿色消费总量达到了3 000亿美元。循环经济或绿色经济要求物流企业在经营决策的时时刻刻综合考虑人们的近期需求和长远利益、企业利益和社会利益、有形利益和无形利益，并以此观念策划绿色物流活动。因此，企业经营者必须尽快提高认识和转变观念，决不能存在"环保不经济，绿色要花费"的思想，把绿色物流作为世界全方位绿色革命的重要组成部分，积极面向绿色物流的未来。

2. 开发绿色物流技术

绿色物流的关键不仅依赖绿色物流观念的树立，更离不开绿色物流技术的应用和开发。没有先进物流技术的发展，就没有现代物流的立身之地；同样，没有先进绿色物流技术的发展，就没有绿色物流的立身之地。然而，我们的物流技术与绿色要求有较大的差距，如在物流机械化、物流自动化、物流的信息化及网络化方面，我国与西方发达国家的物流技术相比仍有一定的差距。要大力开发绿色物流技术，否则绿色物流就无从谈起。

3. 制定绿色物流法规

绿色物流是当今经济可持续发展的一个重要组成部分，它对社会经济的不断发展和人类生活质量的不断提高具有重要意义。正因为如此，绿色物流的实施不仅是企业的事情，还必须从政府约束的角度对现有的物流体制加强管理。一些发达国家政府非常重视制定政策法规，在宏观上对绿色物流进行管理和控制，尤其要控制物流活动的污染发生源。物流活动的污染发生源主要表现在：运输工具的废气排放污染空气，流通加工的废水排放污染水质，一次性包装的丢弃污染环境，等等。因此，它们制定了诸如污染发生源、限制交通量、控制交通流等相关政策和法规。国外的环保法规种类很多，有些规定相当具体、严厉，国际标准化组织制定的最新国际环境标志也已经颁布执行。尽管我国自20世纪90年代以来一直致力于环境污染方面的政策和法规的制定与颁布，但针对物流行业的还不是很多。制定和颁布这些环保政策或法规，既可以给企业造成压力，又可以为企业提供发展的机会，物流企业经营者应进行分析研究，以便明确方向，克服障碍，推动绿色物流的顺利发展。

4. 加强对绿色物流人才的培养

绿色物流作为新生事物，对营运筹划人员和专业人员的素质要求较高，因此，要实现绿色物流的目标，培养一批掌握绿色管理理论和实务的物流人才是当务之急。各相关院校和科研机构应有针对性地开展绿色物流人才的培养与训练计划，努力为绿色物流的发展输送更多合格人才。有关部门还可以调动企业、大学以及科研机构相互合作的积极性，促进产学研结合，使大学与科研机构的研究成果能够转化为指导实践的基础，提升企业物流从业人员的理论业务水平。

📖 供应链聚焦

拥有20年供应链基础设施积淀的京东，致力于将绿色基础设施与数字技术深度融合，推进仓储、包装、运输、运算、回收及办公等多个环节协同共建绿色供应链，并将其面向全社会开放共享，与全产业链共同推进绿色发展。这不仅为企业创造了可持续经济价值，也产生了巨大的社会效益。

绿色仓储：作为新型实体企业，京东致力于成为节能降耗的"碳"路者，依托绿色供应链带动节能、能效提升、储能等领域快速发展。截至2022年年底，京东已完成23座智能物流园的光伏发电系统安装，同时计划将光伏发电能力逐步提升至1 000MW，为85%的京东智能产业园提供绿色能源。

绿色包装：京东物流循环保温箱是国内最早应用2C循环包装模式的试点，替代传统EPS（可发性聚苯乙烯）白色泡沫箱和一次性冰袋。循环保温箱已在京东B2C（企业对消费者）生鲜业务中投入使用，截至2022年年底，已在18个城市规模化、常态化投放70万个，累计投放超2亿次，减少泡沫箱使用2亿个。循环青流箱取消一次性封签或胶带使用，仅依靠物流面单即可封箱，已在30个城市常态化投放20万个，累计投放2 000万次。

近两年来，京东健康不断优化纸浆配比，药急送及京东到家使用超4 000万个环保纸袋，节省的纸浆相当于少砍伐1.5万棵树。此外，2022年，京东到家向商家提供包装材料6 587t，同比下降约20%，在订单同比增长的情况下实现了配送包装袋使用的下降；其中可降解包装袋在总包装袋消耗量中占比为77.1%，已覆盖约70%的订单。

绿色运输：为了节能减排，京东的合作伙伴达达快送基本实现电车配送，全年配送距离18.2亿km，并在分拣、打包、配送等环节，全流程实施碳减排举措。京东物流在全国50多个城市投放新能源车，北京地区的自营城配车辆已全部更换为新能源车，促进减排降耗。

绿色消费："革故立新"也是循环经济的一种呈现方式。2022年，京东推出了跨品类多件以旧换新服务，支持手机、电脑数码等跨品类以旧换新，用户最多可同时选择6件旧产品进行换新。也是在这一年，京东电脑数码、手机以旧换新订单量分别同比增长430%和100%，总计减碳达15万t。

绿色运算：为了让数字化和智能化决策更好地为客户服务，京东物流向客户提供数字化供应链碳管理平台（SCEMP）试算服务，单月计算物流运输碳足迹超过 35 万张运单，在单项仓配运输场景下，所计算的温室气体排放总量超过 450 000kg 二氧化碳当量，温室气体减排量为 37kg 二氧化碳当量。

京东工业推出"碳能云"这一综合能源管理解决方案，从管理节能、设备节能、系统节能三大维度出发，以能源大数据为核心，助力企业在供—售—用等环节实现绿色低碳，让工业企业用电量和碳排放看得见、算得清、降得下。在同国家级经济技术开发区丽水经济技术开发区、立白集团、京东亚洲一号仓库的合作中，京东共实现减碳量 1.18 万 t。

资料来源：腾讯网。

5.6 智能物流

随着通信、数据、人工智能等技术的快速发展和在物流领域的广泛应用，智能物流的概念和管理体系逐渐形成。智能物流被认为能够使得供应链的每一个环节更加高效。凭借互联设备和智能工具在供应链中的应用，智能物流将为供应链带来端到端的可视性，将改善运输、库存控制、补货等物流活动的模式和管理，给顾客带来完全不同的零售体验。近年来，智能物流发展迅速，预计 2025 年规模将超过万亿元。本节主要对智能物流的概念、主要特点以及发展趋势做简要总结。

5.6.1 智能物流的概念

在讨论智能物流之前，先介绍**智能系统**（smart system）的概念。

智能系统具备感测、执行和控制的功能，通过描述和分析情况，以预测或自适应方式基于可用数据做出决策，从而执行智能动作。智能系统通常由具有不同功能的组件组成，过程包括传感器采集信号，将信息传输到命令和控制单元，命令和控制单元根据可用信息做出决定并给出指示，传输决策和指令，执行器执行或触发所需操作。

智能系统有助于企业应对环境、社会和经济方面的挑战，如有限的资源、气候变化、人口老龄化等。因此，智能系统被越来越多地应用于不同领域，如运输、医疗保健、能源、安全和保障、物流、信息通信技术、制造业等。它在物流领域的应用就形成了智能物流的概念。

智能物流（smart logistics）是指利用集成智能化技术（包括物联网、大数据、人工智能等技术），使物流系统能模仿人的智能，具有思维、感知、学习、推理判断、分析决策和智能执行能力，提升整个物流系统的智能化和自动化水平。

根据这个概念，我们可以绘制智能物流的概念图，如图 5-10 所示。根据这个概念图，我们可以总结智能物流的主要特点。

图 5-10　智能物流的概念图

5.6.2　智能物流的主要特点

应用大量的智能技术后，物流管理将体现以下几个主要特点。

1. 自动

传统的供应链主要依赖人工输入物流运作信息。随着传感器和 RFID 标签在企业及供应链中的大量应用，大量的物流信息都是自动采集或者自动生成的，或者通过各种监测仪表、执行器、GPS 以及其他设备和系统来生成。当 RFID 等技术广泛运用于集装箱、货车、产品、部件以及各种可能的物体对象时，它们就可以随时被跟踪和监控，系统可以随时自动生成该对象的状态报告，企业不需要像过去那样依赖人工来完成这些工作。各种数据可视化技术也可以自动地显示计划、承诺、执行、供应源、预计库存和消费者需求等各种实时状态信息。

自动还体现在物流作业层。基于上述产生的大数据，运用各种数据分析技术和人工智能技术，可以对物流及其他数据进行分析，从而做出需求预测、制订或优化生产和配送计划、制订或优化运输和配送路径、优化仓储和库存、做出设备维修预警。而这些决策可以通过机器人技术、自动导引车（AGV）、无人叉车、货架穿梭车、无人机等自动地实现诸如搬运、配送等物流活动。同时，从供应链的角度来看，物流能实现与智能制造系统之间更自动、更同步化的协调。从城市的角度来看，物流将与智能城市的运作更完美、自动地衔接。

2. 互联

智能物流、智能供应链将借助物联网等技术实现前所未有的互联。一方面，最基本的是实现供应链中所有物体对象的互联，以及对象之间的交互。另一方面，实现与客户、供应商和其他合作伙伴之间 IT 系统的互联，从而实现信息的共享性和可视性。显然，除了单纯的物流层面的互联，还可以实现整个供应链的互联，从而创建更全面的供应链视图，甚至实现更大范围的互联，比如与城市基础设施系统之间的广泛互联，从而实现更大规模的协作。互联的全球供应链网络或者全球城市网络将更有助于包括物流、供应链、城市运作在内的全局规划和决策制定。举例来说，未来智能物流系统可以与城市交通信号等系统互联，可以更有效、更快地优化最后一公里的配送路径。

3. 智能

伴随人工智能、大数据分析等技术的飞速发展和应用，智能物流系统能更高效地衡量各种约束和选择条件，帮助决策者通过模拟等方法制定更优的决策。更重要的是，智能物流系统具备强大的自主学习能力，无须人工干预就可以自行自主地做出物流决策。

例如，动态调整货架上的托盘位置、自动向供应商下达补货订单、自动优化配送车辆路线并给司机发出更改路线指令等。当异常事件发生时，智能物流系统可以重新配置供应链网络；它也可以通过虚拟交换以获得相应权限，进而根据需要使用诸如生产设备、配送设施和运输船队等有形资产。这种智能不仅可以帮助智能物流系统进行实时决策，而且可以预测未来的情况。通过利用尖端的建模和模拟技术，智能物流系统将从过去的"感应 – 响应"模式转变为"预测 – 执行"模式。很显然，物流和供应链管理可以变得更加智能，其运作效率将达到前所未有的高度。

5.6.3 智能物流的管理

目前,智能物流还没有形成成熟的实践体系,也没有形成完善的理论体系,企业界和学术界都还在讨论之中。但相对而言,企业界在这个领域走得更快。一些领先的物流企业或者 IT 企业已经开始投入大量资源进行技术研发和布局。这里从发展趋势的角度讨论智能物流管理的几个问题。

1. 技术进步与商业模式创新同步

如前所述,智能物流还处在初期发展阶段,虽然未来的市场很大,但在管理方面要注意一个重要的问题。因为智能物流本来是依赖于各种通信、网络、数据、机器人、人工智能等技术发展起来的,所以,有很多的企业投入更多的精力去研究如何转化当前的物流系统,或者研究及建设具体的自动化、智能设备或技术,但是会很容易忽略一点:对物流系统及商业模式进行优化或者创新。技术的发展一方面推动了智能物流的发展,另一方面也推动了商业模式的创新。电商、新零售、O2O(线上到线下)、C2M、共享经济等各种新型商业模式快速发展,正是这些新型商业模式的发展对物流提出了更高的要求,也促进了智能物流的发展。因此,企业在考虑投资智能物流的同时,也需要考虑商业模式以及物流运作模式的创新,两者同步才能最大限度地发挥各自的效应。

2. 重视数据的价值

在智能物流环境下,所有实体和流程都被数字化,从产品、传感器、系统等流程中的各种源头收集的海量数据对于智能物流的实现具有巨大的价值。数据分析和人工智能有助于做出更优化的自动决策,这不仅可以优化供应链中资源的配置,提供更好的定制化产品,优化能源消耗,实现更环保的供应链,而且可以更自主地降低成本、降低风险,从而提高供应链绩效。然而,单纯地利用大数据进行优化决策或者实现数据的可视性,并没有完全地发挥大数据的真正价值。企业需要转变管理的角度和视野,在注重如何实现数字化的基础上,更加注重数据的业务化,即更注重对数据的管理,要思考如何更加合理有效地利用大数据,甚至可以考虑如何通过大数据分析实现商业模式的创新。

3. 人工智能与万物互联推动物流革命

智能物流的互联性和智能性能够更高效地实现供应链的横向一体化和纵向一体化,从而真正实现集成化的供应链或者说供应链一体化。伴随人工智能技术、大数据技术、5G 技术的快速发展,智能物流的模式和框架将会日新月异。因此,企业应该不局限于某一种技术的突破,而应该更多地思考未来的智能物流和智能供应链模式是怎样的。

目前,亚马逊、京东、阿里巴巴、顺丰、DHL 等公司在智能物流领域处于领先地位,读者可以关注这些公司的发展以了解更多的智能物流发展状况和未来愿景。

> **供应链聚焦**
>
> 成立于 2000 年的日日顺公司经历了从企业物流到物流企业再到供应链平台的发展历程,已连续六年入选"中国 500 最具价值品牌"。其成功经验之一就是有效实现了数字化和绿色化的协同转型。日日顺公司在企业内部大力推进数字化进程,包括持续升级更新 IT 基础设施、优化全业务流

程并信息化以及全面提升公司数字化管理能力。同时，日日顺公司通过定制化和个性化的绿色数字化供应链解决方案，不断为生态合作伙伴赋能。例如，推行无纸化签收、实现库存透明可视化、进行智能盘点和智能跟踪、提供数字轨迹可视化和绿色循环包装等服务。这种数字化与绿色化协同转型的模式不仅大大促进了日日顺公司提效降本战略目标的实现，还显著推动了公司自身和供应链生态伙伴绿色低碳目标的达成。

资料来源：作者于2024年6月进行的实地调研，日日顺公司官网，世界品牌实验室。

本章小结

本章介绍了物流管理的基本概念及其在供应链环境下的重要性和战略问题。物流管理作为企业运营的后勤保障支持系统，对企业竞争力的构成具有重要的作用，特别是随着供应链管理的出现，物流的作用更加突出了。在本章中，我们讨论了供应链环境下物流的特征、物流管理对实现供应链战略目标的作用以及几种物流管理战略；在供应链物流运营模式上，讨论了自营物流与物流外包决策的利弊、物流运营模式选择的影响因素等。针对当前企业面临的环保压力和应承担的社会责任，本章探讨了绿色物流管理的问题。最后，从信息技术的飞速发展和应用的现状出发，研究了物流的智能化发展，探讨了如何有效利用当前的先进技术实现智能物流、智能供应链等企业关注的焦点话题。

关键术语

物流（logistics）
物流管理（logistics management）
出厂物流（outbound logistics）
入厂物流（inbound logistics）
物流管理战略（strategy of logistics management）
外包（outsourcing）
第三方物流（third party logistics）
绿色物流（green logistics）
智能物流（smart logistics）

思考与练习

1. 物流管理的本质是什么？
2. 对供应链企业而言，为什么说物流是其"第三利润源泉"？
3. 供应链环境下的物流管理战略包括哪些？在制定物流管理战略的时候需要考虑哪些因素？
4. 举例说明物流外包的重要性及其存在的风险。
5. 你如何理解第三方物流企业在供应链中的角色和作用？第三方物流企业的核心竞争力是什么？
6. 举例说明如何实现绿色物流。
7. 选择一个行业，阐述你对该行业智能物流模式的理解。
8. 智能物流系统的主要特点有哪些？

讨论案例

良中行冷链物流网络规划

2017年10月13日，国务院办公厅发布了《国务院办公厅关于积极推进供应链创新与应用的指导意见》，首次将供应链的创新与应用上升为国家战略，这既是一直强调降本增效的物流业获得跨越式发展的机遇，也是农业、制造业和服务业全面形成产业生态链从而获得全球竞争优势的机遇。而流通业供应链的目标是，构建采购、分销、仓储、配送和综合服务供应链协同平台，引导生产端生产资源的优化配置，培育新型供应链服务企业。

而在此之前，一些具有前瞻性的企业，如武汉良中行供应链管理有限公司（以下简称"良中行"），已经开始在供应链领域进行创新与实践。这些企业为供应链行业提供了宝贵的经验，也为后来的政策制定和行业发展趋势提供了实践基础和参考；而政策的发布又为良中行等企业的进一步发展提供了更加有力的支持和指导。在国家战略的引领下，流通业供应链企业将继续深化供应链创新与应用，优化生产资源配置，培育新型供应链服务企业，为构建全面产业生态链、提升全球竞争优势做出更大的贡献。

良中行简介

良中行是国内首家专注于提供冷冻及冷藏食材供应链服务的专业公司，致力于连锁餐饮酒店食材供应链服务，并通过整合国内外冷冻及冷藏食材供应链资源，提供采购分销执行、物流加工服务、供应链营销推广服务、供应商库存管理服务、供应链结算融资服务以及信息增值服务等一系列冷冻及冷藏食材生产企业和餐饮客户所需的冷链配套服务。良中行具有丰富的产品资源，目前在售的产品包括蔬菜、肉禽、海鲜、面点、调料以及其他特色产品，基本涵盖大部分餐饮食材，产品来自国内外各地，能最大限度地满足市场的需求。

良中行由1986年成立的武汉信誉发展公司逐步发展而来。经过30余年的发展，良中行逐步形成了以良中行母公司（总部）为核心，七大子公司为支撑的战略结构，以良之隆直营店、鲜之隆加盟店连锁式发展为核心，专注于行业冷链服务的发展，利用供应链管理能力获得行业竞争力。良中行打造了创新、丰富的营销平台和冷链行业B2B2C电子商务及信息化平台。

此前，良中行的客户以餐饮酒店为主，利润主要来源于经销差价。但是2010年以来，由于受到内外部经济下滑、不确定因素增多等的影响，餐饮业营业收入增幅出现明显下滑，严重影响了良中行的收益。良中行因此调整其发展战略，开拓零售市场，发展电子商务，并将企业的发展重点转向提供供应链服务。2012年，冷链行业开始受到越来越多企业的关注，顺丰、1号店、天猫等纷纷试水冷链，使得良中行的竞争压力增大。相比而言，良中行在物流系统的构建上劣势较为明显，所以，为了满足公司的发展需求以及应对未来的行业挑战，良中行开始将物流网络规划提上日程。

良中行冷链物流网络规划

良中行的物流网络运行主要面对如下三个问题：一是冷链物流需求市场"高成本、高要求"服务和"低成本、低要求"服务的两极分化；二是质量有保证的包车物流不对外提供服务，而零担物流又无法保证温度和时效性；三是冷链物流存货周期、约车时间、运输成本偏高，是常温物流的2～3倍，并且集货时间成本和空返成本高。以良中行武汉冷冻食材库为例，该食材库库容50万t，存货25万t，年配送量为150万t。按半径400km每次配送5t计算，单位配送费用为1元，年配送费用为6亿元；以2个月周转1次计算，资金占用为50亿元，仓储成本为3.6亿元。

为解决上述问题，良中行对现有的仓库和干线运输网络资源进行整合优化。良中行冷链物流系统整合的重要工作之一是启动干线冷链物流班车：通过冷链物流班车提高运输效率，以压缩销售终端库存，提高库存周转率，带动冷链班车运行进入常规轨道，最终实现在既定服务水平下降低库存费用和运输费用总和。再以良中行武汉冷冻食材库为例，经过资源整合后，按半径400km每次配送15t计算，单位配送费用降低为0.5元，年配送费用节约50%；以1个月周转1次计算，资金的占用和仓储成本均减少一半。

良中行冷链物流班车的运作方案是：在省际城市间开设1周2配、1周1配、2周1配班车，为食材冷链提供透明、高效的运输与配送服务，年配送量为10万t；通过干线物流标准化运作和监控，实现产品从厂商到终端的快速流动，最大化保障产品质量；通过服务标准化、车辆标准化，设计工厂生产、存储、运输过程的运作标准，整合社会货物流转路线，实现快速周转（周转速度提高一倍），降低成本（节约 50% 左右）。

具体供需情况如下：良中行在全国设有北京、广州、上海、武汉、郑州五大物流中转中心。仅考虑良中行在省际城市之间的干线运输，产品的供给地包括 6 个城市（五大中转中心均包含在内），需求地包括 22 个城市，良中行的周供需表如表 5-4 所示，周配送频率如表 5-5 所示。

表 5-4　良中行的周供需表　　　　　　　　　　　　　　　　　（单位：t）

需求地		供给地					
		北京	广州	济南	上海	武汉	郑州
1	北京	—	36.4	6.8	11.3	30.5	4.8
2	广州	11.3	—	5.1	8.5	22.9	3.6
3	济南	1.9	4.7	—	1.4	3.9	0.6
4	上海	10.7	26.0	4.9	—	21.8	3.5
5	武汉	17.7	43.0	8.1	13.3	—	5.7
6	郑州	1.9	4.7	0.9	1.4	3.9	—
7	成都	1.4	3.4	0.6	1.0	2.8	0.5
8	福州	1.0	2.4	0.5	0.7	2.0	0.3
9	贵阳	0.9	2.3	0.4	0.7	1.9	0.3
10	杭州	9.0	22.0	4.1	6.8	18.4	2.9
11	合肥	2.6	6.3	1.2	1.9	5.3	0.8
12	昆明	1.0	2.4	0.5	0.7	2.0	0.3
13	兰州	1.0	2.4	0.5	0.7	2.0	0.3
14	南昌	2.7	6.5	1.2	2.0	5.5	0.9
15	南京	6.8	16.5	3.1	5.1	13.9	2.2
16	南宁	1.0	2.4	0.5	0.7	2.0	0.3
17	沈阳	3.8	9.1	1.7	2.8	7.6	1.2
18	太原	1.2	2.9	0.5	0.9	2.4	0.4
19	无锡	9.1	22.0	4.1	6.8	18.5	2.9
20	西安	2.4	5.7	1.1	1.8	4.8	0.8
21	长沙	5.3	12.8	2.4	4.0	10.7	1.7
22	重庆	1.3	3.2	0.6	1.0	2.7	0.4

表 5-5　良中行的周配送频率表

需求地		供给地					
		北京	广州	济南	上海	武汉	郑州
1	北京	—	2	1	2	2	1
2	广州	2	—	1	2	2	1
3	济南	2	1	—	1	1	1
4	上海	2	2	1	—	2	1
5	武汉	2	2	1	2	—	1
6	郑州	2	1	1	1	2	—
7	成都	1	1	1	1	1	1
8	福州	1	2	1	1	1	3
9	贵阳	1	2	1	1	1	1
10	杭州	1	2	1	3	2	1
11	合肥	1	1	1	1	3	1
12	昆明	1	2	1	1	1	1

（续）

需求地		供给地					
		北京	广州	济南	上海	武汉	郑州
13	兰州	1	1	1	1	1	2
14	南昌	1	1	1	1	3	1
15	南京	1	1	1	3	2	1
16	南宁	1	2	1	1	1	1
17	沈阳	1	1	1	1	1	1
18	太原	2	1	1	1	1	1
19	无锡	1	2	1	3	2	1
20	西安	1	1	1	1	1	3
21	长沙	1	1	1	1	3	1
22	重庆	1	1	1	1	1	3

当前物流网络方案：根据供需情况，良中行确定，从产品的供给地到需求地的冷链物流班车的运输路线分为直发和中转两种，其冷链物流班车配送网络线路下。

直发：五大物流中转中心之间均可直发；

6个供给城市到杭州、南京、无锡均可直发。

中转：以北京为中转中心——北方（沈阳、太原、济南）；

以广州为中转中心——东南（南宁、昆明、福州、贵阳）；

以上海为中转中心——福州；

以武汉为中转中心——中南（长沙、合肥、南昌）；

以郑州为中转中心——西南（成都、重庆）和西北（西安、兰州）。

良中行的产品在不同地区的需求情况不同，具有一定的地区性，这就造成了良中行的配送网络中存在某些节点具有"需求点、供给点、中转点"三重属性，使得网络更为复杂，增大了优化难度。由于冷链运输费用较高，为便于实际运作，良中行将需求量较小的需求地产品集货到附近的中转中心，以获得较低的单位运输成本，却在无形中增加了库存成本，同时减弱了时效性。

资料来源：良中行规划报告。

问题：良中行提出的冷链物流班车规划方案，能够满足当前公司发展的需要。但是，将需求量较小的需求地产品集货到附近的中转中心，这一方式在降低单位运输成本的同时，会增加库存成本并且减弱时效性。假设你是该公司的物流总监，探讨当前的物流班车规划方案是不是最优的。如果不是，该如何进一步优化？

参考文献与延伸阅读

[1] GENTRY J J.Carrier involvement in buyer-supplier strategic partnerships[J].International journal of physical distribution & logistics management，1996，26（3）：14-25.

[2] EXON-TAYLOR M.Enterprise management-the logical integration of the supply chain[J]. Logistics information management，1996，9（2）：16-21.

[3] PRIDA B，GUTIERREZ G.Supply management：from purchasing to external factory management[J].Production & inventory management journal，1996，37（4）：38-43.

[4] CHENG T C E，PODOLSKY S.Just-in-time manufacturing：an introduction[M].New York，Chapman & Hall，1996.

[5] 陈志祥.供应链管理模式下的生产计划与控制研究 [D].武汉：华中科技大学，2000.
[6] 王加林，张蕾丽.物流系统工程 [M].北京：中国物资出版社，1987.
[7] STALK G, HOUT T M.Competing against time：how time-based competition is reshaping global markets[M].New York：Freepress，1990.
[8] LUHTALA M, KILPINEN E, ANTTILA P.LOGI：managing make-to-order supply chains[R].Helsinki：Helsinki University of Technology，1994.
[9] TURRISI M, BRUCCOLERI M, CANNELLA S.Impact of reverse logistics on supply chain performance[J].International journal of physical distribution & logistics management，2013，43（7）：564-585.
[10] WIENGARTEN F, FYNES B, ONOFREI G.Exploring synergetic effects between investments in environmental and quality/lean practices in supply chains[J].Supply chain management an international journal，2013，18（2）：148-160.
[11] 宋华.现代物流与供应链管理案例 [M].北京：经济管理出版社，2001.
[12] 陈兵兵.SCM 供应链管理：策略、技术与实务 [M].北京：电子工业出版社，2004.
[13] 斯托克，兰伯特.战略物流管理 [M].邵晓峰，等译.北京：中国财政经济出版社，2003.
[14] 巴罗.企业物流管理：供应链的规划、组织和控制 [M].王晓东，胡瑞娟，等译.2 版.北京：机械工业出版社，2006.
[15] 科伊尔，等.运输管理 [M].张剑飞，等译.北京：机械工业出版社，2004.
[16] 格士柏，马荻勤克.精益六西格玛物流：从战略到实施 [M].王华，译.北京：机械工业出版社，2008.
[17] 华中生.物流服务运作管理 [M].北京：清华大学出版社，2009.
[18] 徐瑞华，滕靖，等.交通运输组织基础 [M].北京：清华大学出版社，2008.
[19] 王波，陶庭义.汉英日物流辞典 [M].北京：中国财富出版社，2013.
[20] RAVINDRAN A R, WARSING D P J.Supply chain engineering：models and applications[M].Boca Raton：CRc Press，2013.
[21] 谢菲.物流集群 [M].岑雪品，王微，译.北京：机械工业出版社，2015.
[22] MANGAN J, LALWANI C, BUTCHER T.Global logistics and supply chain management[M].2nd ed.Hoboken：John Wiley & Sons，2008.
[23] BOWERSOX D J, CLOSS D J, COOPER M B, et al.Supply chain logistics management[M].4th ed.New York：McGraw-Hill College，2013.
[24] STOCK J R, LAMBERT D M.Strategic logistics management[M].4th ed.New York：McGraw-Hill College，2000.
[25] SHAPIRO J F.Modeling the supply chain[M].Boston：Thomson Learning，2006.
[26] TAYUR S, GANESHAN R, MAGAZINE M.Quantitative models for supply chain management[M].New York：Springer，1999.
[27] GRINSTED S, RICHARDS G.The logistics and supply chain toolkit[M].2nd ed.London：Kogan Page Limited，2016.

第 6 章　供应链管理环境下的库存管理

本章重点理论与问题

在供应链管理环境下，由于企业组织与管理模式的变化，供应链库存管理同传统的库存管理相比有许多新的特点和要求。本章论述供应链管理环境下库存管理中出现的新问题，从系统理论、集成理论的角度出发，提出适应供应链管理的新的库存管理策略与方法。这些策略与方法集中体现了这样一种思想：通过加强供应链管理环境下的库存控制来提高供应链的系统性、集成性、韧性和竞争力，增强企业的敏捷性和响应性。本章首先介绍库存管理的基本原理和方法，总结供应链管理环境下库存管理出现的新问题，然后按照供应链管理的集成度演变发展过程分别提出几种库存管理的策略与方法，如供应商管理库存（VMI）、联合管理库存、多级库存优化与控制等。本章还从 VMI-Hub 扩展到了供应链上的供应物流协同，使之成为能够实现供应链无缝连接的战略性措施。针对数字化时代的发展，本章还介绍大数据在供应链库存管理中的应用。通过本章的学习，我们可以发现，在供应链管理环境下，企业运作的组织与管理模式都发生了变化，因此对库存管理提出了更高的要求。库存管理也是供应链管理的重要内容之一。

6.1　库存管理的基本原理和方法

6.1.1　库存的基本概念

库存（inventory）是指用于达到将来目的的、暂时处于闲置状态的资源。一般情况下，设置库存的目的是防止短缺，就像水库里储存的水一样。另外，它还具有保持生产过程连续性、分摊订货费用、快速满足用户订货需求的作用。在企业生产中，尽管库存是出于种种经济考虑而存在的，但这也是一种无奈的结果。库存是因为人们无法预测未来的需求变化不得已采取的应对外界变化的方法，也是因为人们无法使所有的工作都尽善尽美才产生的人们并不想要的冗余与囤积——不和谐的工作沉淀。

在库存管理理论中，一般根据物品需求的重复程度分为单周期需求问题和多周期需求问题。单周期需求也叫一次性订货问题，这种需求的特征是物品寿命周期很短，因而很少或没有机会重复订货,如报纸或特定节假日商品。没有人会买过期的报纸,人们也不会在农历八月十六预订中秋月饼,这些都是单周期需求问题。多周期需求问题是在长时间内需求反复发生,库存需要不断补充,在实际生活中,这种需求现象较为多见。

多周期需求的属性分为独立需求库存与相关需求库存两种。独立需求是指需求变化独立于人们的主观控制能力,其数量与出现的概率是随机的、不确定的、模糊的。相关需求的需求数量和需求时间与其他的变量存在一定的相互关系,可以通过一定的结构关系推算得出。对一个相对独立的企业而言,其产品是独立需求变量,因为需求数量与需求时间对于系统控制主体(企业管理者)而言一般是无法预先精确确定的,只能通过一定的预测方法得出。而生产过程中的在制品以及需要的原材料,则可以通过产品的结构关系和一定的生产比例关系准确确定。

独立需求的库存控制与相关需求的库存控制原理是不同的。独立需求对库存控制系统来说是一种外生变量,相关需求则是控制系统的内生变量。不管是独立需求库存控制还是相关需求库存控制,都要回答这些问题:如何优化库存成本?怎样平衡生产与销售计划,以更好地满足一定的交货要求?怎样避免浪费,避免不必要的库存?怎样避免缺货损失和利润损失?归根到底,库存管理要解决三个主要问题:确定库存检查周期;确定订货量;确定订货点(或者说确定订货时间)。

> **供应链聚焦**
>
> 库存周转天数是指企业从取得存货开始至存货消耗、销售完为止所经历的天数。通常情况是周转天数越少,说明周转得越快,运作效率越高,成本越低。
>
> 沃尔玛库存平均周转天数为 45 天;亚马逊平均周转天数为 44 天;京东库存平均周转天数为 30 天;Costco 公司平均周转天数为 29.5 天。苹果公司库存平均周转天数为 5 天;戴尔公司库存平均周转天数为 10 天;三星公司平均周转天数为 21 天;华为公司平均周转天数为 30 天;小米公司平均周转天数为 45 天。
>
> 资料来源:根据以上公司年报数据整理而得。

6.1.2 库存控制的基本方法

下面针对独立需求库存控制问题的特点,简要介绍各种基本的**库存控制**(inventory control)方法。

1. 库存补给策略

独立需求库存控制采用的是订货点控制策略,我们首先介绍几种常见的库存**补给策略**(replenishment policy)。

订货点法库存管理策略有很多,最基本的策略有四种:①连续性检查的固定订货量、固定订货点策略,即 (Q, R) 策略;②连续性检查的固定订货点、最大库存策略,即 (R, S) 策略;③周期性检查策略,即 (t, S) 策略;④综合库存策略,即 (t, R, S) 策略。

在这四种基本库存补给策略的基础上,又可以延伸出很多种库存补给策略,我们重点介绍以上四种基本的库存补给策略。

(1)(Q, R) 策略。图 6-1 为 (Q, R) 策略的示意图。其中,Q 表示订货量;LT 表示订货提前期；R 表示订货点水平。

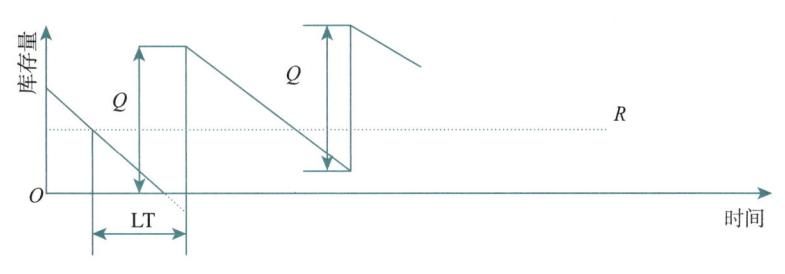

图 6-1 (Q, R) 策略

该策略的基本思想是：对库存进行连续性检查，当库存降低到预先设定的订货点水平 R 时，即发出一次订货，每次的订货量保持不变，都为固定值 Q。该策略适用于需求量大、缺货费用较高、需求波动性很大的情形。

（2）(R, S) 策略。该策略和 (Q, R) 策略一样，都是连续性检查类型的策略，也就是要随时检查库存状态。当发现库存降低到订货点水平 R 时，开始订货，订货后使最大库存量保持不变，即为 S，若发出订单时库存量为 I，则订货量为 $S-I$。该策略和 (Q, R) 策略的不同之处在于其订货量按实际库存而定，因而每一次的订货量是可变的。

（3）(t, S) 策略。该策略是每隔一定时期检查一次库存，并发出一次订货，把现有库存补充到最大库存量 S，如果检查时库存量为 I，则订货量为 $S-I$。如图 6-2 所示，经过固定的检查周期 t 发出订货，这时，库存量为 I_1，订货量为 $S-I_1$。经过一定的时间 LT（LT 为订货提前期，可以为随机变量），库存补充 $S-I_1$，库存量到达 A 点。再经过一个固定的检查周期 t，又发出一次订货，订货量为 $S-I_2$，经过一定的时间，库存又达到新的高度 B。如此周期性检查库存，不断补给。

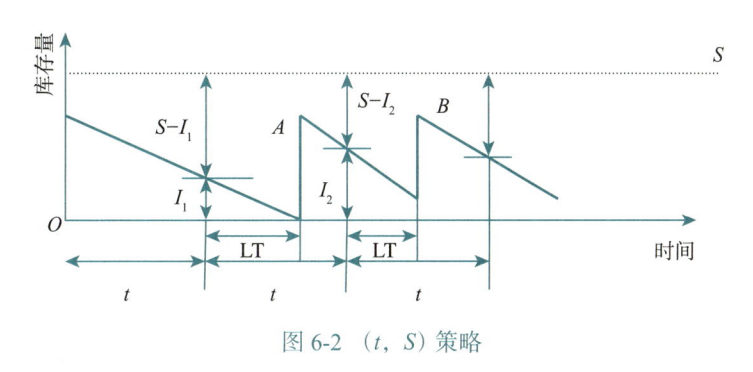

图 6-2 (t, S) 策略

该策略不设订货点，只设固定检查周期和最大库存量。该策略适用于一些不很重要的或使用量不大的物资。

（4）(t, R, S) 策略。该策略是 (t, S) 策略和 (R, S) 策略的综合。如图 6-3 所示，这种库存补给策略有一个固定的检查周期 t、最大库存量 S、固定订货点水平 R。当经过一定的检查周期 t 后，若库存低于订货点，则发出订货；否则，不订货。订货量等于最大库存量减去检查时的库存量。当经过固定的检查周期到达 A 点时，此时库存已降低到订货点水平 R 之下，因而应发出一次订货，订货量等于最大库存量 S 与当时的库存量的差，即 $S-I_1$。经过一定的订货提前期后，订货在 B 点到达，库存补充到 C 点。在第二个检查周期到来时，此时库存位置在 D 点，比订货点水平位置线高，无须订货。当第三个检查周期到来时，库存点在 E 点，等于订货点，又发出一次订货，订货量为 $S-I_3$。如此循环进行下去，实现周期性库存补给。

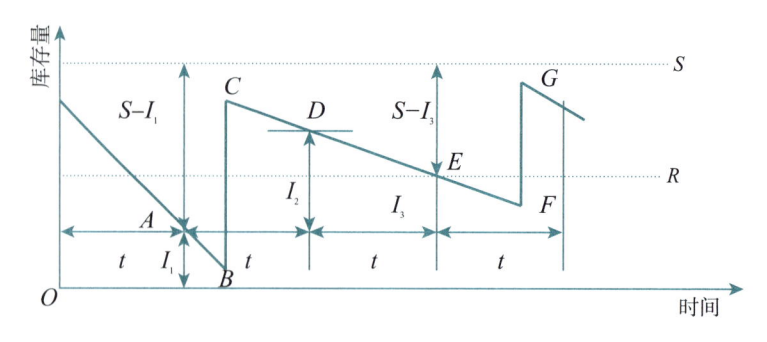

图 6-3 （t，R，S）策略

2. 常见的库存控制模型

常见的独立需求库存控制模型根据其主要的参数，如需求量与提前期是否确定，分为确定型库存模型和随机型库存模型。

（1）确定型库存模型。确定型库存模型可分为**周期性检查模型**（periodic review model）和**连续性检查模型**（continuous review model）。

周期性检查模型有六种，分为不允许缺货、允许缺货、补货三种情况，每种情况又分为瞬时到货、非瞬时到货两种情形。

最常用的模型是不允许缺货且瞬时到货型，其最佳订货周期公式为

$$T^* = \sqrt{\frac{2C_R}{H \times D}}$$

式中　C_R——每次订货的费用（元）；

H——单位产品库存维持费用（元/件/年）；

D——需求率（年需求量，件/年）。

最大库存量公式为

$$S = T^* \times D$$

连续性检查模型需要确定订货点和订货量两个参数，也就是解决（Q，R）策略的两个参数的设定问题。

连续性检查模型也分六种：不允许缺货且瞬时到货型；不允许缺货且非瞬时到货型；允许缺货且瞬时到货型；允许缺货且非瞬时到货型；补货且瞬时到货型；补货且非瞬时到货型。

最常见的连续性检查模型是不允许缺货且瞬时到货型。最经典的经济订货批量（EOQ）模型就是这种。

最佳经济订货批量公式为

$$Q^* = \sqrt{\frac{2D \times C_R}{H}}$$

订货点水平为

$$R = \text{LT} \times D$$

式中　LT——订货提前期。

（2）随机型库存模型。随机型库存模型要解决的问题是：确定经济订货批量或经济订货期；确定安全库存量；确定订货点和订货后最大库存量。

随机型库存模型也分连续性检查和周期性检查两种情形。当需求量、订货提前期同为随机变量时，库存模型较为复杂。

以上所谈的库存分析与控制已有比较成熟的理论和方法，有兴趣的读者可参考生产运作管理的有关资料和研究文献，限于篇幅，此处就不做进一步介绍了。

6.2　供应链管理环境下的库存问题

库存以原材料、在制品、半成品、成品的形式存在于供应链的各个环节。由于库存费用占库存物品价值的20%～40%，因此供应链中的库存控制是十分重要的，维护供应链效率和响应能力的关键组成部分。库存决策的内容包括生产系统运行机制，如采用推动式生产管理或拉动式生产管理；库存控制策略，如各库存点的最佳订货量、最佳再订货点、安全库存水平的确定等。而在供应链管理环境下，它不仅关乎于单个企业内部的库存控制，还涉及整个供应链从原材料供应商到最终消费者之间的库存优化。通过采用先进的技术、实施合作策略和优化库存策略，能够减少成本、提高客户满意度并增强供应链的整体竞争力。

绝大多数制造业供应链是由供应网络、制造网络和分销网络组成的，原材料输入并转化为中间和最终产品，然后分销给用户。在复杂的供应链网络中，不同的管理者承担不同的管理任务。不同的供应链节点企业的库存，包括输入的原材料和输出的最终产品，都有复杂的关系。供应链的库存管理不是简单的需求预测与补给，而是要通过库存管理获得用户服务与企业收益的优化，其主要内容包括采用先进的商业建模技术来评价库存策略、提前期和运输变化的准确效果；决定经济订货批量时考虑供应链企业各方面的影响；在充分了解库存状态的前提下确定适当的服务水平。

6.2.1　传统企业库存管理模式在供应链环境下存在的问题

供应链管理环境下的库存问题与传统的企业库存问题有许多不同之处，这些不同点体现出供应链管理思想对库存的影响。传统的企业库存管理都是站在单一企业的角度来看待库存管理，都是从本企业的库存引发的存储成本和订货成本出发确定经济订货批量和订货点。在过去市场竞争不是很激烈、客户需求变化不是很频繁的情况下，这种库存管理方法有一定的适用性，但从供应链管理整体的角度看，这种单一企业库存管理的方法显然是不够完善的。

在供应链管理环境下，如果依然采用传统企业管理模式下库存控制的方法，就会产生以下几个问题。

1. 缺乏供应链的整体观念

虽然供应链的整体绩效取决于各个供应链节点的绩效，但各个企业各自独立的单元，都有各自的目标与使命。有些目标与供应链的整体目标可能是不相同的，甚至有可能是冲突的。因此，这种各行其道的"山头主义"行为必然导致供应链整体效率低下。

一般的供应链系统都没有针对全局供应链的绩效评价指标，这是普遍存在的问题。有些企业采用库存周转率作为供应链库存管理的绩效评价指标，但是没有考虑对用户的反应时间与服务水平。因此，传统的以企业为单位的库存管理指导思想是不适用于供应链环境的，也不可能降低供应链中的总体库存水平。

供应链聚焦

可口可乐公司通过利用技术、本地化生产和其全球供应链中强大的供应商关系来有效地管理其库存。2022 年，可口可乐公司报告净收入增长 14%，达到 430 亿美元，尽管全球出现中断，但部分增长归功于高效的供应链管理。

本地化生产：可口可乐公司在全球运营 900 多家装瓶厂，通过更靠近需求中心进行生产来降低运输成本并最大限度地降低库存水平。

高级预测：该公司使用人工智能驱动的需求预测来优化库存，避免库存过剩并减少缺货。

实时跟踪：可口可乐公司采用实时库存跟踪，使其能够根据市场变化快速调整生产和分销。

供应商协作：该公司与供应商密切合作，通过供应商管理的库存系统保持最佳原材料水平。

这些策略帮助可口可乐公司在 2022 年将营业利润率提高至 28.9%，展现出高效的成本管理和供应链弹性。此外，该公司的库存周转率保持稳定，表明相对于销售增长而言，库存管理是有效的。通过整合这些做法，可口可乐公司确保全球产品供应稳定，同时保持财务业绩并支持其可持续发展目标。

资料来源：可口可乐公司官网。

2. 对用户服务的理解与定义不恰当

供应链管理的绩效好坏应该由用户来评价，或者以供应链对用户的反应能力来评价。但是，不同企业对用户服务的理解与定义各不相同，导致实际用户服务水平存在较大差异。许多企业用订货满足率来评估用户服务水平，这是一种比较好的用户服务考核指标。但是用户满足率本身并不能保证运作，比如一家计算机工作站的制造商要满足一份包含多个产品的订单要求，产品来自各供应商，用户要求一次性交货，制造商要等各个供应商的产品都到齐后才一次性装运给用户。这时，用总的用户满足率来评价制造商的用户服务水平是恰当的，但这种评价指标并不能帮助制造商发现哪家供应商的交货迟了或早了。

传统的订货满足率评价指标也不能评价订货的延迟水平。两条同样具有 90% 的订货满足率的供应链，可能在如何迅速补给余下的 10% 订货要求方面的实际操作差别是很大的。其他的服务指标也常常被忽视了，如总订货周转时间、平均回头订货率、平均延迟时间、提前或延迟交货时间等。

3. 不准确的交货状态数据

当顾客下订单时，他们总是想知道什么时候能交货。在等待交货的过程中，企业可能会对订单交货状态进行修改，特别是当交货被延迟以后。我们并不否定一次性交货的重要性，但我们必须看到，许多企业并没有及时而准确地把推迟的交货订单的修改数据提供给用户，结果当然会使用户不满。比如一家计算机公司花费了一周的时间安排用户交货计划，实施的结果却是 30% 的订单是在承诺交货日期之后交货的，40% 的实际交货日期比承诺交货日期延迟了 10 天之久，而且交货日期修改过几次。交货状态数据不准确、更新不及时，不仅会给本企业的库存管理带来问题，也会给用户的后续工作造成麻烦。

4. "孤岛式"的信息传递系统

在供应链中，各个供应链节点企业之间的需求预测、库存状态、生产计划等都是供应链管理的重要数据。这些数据分布在不同的供应链组织之间。要做到有效地快速响应用户需求，必须实时地传递信息，为此需要对供应链的信息系统模型做相应的改变，通过系统集成的办法，使供应链中的库存数据能够实时、快速地传递。但是，目前许多企业的信息系统就像孤岛一样，各自为政，没有很好地集成起来。这就是所谓的供应链信息孤岛，即在供应链中不同环节之间存在的信息隔离现象，比如关键信息（如需求数据、库存水平、生产计划等）不能在供应链的各个参与方之间自由流动和共享。这种现象会导致决策基于不完整或过时的信息进行，对库存管理尤其产生负面影响，从而影响供应链的整体效率和响应能力。当供应商需要了解用户的需求信息时，得到的常常是延迟的甚至是不准确的信息。由于需求信息的延迟或不准确，供应商可能无法准确预测市场需求，导致库存过多或过少。过多的库存增加了存储成本和过时风险，而库存不足则可能导致缺货和客户满意度下降。由于延迟会引起误差和影响库存量的精确度，因此短期生产计划的实施也会遇到困难。例如，企业为了制订一个生产计划，需要获得关于需求预测、当前库存状态、订货的运输能力、生产能力等方面的信息，这些信息需要从供应链上不同的节点企业数据库中获得，数据调用的工作量很大。

数据整理完后制订主生产计划，然后再运用相关管理软件制订物料需求计划，这样一个过程一般需要很长时间。当信息在供应链各环节之间传递不畅时，企业对市场变化的响应速度会减慢，失去市场机会或无法及时调整生产和库存策略以应对需求波动。时间越长，预测误差越大，制造商对最新订货信息的有效反应能力也就越小，生产出过时的产品、造成过高的库存也就不奇怪了。信息孤岛导致的库存不匹配和供应链协调不足会增加紧急订购业务，进而导致运输和库存积压的成本增长，降低供应链的整体性价比。信息不共享或共享不及时会影响企业履行客户订单的能力，导致交货延迟和服务质量下降，进而影响客户满意度和忠诚度。

5. 库存控制策略简单化

无论是生产性企业还是物流企业，控制库存的目的都是保证供应链运行的连续性和应对不确定需求。了解和跟踪引起不确定性状态的因素是第一步，第二步是要利用跟踪到的信息来制定相应的库存控制策略。这是一个动态的过程，因为不确定性也在不断地变化。有些供应商在交货与质量方面可靠性好，而有些则相对差些；一些物品的需求可预测性大，而另外一些物品的可预测性小一些，企业应该有不同的库存控制策略，以反映这些情景的不同。

许多公司对所有的物品采用统一的库存控制策略，物品的分类没有反映供应与需求中的不确定性。在传统的库存控制策略中，多数策略是面向单一企业的，采用的信息基本上来自企业内部，库存控制没有体现出供应链管理的思想。如何建立有效的库存控制方法，并能体现供应链管理的思想，是供应链库存管理的重要内容。

供应链聚焦

作为世界上最受认可的运动品牌之一，耐克公司有许多商品需要管理。因此，它很难控制库存。21世纪初，由于跟踪货物的问题，该公司损失了约1亿美元的销售额，之后采用了更新的库存管理软件。该软件承诺帮助耐克公司预测最畅销的商品，并为公司满足需求做好准备，但数据错误等导致需求预测不正确，并导致数百万美元的损失。

2016 年，对于该零售商来说是充满挑战的一年，耐克公司的毛利率因库存管理问题所导致的较高折扣销售比例而下降。该零售商继续采取措施，通过更好的制造检修来控制其库存管理实践，并允许新技术将制造带入数字时代。最终，耐克公司将继续保持全球领先地位，因为它不断探索新市场、创新新产品并开拓供应渠道。

而在最近，耐克公司更是加大力度采纳和推广数字化技术以实现更有效的库存管理。比如，耐克公司在 2019 年左右开始广泛实施 RFID 技术，2020 年，该公司已将 RFID 的使用范围扩大到北美几乎所有产品，并且这一推广在全球范围内持续进行。同时，大数据分析和高级预测分析相关技术也在耐克公司得到大力推动。通过与微软等公司的合作，在 2020 年完成了云平台的集成，有效地帮助他们提高了供应链可视性和库存管理。自动化和机器人技术也在 2021 年后被大量引入到自动化配送中心以帮助简化库存和订单处理。而所有这些不仅是耐克公司持续数字化转型的一部分，也是供应链持续优化工作重要内容，尤其是帮助公司更高效的应对了新冠疫情等挑战并保持强大的库存控制。

资料来源：耐克公司官网和 Asset Panda。

6. 缺乏合作与协调性

供应链是一个整体，需要协调各方活动才能取得最佳的运作效果。协调的目的是使满足一定服务质量要求的信息可以无缝地、流畅地在供应链中传递，从而使整个供应链能够根据用户的要求步调一致，形成更为合理的供需关系，适应复杂多变的市场环境。例如，在加工 - 装配式供应链系统中，若企业的产品由多种零部件组成，而各零部件又是由不同的供应商提供的，那么当企业进行产品装配时，就必须对来自不同供应商的交货期进行协调，要求所有供应商的交货必须与装配活动同步。如果供应商之间缺乏协调与合作，其中任何一个供应商的延误都会导致产品交货期延迟和服务水平下降，同时库存水平也会增加。

供应链的各个节点企业为了应对供应中断的不确定性，都设有一定的安全库存。设置安全库存是企业采取的一种应急措施。问题在于，在全球化的供应链中，组织的协调涉及更多的利益群体，相互之间的信息透明度不高。在这样的情况下，企业不得不维持一个较高的安全库存，为此需要付出较高的代价。

企业之间存在的障碍有可能使库存控制变得更为困难，因为各自都有不同的目标和绩效评价指标，拥有不同的仓库，也不愿意与其他部门共享资源。在分布式组织体系中，企业之间的障碍对集中控制库存的阻力更大。

要进行有效的合作与协调，企业之间需要有一种有效的激励机制。企业内部一般有各种各样的激励机制以加强部门之间的合作与协调，但是当涉及企业之间的激励时，困难就大得多了。问题还不止于此，信任风险的存在也加深了问题的严重性，企业之间缺乏有效的监督机制和激励机制也是供应链企业之间合作不稳固的原因。

供应链聚焦

2011 年日本发生 9 级地震引发海啸并造成核泄漏事件，这场灾难也引起了汽车行业的震动。我国日系合资企业一度面临供应链中断、核心零部件断档的风险。本田和丰田等企业的关键零部件都从日本采购，虽然企业备有一定的安全库存，但随着地震后发生的停电、交通运输条件恶劣等情况，零部件的供应存在很大风险。另外，美国福特汽车公司每年要从日本进口多种汽车配件，包括混合动力车中的关键配件——电池。日本地震导致的关键部件短缺也对福特汽车公司在美国的产量造成了严重影响。

2021年3月，全球最大的汽车半导体制造商之一、位于日本常陆那珂市的瑞萨那珂工厂发生火灾。火灾中断了汽车电子中使用的多点控制器（MCU）的生产，加剧了全球半导体短缺，短缺影响了从消费电子产品到汽车制造业等广泛行业。由于半导体零部件短缺，全球许多汽车制造商不得不减产，从而导致订单交付出现严重延误。另外，新冠疫情期间对电子产品的需求增加，然而这次事件给全球半导体供应链带来的短缺，导致电子产品供应链也因此而承受巨大压力。

资料来源：CBS新闻网和金融时报网。

7. 产品的生产过程设计没有考虑供应链上库存的影响

现代产品设计与先进制造技术的出现，使产品的生产效率大幅度提高，而且具有较高的成本效益，但是供应链库存的复杂性常常被忽视了，结果所有节省下来的成本都被供应链上的分销与库存成本稀释了。同样，在引进新产品时，如果不进行供应链规划，也会产生如运输时间过长、库存成本高等问题而无法获得成功。

在供应链的结构设计中，同样需要考虑库存的影响。要在一条供应链中增加或关闭一个工厂或分销中心，一般要先考虑固定成本与相关的物流成本，至于网络变化对运作的影响因素，如库存投资、订单的响应时间等常常放在第二位。但是这些因素对供应链的影响不可低估。例如美国一家集成电路（integrated circuit，IC）芯片制造商的供应链结构是这样的：在美国加工晶片后运到新加坡检验，再运回美国生产地做最后的测试，包装后运到用户手中。供应链之所以这样设计是因为考虑了新加坡的检验技术先进、劳动力素质高和税收低等因素。但这样做显然对库存和周转时间的考虑是有欠缺的，因为从美国到新加坡来回运输至少要两周，还要加上海关手续时间，这就大大延长了制造周期，增加了库存成本。

供应链聚焦

美国一家计算机外围设备制造商为世界各国分销商生产打印机。打印机有一些具有销售所在国特色的配件，如电源、说明书等。美国工厂按需求预测生产，但是随着时间的推移，当打印机到达各地区分销中心时，需求已经发生了改变。因为打印机是为特定国家生产的，分销商没有办法应对需求的变化，也就是说，这样的供应链缺乏柔性，其结果是产品积压，产生了高库存。后来，工厂重新设计了供应链结构，调整并优化了打印机的装配过程，工厂只生产打印机的通用组件，而在分销中心根据所在国家的需求特点装配相应的特色组件，这样就减少了大量的库存，同时供应链也具有了柔性。这就是产品"为供应链管理而设计"的思想。在这里，分销中心参与了产品装配设计这样的活动，其中涉及组织之间的协调与合作问题，因此合作关系很重要。

资料来源：人人文库。

从以上几个方面可以看出，传统企业管理模式下的库存控制思想和方法在供应链管理时代都已不能适应现代市场竞争的需要。因此，人们对库存控制模式进行了艰苦的探索，试图找到更有效的手段和方法。

6.2.2 供应链中的不确定性与库存

从需求变异放大现象中我们看到，供应链的库存与供应链的不确定性有很密切的关系。供应链不确定性是现代企业管理中的一个关键挑战，它可以来源于多个方面，如需求波动、供应中断、运输延误、价格波动以及政治和经济变化等。这种不确定性对库存管理产生深远影响，迫使企业必须在保持高服务水平和控制库存成本之间寻找平衡。从供应链整体的角度看，供应链上的库存无非有两种：一种是生产制造过程中的库存，另一种是物流过程中的库存。库存存在的客观原因是为了应对各种各样的不确定性，保持供应链系统的正常性和稳定性，但是库存也产生和掩盖了供应链管理中可能存在的潜在问题。

1. 供应链中的不确定性

（1）供应链中的不确定性的表现形式如下。

衔接不确定性（uncertainty of interface）。企业之间（或部门之间）的不确定性，可以说是供应链的衔接不确定性，这种衔接不确定性主要表现在合作性上。供应链上游的供应商或下游的零售商都有可能引发衔接不确定性问题。为了消除衔接不确定性，需要增加企业之间或部门之间的合作性。

运作不确定性（uncertainty of operation）。系统运作不稳定是组织内部缺乏有效的控制机制所致，控制失效是组织管理的不稳定性和不确定性的根源。为了消除运作中的不确定性，需要加强组织控制，提高系统的可靠性。

供应链的不确定性的来源主要有三个方面：供应商不确定性、生产者不确定性以及顾客不确定性。不同来源的不确定性有不同的产生原因，其表现形式也各不相同。

供应商不确定性表现在提前期的不确定性、订货量的不确定性等方面。供应商不确定性的原因是多方面的。供应商的生产系统发生故障延迟生产，供应商的供应商延迟，意外的交通事故导致的运输延迟等，都可能引起供应商不确定性。

生产者不确定性主要表现在制造商本身的生产系统的不确定性上。机器故障、计划执行的偏差等，都会引起生产的波动。造成生产者生产过程中在制品库存占用的原因也表现在生产者对需求的处理方式上。生产计划是一种根据当前生产系统的状态和未来情况进行的对生产过程的模拟，用计划的形式表达模拟的结果，并以计划驱动生产的管理方法。但是生产过程的复杂性使生产计划并不能精确地反映企业的实际生产条件和预测生产环境的改变，不可避免地造成计划与实际执行的偏差。有效的生产控制措施能够对生产的偏差给以一定的修补，但生产控制必须建立在对生产信息的实时采集与处理上，使信息及时、准确、快速地转化为生产控制的有效信息。

顾客不确定性产生的原因主要有：需求预测的偏差、购买力的波动、从众心理和个性特征等。通常，需求预测的方法都有一定的模式或假设条件，假设需求按照一定的规律运行或表现出一定的规律特征，但是任何需求预测方法都存在这样或那样的缺陷而无法确切地预测需求的波动和顾客的心理性反应。在供应链中，不同节点企业相互之间需求预测的偏差进一步加剧了供应链需求的放大效应，进一步加剧了供应链的信息扭曲。

（2）供应链中的不确定性产生的原因。不管供应链上的不确定性来源于哪个方面，从根本上讲都是由三个方面的原因造成的。

- 需求预测水平造成的不确定性。预测水平与预测时间的长度有关，预测时间越长，预测精度越差。另外，预测方法也会对预测产生影响。事实上，不同的预测方法，其预测误差大小是不一样的。
- 决策信息的可获得性、透明性、可靠性。信息的准确性对预测同样造成影响。下游企业与顾客接触的机会多，获得的有用信息就多；远离顾客需求，信息可获得性和准确性差，预测的可靠性就差。
- 决策过程的影响，特别是决策人心理的影响。需求计划的修订与取舍，以及对信息的要求与共享，无不反映个人的心理偏好。

2. 供应链的不确定性与库存的关系

供应链运行中的两种不确定性（衔接不确定性与运作不确定性）均会对供应链库存造成一定影响。

（1）衔接不确定性对库存的影响。供应链是由不同企业组成的一个网络结构，所以衔接不确定性是普遍存在的，集中表现为企业之间的独立信息体系（信息孤岛）现象。由于竞争的存在，企业总是为了各自的利益而进行资源的自我封闭（包括物质资源和信息资源），企业之间的合作仅仅是贸易上的短时性合作，人为地增加了企业之间的信息壁垒和沟通的障碍。因此，企业不得不为应对不测而建立库存，库存的存在实际就是信息堵塞与封闭的结果。虽然企业各个部门和企业之间都有信息的交流与沟通，但这远远不够。企业的信息交流更多的是在企业内部而非企业之间进行的。信息共享程度差是供应链衔接不确定性增加的一个主要原因。

在传统的供应链中，信息是逐级传递的，即上游供应链企业依据下游供应链企业的需求信息进行生产或做出供应决策。在集成的供应链系统中，尤其是在基于物联网的智能供应链中，每个供应链企业都能够实时共享信息，信息传递过程不再是线性的传递过程，而是网络的传递过程和多信息源的反馈过程。建立了合作伙伴关系的新型企业合作模式，并建立跨组织的信息系统，为供应链的各个合作企业提供共同的需求信息，有利于推动企业间的信息交流与沟通。企业有了确定的需求信息，在制订生产计划时就会减少为了应对需求波动而设立的库存，使生产计划更加精确和可行。同时，对下游企业而言，供应链可为企业提供综合的、稳定的供应信息，无论上游企业能否按期交货，下游企业都能预先得到相关信息而采取相应的措施，使需求企业无须过多地设置库存。

（2）运作不确定性对库存的影响。供应链企业之间的衔接不确定性通过建立具有战略合作伙伴关系的供应链联盟或供应链协作体，或者采用先进的物联网等技术而得以削减。同样，这种合作关系和先进的信息技术也可以消除运作不确定性对库存的影响。当企业之间的合作关系得以改善时，企业的内部运作管理也得以大大改善。因为当企业之间的衔接不确定性因素减少时，企业的生产控制系统就能摆脱这种不确定性因素的影响，从而使生产系统控制更加实时、准确。也只有在供应链的条件下，企业才能获得对生产系统实施有效控制的有利条件，消除生产过程中不必要的库存。

在传统的企业生产决策过程中，供应商或分销商的信息是生产决策的外生变量，无法预见外在需求或供应的变化信息，或获得的是延迟的信息；同时，库存管理策略也是考虑独立的库存点而不是采用共享信息，库存成了维系生产正常运行的必要条件。当生产系统形成网络时，不确定性就像瘟疫一样在生产网络中传播，几乎所有的生产者都希望拥有库存来应对生产系统内外的不测变化。由于无法预测不确定性的规模和影响程度，人们只好按照保守的方法设立库存来应对不确定性。

在不确定性较大的情形下，为了维持一定的用户服务水平，企业常常需要维持一定的库存，以提高服务水平。在存在不确定性的情况下，高服务水平必然带来高库存水平。

6.2.3 供应链管理环境下的库存管理体系

为了应对供应链环境下的不确定性以及满足最终客户的需求，供应链管理需要构建一个完善的库存控制体系，既做到控制合理的库存水平以降低供应链库存成本，同时做到最大限度地提升客户满意度水平或者客户服务水平。

根据供应链的网络结构，我们把供应链库存管理体系分为三类：第一类是针对单个企业的一级库存管理系统，第二类是二级库存管理系统，第三类是多级库存管理系统。供应链管理环境下的库存管理体系如图6-4所示。

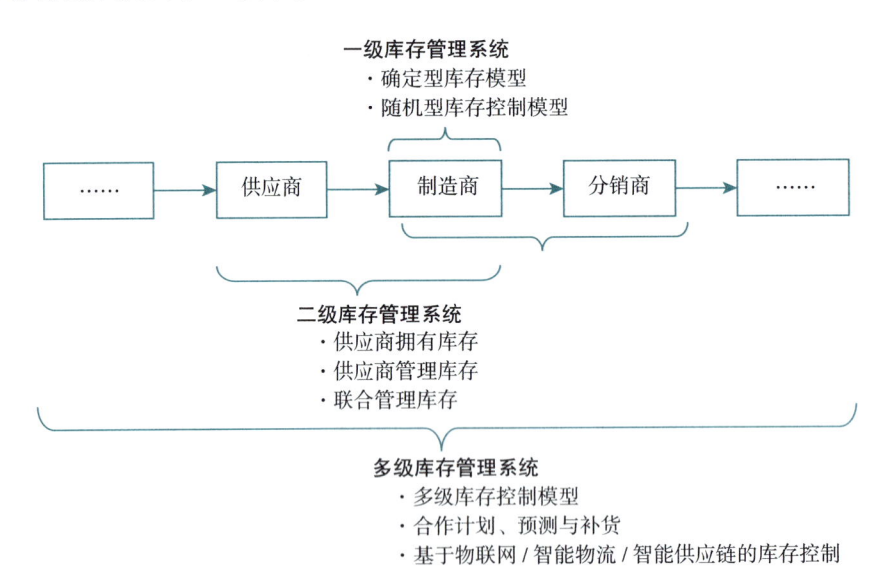

图 6-4 供应链管理环境下的库存管理体系

（1）一级库存管理系统。一级库存管理系统是指单个企业的库存控制与管理系统，不管是供应商、制造商、分销商，还是供应链中的其他合作企业，都会从各自的角度考虑如何优化库存管理以降低自身的库存成本。但这会导致企业间共享信息少、需求信息扭曲，从而产生信息放大效应，最终的结果是整个供应链的库存增加和成本上升。因此，我们要更多地从供应链的角度去看待库存的优化和管理。一级库存管理系统已有成熟的模型和管理体系，读者可以参阅生产运作管理有关教材学习和了解。

（2）二级库存管理系统。二级库存管理系统是指上下游供需双方之间的库存控制与管理系统，"双方"可以是供应商与制造商，也可以是制造商与分销商。随着企业建立了供应链思维,打破企业界限,企业就能更多地考虑如何降低供应链上的中间库存和自身库存,企业之间的信息共享与业务协同也会达到新的高度。根据库存控制权的不同,可以将库存管理系统分为**供应商拥有库存**(vendor owned inventory,VOI)**模式**、**供应商管理库存**(vendor managed inventory,VMI)**模式**以及**联合管理库存**(jointly managed inventory,JMI)**模式**,将分别在 6.3 节和 6.4 节中详细阐述。

(3)多级库存管理系统。该系统建立在信任和集成化的基础上,当企业可以与上下游更多的企业进行信息共享和业务协同时,企业就可以建立更多级的库存管理系统来真正优化更大范围内或者整个供应链的库存水平。6.5 节将对此进行讨论。上述两种库存管理系统相对来说还是从局部进行优化,而多级库存管理系统则更趋向于整体优化。这种优化已经不仅仅是针对库存的优化,还扩展到了预测、生产计划、补货等方面的优化和业务协同,也就是所谓的合作计划、预测与补货。因为合作计划、预测与补货不仅涉及库存管理,还涉及计划,所以本书将这一内容放在第 8 章进行详细讨论。

如第 5 章所述,随着物联网、人工智能、大数据、5G 等技术的飞速发展和应用,库存管理即将进入智能供应链时代。有了信息的高度共享及人工智能的支持,库存的监测、控制和优化都将变得更加自动、自主和智能。

📖 供应链聚焦

借助人工智能和机器学习(ML)的库存管理系统,沃尔玛可以更好地为客户提供衔接流畅、十分令人满意的假日购物体验。

沃尔玛的人工智能库存管理系统对于在客户需要时以他们期望的沃尔玛低成本提供他们所需要的东西至关重要。通过利用历史数据并将其与预测分析相结合,沃尔玛能够在分销和履行中心以及商店中战略性地放置节日商品,从而优化整个购物体验。该数据管理系统,加上对沃尔玛供应链的投资(包括自动化设施、部门就绪货运、下一代订单履行中心和基于商店的订单履行),以及沃尔玛员工和其庞大的"最后一英里"配送网络使用的技术相结合,足以保证物品的高效配送。

60 多年来,沃尔玛一直在帮助顾客和会员庆祝各种节日,不断改进库存管理流程,确保顾客能够找到从礼物到节日美食的一切商品。近年来,沃尔玛测试了人工智能/机器学习模型并将其集成到系统中,人工智能/机器学习引擎可以提供更深入的见解,弥补了仅使用历史数据来指导节日商品在供应链中的流动的不足。在为针对假期的库存管理构建人工智能/机器学习框架时,沃尔玛从数据和业务约束的基础开始,创建一个可能的机器学习模型领域。然后,在模型训练过程中,使用历史数据(例如过去的销售情况)以及在线搜索和页面浏览量来微调机器学习模型。同时,沃尔玛还考虑天气模式、宏观经济趋势和当地人口统计等"未来数据",以预测需求和潜在的订单履行中断。通过这些综合数据,沃尔玛的引擎可以识别并纠正供应链模型中的差异、低效率或不准确之处。当客户准备购物时,沃尔玛的人工智能/机器学习数据已经事先完成了改善库存流程的繁重工作。

无论顾客是在商店、网上还是使用应用程序购物,沃尔玛都能够在他们力所能及的范围内为他们提供所需的节日用品。沃尔玛的库存管理系统连接到 4 700 家商店、订单履行中心、配送中心和供应商。每一次交互和每一步都会被测量、捕获并用于进一步训练人工智能模型和机器学习引擎。人工智能驱动系统利用多种因素来确定库存流动的数量和时间,并更准确地确定分销地点。通过更准确地了解地理分布区域,系统可以根据邮政编码了解客户的需求。对于喜欢送货上门的客户,系统可以优化 Spark 送货路线,以节省从购买那一刻到送货上门之间的时间。借助最先进的学习系统，沃尔玛还可以满足不同文化和购买习惯的地区差异。这是因为沃尔玛的人工智能引擎始终在学习，因此可以优化、增加需求或将库存重新定位到更高的销售区域。例如，如果一种玩具在美国东海岸卖得不好，但在美国中西部很畅销，库存管理系统可以重新配置库存或转移需求。

资料来源：Walmart Global Tech。

6.3 供应商管理库存

前面分析了供应链管理环境下的库存管理和传统库存管理模式的差别以及所面临的新问题。为了适应供应链管理的要求，供应链管理环境下的库存管理方法必须做出相应的改变。如前所述，根据库存控制权的不同，可以有 VOI、VMI 以及 JMI。本节将主要介绍 VOI 和 VMI，6.4 节侧重介绍 JMI。

6.3.1 VOI 的基本思想

在一级库存管理系统中，企业的库存管理是各自为政的，整个供应链中各个环节的每一个企业及部门都各自管理自己的库存。零售商有自己的库存，批发商有自己的库存供应商有自己的库存，各个供应链环节都有自己的库存控制策略。由于各自的库存控制策略不同，因此不可避免地产生需求信息的扭曲现象，即所谓的需求变异放大现象，从而导致库存成本上升。这种库存管理状态并不是最优的。虽然供应链中每一个企业独立地保护各自在供应链中的利益不受意外干扰是有效的，这样做可能实现了局部优化，但是会影响供应链的整体优化。简单来说，如果供应链的各个不同企业根据各自的需要独立运作，就会导致重复建立库存，因而不能实现供应链全局的最低成本，整个供应链的总体库存也会随着供应链长度的增加而增加。

因此，在供应链思想的指导下，在二级库存管理系统中，供方和需方合作共同管理库存。而根据库存控制权的不同，就区分出了 VOI 和 VMI。

VOI 就是供应商将库存放在需求方企业（比如制造商）那里，需求方企业负责管理和控制库存，但所有权在需方取用之前还是归供应商所有。需求方企业在取用后实现所有权转移，并在取用后再与供应商结算。在流通领域这种方式也称"**寄售**"（consignment）。

VOI 的关键在于供需双方计划信息的共享协同，也就是需求方要把自己的需求信息发布给供应商，供应商则主动补货给需求方。这样需求方实现了零财务库存和零提前期供应，随用随取，用后结算。因为结算发生在使用之后，所以这种模式一般发生在供需双方实力悬殊的两个企业之间，比如需求方为汽车制造企业、大型家电企业等，而且库存位于需求方企业，供应商也存在管理困难，要增加额外的仓储租借费用等问题。所以这种方式使供应商处于劣势，不符合供应链强调双赢的原则。

6.3.2 VMI 的基本思想

上述提到了 VOI 的不利之处，因此在 VOI 的基础上演化出了另外一种类似的库存管理模式：VMI，供应商负责管理客户（通常是零售商或制造商）的库存水平。VMI 的基本思想是通过让供应商直接参与库存管理，来提高供应链整体的效率和效果。它同样要求供需双方信息共享和计划协同，但供需双方在一个相互同意的目标框架下由供应商控制和管理库存。与 VOI

不同，库存的所有权可为供应商或者需求方所有，取决于双方的协议规定。相对 VOI 而言，因为供应商具有主控权，所以供应商可以灵活地调度库存的使用情况，比如供应给不同的用户从而更好地控制库存成本。结算也是根据双方的协议执行。这样供应商就不再处于劣势之中。

VMI 一般被认为是供需双方之间的一种合作性策略，以对双方来说都是最低的成本优化产品的可获得性。VMI 的目标是通过供需双方的合作，真正降低供应链上的总库存成本。

VMI 策略的关键措施主要体现在以下几个原则中。

- 合作精神（合作性原则）。VMI 的实施要求双方之间有高度的信任和合作精神，以及有效的信息技术系统支持。VMI 鼓励供应商与客户之间建立更紧密、协作的伙伴关系。通过共享关键信息和目标，双方可以更好地协调行动，实现共同利益。
- 使双方成本最小（互惠原则）。VMI 解决的不是关于成本如何分配或谁来支付的问题，而是如何减少成本的问题。VMI 旨在通过减少订单处理次数、优化运输和减少紧急补货等措施来提高供应链效率，降低操作成本。这种模式有助于减少库存积压，降低仓储成本，同时通过更有效的物流规划减少运输成本，最终使得双方的成本都减少。
- 框架协议（目标一致性原则）。双方都明白各自的责任，观念上达成一致的目标。例如库存位于哪里、什么时候支付、是否要管理费、要花费多少等问题都要回答，并且体现在框架协议中。
- 总体优化原则。供需双方能共同努力消除浪费并共享收益。通过 VMI，供应商可以更有效地控制整个供应链的库存水平，实现库存的优化。这有助于降低整个供应链的库存成本，同时确保产品及时供应，满足消费者需求。

VMI 策略的主要思想是供应商在用户的允许下设立库存，确定库存水平和补给策略，并拥有对库存的控制权和决策权。精心设计的 VMI 系统，不仅可以降低供应链的库存水平、降低成本，而且可以给用户提供高水平的服务，改善资金流。需求变化信息在整个供应链上是透明、共享的，供应商从而获得更多用户的信任。

供应链聚焦

英特尔公司在将 Atom 处理器推向市场后，面临着巨大的降低供应链成本的压力。一般来说，对于售价 100 美元的芯片，5.50 美元的供应链成本是可以接受的，但是当时 Atom 新芯片的定价仅为 20 美元左右。英特尔公司当时已经将包装成本和配送成本压缩到最低了，所以，唯一可能再降低供应链成本的方向就是库存了。而其中的一个可能的选择就是降低库存的周转周期，当时英特尔公司持有足够高的库存水平以满足 9 周的订货周转周期。因此，英特尔公司做出了一个当时半导体行业认为不可能的决定：实施按订单生产。英特尔公司首先将马来西亚的一个制造工厂作为试点，通过流程优化，成功地提高了供应链的效率，从而大大缩短了订货周转周期。英特尔公司采取的改善措施主要包括：压缩芯片装配的测试时间，从原来的 5 天一次压缩到了一周 2 次；引入 SOP（标准作业程序）销售与运营计划体系；逐步融入了 VMI 体系。通过这些措施，英特尔公司终于成功地将库存周转周期从 9 周压缩到了 2 周，而供应链成本也大幅地降低了 4 美元。最终的 1.50 美元的成本相对于之前的 5.50 美元无疑是巨大的成功。

资料来源：Supply Chain Digest。

6.3.3　实施 VMI 的意义

供应链管理的成功通常来源于理解并管理好库存成本和消费者服务水平之间的关系。VMI 就是一种能使供应链合作伙伴共同减少成本、改进服务的先进理念，以下说明了实施 VMI 策略的必要性。

1. 减少供应链的总库存成本

需求的易变性是大部分供应链面临的主要问题，它既损害了供应链对客户的服务水平，也减少了产品收入。在过去的零售情况下，管理政策常常使销售的波动状况更糟。需求的不确定性、有冲突的执行标准、用户所用的计划表不同、用户行为相互孤立、产品短缺造成的订货膨胀等，使供应商无法把握需求的波动性。

许多供应商被 VMI 吸引是因为它降低了需求的不确定性。尽管来自客户的大订单越来越少，但生产商依然需要维持剩余能力或超额的成品存货量，这是为了确保能响应客户服务的要求，是一种成本很高的方法。VMI 能够减少生产的盲目性，在一定程度上削弱产量的峰值和谷值，从而可维持小规模的生产能力和存货水平。

用户被 VMI 吸引是因为它解决了有冲突的执行标准带来的两难状况。比如，月末的存货水平对于作为零售商的客户来说是很重要的，但维持客户服务水平也是必要的，而这些标准是冲突的。零售商在月初储备货物以保证高水平的客户服务，然后使存货水平在月末下降以达到他们的库存目标（不管它对服务水平的影响）。在季末涉及财务报告时，这种不利的影响将更加明显。

在 VMI 中，补货频率通常由每月一次提高到每周甚至每天一次，这会使供应商和用户都受益。供应商在工厂可以看到更准确的需求信息。由于可以更好地利用生产及运输资源，供应商降低了成本，也降低了对缓冲存货的需求。供应商可以做出与需要相协调的补货决定，同时提高了"需求驱动"意识。客户从合理的低水平库存流转中受益。即使用户将所有权（物主身份）让渡给供应商，改善后的运输和仓储也会产生许多好处。此外，月末或季末的服务水平也会得到提高。

在零售供应链中，不同客户间的订货很少能协调，订单经常同时蜂拥而来，这就使得及时满足所有的递送请求变得十分困难。在 VMI 中，整个供应链的协调将支持供应商对平稳生产的需求，而不必牺牲客户服务水平和存储目标。

最后，VMI 将使运输成本减少。如果处理得好，这种方法将会增加低成本的满载运输的比例，从而降低高成本的未满载货的比例。这可以通过供应商协调补给过程来实现，而不是在收到订单时再被动回应。另一个值得注意的是设计更有效的路线规划，例如一辆专用的货车可以在途中停车多次，为某几位邻近的客户补货。

2. 提高服务水平

从零售商的角度来看，服务水平常常由产品的可获得性来衡量。当客户走进商店时，想购买的产品却缺货，这桩买卖就失败了。结果相当严重，因为失去一桩生意的"成本"可能是失去"信誉"。所以，在计划时，零售商希望供应商是值得信任的、可靠的。在商品销售计划中，零售商更希望供应商拥有极具吸引力的货架空间。因此，以可靠而著称的供应商可以获得更高的收入。在其他条件相同的情况下，双方都可以从改善了的服务中收益。

在 VMI 中，多客户补货订单、配送之间的协调大大改善了服务水平。一项不重要的配送可以推迟一两天，先完成主要的配送业务。类似地，相对于小的业务，可以先完成大的补货业务。由于有能力平衡所有合作伙伴的需求，所以供应商可以改善系统的工作状况而不用让任何个体客户冒险。它们向客户保证：客户最主要的需要将会受到最密切的关注。如果没有 VMI，供应商很难有效地安排客户需求的先后顺序。

如果扩大有效解决现有问题的范围，服务水平就可以得到进一步提高。比如说，在缺货的时候，在多个客户配送中心之间平衡存货是十分必要的。有时，在客户间实行存货的重新平衡可能是最经济的方法。如果没有 VMI，就无法这样做，因为供应商和客户都看不到整体存货的配置分布。在 VMI 中，当客户将货物返还给供应商时，供应商可以将其供给另一位客户，这时就实现了存货平衡。这种方法最坏的结果也就是多了一些运输成本而已。

另外的一个好处就是，VMI 可以使产品更新，将会有更少的旧货在系统中流通，所以可以避免客户抢购。此外，新产品的上架速度将更快。由于有信息共享，货物更新时不用为推销而着急，并且可以让零售商保持"时尚"的良好市场形象。VMI 中运用的运输过程更进一步改善了客户服务。如果没有 VMI，集中的客户和分散的配送中心之间的沟通障碍有时会使货物的运送被拒绝。VMI 的供应商会预先规划如何补货和配送，以保证递送计划的实现。

6.3.4 实施 VMI 的方法

要实施 VMI 策略，就要改变订单的处理方式，建立基于标准的托付订单处理模式。首先，供应商和批发商（分销商）要一起确定供应商订单业务处理过程所需要的信息和库存控制参数，然后建立一种订单的标准处理模式，如 EDI 报文标准，最后把订货、交货和票据处理各个业务功能集成在供应商一边。

库存状态透明性（对供应商而言）是实施 VMI 的关键。它使供应商和客户能够随时跟踪和检查需求、库存和供应情况，从而快速响应市场的需求变化，对企业的生产（供应）状态进行相应的调整，增强了供应链的灵活性和适应性。为此需要建立一种能够使供应商和批发商（分销商）的库存信息系统透明连接的方法。

实施 VMI 策略可以分为如下几个步骤。

第一步，建立客户信息系统。要有效地管理销售库存，供应商必须能够获得客户的有关信息。通过建立客户信息库，供应商能够掌握需求变化的有关情况，把由批发商（分销商）进行的需求预测与分析功能集成到供应商系统中来。

第二步，建立销售网络管理系统。供应商要很好地管理库存，必须建立起完善的销售网络管理系统，保证自己产品的需求信息和物流畅通。为此，供应商必须：①保证自己产品条码或其他介质的可读性和唯一性；②解决产品分类、编码的标准化问题；③解决商品存储运输过程中的识别问题。

第三步，建立供应商与批发商（分销商）的合作框架协议。供应商和批发商（分销商）一起协商，确定订单处理的业务流程以及库存控制有关参数，如再订货点、最低库存水平；确定库存信息的传递方式，如通过 EDI 或互联网技术等。

第四步，组织机构的变革。这一点也很重要，因为 VMI 改变了供应商的组织模式。传统上，由财务经理处理与客户有关的事情，引入 VMI 后，在订货部门产生了一种新的职务来负责控制客户的库存，负责库存补给和服务水平维持。

一般来说，以下情况适合实施 VMI 策略：零售商或批发商没有 IT 系统或基础设施来有效管理其库存；制造商实力雄厚并且比零售商市场信息量大；有较高的直接存储交货水平，因而制造商能够有效规划运输。

6.3.5 实施 VMI 的几种形式

1. "制造商—零售商" VMI 模式

这种模式通常存在于制造商作为供应链上游企业的情形中，制造商对其客户（如零售商）实施 VMI，如图 6-5 所示。图中的制造商是 VMI 的主导企业，负责对零售商的供货系统进行检查和补充，这种模式多出现在制造商是一个比较大的产品制造企业的情况下，制造商具有相当的规模和实力，完全能够承担起管理 VMI 的责任，如美国的宝洁公司就发起并主导了对大型零售商的 VMI 管理模式的实施。

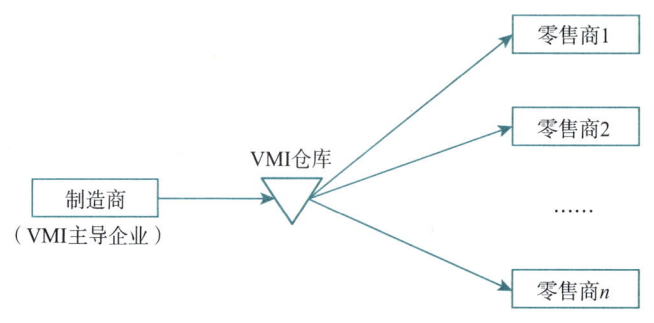

图 6-5 "制造商—零售商" VMI 模式

2. "供应商—制造商" VMI 模式

这种模式通常存在于供应商是供应链上实施 VMI 的上游企业的情况中，制造商要求其供应商按照 VMI 的方式向其补充库存，如图 6-6 所示。此时，VMI 的主导企业可能还是制造商，但它是 VMI 的接受者，而不是管理者，此时的 VMI 管理者是该制造商的上游的众多供应商。

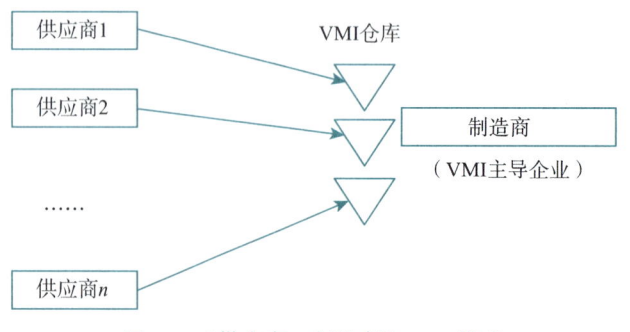

图 6-6 "供应商—制造商" VMI 模式

例如在汽车制造业，这种情况比较多见。一般来说，汽车制造商是这一供应链上的核心企业，为了应对激烈的市场竞争，它会要求它的零部件供应商为其实施 VMI 的库存管理方式。由于很多零部件供应商的规模很小、实力很弱，所以完全由这些供应商完成 VMI 可能比较困难。另外，由于制造商要求供应商按照准时制的方式供货，所以，供应商不得不在制造商的周边建立自己的仓库。这样会导致供应链上的库存管理资源重复配置。例如，调研发现，采用这种 VMI 方式的供应商，为了保证对制造商的供应，要比采用其原有模式多出 5% 的成本。虽然表面上看这些库存管理成本是由供应商支付的，但是实际上仍然会分摊到供货价格里面去，最终对制造商也是不利的。

此外，这种 VMI 模式并不能保证对制造商装配环节的配套供应，装配线中断的概率很高。例如，假定上游有 10 个供应商，每个供应商负责一种零件的供应，并且每个供应商的服务水平都是 95%，那么，在制造商开始装配该种产品时，10 种零件都能配套供应的概率只有 0.95^{10}，即只有不到 60% 的概率能保证配套齐全。换句话说，在 10 次装配指令下达后，能够按期开工装配的次数只有 6 次，另外 4 次则可能出现停工待料的情况。所以，近几年来这种 VMI 模式越来越少了。

3. "供应商—第三方物流—制造商" VMI 模式

为了克服第二种模式的弊端，人们创造出了新的方式，即"供应商—第三方物流—制造商" VMI 模式。这种模式是引入了第三方物流企业，由其提供一个统一的物流和信息管理平台，统一执行和管理各个供应商的零部件库存控制指令，负责完成向制造商生产线上配送零部件的工作，而供应商则根据第三方物流的出库单与制造商按时结算，如图 6-7 所示。

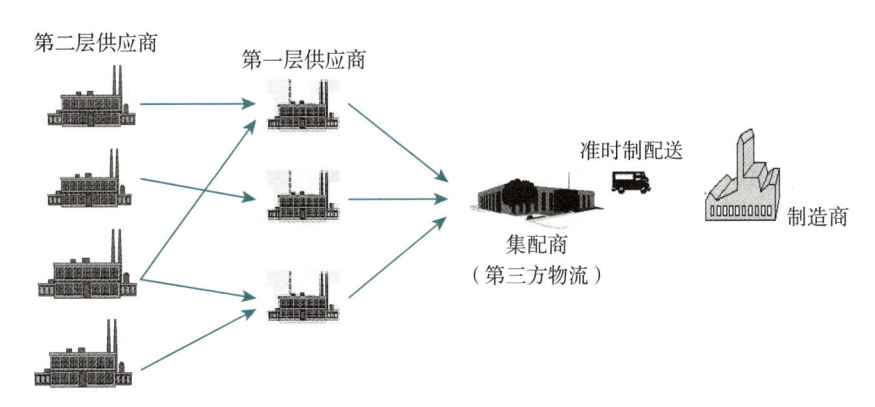

图 6-7　基于第三方物流的 VMI 实施模式

由第三方物流运作的 VMI 仓库可以合并多个供应商交付的货物，采用了物流集中管理的方式，因此形成了规模效应，降低了库存管理的总成本。这一模式的信息流和物流流程如图 6-8 所示。

这一模式的优点有：第三方物流推动了合作三方（供应商、制造商、第三方物流）之间的信息交换和整合；第三方物流提供的信息是中立的，预先达成框架协议，物料的转移标志着物权的转移；第三方物流能够提供库存管理、拆包、配料、排序和交付，还可以代表制造商向供应商下达采购订单。供应商的物料提前集中在由第三方物流运营的仓库中，使得上游的众多供应商省去了仓储管理及末端配送的成本，从而大大提高了供应链的响应性并同时降低了成本，因此，也有人将这种 VMI 模式称为 VMI-Hub。

将 VMI 业务外包给第三方物流，最大的阻力还是来自制造商企业内部。制造企业的管理人员对第三方物流是否可以保证 VMI 业务的平稳运作存在怀疑和不理解，也有人担心引入第三方物流后会失去自己的工作，还有人认为 VMI 业务可以带来利润，因此希望"肥水不流外人田"，把这一业务保留在公司以获得额外的"利润"。因此，为了使 VMI 能够真正为供应链带来竞争力的提升，必须对相关岗位的职责进行重新组织，甚至对企业文化进行变革。

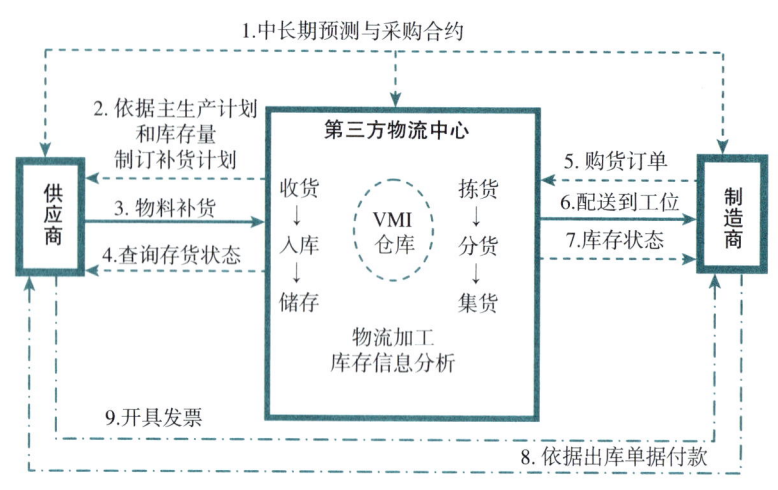

图 6-8　基于第三方物流的 VMI 信息流和物流传递示意图

6.3.6　VMI 与供应物流协同管理

VMI 不仅是降低供应链总体库存的有效方法，而且对于提高供应物流的协同性也有重要价值。

在加工－装配式的供应链中，零部件加工和产品装配往往在不同地区甚至不同国家进行，而且零部件种类繁多，加工工艺多样，各个零部件供应商又是独立的利益主体，这就导致生产过程中计划、组织、协调的困难。零部件从各地的供应商汇集到制造商处进行加工装配，而且对于制造商而言，各个零部件供应商紧密相关，缺少任何一种零部件都无法完成生产。供应物流协同不仅要多个供应商与制造商之间协同，还需要供应商之间的协同，这样既避免供应链停工待料，也能减少多余的库存，从而提高供应链企业的绩效。同时，供应商与制造商达到同步运作，才具有快速响应市场需求的能力。为实现这一目标，人们通过实践发现 VMI-Hub 管理模式的扩展可以较好地解决这一问题。

VMI-Hub 管理模式主要是由第三方物流进行运营和组织实施的。人们在实践中发现，这一模式不仅仅起到降低库存的作用，它在保证和协调零部件供应商向总装配企业同步供货方面以及在保证零部件的齐全配套方面具有独到的价值。所以，人们又将这一模式称为 Supply-Hub，即在协同供应方面的价值，如图 6-9 所示。

由图 6-9 可以看出，Supply-Hub 作为众多零部件供应商与核心企业制造商之间的协同组织，为上游供应商提供的是"集"的服务，即根据制造商的装配计划需求集中采购、运输和存储来自多个供应商的各种零部件。更为重要的是，它能够利用自己的信息系统对装配一种产品所需的零部件进行预先匹配，如果发现某种零部件有缺货的风险，就立即采取措施进行补货，把由于供应商缺件而引起的供应链中断的风险消除在萌芽状态。Supply-Hub 还可以在"集"的前提下按照制造商的要求将仓库中的零部件准时、齐套地直送到生产线的各个工位上，也就是说可以为制造商提供直送工位的"配"的服务。"集"的服务最能够体现多个供应商之间的协同供应;"配"的服务则是准时制实施效果的直接保证。

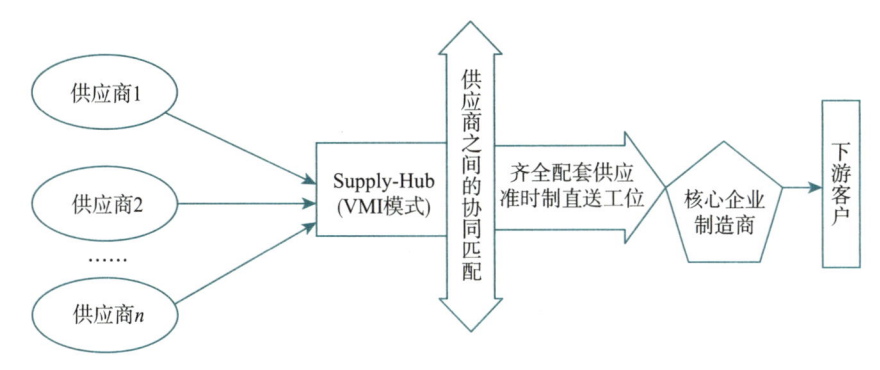

图 6-9　Supply-Hub 的供应物流协同模式

实现多个供应商之间的协同是 Supply-Hub 的核心价值以及创新所在,这是因为它能解决供应与需求双重不确定性带来的供应链风险问题。其中,供应的不确定性除了供应商各自的供应数量、时间、质量等不确定性,还包括相互关联的供应商与供应商之间的供应数量的匹配性、到货时间的同步性、生产进度(周期)的一致性等方面的不确定性或不协同性,而后者才是 Supply-Hub 所解决的主要问题。供应商除了发展与核心企业制造商的纵向关系,还需要再造供应商与供应商之间的新型战略合作伙伴关系。

6.4　联合管理库存

6.4.1　JMI 的基本思想

VMI 是一种供应链集成化运作的决策代理模式,它把客户的库存的控制权和决策权交给供应商,当然供应商也要承担更大的责任和风险,这样还是与供应链管理的双赢原则略有差距。因此,JMI 模式应运而生。它更强调风险分担、计划协同、共同管理,它是由供需双方根据协议共享信息并且共同监督需求和供应流程,体现了供应链企业之间互惠互利和合作共赢的关系。简单来说,它是对 VOI 和 VMI 的优化。JMI 与前面提到的合作计划、预测与补货的基本思想具有很多的相似之处,但并不具有后者企业间共同决策、高度协同的功能。

JMI 的思想可以从分销中心的联合库存功能谈起。地区分销中心体现了一种简单的 JMI 的思想。传统的分销模式是分销商根据市场需求直接向工厂订货,比如汽车分销商(或批发商),根据顾客对车型、款式、颜色、价格等的不同需求,向汽车制造厂订货,需要经过较长时间货才能送达。但是因为客户不想等待这么长的时间,因此各个分销商不得不进行库存备货,这样大量的库存使分销商难以承受以至于破产。据估计,在美国,通用汽车公司销售 500 万辆轿车和卡车,平均价格是 18 500 美元。假如分销商要维持 60 天的库存,库存费是车价格的 22%,一年总库存费用达到 3 亿~4 亿美元。而采用地区分销中心,就大大减缓了库存浪费的问题。图 6-10 为传统的分销模式,每个分销商直接向工厂订货,每个分销商都有自己的库存。而图 6-11 为采用分销中心后的分销模式,各个分销商只需要少量的库存,大量的库存由地区分销中心储备,也就是各个分销商把其库存的一部分交给地区分销中心负责,从而减轻了各个分销商的库存压力。分销中心就发挥了 JMI 的功能。分销中心既是一个商品的联合库存中心,同时也是需求信息的交流与传递枢纽。

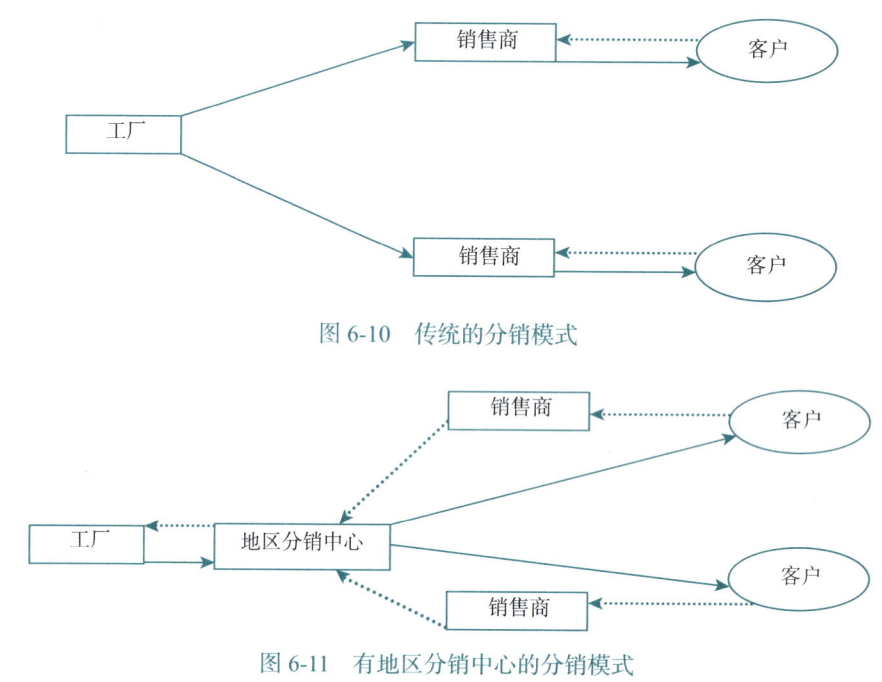

图 6-10 传统的分销模式

图 6-11 有地区分销中心的分销模式

从分销中心的功能我们得到启发,对现有的供应链库存管理模式进行了拓展和重构,提出了 JMI 新模式——基于协调中心的 JMI 系统。在上述讨论的例子中,分销中心就是这个协调中心,它起着供需连接和供需协调的作用。

近年来,在供应链企业之间的合作中,更加强调双方的互利合作关系,JMI 就体现了战略供应商联盟的新型企业合作关系。

在传统的库存管理中,把库存分为独立需求库存和相关需求库存两种库存模式进行管理。相关需求库存问题采用物料需求计划处理,独立需求库存问题采用订货点办法处理。一般来说,产成品库存管理为独立需求库存问题,而在制品和零部件以及原材料的库存控制问题为相关需求库存问题。图 6-12 为传统的供应链活动过程模型。在整个供应链过程中,从供应商、制造商到分销商,各个供应链节点企业都有自己的库存供应商作为独立的企业,其库存(即产品库存)为独立需求库存,制造商的原材料库存、半成品库存为相关需求库存,而产品库存为独立需求库存,分销商为了应对顾客需求的不确定性也需要库存,其库存也为独立需求库存。

JMI 是解决供应链系统中由于各节点企业相互独立的库存运作模式导致的需求变异放大现象,提高供应链同步化程度的一种有效方法。JMI 和 VMI 不同,它强调双方同时参与,共同制订库存计划,使供应链过程中的每个库存管理者(供应商、制造商、分销商)都从相互之间的协调性考虑,保持供应链相邻两个节点之间的库存管理者对需求的预期一致,从而消除需求变异放大现象。任何相邻节点需求的确定都是供需双方协调的结果,库存管理不再是各自为政的独立运作过程,而是变成了供需连接的纽带和协调中心。

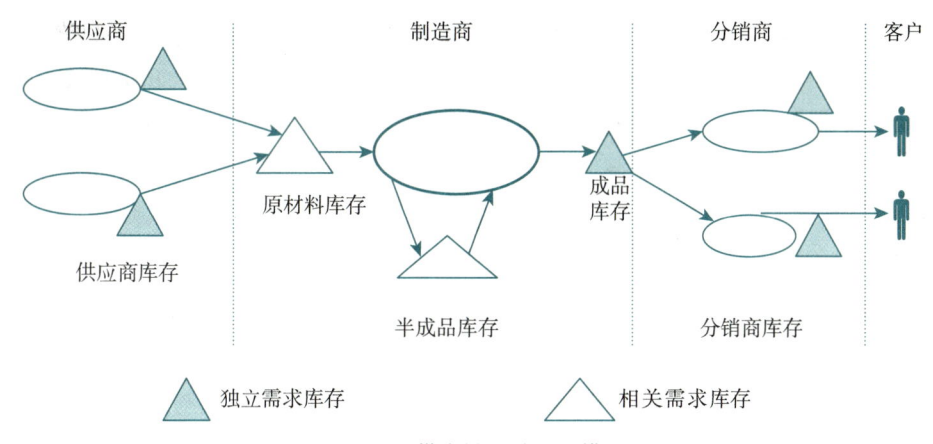

图 6-12 供应链活动过程模型

图 6-13 为基于协调中心的 JMI 的供应链系统模型。其中，原材料联合库存和产销联合库存就是这个供应链中的 JMI 协调中心，使供应链实现上下游企业之间协调的计划和共同的库存管理。和传统的库存管理模式相比，基于协调中心的库存管理有以下几个方面的优点。

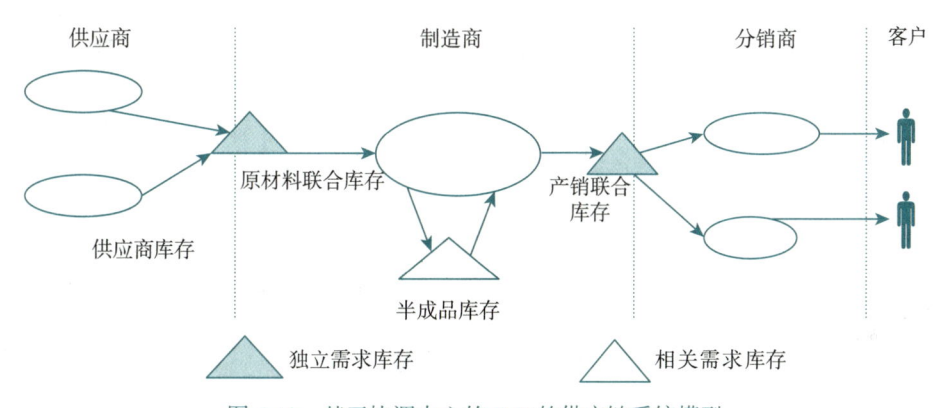

图 6-13 基于协调中心的 JMI 的供应链系统模型

- 为实现供应链的同步化运作提供了条件和保证，增强供应链的整体效率和灵活性。
- 各参与方通过共享销售数据、库存水平、生产计划和市场预测等关键信息，以实现供应链的实时可视化，从而做出更准确的库存决策。减少了供应链中的需求扭曲现象，降低了库存的不确定性，提高了供应链的稳定性。
- 库存作为供需双方信息交流和协调的纽带，可以暴露供应链管理中存在的缺陷，为改进供应链管理水平提供依据。
- 为实现"零库存"管理、准时制采购以及精益供应链管理创造了条件。利用集体智慧和先进的分析工具，参与方可以共同开发和实施更有效的库存策略，如需求驱动的补货、动态安全库存设置和交叉配送等。
- 进一步体现了供应链管理的资源共享和风险分担的原则。JMI 鼓励供应链中的各方共同承担市场和运营风险，比如通过共同的库存政策和风险管理机制来分摊潜在的损失。

JMI 系统把供应链系统管理进一步集成为上游和下游两个协调管理中心，从而部分消除了由于供应链环节之间的不确定性和需求信息扭曲现象导致的供应链的库存波动。协调管理中心使供需双方共享需求信息，因而起到了提高供应链的运作稳定性的作用。JMI不仅是库存管理的一种策略，更是一种全面提升供应链管理水平和效率的综合方法。

6.4.2　JMI 的实施策略

1. 建立供需协调管理机制

为了发挥 JMI 的作用，供需双方应从合作的精神出发，建立供需协调管理机制，通过相互协调作用明确各自的目标和责任，建立合作沟通的渠道，为供应链的 JMI 提供有效的机制。图 6-14 为供应商与分销商协调管理机制模型。没有一个协调的管理机制，就不可能进行有效的 JMI。

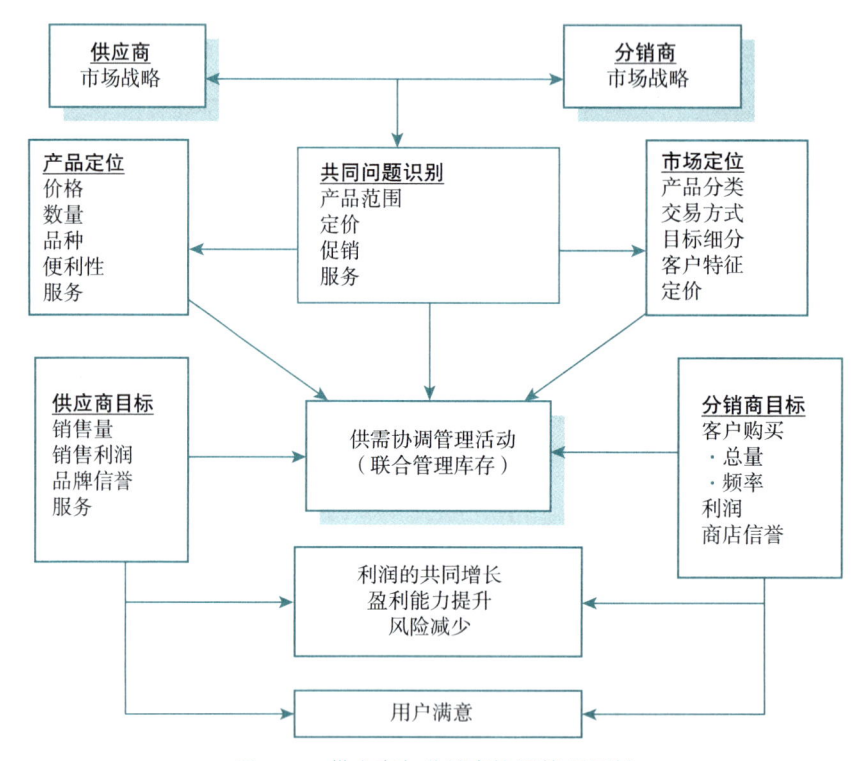

图 6-14　供应商与分销商协调管理机制

建立供需协调管理机制，应从以下几个方面着手。

（1）建立共同的合作目标。要建立 JMI 模式，首先供需双方应本着互惠互利的原则建立共同的合作目标。为此，要理解供需双方在市场目标方面的共同之处和冲突点，通过协商形成共同的目标，如用户满意度提升、利润的共同增长、盈利能力提升、风险减少等。

（2）建立联合库存的协调控制方法。JMI 中心担负着协调供需双方利益的角色，起着协调控制器的作用。因此需要对库存优化的方法进行明确，内容包括库存如何在多个需求商之间进行调节与分配、库存的最大量和最低库存水平、安全库存的确定、需求的预测等。

（3）建立一种信息沟通的渠道或系统。信息共享是供应链管理的特色之一。为了提高整个供应链的需求信息的一致性和稳定性，减少由于多重预测导致的需求信息扭曲，应增加供应链各方获得需求信息的及时性和透明性。为此应建立一种信息沟通的渠道或系统，以保证需求信息在供应链的畅通和准确性。要将条码技术、RFID 技术、扫描技术、POS 系统和 EDI 系统集成起来，并且要充分利用互联网的优势，在供需双方之间建立一个畅通的信息沟通桥梁和联系纽带。

（4）建立利益分配和激励机制。要有效运行基于协调中心的库存管理，必须建立一种公平的利益分配制度，并对参与协调库存管理中心的各个企业（供应商、制造商、分销商或批发商）进行有效的激励，防止机会主义行为，增加协作性和协调性。

2. 发挥 ERP 资源计划系统的作用

为了发挥 JMI 的作用，在供应链库存管理中应充分利用目前比较成熟的 ERP 资源管理系统，如原材料联合库存协调管理中心应用制造资源计划系统，而在产销联合库存协调管理中心则应用配送需求计划系统，这样就能把两种资源计划系统很好地结合起来。

3. 建立快速反应系统

快速反应（QR）系统是在 20 世纪 80 年代末从美国服装行业发展起来的一种供应链管理策略，目的在于减少供应链中从原材料到用户这一过程中的时间和库存，最大限度地提高供应链的运作效率。

快速反应系统在美国等西方国家的供应链管理中被认为是一种有效的管理策略，经历了三个发展阶段。一是商品条码化（包括 RFID），通过对商品的标准化识别处理加快订单的传输速度；二是内部业务处理自动化，采用自动补库与 EDI 系统提高业务自动化水平；三是采用更有效的企业间合作，消除供应链组织之间的障碍，提高供应链的整体效率，如通过供需双方合作确定库存水平和销售策略等。

目前在欧美企业中，快速反应系统的应用已达到比较高级的阶段，通过合作计划、预测与补货等策略进行有效的用户需求反应。美国嘉思明咨询公司调查分析认为，实施快速反应系统后供应链效率大有提高：缺货大大减少，通过供应商与零售商的联合协作保证 24h 供货；库存周转速度提高 1～2 倍；通过敏捷制造技术，企业的产品中有 20%～30% 是根据用户的需求制造的。快速反应系统需要供需双方的密切合作，而协调库存管理中心的建立可以为快速反应系统发挥更大的作用创造有利的条件。

4. 发挥第三方物流企业的作用

第三方物流企业是供应链集成的一种技术手段，它为用户提供各种物流方面的增值服务，如产品运输、订单选择、库存管理等。第三方物流系统的产生，一种是由一些大型公共仓储公司通过提供更多的附加服务演变而来的，另外一种是由一些制造企业的运输和分销部门演变而来的。

把 JMI 的部分功能代理给第三方物流系统来进行管理，可以使企业更加集中精力于自己的核心业务，第三方物流系统在供应商和用户之间起到了桥梁作用（见图 6-15）。第三方物流系统可以使企业获得诸多好处。

- 减少成本；
- 使企业集中于核心业务；
- 获得更多的市场信息；

- 获得一流的物流咨询；
- 改进服务质量；
- 快速进入国际市场。

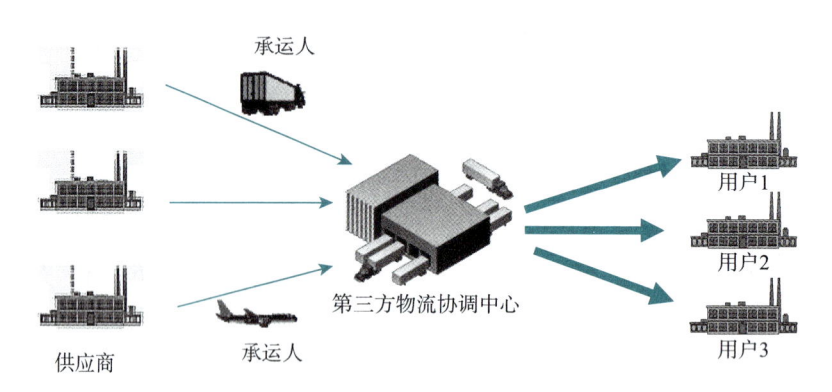

图 6-15　第三方物流系统在供应商和用户之间的作用

面向协调中心的第三方物流系统使供应与需求双方都取消了各自独立的库存，增加了供应链的敏捷性和协调性，并大大改善了供应链的用户服务水平和运作效率。

6.5　供应链多级库存优化与控制

不管是 VOI 或 VMI，还是基于协调中心的 JMI，都只是在一定程度上对供应链的局部优化控制，而要进行供应链的全局性优化与控制，则必须采用**多级库存优化**（multi-stage inventory optimization）与控制方法。多级库存优化与控制是在单级库存控制的基础上形成的，目标是供应链资源的全局性优化。多级库存系统根据不同的配置方式，分为串行系统、并行系统、纯组装系统树形系统、无回路系统和一般系统。

供应链管理的目的是使整个供应链各个阶段的库存最小，但是现行的企业库存管理模式往往从单一企业的角度或供需双方这一局部的角度来考虑库存问题，因而并不能使供应链整体达到最优。

多级库存控制的方法有两种：一种是非中心化（分布式）策略，另一种是中心化（集中式）策略。非中心化策略是各个库存点独立地采取库存策略，这种策略在管理上比较简单，但并不能保证整体供应链优化，如果信息共享程度低，多数情况下产生的是次优的结果，因此非中心化策略需要更多信息共享。采用中心化策略，所有库存点的控制参数是同时决定的，考虑了各个库存点的相互关系，通过协调性办法促进库存的优化。但中心化策略在管理上协调难度大，特别是当供应链的层次比较多，即供应链的长度增加时更增加了协调控制的难度。

6.5.1　供应链多级库存优化与控制的主要关注点

供应链多级库存优化与控制应主要关注和考虑以下几个问题。

（1）库存优化的目标问题。传统的库存优化无一例外都进行库存成本优化，在强调敏捷制造、基于时间的竞争的条件下，这种成本优化策略是否适宜？供应链管理的两个基本策略都集中体现了顾客响应能力的基本要求,因此在实施供应链库存优化时要明确库存优化的目标是什么,是成本还是时间?成本是库存控制中必须考虑的因素,但是,在现代市场竞争的环境下,仅优化成本这样一个参数显然是不够的,应该把时间(库存周转时间)的优化也作为库存优化的主要目标来考虑。

(2)明确库存优化的边界。供应链库存管理的边界即供应链的范围,在库存优化中,一定要明确库存优化的范围是什么。供应链结构有各种各样的形式,有全局供应链,包括供应商、制造商、分销商和零售商各个部门;有局部供应链,其中又分为上游供应链和下游供应链。在传统的所谓多级库存优化模型中,绝大多数是下游供应链,即关于制造商(产品供应商)—分销中心(批发商)—零售的三级库存优化,很少有关于零部件供应商—制造商之间的库存优化模型,在上游供应链中,主要考虑的问题是供应商的选择。

(3)多级库存优化的效率问题。理论上讲,如果所有的相关信息都是可获得的,并能把所有的管理策略都考虑到目标函数中去,那么中心化的多级库存优化策略要比基于单级库存优化的策略(非中心化策略)好。但是,现实情况未必如此,当把组织与管理问题考虑进去时,管理的幅度常常是将权限下放给各个供应链部门,使其独立进行库存控制,多级库存控制策略的好处也许会被组织与管理的考虑所抵消。因此简单的多级库存优化并不能真正产生优化的效果,需要对供应链的组织、管理进行优化,否则,多级库存优化策略的效率是低下的。

(4)明确采用的库存控制策略。在单点库存的控制策略中,一般采用的是周期性检查与连续性检查策略。周期性检查策略主要有(nQ, s, R)、(S, R)、(s, S, R)等策略,连续性检查策略主要有(s, Q)和(s, S)两种策略。这些库存控制策略对于多级库存控制仍然适用。但是,到目前为止,多级库存控制都是基于无限能力的假设的单一产品的多级库存,有限能力的多产品的库存控制是供应链多级库存控制的难点和有待解决的问题。

下面,我们分别从成本优化和时间优化的角度探讨多级库存控制问题。

6.5.2 基于成本优化的多级库存控制

基于成本优化的多级库存控制实际上就是确定库存控制的有关参数:库存检查周期、订货点、订货量。

在传统的多级库存优化方法中,主要考虑的供应链模式是生产分销模式,也就是供应链的下游部分。我们进一步把问题推广到整个供应链的一般情形,即如图6-16所示的多级供应链库存模型。

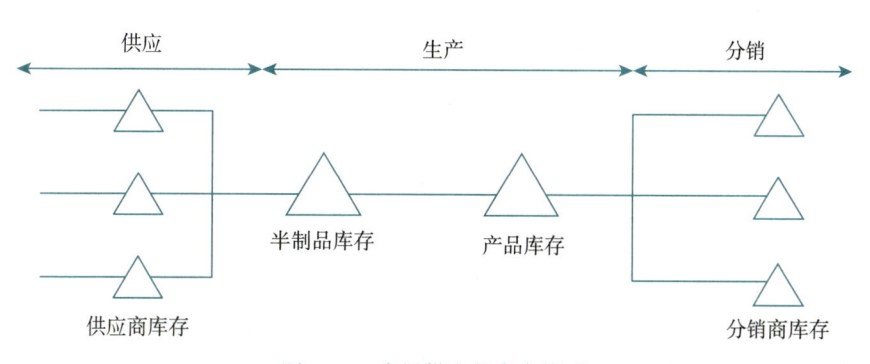

图6-16 多级供应链库存模型

在库存控制中，考虑中心化（集中式）和非中心化（分布式）两种库存控制策略情形。在分析之前，首先确定库存成本结构。

1. 供应链的库存成本结构

（1）维持库存费用（C_h）。在供应链的每个阶段都维持一定的库存，以保证生产、供应的连续性。这些维持库存费用包括资金成本、仓库及设备折旧费、税收、保险金等。库存费用的维持与库存价值和库存量的大小有关。维持库存费用沿着供应链从上游到下游有一个累积的过程，如图6-17所示。

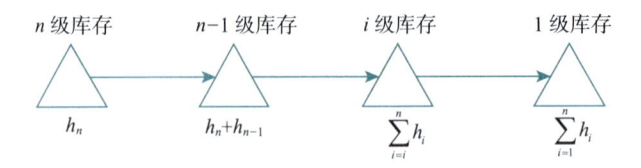

图6-17 供应链维持库存费用的累积过程

图6-17中的 h_i 为单位周期内单位产品（零件）的维持库存费用。如果 v_i 表示 i 级库存量，那么整个供应链的维持库存费用为

$$C_h = \sum_{i=1}^{n} h_i v_i$$

如果是上游供应链，则维持库存费用是一个汇合的过程，而在下游供应链，则是分散的过程。

（2）交易成本（C_t）。**交易成本**（transaction cost）是指在供应链企业之间的交易合作过程中产生的各种费用，包括谈判要价、准备订单费用、商品检验费用、佣金等。交易成本随交易量的增加而减少。

交易成本与供应链企业之间的合作关系有关。通过建立一种长期的互惠合作关系，有利于降低交易成本，具有战略合作伙伴关系的供应链企业之间交易成本是最低的。

（3）缺货损失成本（C_s）。缺货损失成本是由于供不应求（即库存小于零）而造成的市场机会损失以及用户罚款等。

缺货损失成本与库存量大小有关：库存量大，缺货损失成本低；反之，缺货损失成本高。为了降低缺货损失成本，维持一定量的库存是必要的，但是库存过多将增加维持库存费用。

在多级供应链中，通过提高信息共享的程度，增加供需双方的协调与沟通，有利于减少缺货损失。

总的库存成本为

$$C = C_h + C_t + C_s$$

多级库存控制的目标就是优化总的库存成本 C，使其达到最小。

2. 库存控制策略

多级库存控制策略分为中心化库存控制策略和非中心化库存控制策略，接下来分别加以说明。

（1）中心化库存控制策略。目前关于多级库存的中心化库存控制策略的探讨不多，采用中心化库存控制策略的优势在于企业能够对整个供应链系统的运行有一个较全面的掌握，能够协调各个节点企业的库存活动。

中心化库存控制是将控制中心放在核心企业上，由核心企业对供应链系统的库存进行控制，协调上游与下游企业的库存活动。这样核心企业也就成了供应链上的数据中心数据仓库，担负着数据的集成、协调功能，如图 6-18 所示。

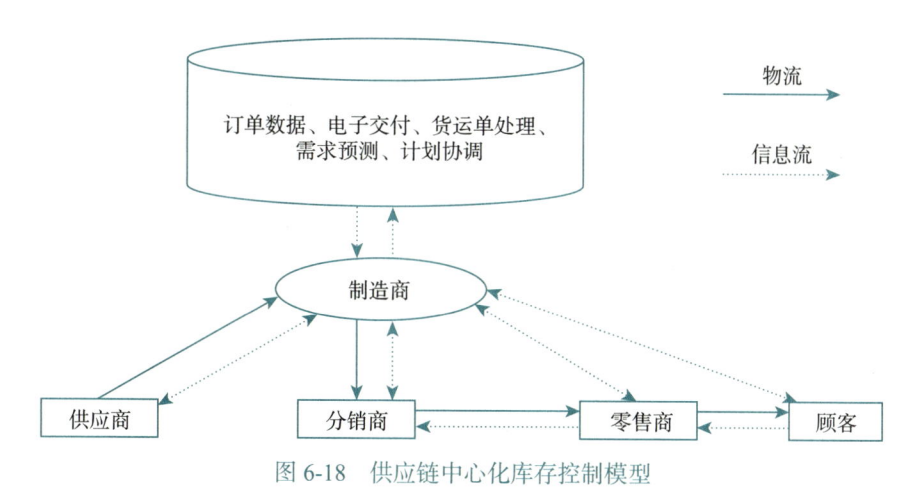

图 6-18　供应链中心化库存控制模型

中心化库存控制的目标是使供应链上总的库存成本最低，即

$$\min \text{TC} = \sum_{i=1}^{m}(C_{hi} + C_{ti} + C_{si})$$

公式中的 m 表示供应链网络中的阶，如供应商、制造商、分销商、零售商。

理论上讲，供应链的层次可以是无限的，即从用户到原材料供应商，整个供应链是 n 个层次的供应链网络模型，分一级供应商、二级供应商……k 级供应商，然后到核心企业（组装厂），分销商也可以是多层次的，分一级分销商、二级分销商、三级分销商等，最后才到用户。但是，现实中供应链的层次并不是越多越好，而是越少越好，因此实际供应链的层次并不很多，采用供应—生产—分销这样的典型三层模型足以说明供应链的运作问题。图 6-19 为三级库存控制的供应链模型。

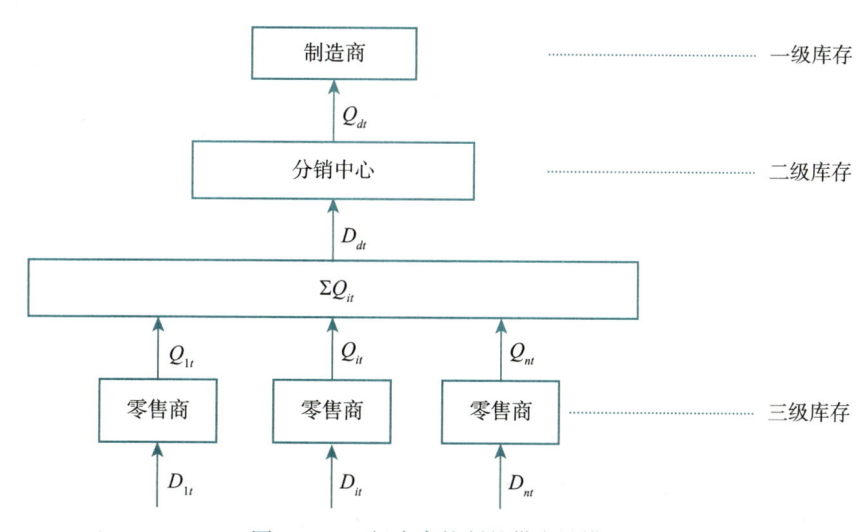

图 6-19　三级库存控制的供应链模型

各个零售商的需求 D_{it} 是独立的,根据需求的变化确定的订货量为 Q_{it},各个零售商的订货汇总到分销中心,分销中心产生一个订货单给制造商,制造商根据产品决定生产计划,同时对上游供应商产生物料需求。整个供应链在制造商、分销商、零售商三个地方存在库存,这就是三级库存。这里假设各零售商的需求为独立需求,需求率 d_i 与提前期 LT_i 为同一分布的随机变量,同时系统销售同一产品,即为单一产品供应链。这样一个三级库存控制系统是一个串行与并行相结合的混合型供应链模型,建立如下的控制模型:

$$\min\{C_{mfg} + C_{cd} + C_{rd}\}$$

模型中第一项为制造商的库存成本,第二项为分销商的库存成本,第三项为零售商的库存成本。

关于订货策略采用连续性检查还是周期性检查的问题,原则上讲两者都是适用的,但各有特点。问题在于采用传统的订货策略时,有关参数和供应链环境下的库存参数应有所不同,否则不能反映多级库存控制的思想。因此,不能按照传统的单点库存控制策略进行库存优化,必须寻找新的方法。

按照传统的固定量订货系统,其经济订货量为

$$Q_i^* = \sqrt{\frac{2d_i C_{si}}{h_i}}$$

如果我们把这个算法作为多级库存的各个阶段的供应商或分销商的订货策略,那么就没有体现供应链的中心化控制的思想。为什么?因为这样计算出的库存信息是单点库存信息,而没有考虑供应链的整体库存状态,所以,采用这样的计算方法实际上是优化单一库存点的成本而不是整体供应链的成本。

那么,如何才能体现供应链这种集成的控制思想呢?可以采用级库存取代点库存来解决这个问题。因为点库存控制没有考虑多级供应链中相邻节点的库存信息,所以容易造成需求变异放大现象。采用级库存控制策略后,对每个库存点的检查实际上不再是仅检查本库存点的库存数据,而是检查处于供应链整体环境下的某一级库存状态。这个级库存和点库存不同,我们重新定义供应链上节点企业的库存数据,采用"级库存"这个概念,其计算公式如下:

供应链的级库存 = 某一库存节点现有库存 + 转移到或正在转移给其后续节点的库存

这样检查库存状态时不但要检查本库存点的库存数据,还要检查其下游需求方的库存数据。由于级库存策略的库存决策基于对下游企业的库存状态的完全掌握,因此避免了信息扭曲现象。建立在互联网/EDI 技术基础上的全球供应链信息系统,为企业之间的快速信息传递提供了保证,因此,实现供成链的多级库存控制是有技术保证的。

(2)非中心化库存控制策略。非中心化库存控制是把供应链的库存控制分为三个成本归结中心,即制造商成本中心、分销商成本中心和零售商成本中心,它们各自根据自己的库存成本优化做出控制策略,如图 6-20 所示。非中心化库存控制要取得整体的供应链优化效果,需要增加供应链的信息共享程度,使供应链的各个部门都共享统一的市场信息。非中心化多级库存控制策略能够使企业根据自己的实际情况独立快速做出决策有利于发挥企业的独立自主性和灵活机动性。

非中心化库存订货点的确定,可完全按照单点库存的订货策略进行,即每个库存点根据库存的变化独立地决定库存控制策略。非中心化多级库存优化策略需要企业之间具有较好的协调

性，否则有可能导致各自为政的局面。

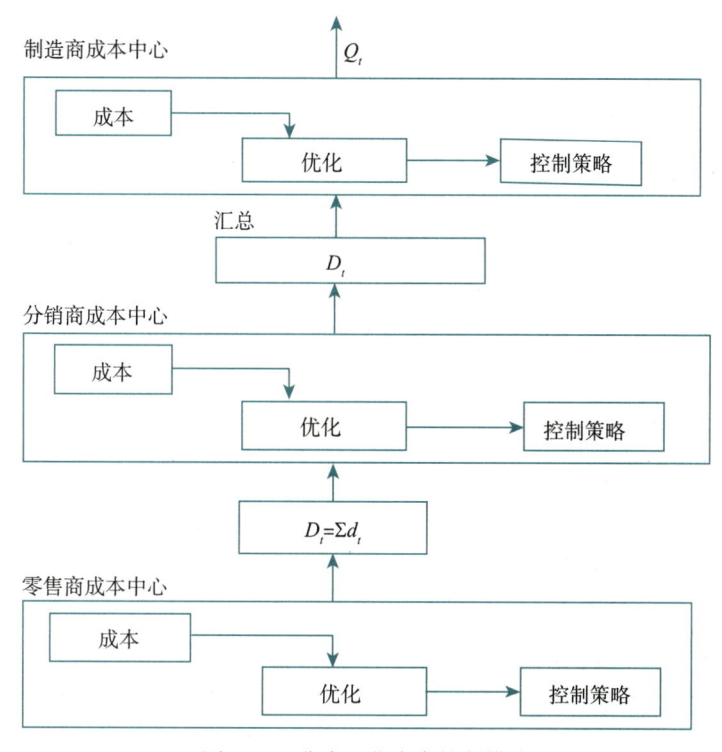

图 6-20　非中心化库存控制模式

供应链聚焦

亚马逊：亚马逊使用多级库存管理系统来确保客户在需要时可以买到产品。该公司拥有一个战略性布局的履行中心和配送中心网络，以确保快速高效地向客户交付产品。通过使用先进的规划和预测技术，亚马逊能够优化整个供应链的库存水平，同时最大限度地降低库存持有成本。

宝洁公司：宝洁公司是一家消费品公司，它使用多级库存管理系统来确保客户需要时可以买到其产品。该公司结合使用安全库存优化、VMI 和协作计划技术来优化整个供应链的库存水平。这有助于宝洁公司降低库存持有成本，同时保持高服务水平。

思科公司：思科公司是一家技术公司，它使用多级库存管理系统来确保客户需要时可以使用其产品。该公司结合使用安全库存优化和先进的计划和调度技术来优化整个供应链的库存水平。这有助于思科公司降低库存持有成本并提高服务水平。

沃尔玛：沃尔玛采用多级库存管理系统，确保顾客需要时能买到产品。该公司拥有一个战略性分布的配送中心和履行中心网络，以确保快速高效地向客户交付产品。通过使用协作规划和预测技术，沃尔玛能够优化整个供应链的库存水平，同时最大限度地降低库存持有成本。

资料来源：Cash Flow Inventory。

6.5.3　基于时间优化的多级库存控制

前面我们探讨了基于成本优化的多级库存控制方法，那是一种相对传统的做法。随着市场变化，市场竞争已从简单的成本优先的竞争模式转为时间优先的竞争模式，这就是敏捷制造的思想。供应链的库存优化不能简单地仅优化成本。在供应链管理环境下，库存优化还应该考虑对时间的优化，比如库存周转率的优化、供应提前期的优化、平均上市时间的优化等。库存时间过长对于产品的竞争力不利，因此供应链系统应从提高用户响应速度的角度提升供应链的库存管理水平。

6.6 大数据时代的供应链库存管理

值得注意的是，随着各种新兴技术在端到端供应链中的普及应用，大数据时代为供应链库存管理带来了革命性的变化，使企业能够更加精准、高效地管理库存，从而减少成本、提高服务水平和响应速度。在这个背景下，供应链库存管理的几个关键方面将被重新定义和加强。

1. 数据驱动的决策制定

一方面，企业利用大数据技术和高级分析方法（如预测分析、情感分析等）来洞察市场趋势和消费者需求。通过挖掘社交媒体数据、销售数据和市场报告，企业可以细化需求预测，更准确地预测市场需求、消费者行为和季节性波动，从而优化库存水平，避免库存过剩或缺货的情况。另一方面，RFID和物联网等技术的普及应用推动了供应链可视性的发展，企业可以更实时地追踪库存水平、供应链状态和市场变化，使库存决策过程更加灵活和及时。同时，随着数字媒体和平台的推动，新兴的商业模式不断涌现，传统的销售和生产不断受到冲击。比如，短视频带货的普及变革了传统的营销渠道，在影响消费者购买行为和需求的同时，也对企业的生产和库存管理带来了新的挑战。

2. 增强供应链可视性

毫无疑问，在大数据、区块链技术和网络技术的支持下，供应链的透明度相较20年前已经不可同日而语。通过越来越多集成的供应链管理平台，利用现代信息技术将端到端供应链的所有节点关联起来，企业可以创建一个不可篡改、透明的供应链记录系统，从而增强供应链的可追溯性和信任度。这对于食品安全、药品溯源等领域尤为重要，企业得以获得从原材料采购到最终产品交付全过程的透明度，及时发现并解决库存管理。合作伙伴之间的数据共享也得到大量的推动，包括库存水平、物流状态和市场需求信息，从而提高了整个端到端供应链的协同效率和响应能力，使企业更有效地管理供应链库存。

3. 自动化和智能化

物联网、机器人、自动化搬运系统、无人机等自动化技术的大量普及，实现了供应链活动（包括仓库操作）的自动化，提高了库存管理的效率和精确度。利用算法自动计算并执行补货命令，不仅基于销售历史数据，还考虑市场趋势、促销活动和节假日影响，以确保库存水平与市场需求相匹配。同时，信息的收集也更加自动化，也使得端到端供应链的数字可视化成为现实，信息在库存的监测、控制和优化中也得以更准确地传递。ERP系统和仓储管理系统等软件的不断升级，也保证了企业可以实现更加自动化的执行库存补货、调拨和优化等任务。同时，随着人工智能和机器学习算法在供应链管理领域的不断发展和应用，企业的预测和决策更加智能化。机器学习算法用来分析历史数据和市场趋势，可以大大提高需求预测的准确性从而更有效地进行库存管理和优化。

4. 客户需求中心化

云计算技术实现大量数据的存储和调用,信息流在传递的传统订单信息的基础上,细化增加了客户层面的信息。大数据时代下,除了客户信息的获取利用网络工具能轻松实现,将客户信息添加标签最终实现客户形象具体化,深度的、数据量大的客户画像也成为现实。客户层面信息的共享,商品评价能更直观的展示客户的满意程度,产品功能、外观材质、商品品质等信息,创造了一种客户需求数据化和中心化的共享方式,促使产品创新更加人性化,也使得用户和供应商之间更为协调。而且,企业对用户画像大数据进行中心化分析,可以更好地理解不同客户群体的购买心理、购买能力及其特定需求,从而可以降低顾客需求的不确定,进而实施更加个性化的库存策略。同时,确保产品的及时供应和多渠道的供货能力,提高客户满意度和忠诚度。

5. 风险管理和可持续性

利用大数据分析,可以帮助企业更好的分析识别潜在供应链风险,如供应链中断、需求突变等,并提前制定应对策略。通过大数据技术优化库存管理减少浪费,评估供应链合作伙伴的环境变化,也有助于促进整个供应链的可持续性发展。

在大数据时代,供应链库存管理不再仅仅是简单地存储和管理物理商品,而是成为一个高度复杂、动态和智能化的系统。企业需要不断地利用新技术、数据分析和创新思维来提升其供应链库存管理的能力,以应对日益变化的市场和消费者需求。同时,也要注意可能存在的几个难点:前期大数据技术投入较大,供应链人才队伍的提升既要重视供应链库存管理专业技术也要有相应数据处理分析能力,上下游企业在应用大数据等新兴技术上的共识和协调。

供应链聚焦

进入 21 世纪后,电子商务迅猛发展,网络购物催生了顺丰、京东物流等一系列经营快递业务的公司。以顺丰控股为例,2016 年将大数据技术运用到仓库选址、库存分仓策略制定中,解决了仓库选址粗放、库存分类不合理的问题。2016 年 5 月顺丰控股发布了面向企业的大数据服务产品-数据灯塔,通过数据灯塔中的智慧云仓工具,以预测订单走势、合理分仓等手段为客户提供了决策支持,实现了健康、绿色库存,这为大数据技术在库存管理方面的运用提供了成功范例。大数据时代,供应链库存管理变得更方便快捷,更智能,但必须先分析传统库存管理中存在的问题,才能有的放矢。

资料来源:搜狐网。

本章小结

本章论述了供应链管理环境下库存管理中出现的一些新问题,从系统论和集成论的角度出发,研究了适应供应链管理的新的库存管理策略与方法。通过本章的学习,我们可以发现,在供应链管理环境下,由于企业运作的组织与管理模式都发生了变化,因此在传统库存管理中形成的管理模式存在这一些局限性,对此本章进行了分析。随后,本章着重介绍了 VMI、JMI 等新的库存策略与方法,较为详细地讨论了 VMI 的实施方法、可供选择的几种 VMI 运作方式等内容,特别是从供应物流协同的角度讨论了 Supply-Hub 的作用,将库存控制与供应协同结合起来。本章从供应链的结构特征,简要讨论了多级库存控制的问题,试图超越传统的单级库存管理的做法。最后,介绍了大数据时代供应链库存管理的发展趋势。

关键术语

库存(inventory)
库存控制(inventory control)
补给策略(replenishment policy)
周期性检查模型(periodic review model)
连续性检查模型(continuous review model)
供应商拥有库存(vendor owned inventory, VOI)
供应商管理库存(vendor managed inventory, VMI)
联合管理库存(jointly managed inventory, JMI)
多级库存优化(multi-stage inventory optimization)

思考与练习

1. 简单阐述库存在企业运营中的重要性。
2. 订货点法库存管理基本策略包括哪几种?
3. 如何看待供应链整合下的库存问题?它与传统的企业库存管理有何不同?请举例说明。
4. 如何理解供应链管理中的不确定性?它对供应链的库存管理会产生怎样的影响?作为供应链管理执行经理,如何控制供应链运作过程中的不确定性?
5. 怎样才能保证供应链上游供应端的物料供应的齐全配套性?为此,在库存管理上应做哪些创新?
6. 阐述 VMI 的基本思想。如果你是一位采购经理,你如何在实际管理中运用 VMI?
7. 举例说明 VOI、VMI、JMI 三种库存管理模式的不同。
8. 比较 JMI 思想与多级库存管理思想之间的异同点。
9. 供应链库存管理中涉及的成本主要包括哪些?

讨论案例

江铃发动机厂:从 VMI 到 3PL-Hub

公司概况

江西五十铃发动机有限公司(以下简称"江铃发动机厂")是江铃汽车集团公司之控股子公司,成立于 2013 年 4 月,由江铃汽车集团公司与五十铃自动车株式会社共同出资设立,拥有江铃及五十铃两大品牌,主要产品有 VM 系列、493 系列和从日本五十铃引进的 4J、RZ4E 系列四大产品系列发动机。产品应用范围广阔,是中高档 SUV、皮卡、轻卡、轻客、MPV 和非道路车辆的理想配套动力。

从意大利引进 VM 发动机项目后成为国内为数不多的能达到欧Ⅲ、欧Ⅳ排放标准的先进发动机企业。

江铃发动机厂为定位于生产中高档轿车和低档货车的整车厂提供产品,其发展战略为:建立独立自主的高档柴油发动机研发销售体系,通过培养快速多变的产品设计开发能力及供应链管理能力,以数字化的企业管理建立企业核心竞争力。在这种发展战略和竞争策略的指导下,江铃发动机厂在筹建阶段就把建立全新的供应链管理模式放在了重要地位。

汽配供应链运作特点

汽车供应链是最复杂的供应链之一。以整车厂为核心的汽车供应链,仅第一层的上游供应商就有 300～400 家，形成了一条由汽车零部件供应商组成的供应链故称为汽配供应链。一般情况下，整车厂为了降低成本如库存成本等，传统的做法是将供应链的零部件库存转移到上游供应商，以此达到降低成本的目的。因此，传统汽配供应链上的供应商面临的压力是非常大的。

实际上，整车厂也清楚，这种转移库存成本的做法对整个供应链是不利的，它们也曾尝试采用更先进的库存管理模式，如目前汽配行业供应链管理普遍采用的 VMI 模式。但是，传统的由各个供应商自行管理的 VMI 模式存在着很大的局限性。首先，库存成本不过是从供应链核心企业——整车厂转移到了上游企业，供应链整体库存成并没有真正减少。其次，汽车配件的库存管理和准时配送到整车厂的装配线并不是供应商的优势所在，在这样的 VMI 模式下，供应商往往不能很快地响应整车厂的需求变化，不能及时提供整车厂所需要的零配件。再次在传统的 VMI 模式下，往往需要在一些大型主机厂如整车厂或发动机厂附近建设数目庞大的供应商零件仓库，以便随时为整车厂提供零部件。但是，由于这些仓库分属于不同的零配件供应商，整车厂采购部门不仅需要处理与供应商繁杂的业务关系，同时也增加了自己的运作管理成本。最后，供应商即使都采用了 VMI 模式，但由于各种随机因素的存在，供应商之间并不能协调一致，也就不能保证整车厂装配对各种零部件的配套性要求，齐套性很差。

江铃发动机厂基于 3PL-Hub 的物流协同体系

正是看到了传统的汽配供应商在实施 VMI 中的问题，江铃发动机厂在建厂时就对汽配供应链进行了创新，采用更先进的基于供应商整合 VMI 的、依托第三方物流企业的集配协同新模式（简称"3PL-Hub 模式"）。

为此，江铃发动机厂与一家物流企业展开战略性合作，依托第三方物流企业构建以江铃发动机为核心的汽配供应链，由第三方物流企业承担零部件物流及库存管理，建成了基于 3PL-Hub 的供应链物流协同运作模式。

在这个模式中，江铃发动机厂的核心业务集中于产品开发及发动机总装，它有加工、总装、测试三个车间，将核心资源集中于发动机缸体、缸盖、曲轴三种零部件的生产。发动机所需的其他数百种零部件，则由专业化的零部件供应商供货，并由第三方物流企业承担零部件仓储与配送等物流业务。零部件供应商为江铃发动机厂供货形成的库存，在物权属性上仍然是 VMI，但仓储运输、实物配送、库存管理等具体业务则由外包的第三方物流企业打理，借助于第三方物流的力量打造高效、敏捷的汽配供应链，大大减轻了零部件供应商独自实施 VMI 带来的各种烦琐事务及成本压力。

在江铃发动机厂的 3PL-Hub 模式中，第三方物流企业打造了一个 Supply-Hub 协同平台。该平台通过供应链管理信息系统将仓储中心、运输网络、物料搬运、装配线直送工位等要素联结在一起，对供应链上游的供应商、第三方物流企业以及江铃发动机厂的资源通过 Supply-Hub 进行整合，实现供应商与发动机生产线的协同运作。基于 Supply-Hub 平台的、由第三方物流实施的物流协同运作体系如图 6-21 所示。

Supply-Hub 的主体运作流程及核心内容如下。

（1）汽车发动机厂根据下游整机厂的生产和采购订单以及需求预测制订生产计划，通过物料需求计划系统产生外购件的采购计划和自制件生产计划，再分解为物料周、日需求计划，并将其在供应链协同平台即 Supply-Hub 上发布。

（2）各零部件供应商从该平台上获取各级采购计划和确认采购订单，实时查询其零部件在 Supply-Hub 的库存状况，并将送货计划发送到协同平台，与江铃发动机和第三方物流企业共享。

（3）江铃发动机厂通过 Supply-Hub 对整个物流过程进行监控，从物流需求计划的发布到获取供应商送货计划再到原材料的送达，江铃发动机厂进行全程跟踪，确保零部件及时入库。

（4）第三方物流企业根据 Supply-Hub 提供发动机装配的物流周、日需求计划，将零部件按照准时制生产的方式直送发动机生产车间，即所谓的直送工位配送。

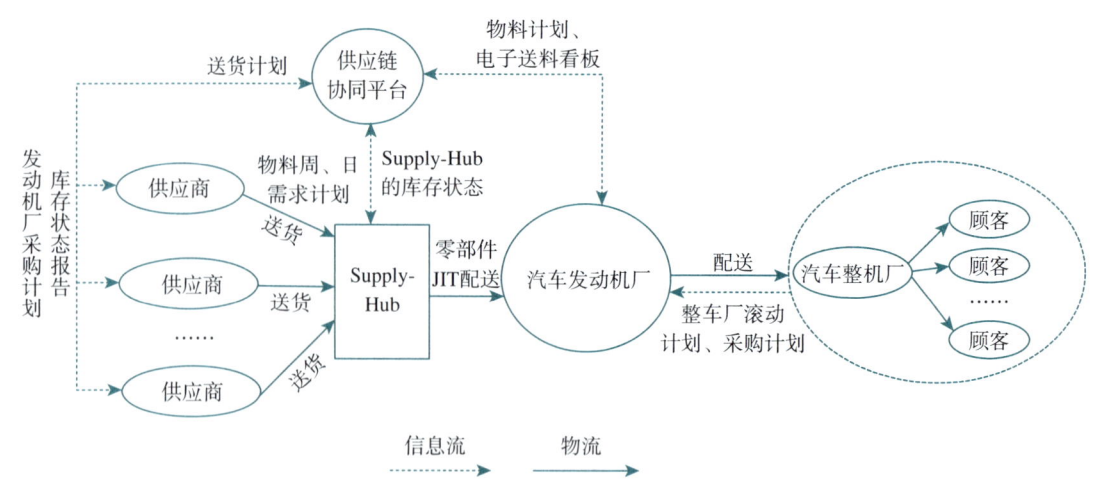

图 6-21 江铃发动机厂的 3PL-Hub 物流协同运作体系示意图

（5）各个零部件供应商通过 Supply-Hub 掌握零部件的库存及生产进度等实时信息，与发动机厂实现协同设计、协同制造、协同供应等，保证江铃发动机供应链能够及时响应外部需求的变化。

基于 3PL-Hub 的汽配供应链协同运作的核心业务围绕江铃发动机厂打造的 3PL-Hub 的终极目标是为江铃发动机厂提供敏捷、灵活、低成本的零部件配套供应服务，为此，必须抓好几项核心业务协同工作。

基于 3PL-Hub 的采购业务协同

（1）订单协同。江铃发动机厂将周采购订单和紧急采购订单信息发布到供应链协同平台，各个供应商根据权限获取相应的采购订单并生成自身的销售订单，同时做好备货发货工作；第三方物流企业根据订单信息做好入库准备。

（2）收发货协同。供应商根据订单要求备货后，发出**发货通知**（advance shipping notice, ASN）。ASN 通过供应链协同平台传递到江铃发动机厂，同时也传递到第三方物流企业，便于第三方物流企业做好入库准备，同时江铃发动机厂可以对整个物流进行跟催。

（3）质量链管理。发动机的质量要求非常高，江铃发动机厂在采用 3PL-Hub 模式时，将质量管理融入整个供应链，以"质量链"的思维来管理零部件以及整个发动机生产过程的质量，从源头上把控产品的质量。从供应商、第三方物流以及江铃发动机厂在质量管理方面的协同来看，质量检验分为到货检验和生产过程中检验到货检验不合格属于第三方物流与供应商交易范畴，不合格的零部件退给供应商，记入供应商质量考核；若在生产过程中检验发现零部件质量问题，如果是外废，则退回供应商，造成的损失则记入索赔；如果是内废，则重新领料基于 3PL-Hub 计划协同为了降低整个供应链的库存和生产风险，江铃发动机厂采用"1+6"滚动计划体系，即 1 个月的采购订单（表示确定的需求），6 个月的需求预测，与供应商保持生产和设计协同"1+6"滚动计划体系中各层计划所起的作用不同：滚动采购计划主要用于预测，可帮助供应商做好未来的生产计划；采购订单用于发布实际需求，供应商据此安排生产；物流日需求计划（包括工位、车间等信息）用于与 3PL 协同，安排好物流配送所需的资源。

基于 3PL-Hub 的第三方物流协同

供应商根据采购部门发出的采购订单备货后发出 ASN，经过运输，货物到达第三方物流集配中心即 Supply-Hub 的仓库，完成入库工作。一般而言，进口零部件采用到货结算，国产零部件采用下线结算方式。

第三方物流企业为江铃发动机厂提供包括采购入库、直送工位以及配送到下游整车厂的一体化物流服务。在运作中，第三方物流企业根据发动机的销售发货单、直送工位的投料单和制造部门小批量取货的领料单生成指导下线结算的代管挂账确认单，经审核确认后入账。

基于 3PL-Hub 的下线结算协同

江铃发动机厂和供应商采取下线结算模式。虽然发动机售出之后江铃发动机才和供应商结算，但供应商能通过供应链平台清楚地看到自己每批配件的流向情况，从发运到第三方物流、质检、入库、在第三方物流的库存、再出库、上江铃的生产线、在生产线上的情况以及工费、料费情况，甚至配件损耗的情况，最后到下线出厂的情况等都可以清楚地掌握，信息透明度很高，这样供应商可以做好资源协调，在保证江铃发动机厂需求的情况下，使自己的收益达到最大化。

目前，我国正大力推进供应链协同发展。《国务院办公厅关于积极推进供应链创新与应用的指导意见》中明确指出，要推动供应链上下游企业实现协同采购、协同制造、协同物流，促进大中小企业专业化分工协作，快速响应客户需求，缩短生产周期和新品上市时间，降低生产经营和交易成本。江铃发动机厂不仅提升了自身的供应链管理水平，也为行业树立了供应链协同发展的典范。

资料来源：江铃发动机厂官网；龚凤美，基于 Supply Hub 的供应链物流协同决策研究，华中科技大学，2008 年。

问题：从江铃发动机供应链的实践经验来看，你认为 3PL-Hub 模式在组织汽车零部件供应方面所面临的挑战是什么？该如何应对这些挑战？提出你的建议。

参考文献与延伸阅读

[1] ZIPKIN P H.Foundation of inventory management[M].New York：McGraw-Hall，2000.
[2] THOMAS D J，GRIFFIN P M.Coordinated supply chain management[J].European journal of operational research，1996，94（1）：1-15.
[3] LEE H L，BILLINGTON C.Managing supply chain inventory：pitfalls and opportunities [J]. Sloan Management Review，1992，33（3）：65-73.
[4] LEE H L，PADMANABHAN V，WHANG S .Information distortion in a supply chain：the bullwhip effect[J].Management science：journal of the institute of management sciences，1997（4）：43.
[5] 陈荣秋，马士华.生产运作管理 [M].5 版.北京：机械工业出版社，2017.
[6] 马士华，陈荣秋，崔南方，等.生产运作管理 [M].北京：清华大学出版社，2015.
[7] 林勇.供应链库存管理 [M].北京：人民交通出版社，2008.
[8] 李必强.现代生产管理的理论与方法 [M].武汉：华中理工大学出版社，1991.
[9] BAGANHA M P，COHEN M A，The stabilizing effect of inventory in supply chain[J]. Operation research，1998，46（3）：72-83.
[10] 陈杰，黄悦.同步化产品与供应链设计 [J].工业工程与管理，2013，18（2）：17-23.
[11] 高举红，李晓君.汽车行业闭环供应链超网络均衡研究 [J].计算机集成制造系统，2012，18（1）：169-175.
[12] DAVIS R A.需求驱动的库存优化与补货：创建更高效的供应链 [M].柯晓燕，黎帧静，译.北京：人民邮电出版社，2015.
[13] 齐普金.库存管理基础 [M].马常松，译.北京：中国财政经济出版社，2013.

第 7 章 供应链管理环境下的采购管理

本章重点理论与问题

采购是指企业为实现销售目标，在充分了解市场要求的情况下，根据企业的经营能力，运用恰当的采购策略和方法，取得营销对路商品的经营活动过程。采购成本直接影响到企业的利润和资产回报率。在有的企业中，原材料及零部件的采购成本在生产成本中占的比例较大，一般在30%左右，有的甚至为60%～70%。因此，在企业的管理活动中，采购活动一直是管理者关注的重点。在传统的采购管理模式中，采购活动被看成单纯的买卖活动，只是为了补充消耗掉的材料库存，与供应商的关系也停留在交易关系的层次上，甚至把供应商看成盘剥的对象。在供应链管理的环境下，采购活动的范畴、价值和意义都发生了巨大的变化。采购管理也从根据库存采购向以订单驱动方式转变，以适应新的市场经济。首先，本章讲述采购管理的含义及采购过程的基本内容，分析传统采购模式的不足及存在的问题。其次，本章介绍供应链管理环境下的采购管理模型，概括出其特点、意义与价值，从供应商关系管理的概念、供应商选择与评估的指标及方法入手，介绍采购过程中供应商关系管理的要点。再次，本章从提高供应链竞争力的角度介绍准时制采购的基本概念、特点和方法。最后，本章从采购升级的视角介绍数字化采购的特点、优势及数字化采购管理的关键战略要素。

7.1 采购管理概述

7.1.1 采购及采购管理的含义

有效的货物或服务采购对企业的竞争优势具有很大的影响。采购过程把供应链成员连接起来，保证供应链的供应质量。采购是入厂物流的前端活动，采购管理做得好与不好，直接关系到供应链的整体绩效。此外，在许多行业中，原材料投入成本占总成本的比例很大，投入原材料的质量影响成品的质量，并由此影响客户满意度和企业的收益。采购对收入和供应链关系起着决定性的作用，这样就不难理解为什么采购管理越来越受到重视了。

采购是一个复杂的过程，目前还很难对它进行统一的定义，根据不同的环境，它可以有不同的定义。狭义地说，采购是企业购买货物和服务的行为；广义地说，采购是企业取得货物和服务的过程。然而，采购的过程不是各种活动的机械叠加，而是一系列跨越组织边界的活动的成功实施。因此，对采购的定义可以是：用户为取得与自身需求相吻合的货物和服务而必须进行的所有活动。对采购活动进行的领导、组织、计划与控制的总称，就是**采购管理**（purchasing management）。

如图 7-1 所示，在供应链中，采购活动在制造商和供应商之间起着纽带作用。制造商根据自己客户的订单制订生产计划，然后根据生产计划制订物料需求计划，再根据物料需求计划提出产品和服务采购申请。采购部门根据采购申请准备报价申请书、选择最佳供应商、准备订购单等。这些活动将供应商与制造商紧密联系起来。

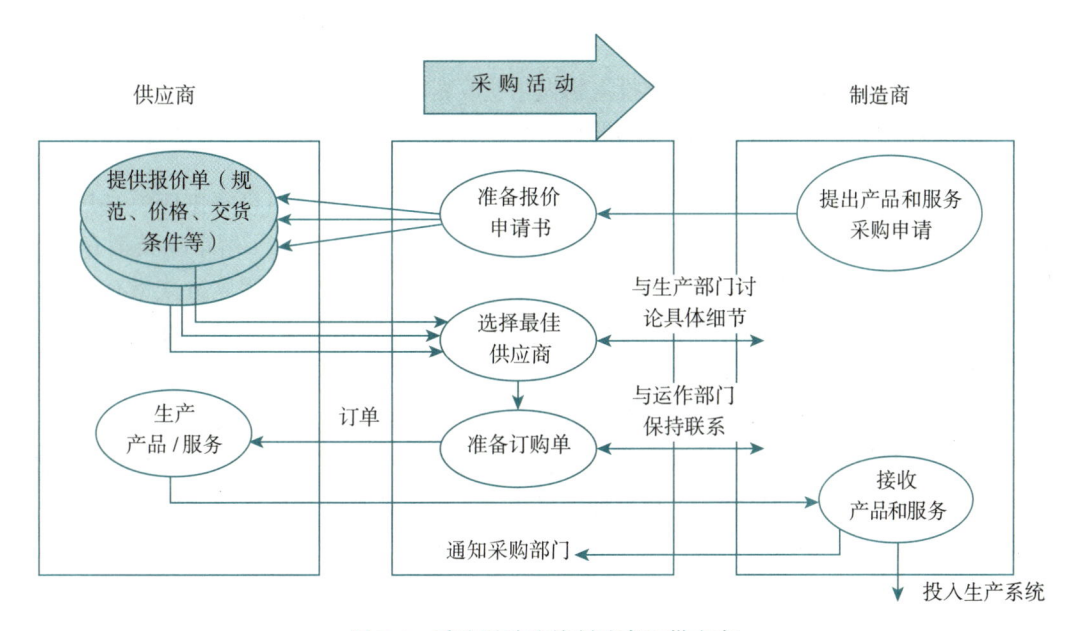

图 7-1 采购活动连接制造商和供应商

7.1.2 采购过程的组织与管理

采购活动通常要跨越企业内部其他管理职能的边界，如果在采购中相关职能部门不能通力配合和协同运作，采购工作就不能有效地完成。

1. 采购过程的主要工作

（1）确定或重新估计用户的需求。采购一般是对新用户或老用户的需求做出反应。用户既可以是企业外部的客户，也可以是企业内部的其他部门；既可以是集体用户（如企业或其他组织），也可以是最终消费者（个体）。采购活动是为了满足用户需求而进行的。用户的需求可以来源于订单，也可以来源于企业对市场需求的预测。在任何情况下，一旦需求被确定，采购过程就可以开始了。需求可以由企业的不同部门（如制造部门或销售部门）甚至由企业以外的人员（如用户）来确定。

（2）定义和评估用户的需求。一旦需求被确定下来，企业就必须以某种可以衡量的标准形式来定义和表示采购对象。标准可以是简单的，如复印用纸可以是一定数量的白纸，生产用的原材料可以按重量单位（如 t 或 kg）或数量单位（如个、件等）计量。标准也可能是很复杂的，如企业要购买高技术产品，衡量的标准就会复杂得多。通过这些标准，采购专业人员可以把用户的需求告诉潜在的供应商。

（3）自制与外购决策。在需求由外部供应之前，企业应决定由自己来制造产品或提供服务还是通过购买来满足用户的需求。即使做出了自己制造产品或提供服务的决定，企业也必须从外部供应商处购买某种类型的投入物。目前，这一步骤已变得越来越重要，因为越来越多的企业做出外包的决策，以便将精力集中于自己的核心业务。

（4）确定采购的类型。采购的类型将决定采购过程所需的时间和复杂程度。按时间和复杂程度不同，采购可以分为三种类型：

- 直接按过去的惯例采购或重新采购；
- 修正采购，需要对目前供应商或投入物做一些改变；
- 全新采购，由全新的用户需求引起的采购。

（5）进行市场分析。供应商可以处于一个完全竞争的供应市场（有许多供应商）中，或者在一个寡头市场（有个别大的供应商）或垄断市场（一个供应商）中。了解市场类型有助于采购专业人员预估市场供应商的数量、权力与依赖关系的平衡，确定哪种采购方式最有效（如谈判、竞争投标等）。有关市场类型的信息并不总是明显的，必须做一些研究，如参阅有关历史资料、行业最新发展动态及行业协会信息等。

（6）确定备选供应商。企业应找出所有能满足用户需求的供应商作为备选对象。在这一阶段，企业也可以把过去未被选中的供应商包括在内。在全球化的环境下，找出所有的供应商具有挑战性，需要进行一定的研究。如果企业规模很小，可以依靠常规使用的信息来源，如搜索引擎等。

（7）初步评估可能的资源。通过初步评估，企业应选出可以满足用户需求的少数几家有实力的、优秀的供应商，以备进一步评估。在某些情况下，初步评估可能非常简单。例如，对于复印用纸，供应商可以定期检查手头有没有货；对于计算机配件，可能还需要内部技术人员进行一系列的测试。

（8）备选供应商的再评估。对已经选出来的少数优秀的供应商进行再评估后，企业就有可能确定哪家供应商最能满足用户的要求或期望。如果采购项目既简单又标准，并有足够数量的潜在供应商，那么企业可以通过竞争招标来确定最终的供应商。如果这些条件并不存在，则必须对供应商进行更加详细的评估，使用工程测试或模拟最终的使用情况。例如，对汽车的座位安全带进行测试。除此之外，还要评估供应商的应变能力，考察供应商能否根据本企业的需要灵活应对突发状况。

（9）选择供应商。供应商的选择过程决定了买卖双方之后将建立的关系，也会影响企业与未被选上的供应商之间的关系，建议企业秉持公平原则，在实际工作中依据科学的指标，如质量、可靠性、服务水平、报价等进行选择。

（10）采购执行的评价。供应商确定后，一旦完成相应的产品或服务供应，应对供应商的工作进行评价，以确定其能否真正满足本企业及用户的需求，这也是对采购进行"管理与控制"的活动。如果供应商的工作不能满足用户的需求，必须确定产生这些偏差的原因，并进行适当的纠正。

以上这些活动在实施过程中都会受到采购专业范围以外因素的影响，包括企业之间、企业内部的因素及政府的影响等外部因素。这些影响因素都决定着每一项活动执行的效率。比如，潜在供应商的财务问题会导致其他问题的出现，并有可能推翻前面所做的工作，这时企业需要重新进行供应商的选择。

2. 采购过程的招投标管理

采购管理工作中的关键一环，就是确定最佳的供应商。最常用的确定供应商的方式有招标采购和非招标采购。招标采购是指由企业提出招标条件和合同条件，许多供应商同时投标报价。通过招标，企业能够获得价格更合理、条件更优惠的物资供应。招标分为公开招标和邀请招标两种方式。非招标采购是指以公开招标和邀请招标之外的方式取得货物、工程、服务。非招标方式分为询价、比价、议价等方式。

采购招投标管理分为招标准备工作、开标评标工作以及定标管理工作三个阶段。采购招投标流程如图 7-2 所示。

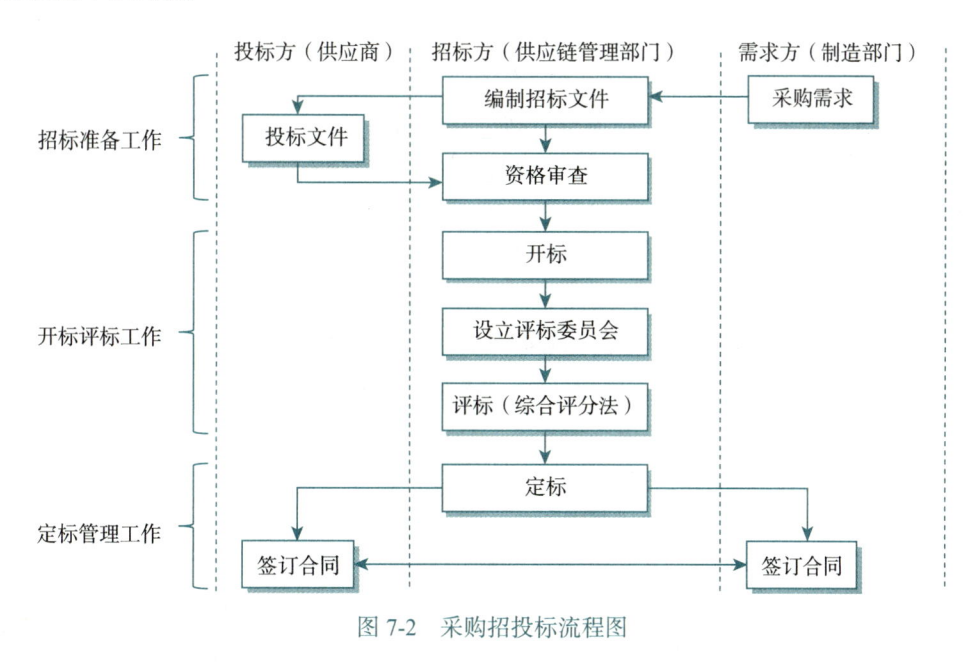

图 7-2 采购招投标流程图

需要强调的是，不管采用什么形式的采购活动，自始至终都必须符合国家或者所在国（如海外采购）的政策、法律及其他方面的要求，要做到合规采购，防止不必要的风险干扰供应链的运行。

7.2 供应链管理环境下的采购模式

7.2.1 传统采购模式的特点及存在的主要问题

为准确理解**供应链管理环境下的采购模式**（purchasing mode under the supply chain management）的特点，首先了解一下**传统采购模式**（traditional purchasing mode）的特点及存在的主要问题。

1. 传统采购模式的特点

传统采购模式的主要特点是"交易性采购"。在这种思想的影响下，采购就是一种普通的买卖活动。随着供应链管理理念的发展以及市场竞争的加剧，传统采购模式越来越不适应时代的发展，开始向供应链采购模式发展。

传统采购模式具有局限性，采购管理的重点放在如何与供应商进行商业交易的活动上，其特点是比较重视交易过程中与供应商的讨价还价，通过供应商的多头竞争，企业从中选择价格最低的作为供应方。虽然质量、交货期也是采购过程中的重要考虑因素，但在传统的采购思想的影响下，采购过程的重点（尤其是确定供应商的时候）放在价格谈判上。因此供应商与采购部门之间经常要进行报价、询价、还价等谈判，并且多头进行，企业最后从多个供应商中选择一个价格最低的供应商签订合同，订单才能确定下来。

2. 传统采购模式存在的主要问题

传统采购模式存在的问题主要表现在以下几个方面。

（1）传统的采购过程是信息不对称博弈过程。选择供应商在传统的采购活动中是一个首要的任务。在采购过程中，采购方为了能够从多个竞争性的供应商中选择一个最佳供应商，往往会保留私有信息。因为给供应商提供的信息越多，供应商的竞争筹码就越大，这样对采购方不利，因此采购方尽量保留私有信息，而供应商也会在和其他供应商的竞争中隐瞒自己的信息。这样，采购、供应双方都没有进行有效的信息沟通，这就是信息不对称博弈过程。

（2）验收检查是采购部门一项重要的事后把关工作，质量控制难度大。质量与交货期是采购方要考虑的两个重要因素，但在传统的采购模式下，要有效控制质量和交货期只能通过事后把关的办法，因为采购方很难参与供应商的生产组织过程和质量控制活动，相互的工作是不透明的。在质量控制上，主要依靠到货后的验收检查，即所谓的事后把关。这种缺乏合作的质量控制导致了采购部门对采购物品质量控制的难度增加。一旦出现不合格产品，即使能够检验出来，也可能会影响整个后续工作流程。

（3）供需关系是临时或短期的交易关系，竞争多于合作。在传统的采购模式中，企业通常将供应商看作竞争对手，这是一种"零和竞争"模式。因此，供应与需求之间的关系是临时性的，或者短时期的合作，而且竞争多于合作。例如，有的企业甚至每半年就重新招标一次，使供应商面临较高的不确定性，因此无法（或者不愿）进行长期的产能规划。由于缺乏合作与协调，采购过程中的各种抱怨和扯皮的事情比较多，很多时间消耗在解决日常问题上，没有更多的时间用来做长期性的计划工作。供需之间存在的这种缺乏合作的气氛加剧了运作不确定性。

（4）响应用户需求能力弱。由于供应与采购双方在信息沟通方面缺乏及时的信息反馈，在市场需求发生变化的情况下，采购方不能改变供应方已有的订货合同，因此采购方可能在需求减少时库存增加，需求增加时供不应求。重新订货需要增加谈判过程，供需之间对用户需求的响应没有同步进行，缺乏应对需求变化的能力。

7.2.2 基于供应链的采购管理模型

采购管理是供应链管理中的重要一环，是实施供应链管理的基础，图 7-3 为基于供应链的采购管理模型。

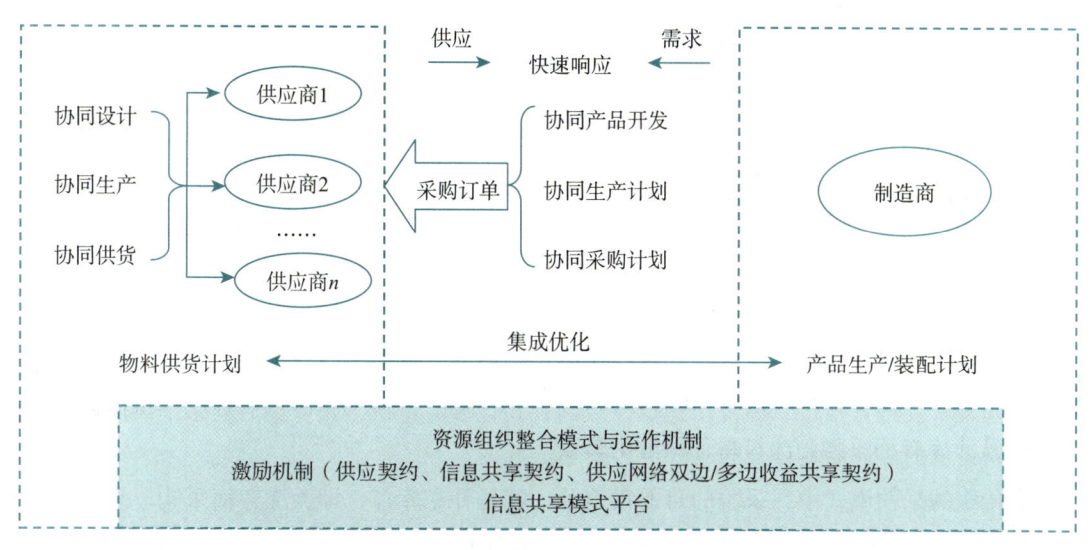

图 7-3 基于供应链的采购管理模型

在该模型中，整个采购过程的组织、控制、协调都是站在供应链集成优化的角度进行的。企业与供应商首先要建立起战略合作伙伴关系，在产品开发、生产和供货方面形成协同运作的机制。生产和技术部门通过企业内部的管理信息系统及订单编制生产计划和物料需求计划。供应商通过信息共享平台和协同采购机制，可以随时获得用户企业的采购信息，根据用户企业的信息预测企业需求以便备货，当订单到达时可以迅速组织生产和发货，货物质量由供应商自己控制。这个模型的要点是通过协同运作和信息共享降低供应链的不确定性，从而降低不必要的库存，提高采购工作质量。

实现基于供应链管理理念的采购管理，关键是本企业与供应商之间建立长期的合作伙伴关系，双方能够畅通无阻地进行供需信息的交流和共享。设计一个适合于企业供应链管理及采购管理的信息处理系统是实现畅通的信息交流的关键。根据信息的来源及处理的走向不同，一般可将信息系统分成内部信息系统和对外信息共享系统。

（1）内部信息系统。经过多年的信息化在企业中的应用发展，现有的 ERP 系统一般都能支持基于供应链的采购管理，也有一些企业采用专用的采购管理系统。无论是何种形式的采购管理系统，都需要建立基于供应链的集成管理的模式，将企业的采购信息与企业其他管理信息集成，为采购管理提供物料需求信息、库存信息、生产进度信息、订单交付状态信息等，为企业的供应链协同运作提供支持。

（2）对外信息共享系统。信息技术的发展为企业与供应商的信息交流提供了很多平台。互联网、EDI 等已被广泛应用于商业信息传递中，其中 EDI 就是一种应用较为广泛的模式。EDI 是一种电子数据交换规范，双方使用同一种规范进行数据编辑和传递，利用企业之间的计算机网络来传递信息。它的特点是传递信息快、种类多、保密性好，但其费用昂贵，不适合中小型企业使用。目前，通过互联网与供应商共享信息是一种越来越普遍的选择。从效果来看，这种途径可以满足信息共享的需要，而价格要比 EDI 低很多，其 B/S 结构比较适合小型供应商使用。随着信息技术的进一步发展，将会有更好的技术平台用于供应链合作伙伴之间的信息共享。

为供应商提供信息技术支持是必要的，因为供应链上的供需双方只有同时使用信息平台，才可能实现供应链信息共享。因此，要为供应商，特别是小微供应商提供良好的信息技术支持，使其能保持在供应链信息平台上的交流，才能使采购系统实现稳定运行。

7.2.3 基于供应链的采购管理特点

在供应链管理的环境下，企业的采购方式和传统的采购方式有所不同。在供应链管理理念的指导下，采购活动的组织与管理更多地从整个供应链最优的目标出发，对待供应商的态度也从将其视为压榨的对象转变为将其作为合作伙伴。供应链管理下的采购管理与传统的采购管理存在很多差异，这些差异主要体现在以下几个方面。

1. 从为库存而采购到为订单而采购的转变

在传统的采购模式中，采购的目的很简单，就是补充库存，即为库存而采购。采购部门并不关心企业的生产过程，不了解生产进度和产品需求的变化，采购过程缺乏主动性，采购部门制订的采购计划很难适应制造需求的变化。而在供应链管理模式下，采购活动是以订单驱动方式进行的，制造订单是在用户需求订单的驱动下产生的，然后制造订单驱动采购订单，采购订单再驱动供应商。供应商在接到采购订单后准备货物并按期交货。制造部门接收货物后通知采购部门，最后通知财务部门付款。订单驱动的采购业务原理如图 7-4 所示。这种准时制的订单驱动模式，使供应链系统得以准时响应用户的需求，从而降低了库存成本，提高了物流的速度和库存周转率。

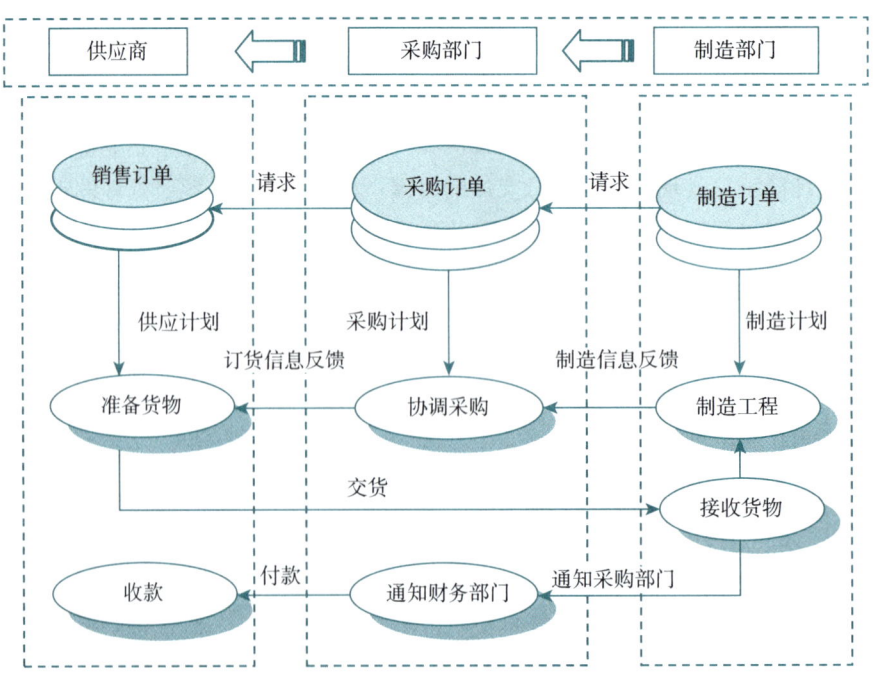

图 7-4 订单驱动的采购业务原理

订单驱动的采购方式有以下几个特点。

第一，供应商与制造商建立了战略合作伙伴关系，办理供应合同的手续大大简化，不再需要双方询盘和报盘的反复协商，交易成本也因此大为降低。

第二，在协同供应链计划的协调下，制造计划、采购计划、供应计划能够并行进行，缩短了用户响应时间，实现了供应链的同步化运作。采购与供应的重点在于协调各种计划的执行，使制造计划、采购计划、供应计划保持同步。

第三，采购物资直接进入制造部门，减少了采购部门的工作压力和非增值的活动过程，实现供应链精益化运作。

第四，信息传递方式发生了变化。在传统采购模式中，供应商对制造过程的信息不了解，也无须关心制造商的生产活动，但在供应链管理的环境下，供应商能共享制造部门的信息，提高了供应商的应变能力，减少了信息失真。同时在订货过程中不断进行信息反馈，修正订货计划，使订货与需求保持同步。

第五，实现了面向过程的作业管理模式的转变。订单驱动的采购模式简化了采购工作流程，采购部门的作用主要是建立供应商与制造部门之间的联系，协调供应与制造的关系，为实现精益采购提供基础保障。

2. 从一般的交易管理向外部资源整合管理转变

传统的采购管理可以简单地认为就是买卖管理，这是一种交易式的活动，双方都缺乏一种战略性合作的意识。供应链管理视角下的采购就不仅仅是买卖活动了，对企业来说，这是一种**外部资源整合**（sourcing integration）管理。

那么，为什么要进行外部资源整合管理，以及如何进行有效的外部资源整合管理？

正如前面所指出的，传统采购管理的不足之处，就是企业与供应商之间缺乏合作，缺乏柔性和快速响应需求的能力。随着市场竞争的加剧，出现了个性化和准时制满足客户订单的需求，这无疑对企业的采购物流提出了严峻的挑战。

为了应对挑战，企业需要改变单纯为库存而采购的传统管理模式，需要增加和供应商的信息联系及相互之间的合作，建立新的供需合作模式，从而提高企业在采购活动上的柔性和对市场的响应能力。一方面，在传统的采购模式中，由于信息无法共享，供应商对采购部门的要求不能进行实时响应；另一方面，对所采购物料的质量控制也只能进行事后把关，不能进行实时控制。这些问题使供应链上的企业无法实现同步化运作。

供应链管理环境下的采购模式就是将简单的买卖行为上升到对外部资源（如供应商资源）整合的战略性管理上来。换句话说，外部资源整合管理就是与供应商资源建立战略合作伙伴关系的管理。

实施外部资源整合管理也是实施精益化生产、"零库存"生产方式的要求。供应链管理中的一个重要思想是在生产控制中采用基于**订单流**（order flow）的准时制生产模式使供应链企业的业务流程朝着精益管理方向转变，即实现生产过程的几个"零"化管理：零缺陷、零库存、零交货期、零故障、零（无）纸文书、零废料、零事故、零人力资源浪费。

供应链管理的思想就是系统性、协调性、集成性、同步性，外部资源整合管理是实现供应链管理思想的一个重要步骤——企业集成。从供应链企业集成的过程来看，它是供应链企业从内部集成走向外部集成的重要一步。

要实现有效的外部资源整合管理，制造商的采购活动应从以下几个方面着手进行改进。

一是和供应商建立一种长期的、互惠互利的战略合作伙伴关系。这种合作伙伴关系保证了供需双方有合作的诚意以及参与双方共同解决问题的积极性。

二是支持与供应商之间建立质量改善和质量保证机制。传统采购管理的不足在于没有给予供应商在有关产品质量保证方面的技术支持和信息反馈。在定制化需求越来越强的今天，产品的质量是由顾客的要求决定的，而不是简单地通过事后把关所能解决的。在这样的情况下，质量管理的工作需要下游企业在提出相关质量要求的同时，及时把产品质量问题反馈给供应商，以便及时改进。对个性化的产品要提供有关技术资料，使供应商能够按照要求提供合格的产品和服务。

三是供应商参与产品设计和产品质量控制过程。同步化运营（同步性）是供应链管理的一个重要思想。通过同步化的供应链计划，供应链各企业在响应需求方面取得一致性的行动，增加供应链的敏捷性。实现同步化运营的措施是并行工程。制造商应该积极组织供应商参与到产品设计和质量控制过程中来，共同设计产品、共同制定有关产品质量标准等，使最终客户的需求信息能在产品开发和生产组织的早期就让供应商及时了解。

四是协调供应商的计划。一个供应商有可能同时参与多条供应链的业务活动，在资源有限的情况下必然会造成多方争夺供应商资源的局面。在这种情况下，下游企业的采购部门应主动参与供应商的计划协调。在资源可能出现冲突的情况下，保证供应商不至于因为资源紧张而对本企业产生影响，保证供应链能够正常运行，维护企业的利益。

五是建立一种新的有不同层次的供应商网络，并逐步减少供应商的数量，与供应商建立合作伙伴关系。在供应商的数量方面，一般而言，供应商越少越有利于双方的合作。但是，企业的产品对零部件或原材料的需求是多样的，因此不同企业的供应商的数量不同，企业应该根据自己的情况选择适当数量的供应商，建立供应商网络，并逐步减少供应商的数量，致力于和少数供应商建立战略伙伴关系。

外部资源整合管理并不是采购方（下游企业）付出单方面努力就能取得成效的，还需要供应商的配合与支持，为此，供应商也应该从以下几个方面提供协作：

- 帮助拓展用户（下游企业）的多种战略；
- 保证高质量的售后服务；
- 对下游企业的问题做出快速反应；
- 及时报告内部发现的可能影响用户服务的问题；
- 基于用户的需求，不断改进产品和服务质量；
- 在满足自己能力需求的前提下提供一部分能力给下游企业。

3. 从一般买卖关系向战略合作伙伴关系转变

供应链管理模式下采购管理的第三个特点是供应与需求的关系从简单的买卖关系向双方建立战略合作伙伴关系转变。

在传统的采购模式中，供应商与需求企业之间是一种简单的买卖关系，无法解决一些涉及全局性、战略性的供应链问题，而基于战略合作伙伴关系的采购模式为解决这些问题创造了条件。这些问题如下。

第一，库存问题。在传统的采购模式下，供应链的各级企业都无法共享库存信息，各级节点企业都独立地采用订货点技术进行库存决策，不可避免地产生需求信息的扭曲现象，因此供应链的整体效率得不到充分的提高。但在供应链管理模式下，通过双方的战略合作伙伴关系，供需双方可以共享库存数据，采购的决策过程变得透明多了，减少了需求信息的失真现象。

第二，风险问题。供需双方通过战略合作伙伴关系，可以降低由不可预测的需求变化带来的风险，比如运输过程的风险、信用风险、产品质量风险等。除了能够降低上述一些常见的风险，与供应商建立了战略合作伙伴关系后，还可以为供应链的韧性和危机复原能力的提升带来好处。

第三，合作问题。通过建立战略合作伙伴关系可以为双方共同解决问题提供便利的条件。合作双方可以为制订战略性的采购供应计划而共同协商，不必为日常琐事消耗时间与精力。

第四，采购成本问题。通过战略合作伙伴关系，供需双方都因为降低交易成本而获得了好处。信息共享避免了信息不对称决策可能造成的成本损失。

第五，组织障碍。战略合作伙伴关系消除了组织间的隔阂和障碍，为实现采购管理优化创造了条件。

4. 从交易买卖型采购向战略采购转变

供应链管理模式下采购管理的第四个特点是采购理念的升级，采购活动从交易买卖型采购转为战略采购。

传统的采购模式将战略采购和操作采购混合在一起，缺乏良好的监督机制（组织上的保障），管理资源得不到优化配置。采购部门认为将材料买回来就完成了任务，很少考虑生产环节与采购的联系，生产与采购的协调难度较大，容易出现扯皮现象。此外，采购部门对待供应商的态度过于狭隘，将供应商看作盘剥的对象，供应商的优化工作更无从谈起，容易陷入日常的琐碎业务。采购活动与技术开发的协调也容易出现脱节，使得企业中的采购、生产、技术开发等方面存在着不少的问题。随着供应链管理的理念不断深化，采购活动的组织方式向战略采购的方向发展。

战略采购是指为使供应链稳健运营及提高自身的竞争力，通过与行业领先或对市场有重要影响力的供应商建立长期、稳定的合作伙伴关系，实现供需双方互惠共赢的一种新的采购业务模式。战略采购已成为全球领先企业降低成本和提升企业持续竞争优势的一个新兴而有效的工具。战略采购以降低采购的总拥有成本及提高供应链竞争力为目的，而不是片面追求最低采购价格。战略采购的关键是与供应商保持密切的合作伙伴关系，特别是重要的供应商、转换成本高的供应商。要推进战略采购，建立双赢理念是不可或缺的因素。战略采购不同于传统的对手间的价格谈判，而是强调在事实和信息共享的基础上进行协商，基于对市场的充分了解和企业自身的长远规划，与供应商在双赢理念指导下进行沟通。实施战略采购必须遵守四个原则：供应链总拥有成本最低、供应链双赢的战略合作伙伴关系、基于价值链的协作关系、持续性改进。

从企业战略的实施角度来说，战略采购是支持企业战略、供应链战略实施以及提高供应链的协调一致性和适应性的重要举措。

📖 供应链聚焦

劳斯莱斯公司是一家领先的高性能动力系统制造商，尤其在航空航天和国防领域。同时，作为供应链总支出超过47亿英镑（60亿美元）的一家全球采购组织，有效的战略采购实践对该公司的成功扮演着至关重要的角色。

该公司在全球拥有950多名采购员工，并且为数量庞大且不断增长的产品和零件安排了18 000名活跃的供应商。公司在与主要供应商建立长期关系方面投入了大量资金。鉴于航空航天部件的复杂性和高标准，劳斯莱斯公司与供应商密切合作，以确保产品符合严格的质量、安全和可靠性标准。这些关系不仅仅是交易性的，还涉及深度协作，即通常在产品开发过程的早期就让供应商参与进来。

同时，公司与供应商密切合作，推动材料和制造工艺的创新。例如，劳斯莱斯公司与供应商合作开发对喷气发动机性能至关重要的复合材料和陶瓷等先进材料。这种合作延伸到研发领域，供应商参与开发新技术，以提高发动机效率并减少排放。

可持续性越来越成为劳斯莱斯公司采购战略的焦点。该公司确保其供应商遵守环境、社会和公司治理（ESG）标准，这反映了其减少碳足迹和在整个供应链中推广道德实践的承诺。劳斯莱斯公司的供应商必须遵守其全球供应商行为准则，该准则涵盖人权、劳工实践、环境影响和反腐败等领域。

资料来源：劳斯莱斯公司官网。

7.3 供应商选择的程序与方法

7.3.1 选择供应商时考虑的主要因素

供应链管理是一个开放系统，供应商是该系统的一部分，供应商的选择会受到政治、经济和其他因素的影响。供应商选择的影响因素主要有以下几个方面。

（1）价格因素。价格因素主要是指供应商供给的原材料、初级产品（如零部件）或消费品组成部分的价格。供应商的产品价格决定了消费品的价格和整条供应链的投入产出比，对生产商和销售商的利润率产生了一定的影响。

（2）质量因素。质量因素主要是指供应商供给的原材料、初级产品或消费品组成部分的质量。原材料、零部件、半成品的质量决定了产品的质量，这是供应链生存之本。产品的使用价值是以产品质量为基础的。如果产品的质量低劣，该产品将会缺乏市场竞争力，并很快退出市场。而供应商所提供产品的质量是消费品质量的关键，因此，质量是一个重要因素。

（3）交货期因素。对企业或供应链来说，市场是外在系统，它的变化或波动会引起企业或供应链的变化或波动。市场的不稳定性会导致供应链各级库存的波动，由于交货期的存在，必然造成供应链各级库存变化的滞后性和库存的逐级放大效应。交货期越短，库存量的波动越小；企业对市场的反应速度越快，对市场反应的灵敏度越高。由此可见，交货期也是重要因素之一。

（4）交货可靠性因素。交货可靠性是指供应商按照订货方所要求的时间和地点，将指定产品准时送到指定地点的能力。如果供应商的交货可靠性较低，必定会影响生产商的生产计划和销售商的销售计划及时机。这样一来，就会引起整个供应链的连锁反应，造成大量的资源浪费并导致成本上升，甚至会使供应链解体。因此，交货可靠性也是较为重要的因素。

（5）品种柔性因素。在全球竞争加剧、产品需求日新月异的环境下，企业生产的产品必须多样化，以适应消费者的需求，达到占有市场和获取利润的目的。因此，多数企业采用了准时制生产方式。为了提高企业产品的市场竞争力，就必须发展柔性生产能力。而企业的柔性生产能力是以供应商的品种柔性为基础的，供应商的品种柔性决定了消费品的种类。

（6）研发能力因素。供应链的集成是未来企业管理的发展方向。产品的更新是企业进入市场的动力。产品的研发和设计不仅仅是生产商分内之事，集成化供应链要求供应商也应承担部分研发和设计工作。因此，供应商的研发和设计能力属于供应商选择机制的考虑范畴。

（7）特殊加工工艺能力因素。每种产品都具有独特性，没有独特性的产品在市场中生存能力较差。产品的独特性要求特殊的生产工艺，所以，供应商的特殊加工工艺能力也是影响因素之一。

（8）其他影响因素，如项目管理能力、供应商的地理位置、供应商的库存水平等。

从近几年来的调查数据以及通过与一些企业管理人员的交谈可以发现，企业评价选择供应商时存在较多问题。

- 选择方法不科学。企业在选择供应商时主观成分过多，有时往往根据企业的印象来选择合作伙伴，选择时还存在一些个人喜好成分。
- 选择标准不全面。目前企业的选择标准多集中在产品质量、价格、品种柔性、提前期和批量等方面，没有形成一个全面的综合评价指标体系，不能对供应商做出全面、具体、客观的评价。
- 选择机制不配套。各个部门各行其是，有时使选择流程流于形式，最终根据个人好恶确定合作伙伴。
- 对供应链中供应商关系的重要性认识不足，对待合作者的态度恶劣。

这些问题影响着企业建立供应商合作伙伴关系的基础，对整个供应链来说是不利的。因此，建立科学、客观、完整的供应商选择与评估体系，对于企业的供应链能力提升具有重要的意义。

7.3.2 供应商寻源

从支撑供应链运作管理的角度可以看出，采购管理在其中扮演着非常重要的角色。为了使采购管理能够满足提升供应链竞争力的需要，企业要把供应商管理放在一个重要地位。缺少了供应商的支持，很难保证采购管理目标的实现，甚至会给供应链带来巨大的风险。在供应商管理的问题上，要想使供应商与本企业的供应链运作相协调，首先要找到最合适的供应商。根据不同的任务找到最佳的供应商，这项工作即为供应商寻源。

供应商寻源主要分为以下八步。

第一步，需求与机会评估。首先要根据企业生产和经营的战略需要，提出对供应商的各种需求，确认供应商的层级，如战略供应商或协作供应商或一般供应商等。在此基础上，有针对性地收集供应商信息，进行前期供应商实地考察、验证基本信息，收集潜在供应商的物料以及产品规格，制订初步执行方案，发现成本优化的机会，研究现有的成本优化方案。

第二步，准确定义采购品类。进行供应市场分析，建立公司采购物料的价格、采购量以及供应商档案，建立公司的采购流程、政策规定档案，明确公司的采购物料要求以及具体的规格标准，细致研究现有的采购方案，针对采购物料进行分类研究，根据成本目标进行优化，找到成本优化方案。

第三步，建立供应商资料库。在全球范围内寻找潜在的供应商，充分利用现有供应商库，制定供应商长名单，建立供应商的能力档案。研究供应商的技术表现，列出供应商的筛选标准，确定最终筛选标准，建立供应商的短名单。

第四步，制定采购战略。研究采购战略战术的业务影响以及市场的复杂度，对现有方案及其与目标的差距进行分析，评估全球的供应市场情况，与供应商开展关于产品质量或成本改善机会的研讨会，确定公开招标/竞争性谈判的采购方式，修正成本优化目标，制定不同采购物料的采购策略。

第五步，确定实施路线。论证并调整完善采购策略，确定供应商筛选与开发的实施路线，确定谈判战略，制订与供应商的交流沟通方案。

第六步，选定供应商。举行供应商会议并进行报价征询，根据修正的筛选标准分析供应商的投标回执，还要进行供应商实地考察、实际成本分析、评估可能节约的成本，最终确定采用谈判战略或招标方式，与供应商达成最终合作意向。

第七步，执行采购交易。制订采购执行以及逐步过渡方案，评估采购物料的质量测试供应商产品以及服务水平，计划并开始实施新供应商交易及新的价格和服务条款。

第八步，持续跟踪与改进。制定并执行供应商的跟踪及持续考核流程，与供应商进行定期的审查性会晤，定期评估供应商的能力及绩效表现，根据供应商的绩效确定后期改进的方向或更换新的供应商，总结经验教训并进行持续改善。

7.3.3 供应商选择与评估体系

供应商寻源从某种意义上说也是供应商选择和评估的过程，供应商评估的科学性直接影响着供应商寻源的结果。

供应商选择与评估是指在供应商寻源阶段，对供应商的综合能力进行评价，确定供应商能否可以满足需求。为了选出最佳的供应商，需要建立适宜的选择与评估指标体系。在实际工作中，卡特模型是运用比较广泛的供应商评估模型。[一]因为10项评估指标的英文单词的第一个字母都是"C"，所以又被简称为"10C"模型。卡特模型指标的构成为：能力（competency）、产能（capacity）、一致性（consistency）、过程控制（control of process）、价格（cost）、对质量的承诺（commitment to quality）、廉洁/企业社会责任（clean/CSR）、文化与关系（culture and relationship）、现金流（cash）与沟通（communication）。以卡特模型为基础细化并完善的评估指标及内容如表7-1所示。

表7-1 供应商选择的评估指标及内容

评估指标	评估内容
能力	确认供应商员工具备相应能力，如技术培训、取得的资质及经验
产能	必须在人员、设备、流程和知识方面拥有充足与合适的资源，不仅能满足现在的需要，还能满足未来的需要

[一] DPSS顾问公司（Developing People: Serving the Supply Chain）董事雷·卡特（Ray Carter）提出了评估的"10C"模型。

(续)

评估指标	评估内容
一致性	供应商是否拥有可靠的物流配送能力（或与第三方物流合作的能力），能否做到每次交货都满足准时、可靠、一致性的要求
过程控制	供应商能否有效掌控自己的系统，包括资源控制、库存、成本和预算、采购和生产，供应商能否应对需求数量和型号的变化，拥有应急计划和业务持续性计划，实施过程监控并有纠正行动方案
价格	能够提供报价明细，除成本/价格之外，供应商必须计算总拥有成本，考虑运营、维护、物流服务成本，并有意愿进一步通过流程优化等来降低价格
对质量的承诺	对质量的承诺包括：ISO 9001 认证、质量手册、统计过程控制（SPC）、故障模式与影响分析（FMEA）、六西格玛、全面质量管理、PPM（合格率要求）和现场作业监控
廉洁/企业社会责任	是否有企业社会责任政策并与利益相关者就该政策进行沟通的证据及监控体系，例如，是否有健康与安全政策、可持续性政策、多样化和平等政策、CIPS（英国皇家采购与供应学会）职业道德准则
文化与关系	是否致力于建立在信任基础上的坦诚工作关系，采购部门能否与供应商的员工建立良好的工作关系，供应商能否理解采购方所追求的利益以及它们能增加哪些价值
现金流	对损益表和资产负债表进行财务比率分析，如盈利趋势和流动性比率
沟通	供应商是否已经完全实现信息和通信技术集成，方便信息对接

卡特模型不仅覆盖了大部分企业现有的供应商选择评估指标，还体现出世界一流企业供应商应具有的更加完善的优秀要素，比较符合我国企业在全球化供应链竞争中的战略发展目标。

除了以上所列的卡特模型外，还有很多人在这方面做了探讨。例如，Dickson 在对美国数百家企业的经理调查后认为，产品的质量、成本和交货行为的历史是选择合作伙伴的三大重要标准，他建立了一个包含 21 条评价准则的供应商选择指标体系（见表 7-2）。Dickson 的供应商评价准则虽然很全面，但是没有设置权重，不易区分不同指标的重要性。这一问题被后来的很多学者和实际管理者加以改进与完善，出现了分层次、有权重的供应商评价准则（见表 7-3）。不同的企业在选择供应商时可以根据自己的需要设计不同的评价准则。

表 7-2　Dickson 的供应商评价准则

排序	准则	排序	准则	排序	准则
1	质量	8	财务状况	15	维修服务
2	交货	9	遵循报价程序	16	态度
3	历史效益	10	沟通系统	17	形象
4	保证	11	美誉度	18	包装能力
5	生产设施/能力	12	业务预期	19	劳工关系记录
6	价格	13	管理与组织	20	地理位置
7	技术能力	14	操作控制	21	以往业务量

表 7-3　分层次、有权重的供应商评价准则

序号	评价准则（权重）	子准则（权重）
1	质量水平（0.25）	顾客拒收度（0.60） 工厂检验（0.40）
2	响应性（0.03）	紧急交货（0.70） 质量水平（0.30）
3	纪律性（0.04）	诚实（0.75） 程序遵循度（0.25）

(续)

序号	评价准则（权重）	子准则（权重）
4	交货（0.35）	
5	财务状况（0.06）	
6	管理水平（0.05）	企业制度执行情况（0.75） 业务水平（0.25）
7	技术能力（0.08）	解决技术问题的能力（0.80） 产品线宽度（0.20）
8	设备设施（0.14）	机器设备完好率（0.60） 基础设施水平（0.20） 布局合理性（0.20）

7.3.4 供应商选择的程序与方法

合作伙伴的评价、选择是供应链合作关系的基础。合作伙伴的业绩在今天对制造企业的影响越来越大，在交货期、产品质量、提前期、库存水平、产品设计等方面都影响着制造商。合作伙伴的评价、选择对企业来说是多目标的，包含许多可见和不可见的多层次的因素。

1. 合作伙伴综合评价、选择的步骤

合作伙伴综合评价、选择可以归纳为以下几个步骤（见图7-5），企业必须确定各个步骤的开始时间，每一个步骤对企业来说都是动态的（企业可自行决定先后顺序和开始时间）。每一个步骤对企业来说都是一次改善业务的过程。

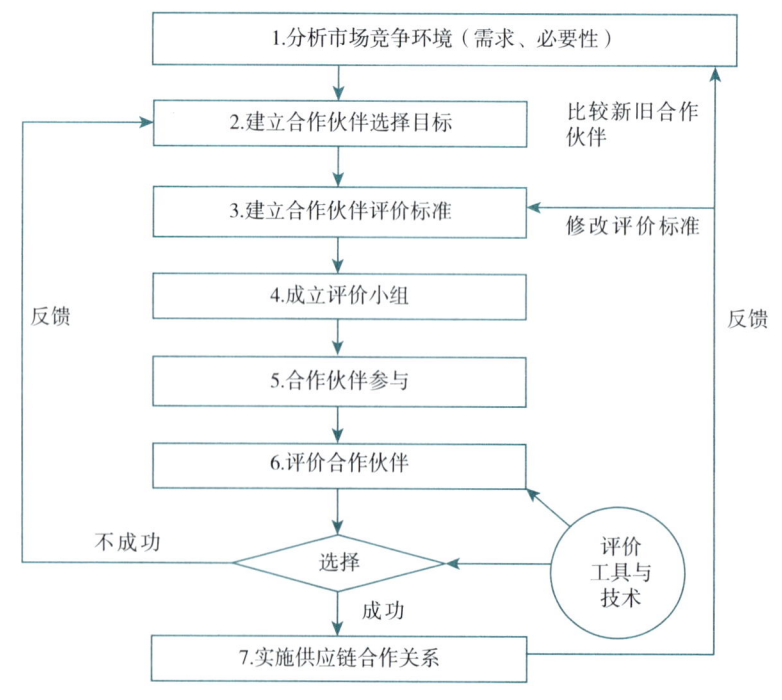

图7-5 合作伙伴综合评价、选择的步骤

步骤1：分析市场竞争环境（需求、必要性）。

市场需求是企业开展一切活动的驱动力。基于信任、合作、开放性交流建立供应链长期合作关系，必须首先分析市场竞争环境。目的在于找到针对哪些产品市场开发供应链合作关系才有效，必须知道现在的产品需求是什么、产品的类型和特征是什么，以确认用户的需求，确认是否有建立供应链合作关系的必要。如果已建立供应链合作关系，则根据需求的变化确认供应链合作关系变化的必要性，从而确认合作伙伴评价、选择的必要性，同时分析现有合作伙伴的现状，分析、总结企业存在的问题。

步骤2：建立合作伙伴选择目标。

企业必须确定合作伙伴评价程序如何实施、信息流程如何、由谁负责，而且必须建立切合实际的目标。合作伙伴评价、选择不仅仅是一个简单的评价、选择过程，选择合作伙伴的过程也是企业自身和其他企业之间的一次业务流程重构过程，若实施得好，还可带来一系列的附加利益。

步骤3：建立合作伙伴评价标准。

合作伙伴综合评价指标体系是企业对合作伙伴进行综合评价的依据和标准，是反映由企业本身和环境所构成的复杂系统的不同属性的指标，是按隶属关系、层次结构有序组成的集合。要根据系统全面性、简明科学性、稳定可比性、灵活可操作性的原则，建立集成化供应链管理环境下合作伙伴的综合评价指标体系。不同行业与企业、不同产品需求、不同环境下的合作伙伴评价标准应是不一样的，但不外乎都涉及合作伙伴的业绩、设备管理、人力资源开发、质量控制、成本控制、技术开发、用户满意度、交货协议等可能影响供应链合作关系的方面。

步骤4：成立评价小组。

企业必须建立一个小组以组织和实施合作伙伴评价工作。小组成员以采购、质量、生产、工程等与供应链合作关系密切的部门为主，兼有外聘的评审专家。小组成员必须有团队合作精神且具有一定的专业技能。评价小组必须同时得到制造商企业和合作伙伴企业最高领导层的支持。

步骤5：合作伙伴参与。

一旦企业决定实施合作伙伴评价，评价小组必须与初步选定的合作伙伴取得联系，以确认它们是否愿意与企业建立供应链合作关系，是否有获得更高业绩水平的愿望。企业应尽可能早地让合作伙伴参与到评价的设计过程中来。由于企业的力量和资源是有限的，企业只能与少数的、关键的合作伙伴保持紧密合作，因此参与的合作伙伴不能太多。

步骤6：评价合作伙伴。

评价合作伙伴的一个主要工作是调查、收集有关合作伙伴的生产运作等全方位的信息。在收集合作伙伴信息的基础上，就可以利用一定的工具和技术方法对合作伙伴进行评价。

在评价的过程之后有一个决策点，根据一定的评价工具与技术选择合作伙伴。如果选择成功，则可开始实施供应链合作关系；如果没有合适的合作伙伴可选，则返回步骤2重新开始评价选择。

步骤7：实施供应链合作关系。

在实施供应链合作关系的过程中，市场需求将不断变化，可以根据实际情况及时修改评价标准，或重新开始合作伙伴评价选择。在重新选择合作伙伴的时候，应给予旧合作伙伴足够的时间适应变化。

2. 供应链合作伙伴的评价准则

（1）评价准则（指标体系）的设置原则具体如下。

- 系统全面性原则。评价指标体系必须全面反映合作伙伴企业目前的综合水平，并包括企业发展前景的各项指标。
- 简明科学性原则。评价指标体系的大小也必须适宜，即指标体系的设置应有一定的科学性。如果指标体系过大、指标层次过多、指标过细，势必将评价者的注意力吸引到细小的问题上；而如果指标体系过小、指标层次过少、指标过粗，又不能充分反映合作伙伴的水平。
- 稳定可比性原则。评价指标体系的设置还应考虑到易于与国内其他指标体系相比较。
- 灵活可操作性原则。评价指标体系应具有足够的灵活性，以使企业能根据自己的特点以及实际情况对指标灵活加以运用。

对供应商来说，要想在所有的内在特性方面达到最佳是相当困难的，或者说是不可能的。例如，一个提供高质量产品的供应商就不可能有最低的产品价格。因此，在实际的选择过程中必须综合考虑供应商的所有主要影响因素。

（2）综合评价准则（指标体系）的一般结构。根据企业调查研究，影响合作伙伴选择的主要因素可以归纳为四类：企业环境、质量系统、生产能力、企业业绩。为了有效地评价、选择合作伙伴，我们可以框架性地构建三个层次的综合评价指标体系（见图7-6，第三层略去了具体的细分指标）：第一层是目标层，包含以上四个主要因素，影响合作伙伴选择的具体因素建立在指标体系的第二层，与其相关的细分指标因素建立在第三层。

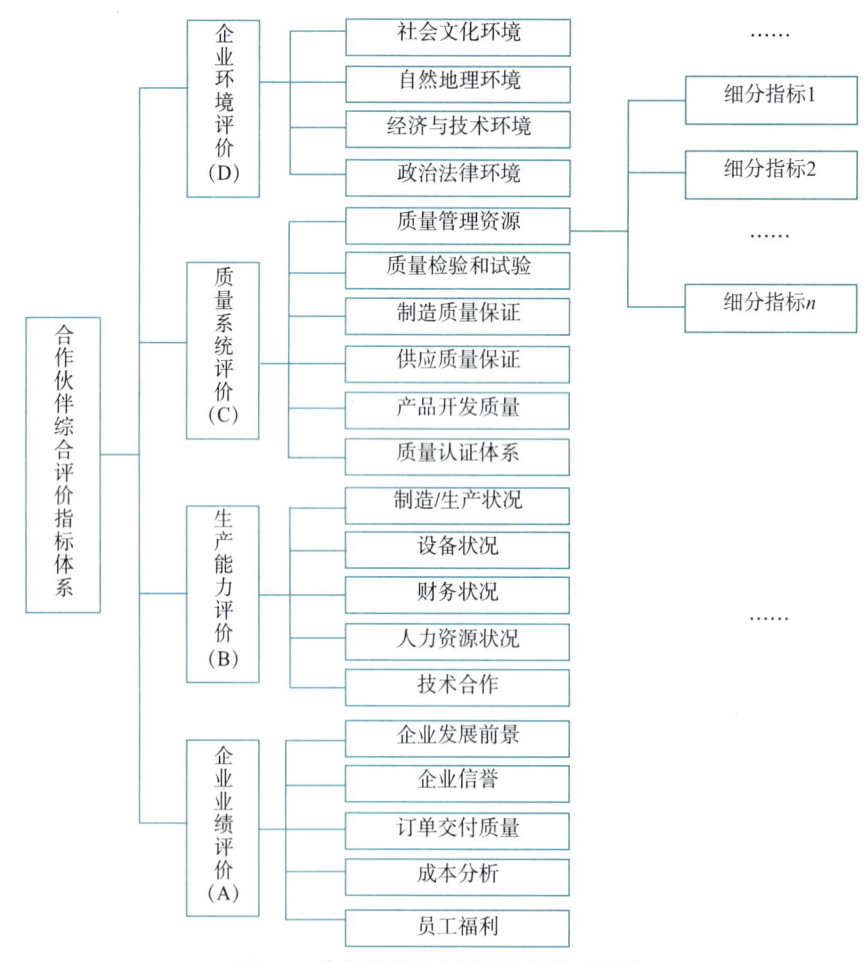

图 7-6 合作伙伴综合评价指标体系结构

需要强调的是，第三层的指标应该是可观测指标，也就是说，合作伙伴选择评价人员可以通过这一层的细分指标，观测到（或计算出）各个指标的分值，包括客观评价值和主观评价值，然后再做进一步分析。

3. 选择常用的方法

通过多年的理论与实践的发展，目前选择合作伙伴的方法较多，一般要根据供应商的多少、对供应商的了解程度以及物资需要的时间是否紧迫等要求来确定。目前，国内外常用的方法综述如下。

（1）直观判断法。直观判断法是根据征询和调查所得的资料并结合人的分析判断，对合作伙伴进行分析、评价的一种方法。这种方法主要是倾听和采纳有经验的采购人员的意见，或者直接由采购人员凭经验做出判断。其缺点是带有明显的主观性，因此常用于选择企业非主要原材料的合作伙伴，或用于选择合作伙伴时的初期淘汰过程。

（2）招标法。当采购数量大、合作伙伴竞争激烈时，可采用招标法来选择适当的合作伙伴。它是由企业提出招标条件，各招标合作伙伴进行竞标，然后由企业决标，与提出最有利条件的合作伙伴签订合同或协议。招标法可以是公开招标，也可以是指定竞标。

公开招标对投标者的资格不予限制；指定竞标则由企业预先选择若干个可能的合作伙伴，再进行竞标和决标。招标法竞争性强，企业能在更广泛的范围内选择适当的合作伙伴，以获得供应条件有利的、便宜且适用的物资。但招标法手续较繁杂、时间长，不能满足紧急采购的需要，主要是因为企业对投标者了解得不够，双方没有时间充分协商，造成货不对路或不能按时到货的后果。

（3）协商选择法。在供货方较多、难以抉择时，企业也可以采用协商选择法，即由企业先选出供应条件较为有利的几个合作伙伴，同它们分别进行协商，再确定适当的合作伙伴。与招标法相比，协商选择法由于供需双方能充分协商，在物资质量、交货日期和售后服务等方面较有保证。但由于选择范围有限，因此不一定能得到价格最合理、供应条件最有利的供应来源。当采购时间紧迫、投标单位少、竞争程度小、订购物资规格和技术条件复杂时，协商选择法比招标法更为合适。

（4）采购成本比较法。对质量和交货期都能满足要求的合作伙伴，企业需要通过计算采购成本来进行比较分析。采购成本一般包括售价、采购费用、运输费用等各项支出的总和。采购成本比较法是通过计算分析各个不同合作伙伴的采购成本，以选择采购成本较低的合作伙伴的一种方法。但这种方法容易造成唯"低价中标论"，从而牺牲必要的质量水平，形成质量事故隐患。

（5）ABC 成本法（activity-based costing approach）。菲利普·鲁德霍夫和约瑟夫·科林斯在 1996 年提出了基于活动的成本分析法，通过计算合作伙伴的总成本来选择合作伙伴。他们提出的总成本模型为

$$S_i^B = (p_i - p_{\min}) \times q + \sum_j c_j^B \times D_{ij}^B$$

式中　S_i^B——第 i 个合作伙伴的成本；

　　　p_i——第 i 个合作伙伴的单位销售价格；

　　　$p_{\min}$——合作伙伴中单位销售价格的最小值；

q——采购量；

c_j^B——因企业采购相关活动导致的成本因子 j 的单位成本；

D_{ij}^B——因合作伙伴 i 导致的在采购企业内部的成本因子 j 的单位成本。

这个成本模型用于分析企业因采购活动而产生的直接和间接成本的大小。一般而言，企业将选择 S_i^B 值最小的合作伙伴。

（6）AHP 法。AHP 法是 20 世纪 70 年代由著名运筹学家托马斯·萨蒂（Thomas Saaty）提出的。韦伯（Weber）等提出利用 AHP 法选择合作伙伴的基本原理是根据具有递阶结构的目标、子目标（准则）、约束条件、部门等来评价方案，采用两两比较的方法确定判断矩阵，然后把判断矩阵的最大特征值对应的特征向量的分量作为相应的系数，最后综合给出各方案的权重（优先程度）。由于该方法让评价者对照相对重要性函数表，给出因素两两比较的重要性等级，因而可靠性高、误差小。不足之处是当遇到因素众多、规模较大的问题时，该方法容易出现问题，如判断矩阵难以满足一致性要求，往往难于进一步对其分组。它作为一种定性和定量相结合的工具，目前已在许多领域得到了广泛的应用。

随着数字化和人工智能时代的到来，供应商选择的创新方法越来越多，限于篇幅及业务特点，此处就不做赘述，需要的读者可以查阅其他资料。

7.4 供应商关系管理

供应商关系管理（supplier relationship management，SRM）是供应链采购管理中一个很重要的问题，它在实现准时制采购中有极其重要的作用。

在采购活动中提出客户关系管理并不是什么新概念。市场营销学早就提出了关系营销的思想，但是，供应链环境下的客户关系和传统的客户关系有很大的不同。市场营销学中的客户指的是最终产品的用户，而这里的客户是指供应商，不是最终产品的用户。另外从供应商与客户关系的特征来看，传统的企业关系表现为三种：竞争性关系、合同性关系（法律性关系）、合作性关系，而且企业之间的竞争多于合作，是非合作性竞争。供应链管理环境下的客户关系是一种战略合作伙伴关系，提倡一种双赢机制。从传统的非合作性竞争走向合作性竞争以及合作与竞争并存是当今企业关系发展的一个趋势。

7.4.1 供应商管理原则

在供应链管理环境下，供应链合作伙伴关系管理需要考虑的主要问题之一就是合作伙伴的数量。这里所说的确定合作伙伴的数量（尤其是对供应商），指的是对同样一种零部件，是选择一家供应商单独供货，还是多选择几家供应商共同供货。也就是说，对同一种零部件（原材料）是遵循单一供应商原则还是多供应商原则。两种不同的选择原则有不同的特点。

1. 单一供应商原则

单一供应商原则的优点主要表现在：节省协调管理的时间和精力，有助于与供应商发展合作伙伴关系；双方在产品开发、质量控制、计划交货、降低成本等方面共同改进；供应商早期参与供应链价值改进的贡献机会较大。但是单一供应商原则也有很大的风险，主要表现在：供应商的失误可能会导致整个供应链的崩溃；企业更换供应商的时间较长、成本较高；供应商有了可靠客户，会失去其竞争的原动力及应变、革新的主动性，以致不能完全掌握市场的真正需求等。在企业实际工作中，包括丰田公司在内的很多企业选择了单一供应商合作模式。虽然与丰田公司合作的供应商也确实出现过由于火灾烧毁工厂而导致供货中断，给丰田公司带来了很大的损失，但是这么多年来，丰田公司始终坚持单一供应商原则。丰田公司认为，单一供应商原则给它带来的收益远远大于损失。

关于单一供应商的风险问题，另有一个企业的负责人曾说，选择单一供应商原则当然有风险，但是"我们把所有的鸡蛋都放在一个篮子里，并且会非常小心地照看这个篮子"，从而减少风险带来的损失。有些大公司设置了供应关系管理经理岗位，与供应商保持密切的关系。

2. 多供应商原则

多供应商原则的优点主要表现在：通过多个供应商供货可以分摊供应环节中断的风险；可以激励供应商始终保持旺盛的竞争力（成本、交货期、服务）；可以促使供应商不断创新，因为一旦它们跟不上时代的步伐就会被淘汰。但多供应商原则也有缺点：供应商都知道被他人替代的可能性很大，缺乏长期合作的信心，从而降低了供应商的忠诚度；多供应商之间过度的价格竞争容易导致因偷工减料带来的潜在风险等。实际上，多供应商原则虽然能够避免单一供应商供货中断从而导致整个供应链中断的风险，但它也是有条件的。如果一个区域发生了突发状况，整个地区的供应商实际上也都无法保证供货。

另外，一个供应商供货中断，其他供应商不一定有足够的产能保证需要。再有，因为现在的市场是全球性的，一个供应商的突发事件会给整个行业的客户带来采购问题。因此多供应商原则未必能够降低供应链供货中断的风险。

> **供应链聚焦**
>
> 苹果公司对供应商的风险防范一直比较在意。例如，iPhone 使用的"透明玻璃投射式电容技术"最先由中国厂商宸鸿科技公司研发而成，它希望成为苹果公司的供应商。苹果公司考察后认为该技术很好，但是苹果公司提出了一个让宸鸿科技公司意想不到的要求：宸鸿科技公司将这一技术教给其竞争对手胜华科技公司，由两家厂商共同为苹果公司供货，以免出现风险。苹果公司现任首席执行官库克特别强调，苹果公司历来重视由不同供应商供货。
>
> 资料来源：触摸屏论坛。

综上所述，到底是采用单一供应商原则还是多供应商原则，供应链上的合作伙伴必须根据具体情况做出决策。

7.4.2　供应商合作伙伴关系类型

出于供应链紧密合作的需要，并且制造商可以在全球市场范围内寻找最杰出的供应商，以及为了使选择供应商的工作更为有效，可以把供应商合作伙伴关系分为不同的类型，进行有针对性的管理。

首先，可以将供应商分成两个不同的层次：重要合作伙伴和一般合作伙伴。重要合作伙伴是指少而精的、与制造商关系密切的供应商，而一般合作伙伴是指相对较多的、与制造商关系不很密切的供应商。供应链合作关系的变化主要影响重要合作伙伴，而对一般合作伙伴的影响较小。

其次，根据供应商在供应链中所起的增值作用及其竞争实力，可将供应商分成不同的类别，分类矩阵如图 7-7 所示。图中纵轴代表的是供应商在供应链中的增值作用，用增值率表示，对一个供应商来说，如果它不能对供应链的增值做出贡献，那么它对供应链的其他企业就没有吸引力。横轴代表某个供应商与其他供应商之间的区别，主要是设计能力、特殊工艺能力、柔性、项目管理能力等方面竞争力的区别。

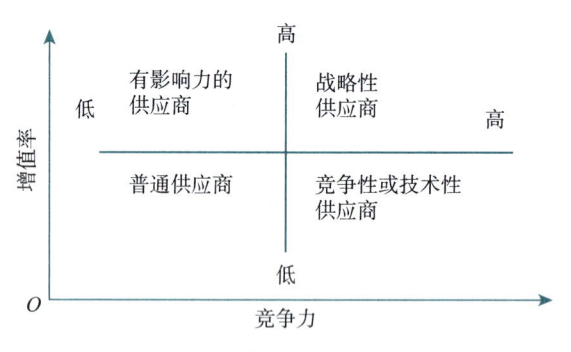

图 7-7 供应商分类矩阵

在供应链的实际运作中，企业应根据不同的目标选择不同类型的供应商。对长期合作而言，要求供应商能保持较高的竞争力和增值率，因此最好选择战略性供应商；对短期合作或某一短暂市场需求而言，只需选择普通供应商满足需求即可，以保证成本最小化；对中期合作而言，可根据竞争力和增值率对供应链的重要程度的不同，选择不同类型的供应商（有影响力的供应商或者竞争性或技术性供应商）。

7.4.3 双赢供应商关系管理

双赢关系已经成为供应链企业之间合作的典范，因此，要在采购管理中体现供应链的思想，对供应商的管理就应集中在如何和供应商建立以及维护、保持双赢关系上。

1. 信息交流与共享机制

信息交流有助于减少投机行为，有助于促进重要生产信息的自由流动。为加强供应商与制造商之间的信息交流，可以从以下几个方面着手。

- 供应商与制造商之间经常进行有关最终市场需求、生产成本、作业计划、质量控制信息的交流与沟通，以保持信息的一致性和准确性。
- 实施并行工程。制造商在产品设计阶段让供应商参与进来，这样供应商可以在原材料和零部件的性能与功能要求上提供有关信息，为实施 QFD 的产品开发方法创造条件，把用户的价值需求及时转化为对供应商的原材料和零部件的质量与功能要求。
- 建立联合任务小组解决双方共同关心的问题。在供应商与制造商之间应建立一种基于团队的工作小组，由双方的有关人员共同组成，解决供应过程以及制造过程中遇到的各种问题。
- 供应商和制造商工厂互访。供应商与制造商采购部门应经常性地互访，及时发现和解决各自在合作活动过程中存在的困难与出现的问题，便于营造良好的合作气氛。
- 使用 EDI 和互联网技术进行快速的数据传输。

2. 供应商的激励机制

要保持长期的双赢关系，对供应商的激励是非常重要的，没有有效的激励机制，就不可能维持良好的供应关系。在激励机制的设计上，要体现公平、一致的原则。通过给予供应商价格折扣和柔性合同，以及采用赠送股权等方式，供应商和制造商能够分享成功，同时也使供应商从合作中体会到双赢的好处。

3. 合理的供应商评价方法和手段

要对供应商进行激励，就必须对供应商的业绩进行评价，使供应商不断改进。没有合理的评价方法，就不可能对供应商的合作效果进行评价，这将大大挫伤供应商的合作积极性和合作的稳定性。对供应商的评价要抓住主要指标或问题，比如交货质量是否改善了、提前期是否缩短了、交货的准时率是否提高了等。通过评价，把结果反馈给供应商，和供应商共同探讨问题产生的根源，并采取相应的措施予以改进。

4. 与供应商的长期契约的制定

传统采购管理的过程控制是企业以合同为考核标准来进行的。这种控制过程需要在每次采购之前签订一个购销合同，此合同必须尽量考虑到过程中会发生的任何情况，这是很难做到的。

基于供应链的采购管理的过程控制是通过长期契约来进行的。这种长期契约与传统合同所具有的约束功能不同，它是维持供应链的一条"纽带"，是企业与供应商合作的基础。它提供一个行为规范，这个规范不但供应商应该遵守，企业自己也必须遵守。它应该包含以下内容。

（1）损害双方合作的行为的判定标准，以及此行为应受到的惩罚。企业与供应商的长期合作是实现基于供应链的采购管理的基础。任何有损于合作的行为都是有害的，不管此行为是由供应商引起的还是企业自己引起的。因此，对这种行为的判定和惩罚是长期契约的必要组成部分。

（2）激励条款。对供应商的激励是使供应商参与供应链的一个重要条件。为供应商提供只有参与此供应链才能得到的利益是激励条款必须体现的。此外，激励条款应包含激励供应商提高质量控制水平、准时供货水平等业务水平的内容，供应商业务水平的提高意味着采购过程更加稳定可靠，而费用也会随之降低。

（3）与质量控制相关的条款。在基于供应链的采购管理中，质量控制主要是由供应商进行的，企业只在必要时对质量控制水平进行抽查。因此，关于质量控制的条款应明确质量职责，还应激励供应商提高其质量控制水平。对供应商实行免检，是对供应商质量控制水平的最高评价。长期契约中应指出实行免检的标准和对免检供应商的额外奖励，以激励供应商提高其质量控制水平。

（4）对信息交流的规定。供应链企业之间任何有意隐瞒信息的行为都是有害的，充分的信息交流是基于供应链的采购管理良好运作的保证。长期契约应对信息交流提出保障措施，如规定双方互派通信员和规定每月举行信息交流会议等，防止信息交流出现问题。

还应该强调的是，长期契约应是合作双方共同制定的，双方在制定契约时处于相互平等的地位。长期契约在实行一段时间后应考虑进行修改，因为实际环境会不断变化，而且长期契约在制定初期也会有不合适的地方，一定的修改和增减是必要的。

> **供应链聚焦**

中国南方航空公司(以下简称"南航")在推进品类采购管理工作中进行了创新,做出了出色成绩。

第一,进行品类的基础场景分析。南航从供应市场、成本支出、内部需求、外部挑战等维度梳理供、需两端的基本场景,为后续品类采购管理工作提供支持。在推进品类数据深度分析中,南航综合运用了多种管理方法与工具,如竞争力/吸引力矩阵、棋盘采购分析法、PESTEL分析模型、SWOT分析法等工具,对品类和供应商进行深入分析,确保品类策略制定具有良好的针对性和有效性。

第二,明确寻源策略。基于品类分析和市场调研情况,公司运用卡拉杰克的供应定位模型,以价值和风险为两个维度,构建分析矩阵,针对战略类供应商、瓶颈类供应商、杠杆类供应商和非关键类供应商等四种不同类型的供应商采取相应的应对策略。

第三,制定品类策略。根据品类分析结果,公司针对不同类型的供应商,统筹考虑市场博弈、合作前景、供应链安全等因素,制定差异化的采购策略,保证品类策略的科学有效。以航油采购为例,从市场需求的维度看,航油属于航空安全类重要物资,是刚性需求。从市场供给的维度看,在国内是垄断市场,可开展战略合作;在国际上,则可按寡头垄断、充分竞争、部分垄断等不同市场,采取竞争性谈判、公开竞价等不同采购策略。此外,针对俄乌事件影响,公司及时优化调整航油采购策略,使公司的航油采购获得更大的效益。

第四,加强供应商管理。首先,公司利用在日常运作中采集的各个供应商的信息,通过访谈、实地考察等方式,做好供应商寻源工作,挖掘潜在供应商;其次,公司调动供应商充分竞争,提高自身议价优势和博弈地位;再次,公司按品类公开招募供应商并建立供应商库,严格入库标准,筛选优秀供应商入库;最后,公司分类分级管理供应商,加强履约监控和动态评价,对优秀供应商进行奖励,对不合格供应商安排退出,争取与优秀供应商紧密合作、互利互惠、实现共赢。

资料来源:中国物流与采购联合会,商务部国际贸易经济合作研究院,2023全国供应链创新与应用示范案例集,2023年。

7.5 供应链管理环境下的准时制采购策略

7.5.1 准时制采购的基本思想及意义

1. 准时制采购的意义

准时制采购(JIT purchasing)又叫 JIT 采购,是一种先进的采购模式,也是一种管理哲理。它的基本思想是:在恰当的时间、恰当的地点,以恰当的数量、恰当的质量提供恰当的物品。它是从准时制生产发展而来的,为了消除库存和浪费而进行持续性改进。要进行准时制生产必须有准时制供应,因此准时制采购是准时制生产管理模式的必然要求。它和传统的采购方法在质量控制、供需关系、供应商的数量、交货期的管理等方面有许多不同,其中关于供应商的选择(数量与关系)、质量控制是核心内容。准时制采购包括供应商的支持与合作以及制造过程、货物运输系统等一系列的内容。准时制采购不但可以减少库存,还可以加快库存周转速度、缩短提前期、提高采购的质量、获得满意交货等。

需要指出的是,2020年的新冠疫情发生后,再加上地缘政治的影响,有些人认为准时制采购已不合时宜，因为准时制采购需要有一个相对稳定的环境。虽然当下全球政治与经济环境发生的变化使供应链运行动荡不安，但是准时制采购仍然有很大的应用价值。供应链管理者要因时、因地制宜，根据具体情况创造性地应用准时制采购，尽可能运用准时制采购降低供应链的运行成本。

2. 准时制采购实践分析

为了对准时制采购的目的、意义和影响因素有一个初步的了解，美国加利福尼亚州立大学的研究生对汽车、电子、机械等企业的准时制采购的效果进行了一次问卷调查，共调查了67家美国企业。这些企业有大有小，其中包括著名的3Com公司、惠普公司、苹果公司等。这些公司有的是制造商，有的是分销商，有的是服务企业，调查对象为公司的采购与物料管理经理。调查的有关内容分别如表7-4至表7-7所示。

表7-4 影响准时制采购成功的关键因素

因素	肯定回答（%）
与供应商的关系	51.5
管理的措施	31.8
适当的计划	30.3
部门协调	25.8
进货质量	19.7
长期的合同协议	16.7
采购物品的类型	13.6
特殊的政策与惯例	10.6

表7-5 准时制采购解决的问题

问题	肯定回答（%）
空间减少	44.8
成本减少	34.5
改进用户服务	34.5
及时交货	34.5
解决缺货问题	17.2
改进资金流	17.2
提前期缩短	10.3

表7-6 实施准时制采购的困难因素

因素	肯定回答（%）
缺乏供应商的支持	23.6
部门之间协调性差	20.0
缺乏对供应商的激励	18.2
采购物品的类型较少	16.4
进货质量差	12.7
特殊的政策与惯例	7.1

表7-7 与供应商有关的准时制采购问题

问题	肯定回答（%）
很难找到好的供应商	35.6
供应商不可靠	31.1
供应商太远	26.7
供应商太多	24.4
供应商不想频繁交货	17.8

从以上调查结果中可以得出以下几个方面的结论。

第一，准时制采购成功的关键是与供应商的关系，而最困难的问题也是缺乏供应商的支持。供应链管理所倡导的战略合作伙伴关系为实施准时制采购提供了基础性条件，因此在供应链环境下实施准时制采购比在传统管理模式下实施准时制采购更具现实意义和可能性。

第二，很难找到好的供应商是影响准时制采购的重要因素。如何选择合适的供应商成了影响准时制采购的重要条件。在传统的采购模式下，企业之间的关系不稳定，具有风险性，影响了合作目标的实现。供应链管理模式下的企业是战略合作伙伴，为准时制采购奠定了基础。

第三，缺乏对供应商的激励是准时制采购的另外一个影响因素。要成功地实施准时制采购，必须建立一套有效的供应商激励机制，使供应商和用户一起分享准时制采购的好处。

第四，准时制采购不单是采购部门的事情，企业的各部门都应为实施准时制采购创造有利的条件，为实施准时制采购而共同努力。

3. 意义

准时制采购对于供应链管理思想的贯彻实施有重要的意义。从前面的论述中可以看到，供应链管理环境下的采购模式和传统采购模式的不同之处在于前者采用订单驱动的方式。

订单驱动使供需双方都围绕订单运作，也就实现了准时制、同步化运作。要实现同步化运作，采购方式就必须是并行的，当采购部门产生一个订单时，供应商就开始着手物资的准备工作。与此同时，采购部门编制详细的采购计划，制造部门也进行生产的准备过程，当采购部门把详细的采购单提供给供应商时，供应商就能将物资在较短的时间内交给用户。当用户需求发生改变时，制造订单驱动采购订单发生改变，这样一种快速的改变过程，如果没有准时制采购方法，供应链企业将很难适应。准时制采购增加了供应链的柔性和敏捷性。

综上所述，准时制采购策略体现了供应链管理的协调性、同步性和集成性，供应链管理需要准时制采购来保证供应链的整体同步化运作。

7.5.2 准时制采购的特点

从表 7-8 中可以看出准时制采购和传统采购方式有许多不同之处，主要表现在以下几个方面。

表 7-8　准时制采购与传统采购的区别

区别	准时制采购	传统采购
采购批量	小批量，送货频率高	大批量，送货频率低
供应商选择	长期合作，单源供应	短期合作，多源供应
供应商评价	质量、交货期、价格	质量、价格、交货期
检查工作	逐渐减少，最后消除	收货、点货、质量验收
协商内容	长期合作关系、质量和合理的价格	获得最低价格
运输	准时送货、买方负责安排	较低的成本、卖方负责安排
文书工作	文书工作少，需要有能力改变交货时间和质量	文书工作量大，改变交货期和质量的采购单多
产品说明	供应商革新，强调性能宽松要求	买方关心设计，供应商没有创新
包装	小、标准化容器包装	普通包装、没有特别说明
信息共享	快速、可靠	一般要求

（1）选择较少的供应商，甚至单源供应。传统的采购模式一般是多头采购，供应商的数量相对较多。从理论上讲，采用单源供应比多源供应好。一方面，供应商管理比较方便，也有利于降低采购成本；另一方面，有利于供需双方之间建立长期稳定的合作关系，质量上比较有保证。但是，采用单一的供应源也有风险，比如供应商出于意外原因中断交货，以及供应商缺乏竞争意识等。

在实际工作中，许多企业也不是很愿意成为单一供应商。原因很简单，一方面供应商是具有较强独立性的商业竞争者，不愿意把自己的成本数据披露给用户；另一方面，供应商不愿意成为用户的一个产品库存点。实施准时制采购，需要减少库存，库存成本原先是在用户一边，现在转移到供应商。因此，用户必须意识到供应商的这种忧虑。

（2）对供应商的选择标准不同。在传统的采购模式中，供应商是通过价格竞争选择的，供应商与企业的关系是短期的合作关系，当发现供应商不合适时，企业可以通过市场竞标的方式重新选择供应商。但在准时制采购模式中，由于供应商和企业的关系是长期的合作关系，供应商的合作能力将影响企业的长期经济利益，因此对供应商的要求就比较高。

在选择供应商时，需要对供应商进行综合评估，在评估供应商时，价格不是主要的因素，质量才是最重要的标准，这里的质量不单指产品的质量，还包括工作质量、交货质量、技术质量等多方面内容。高质量的供应商有利于建立长期的合作关系。

（3）对交货准时性的要求不同。准时制采购的一个重要特点是要求交货准时，这是实施精益生产的前提条件。交货准时取决于供应商的生产与运输条件。对于供应商来说，要使交货准时，可从以下几个方面着手。第一，不断改进生产条件，提高生产的可靠性和稳定性，减少由于生产过程的不稳定导致的延迟交货或误点现象。作为准时制供应链管理的一部分，供应商同样应该采用准时制生产管理模式，以提高生产过程的准时性。第二，为了提高交货准时性，运输问题不可忽视。在物流管理中，运输问题是一个很重要的问题，它决定着准时交货的可能性。特别是全球化的供应链系统，运输过程长，而且可能要先后使用不同的运输工具，还可能需要中转运输等，供应商要进行有效的运输计划与管理，使运输过程准确无误。

（4）对信息共享的需求不同。准时制采购要求供需双方信息高度共享，保证供应与需求信息的准确性和实时性。由于双方的战略合作关系，生产计划、库存、质量等各方面的信息都可以及时进行交流，以便出现问题时能够及时处理。

（5）制定采购批量的策略不同。小批量采购是准时制采购的一个基本特征。准时制采购和传统采购模式的一个重要不同之处在于，准时制生产需要减少生产批量，直至实现"一个流生产"，因此采购物资也应采用小批量办法。当然，小批量采购自然会增加运输次数和成本，对供应商来说，这是很为难的事情，特别是供应商在国外等远距离的情形，在这种情况下实施准时制采购的难度就更大，可以通过混合运输、代理运输等方式，或尽量使供应商靠近用户等办法来解决。

7.5.3　准时制采购的基本原则

在供应链管理模式下，准时制采购工作的基本原则就是要做到五个"恰当"：恰当的数量、恰当的质量和时间、恰当的地点、恰当的价格、恰当的来源。

（1）恰当的数量。在传统的采购模式中，采购活动主要是围绕补充库存进行的，而在供应链管理模式下，采购活动是以订单驱动方式进行的。制造订单驱动采购订单，采购订单再驱动供应商。这种准时制订单驱动模式，使供应链系统得以准时响应用户的需求，从而降低了库存成本，提高了物流的速度和库存周转率。越来越多的企业在近年来逐步实行了订单驱动的采购方式。采购数量根据企业的订单计划而定，根据订单实际需求而采购，降低了库存成本，提高了经济效益。

（2）恰当的质量和时间。质量与交货期是采购方要考虑的重要因素。在传统的采购模式下，要有效控制质量和交货期只能通过事后把关的办法，因为采购方很难参与供应商的生产组织过程和质量控制活动，相互的工作是不透明的，往往通过国际、国家标准等进行检查验收。而供应链管理思想要求系统性、协调性、集成性、同步性。外部资源整合管理是实现供应链管理思想的一个重要步骤——企业集成。它是供应链企业从内部集成走向外部集成的重要一步，可以从以下几方面进行提高。

第一，和供应商建立一种长期的、互惠互利的战略合作伙伴关系，这种合作伙伴关系保证了供需双方能够有合作的诚意和共同解决问题的积极性。

第二，提供信息反馈和教育培训支持：

- 及时把供应商的产品质量问题反馈给供应商，以便迅速解决问题；
- 按照 ISO 9000、ISO 14000 和 ISO 18000 的要求建立内外部信息交流渠道，双方及时进行各种信息交流；
- 对个性化的产品提供有关技术资料，使供应商能够按照要求提供合格的产品和服务；
- 对供应商进行 ISO 14000 和 ISO 18000 体系标准的培训，使其在生产时符合国家环保和生产安全等方面的要求。

第三，参与供应商的产品设计和产品质量控制过程。

在选择供应商时，选择那些质量管理体系完善（通过 ISO 9000 的企业优先）、设备先进、技术国内领先的企业作为合作伙伴。

定期对供应商进行考察、评定。主要考察其计量、质量、技术管理水平、产品合格率、设备技术状况等。制定各种严格的标准，促使供应商提高产品质量。

（3）恰当的地点。在选择产品交货地点时应考虑各种因素，如价格、时间、产品种类。

（4）恰当的价格。物资价格的确定是采购的重要环节，为保证物资价格恰当、合理，可以从以下几方面来确定价格：

- 采取大宗原料、辅料、包装材料集中招投标；
- 对于质量稳定、价格合理、长期合作的供应商优先考虑；
- 通过信息交流和分析，考察供求关系，了解物资价格的变动趋势。

（5）恰当的来源。在传统的采购模式中，供需双方之间的关系是临时性的，没有更多的时间来做长期性预测与计划工作，而供应链管理模式使供需关系从简单的买卖关系向战略合作伙伴关系转变：

- 战略合作伙伴关系消除了供应过程中的各种障碍，为实现准时制采购创造了条件；
- 可以降低由于不可预测的需求变化所带来的风险，比如运输过程中的风险、信用风险、产品质量风险等；
- 通过战略合作伙伴关系，双方可以为制订战略性采购供应计划共同协商，不必为日常琐事消耗时间与精力。

7.5.4 准时制采购的方法

前面分析了准时制采购的特点和优点，从中我们可以看到准时制采购方法和传统采购方法的显著差别，要实施准时制采购，以下三点是十分重要的：

- 选择最佳的供应商，并对供应商进行有效管理是准时制采购成功的基石；
- 供应商与用户的紧密合作是准时制采购成功的钥匙；
- 卓有成效的采购过程质量控制是准时制采购成功的保证。

在实际工作中，如果能够根据以上三点开展采购工作，那么成功实施准时制采购的可能性就很大了。

如何有效地实施准时制采购呢？下面几点可以作为实施准时制采购的参考。

（1）创建准时制采购班组。世界一流企业的专业采购人员有三个责任：寻找货源、商定价格、发展与供应商的合作关系并不断改进。专业化、高素质的采购队伍对实施准时制采购至关重要。为此，首先应成立两个班组。一个是专门处理供应商事务的班组，该班组的任务是评估供应商的信誉、能力，或与供应商谈判签订准时制订货合同，向供应商发放免检证书等，同时要负责对供应商的培训与教育。另外一个是专门消除采购过程中的浪费的班组。这些班组人员对准时制采购的方法应有充分的了解和认识，必要时应对其进行培训。如果这些人员本身对准时制采购的认识和了解都不彻底，就不可能指望与供应商的合作了。

（2）制订计划，确保准时制采购策略有计划、有步骤地实施。制定采购策略以及改进当前采购方式的内容包括如何减少供应商的数量、供应商评价、向供应商发放免检证书等。

在这个过程中，企业要与供应商一起商定准时制采购的目标和有关措施，保持经常性的信息沟通。

（3）精选少数供应商，建立合作伙伴关系。选择供应商应从以下几个方面考虑：产品质量、供货情况、应变能力、地理位置、企业规模、财务状况、技术能力、价格及供应商的可替代性等。

（4）进行试点工作。先从某种产品或某条生产线开始，进行零部件或原材料的准时制供应试点。在试点过程中，取得企业各个部门的支持是很重要的，特别是生产部门的支持。通过试点总结经验，为正式的准时制采购实施打下基础。

（5）搞好供应商培训，确定共同目标。准时制采购是供需双方共同的业务活动，单靠采购部门的努力是不够的，还需要供应商的配合。只有供应商也对准时制采购的策略和运作方法有了认识与理解，其才愿意提供支持和配合，因此需要对供应商进行教育培训。通过培训，大家取得一致的目标，相互之间就能够很好地协调准时制采购工作。

（6）向供应商颁发产品免检证书。准时制采购和传统采购方式的不同之处在于买方不需要对采购产品进行过多的检验，要能够达到这一点，需要供应商能够提供100%的合格产品。当供应商达到这一要求时，就向其颁发免检证书。

（7）实现配合准时制生产的交货方式。准时制采购的最终目标是实现企业的准时制生产，为此，要实现从预测的交货方式向准时制适时交货方式的转变。

（8）持续改善、扩大成效。准时制采购是一个不断完善和改进的过程，需要在实施过程中不断总结经验教训，从降低运输成本、提高交货的准确性、提高产品的质量、降低供应商库存等各个方面进行改进，不断提高准时制采购的运作绩效。

从前面对准时制采购原理和方法的探讨中可以看到，供应商与制造商的合作关系对于准时制采购的实施是非常重要的，只有建立良好的供需合作关系，准时制采购策略才能得到彻底贯彻落实，并取得预期的效果。

从供应商的角度来说，如果不实施准时制采购，那么由于缺乏和制造商的合作，库存、交货批量都比较大，而且在质量、需求方面都无法获得有效的控制。通过实施准时制采购策略，制造商的准时制思想扩展到供应商，加强了供需之间的联系与合作，在开放性的动态信息交互下，面对市场需求的变化，供应商能够快速做出反应，提高了自身的应变能力。对制造商来说，通过和供应商建立合作关系，实施准时制采购，管理水平得到提高，制造过程与产品质量得到有效的控制，成本降低，制造的敏捷性与柔性增加。

7.6 数字化采购管理

数字化时代的采购管理正在经历深刻变革，这些变革旨在通过采用先进的信息技术与数字技术转变和优化传统的采购流程，提高采购效率、降低成本、增强供应链透明度和可持续性，同时强化供应商关系管理。数字化不再仅仅是采购创新的前沿，还是新的行业标准。各个行业各种规模的企业都在使用数字采购来标准化流程、统一系统并控制成本。

7.6.1 数字化采购与传统采购的不同

数字化采购（digital procurement）与传统采购之间存在显著的差异，主要体现在采购流程、决策方式、供应商关系管理、数据和技术应用以及可持续性考量等方面。

1. 采购流程

传统采购流程往往是线性的，依赖于纸质文档、电话和电子邮件等手段来进行订单处理、审批和交付跟踪。这些流程往往效率较低，容易出错。而数字化采购可以实现采购流程的自动化和电子化，通过电子采购系统（e-procurement）来简化采购流程，实现自动化的订单处理、审批、发票处理和支付流程，减少手工操作，提高效率并减少错误率和处理成本。同时，供应链可视化工具使得货物的追踪更加透明和实时。

2. 决策方式

传统采购的决策往往基于经验或直觉，缺乏对大量数据的系统性分析，导致决策的准确性和效率不高。而数字化采购则依赖采集和分析大量的采购数据，包括供应商的能力、成本效益、市场趋势等，利用大数据分析和人工智能技术来支持更准确和高效的决策，对供应商的能力、成本效益和市场趋势进行深入分析，实现更精准和科学的决策。

3. 供应商关系管理

传统采购中，供应商关系管理往往是碎片化的，缺乏有效的沟通和协同机制，使得供应商管理效率不高。数字化采购则采用供应商关系管理系统对供应商信息进行集中管理，优化供应商评估和选择过程，监控供应商绩效，促进与供应商之间的沟通和协作。数字化的供应商关系管理系统能帮助企业更有效地管理其供应商基础，优化供应商组合，建立和维护稳定而高效的供应商关系，从而提高供应链的整体效率和稳定性。

4. 数据和技术应用

传统采购对数据的收集和分析主要依赖于手工操作，缺乏系统化和自动化的工具。数字化采购则广泛应用云计算、物联网、区块链和人工智能等新兴技术，实现数据的实时收集、分析和共享，增强供应链的透明度和响应能力。同时，利用大数据分析和人工智能技术对采购数据进行深入分析，有利于预测市场趋势，优化库存管理，制定更准确的采购策略。人工智能技术还可以在供应商选择、合同谈判和风险管理中发挥作用。另外，数字化采购使得使用集成的供应链管理平台成为可能，实现采购、库存、物流等供应链环节的信息共享和流程协同。这有助于提高供应链的整体效率和透明度，降低库存成本。网络平台能够促进采购的协同和供需匹配，提高采购的灵活性和市场响应速度。这些平台有助于企业发现新的供应商和采购机会，同时降低交易成本。值得一提的是，区块链技术有助于提高采购过程的透明度和安全性，尤其是在合同执行、支付和供应链融资方面。区块链技术能够确保交易记录的不可篡改性和可追溯性。

5. 可持续性考量

可持续性和环保因素往往不是传统采购关心的主要因素。数字化采购利用数字工具和平台来监控供应链的社会和环境绩效，实现可持续采购。企业可以通过可持续采购实践和评估工具，如 ESG 评估，重视对环境和社会责任的贡献，追求供应链的可持续发展，也可以实施评估供应商的可持续性实践，确保采购活动符合企业的社会责任和环境保护标准。

7.6.2 数字化采购的优势

企业实施数字化采购的原因有很多，其中包括提高效率的需要以及建立结构更合理、碎片化程度更低的采购流程的愿望。数字化采购的其他动机包括解决高错误率的问题、减少手动工作以及增加采购流程范围内不同工作流程的可见性。无论变化背后的原因是什么，数字化采购都为采购团队和整个企业带来了一些关键好处。特别是，数字化采购可以通过以下方式帮助企业保持竞争力。

1. 实现流程标准化

对于许多团队来说，采购最令人沮丧的方面之一源于缺乏标准化流程。当不同的团队、部门、业务单位或员工使用自己独特的流程变体（如采购或寻源）时，就会发生这种情况。随着时间的推移，流程标准化也会受到影响。例如，某个特定流程在长时间内被更改为其他方式，而一些团队成员可能会抵制这种更改，从而导致该流程有两个不同的版本。

无论出于何种原因，采购流程标准化的失败都会付出代价。管理、控制和监督同一流程的多个版本更加困难，结果可能缺乏一致性，IT 团队更难以执行安全和治理要求。在审计或审查时，非标准化的流程可能会给相关部门带来不好的印象。

而数字化采购可以很好地解决流程标准化问题。用于数字化采购的工具允许团队使用直观的可视化界面或可定制的模板来构建结构化流程。无代码选项很受欢迎，因为每次更改时不需要新代码。除了为采购团队提供支持之外，无代码选项还可以帮助 IT 团队节省资源。

2. 加速整合采购流程

采购团队依靠一系列复杂的应用程序、系统、数据和表单来完成工作，工作能否顺利完成还取决于其他部门和团队人员的意见与行动。这使得一体化采购流程变得绝对必要。

集成的采购是指抵制数据孤岛和协作障碍的工作流程。它将采购流程连接到现有技术堆栈的新组件和旧组件，以及任何相关的应用程序和软件工具（如 ERP 系统、SAP、NetSuite 和其他财务软件）中。

显然，数字化可以通过减少手动工作、连接所有子流程并扩大自动化能力范围，来帮助团队实现集成的采购。

3. 控制成本

数字化采购通过消除效率低下的环节、防止错误和减少手动工作来帮助企业控制成本。例如，采购流程使审批者和请求者难以访问数据或采取行动，从而消耗了不必要的时间。如果价格输入不正确或错过折扣期限，则可能会给公司带来直接损失；如果必须纠正错误，则可能会造成间接损失。手动工作占用的时间本可以更好地用于创造价值的活动，如价格谈判或供应商关系管理。

数字化采购通过系统集成和自动化提供更高效的流程，从而实现降低采购成本的目标：消除需要时间才能解决的数据和协作孤岛，减少数据输入、审批以及发送通知和更新状态等手动工作。

4. 增强可见性和控制

管理采购是一项复杂的工作。它需要对许多活动以及内部和外部利益相关者的行动等进行监督。因此，采购团队常常难以保持对请购单、采购订单、审批和供应商管理任务的可见性与控制。

数字化采购可以通过五个主要方式消除流程的不透明。①创建所有采购活动和交易的记录。②连接的数据库和应用程序自动更新这些记录。③允许用户强制执行规则和条件，防止信息丢失或不完整，例如服务水平协议、截止日期和其他要素。④授予内部和外部利益相关者通过安全链接访问文档或更新信息的能力。⑤提供可定制的视图、报告和仪表板，允许经理和团队成员跟踪状态、衡量KPI（关键绩效指标）并识别问题或瓶颈。

7.6.3 数字化采购管理的关键战略要素

正确的数字技术和工具可以在帮助采购团队摆脱手动流程方面发挥很大作用，但数字化采购不仅仅包括软件和应用程序。成功的数字化采购是合适的人员、流程和技术战略性结合的结果。以下是有效的数字化采购管理的五个关键战略要素。

1. 统一技术堆栈

困扰采购流程的许多问题都源于分散的技术堆栈，当系统和应用程序不能很好地协同工作时就会出现这种情况。技术堆栈中的不统一有很多表现，包括手动数据输入、信息孤岛、流程差距和电子表格蔓延。通过统一堆栈的组件，团队可以使信息更轻松地流动并从现有应用程序中获得更多收益。这是一个被称为"堆栈可扩展性"的功能。

2. 标准化流程

流程标准化意味着按照相同的步骤顺序完成工作流程的每个实例。标准化流程可以避免延迟和错误并最大限度地降低风险，从而带来更一致的结果。虽然标准化对于所有类型的业务流程都很重要，但对于数字化采购团队管理的高风险流程和工作流程至关重要。

3. 合作关系

正如本章前几节中描述的，大多数采购流程是跨部门的。采购流程通常需要各种内部利益相关者的输入或行动，其中一些人可能不属于采购团队，甚至完全属于另一个部门。外部利益相关者也很重要，因为供应商、物流提供商等在采购过程中也发挥着关键作用。这使得数字化采购团队需要更多的时间和工具来建立合作伙伴关系以推动有效的数字化采购流程。

4. 反馈循环

由于采购是一项协作工作，因此团队需要集中的途径来接收所有利益相关者的反馈。这些反馈有助于他们发现、改进与优化数字化采购流程和工作流程。反馈还使采购团队意识到数字化采购中有问题的模式，例如高错误率、持续中断的交接以及数据孤岛问题。

5. 人才

采购可能使用最复杂的应用程序与系统来实现自主化和自动化，但这仍然需要合适的人员来实现目标。企业需要投资于人才培养，提升团队成员在数字技术、数据分析和供应链管理方面的技能。同时，企业应建立一种鼓励创新、合作和持续学习的企业文化，以支持数字化转型的实施。对于某些工作，例如与供应商建立关系或做出复杂的决策，才华横溢的数字化采购人才和团队是无法替代的。

总的来说，数字化采购相比传统采购更加高效、透明和灵活，能够更好地适应市场变化，提高企业的竞争力。同时，数字化采购还强调可持续性和环保，努力实现供应链的绿色发展。数字化时代的采购管理需要企业不仅掌握和应用这些新兴技术，还要培养与之相匹配的组织能力和文化，以确保在快速变化的市场环境中保持竞争力。

供应链聚焦

2023年，上汽通用五菱汽车股份有限公司（以下简称"上汽通用五菱"）与上海甄云信息科技有限公司（以下简称"甄云科技"）合作，对供应链采购业务进行再一次数字化升级，从而进一步夯实企业的数字化生态。

汽车制造行业是一个产业链长、供应链复杂的行业，在采购方面，不仅规模大，而且品类丰富、场景多元、流程烦琐。尤其对于上汽通用五菱这样的发展速度快、分支机构多、车型多的单一整车厂商，供应链采购管理需要更加敏捷、高效、稳定。

对此，甄云科技将基于上汽通用五菱的采购业务特点和需求，以及自身创新的产品、优质的服务和丰富的实战经验，为其打造一个一站式的数字化采购管理系统和体系，以进一步提高企业供应链采购的精细化管理水平，推动企业降本增效，进而提升市场竞争力。

新的数字化采购管理系统将实现供应商管理、需求管理、寻源管理、合同管理、订单管理、送货管理和财务协同等整个间接物资采购全流程、全周期的数字化升级，并实现企业采购的电商化，从而形成一个电子化、自动化、智能化、可视化的闭环管理体系。同时，新的系统不仅满足当下的需求，还将为未来的发展提供充足的扩展空间。

资料来源：网易网。

本章小结

采购与供应是一个企业的源头，有效的采购无疑是企业成功的重要因素，越来越多的企业开始重视自己的采购管理。通过这一章的学习，我们可以发现，基于供应链的采购模式与传统的采购模式存在很大的差别。在供应链管理环境下，采购模式重视从采购管理向外部资源整合管理的转变，强调从一般买卖关系向战略合作伙伴关系的转变，强调企业之间对市场需求的快速响应。准时制采购所强调的在恰当的时间、恰当的地点，以恰当的数量、恰当的质量提供恰当的物品的思想,可以保证供应链运作的柔性和敏捷性,不但可以减少库存,还可以加快库存周转速度、缩短提前期、提高采购的质量、获得满意交货等,体现了供应链管理的协调性、同步性和集成性。供应链管理需要准时制采购来提高供应链的整体同步化运作,更需要升级到数字化采购,只有踏上数字化时代的浪潮,企业的供应链才能具备强大而持久的竞争力。

关键术语

采购管理(purchasing management)
供应链管理环境下的采购模式(purchasing mode under the supply chain management)
传统采购模式(traditional purchasing mode)
供应商关系管理(supplier relationship management,SRM)
准时制采购(JIT purchasing)
数字化采购(digital procurement)

思考与练习

1. 如何定义采购?举例描述采购的过程。
2. 传统采购模式的主要特征是什么?
3. 比较分析供应链管理环境下的采购管理模式与传统采购管理模式之间的特点。
4. 简述战略采购对供应链协调运作的意义和价值。
5. 如何理解不同的供应商管理原则?
6. 讨论供应商管理中的竞争关系模式和双赢关系模式之间的异同。
7. 供应商的选择受哪些因素的影响?试建立相应的评价指标体系。
8. 供应商选择的一般步骤包括哪几个?
9. 实地调研一家企业,分析其在供应商关系管理方面的经验及问题。
10. 准时制采购的意义和特点是什么?准时制采购应该遵循什么原则?
11. 数字化采购管理的关键战略要素是什么?

讨论案例

L 公司的零星采购问题

L 公司是国内一家有名的民营汽车制造企业。为了改善公司各职能部门和车间的工作流程,进一步提升公司内部管理,公司在每年的年终都会举行一次为期四天的公司级沟通交流会。参会人员为公司总经理、职能部门全部工作人员以及车间班组长以上人员(包括班组长)。在今年的年终沟通交流会上,涂装车间(以下简称"涂装")的班组长们正在向总经理抱怨着他们的服务部门——零星采购部(以下简称"零采")给他们的工作带来的种种不便。

涂装 A:现在零采的喷枪到货时间越来越长了,误了不少事儿,有时候采购回来的东西还不是我们要的。

涂装 B:并且采购回来的工作服、手套和防毒面具的质量越来越差了,工作服没穿多久就起毛球。

涂装 C:是呀,客户对汽车的表面质量是很看重的,它就好比人的一张脸,所以我们车间对工作环境洁净度的要求很高,工作服表面的毛球对车身表面质量的影响很不好,会引起颗粒,我们还得返工,很麻烦,导致我们的一次下线通过率很低。

涂装 B:其实有时候我们觉得某一批工作服的质量还可以,可下一次零采给我们送的工作服的牌子又换了,工作服的牌子和供应商变了很多次,所以质量很不稳定。

总经理:你们可以跟零采的工作人员说呀,让他采购你们以前用过的质量较好的工作服。

涂装 C:这些都不知道跟他们说了多少次了,可每次零采的人都说,现在给你们采购回来的工作服已经不错了,还挑三拣四的。我们也不知道怎么跟线上的员工交代,只好让他们每天到公司先把工作服洗了，用风机吹干。

涂装A：对于喷枪，其实我们自己知道一些牌子，质量也不错，并且比零采采购的价格还要低些。

第二天，在零采的分会场上，总经理把这些问题反馈给零采相关工作人员，可回答是另一番情景。

零采A：其实我们也很想缩短零采周期，但有些过程不是我们所能控制的，我们只能做好力所能及的。现在都没有供应商愿意与我们合作了，原因是我们的付款周期越来越长，而且在我们公司，一批货款要经过13个环节才能批下来，很烦琐。

零采B：虽然财务申报的整个程序走电子流程，但每个环节的处理越来越不及时，我们每次都要去催，还要听他们的难听话。

零采A：有的车间上报计划时很随意，有时只是给我们打个电话说要什么东西，问到要什么品牌时，他们说和上次一样，有的东西已经是很久之前采购的了，我哪里记得清楚品牌？只能在记录中一个一个地查……他们自己应该有一个完整的零采备案。

零采B：有些有特殊要求的工具，我们不太懂，但车间又不派员工和我们一起去市场上采购，我们辛苦地采购回来，他们又说不行，还得重新采购，这样肯定会耽误使用。我们真是两边受气！

资料来源：根据企业调研报告修改而成。

问题：L公司的零星采购到底存在哪些问题？如果你是该公司的总经理，你会怎么办？

参考文献与延伸阅读

[1] GENTRY J J.Carrier involvement in buyer-supplier strategic partnerships[J].International journal of physical distribution & logistics management，1996，26（3）：14-25.

[2] EXON-TAYLOR M.Enterprise management-the logical integration of the supply chain[J]. Logistics information management，1996，9（2）：16-21.

[3] PRIDA B，GUTIERREZ G.Supply management：from purchasing to external factory management[J].Production & inventory management journal，1996，37（4）：38-43.

[4] CHENG T C E，PODOLSKY S.Just-in-time manufacturing：an introduction[M].New York，Chapman & Hall，1996.

[5] 梅纳，霍克，克里斯托弗.战略采购和供应链管理：实践者的管理笔记[M].张凤，樊丽娟，译.北京：人民邮电出版社，2016.

[6] 陈志祥.供应链管理模式下的生产计划与控制研究[D].武汉：华中科技大学，2000.

[7] 王加林，张蕾丽.物流系统工程[M].北京：中国物资出版社，1987.

[8] 亚黛尔-希莱.适时管理与人[M].郭镜明，郭宇峰，译.上海：上海人民出版社，1995.

[9] 蒙茨卡，特伦特，汉德菲尔德.采购与供应链管理：第3版[M].王晓东，刘旭敏，熊哲，译.北京：电子工业出版社，2008.

[10] 贝利，法摩尔，克洛克，等.采购原理与管理：第10版[M].王增东，李梦瑶，等译.北京：电子工业出版社，2009.

[11] PETRUZZI C N，WEE E K，DADA M.The newsvendor model with consumer search costs[J].Production and operations management，2009，18（6）：693-704.

[12] 伯特，帕特卡维奇，平克顿.供应管理：第8版[M].何明珂，卢丽雪，张屹然，等译.北京：中国人民大学出版社，2012.

[13] 莱桑斯，法林顿.采购与供应链管理：原书第9版[M].胡海清，译.北京：机械工业出版社，2018.

第 8 章　供应链管理环境下的生产计划与控制

本章重点理论与问题

供应链管理思想对企业最直接、最深刻的影响是企业家决策思维方式的转变：从传统、封闭的纵向思维方式向开放的横向思维方式转变。生产计划与控制是企业管理的主要内容之一，供应链管理思想无疑会对此带来很大的影响。与传统的企业生产计划与控制方法相比，在信息来源、信息的集成方法、计划的决策模式、计划的运行环境、生产控制的手段等许多方面，供应链管理环境下的生产计划与控制方法都有显著不同。本章对这个问题进行了深入的分析和探讨，阐释了适应供应链管理环境的生产计划与控制的新方法。本章首先分析了传统生产计划与控制方法和供应链管理思想的差距，进而分析了供应链管理环境下生产计划与控制的特点。根据供应链管理的要求，本章介绍了一个适应供应链管理环境的生产计划与控制总体模型，并阐述了供应链计划管理的原则和方法：同步化，合作计划、预测与补货以及多工厂生产计划。在生产控制方面，本章提出了以增强信息共享与信息交流为目的的生产系统协调控制策略：信息跟踪机制。此外，本章还介绍了供应链管理环境下大批量定制生产组织模式及其实现策略——延迟制造，并阐述了借助数字化技术实现不拘泥于规模大小的更加灵活的数字化定制生产的发展趋势。

8.1　基于供应链的分布式生产计划与控制系统

8.1.1　传统生产计划与控制和供应链管理思想的差距

前几章我们探讨了供应链管理及供应链的构建等问题，现在把目光转到供应链管理运作中的另一个焦点问题——**生产计划与控制**（production planning and control）上来。供应链管理思想对企业管理的最大影响是对现行生产计划与控制模式提出的挑战，因为企业的经营活动是以顾客需求驱动的、以生产计划与控制活动为中心展开的，只有建立面向供应链管理的生产计划与控制系统，企业才能真正从传统的管理模式转向供应链管理模式。我们探讨现行生产计划与控制和供应链管理思想的差距，目的就是要找出现行生产计划与控制模式和供应链管理思想不相符的地方，从而提出新的适应供应链管理的生产计划与控制模式，为供应链管理运行机制的建立提供保证。

传统的企业生产计划的基本特征是以某个企业的物料需求为中心展开的，缺乏和供应商及分销商、零售商的协调，企业的计划制订没有考虑供应商以及下游企业的实际情况，不确定性对库存和服务水平的影响较大，库存控制策略也难以发挥作用。实践证明，供应链上任何企业的生产和库存决策都会影响供应链上其他企业的运作管理行为，因此，一个企业的生产计划与库存优化控制不但要考虑本企业内部的业务流程，更要从供应链整体出发，进行全面的优化控制，打破以某个企业物料需求为中心的生产管理界限，充分了解用户需求并与供应商在经营上保持协调一致，实现信息共享与集成，以顾客化的需求驱动顾客化的生产计划，获得柔性及敏捷的市场响应能力。

供应链是一个跨越多企业、多厂家、多部门、多地域的网络化组织。一个有效的供应链企业计划系统必须保证企业能快速响应市场需求，如图 8-1 所示。有效的供应链企业计划系统集成企业所有的计划和决策业务，包括需求预测、库存计划、资源配置、设备管理、渠道优化、生产作业计划、物料需求计划、采购计划、分销配送计划、退货/回收计划等。供应链是由不同企业组成的企业网络，有紧密型的联合体成员，有协作型的伙伴企业，有动态联盟型的战略伙伴。供应链整体以核心企业为龙头，把各个参与供应链的企业有效地组织起来，优化整个供应链的资源，以最低的成本和最快的速度生产最好的产品，最快地满足用户需求，以达到快速响应市场和用户需求的目的。这是供应链企业计划最根本的目的和要求。

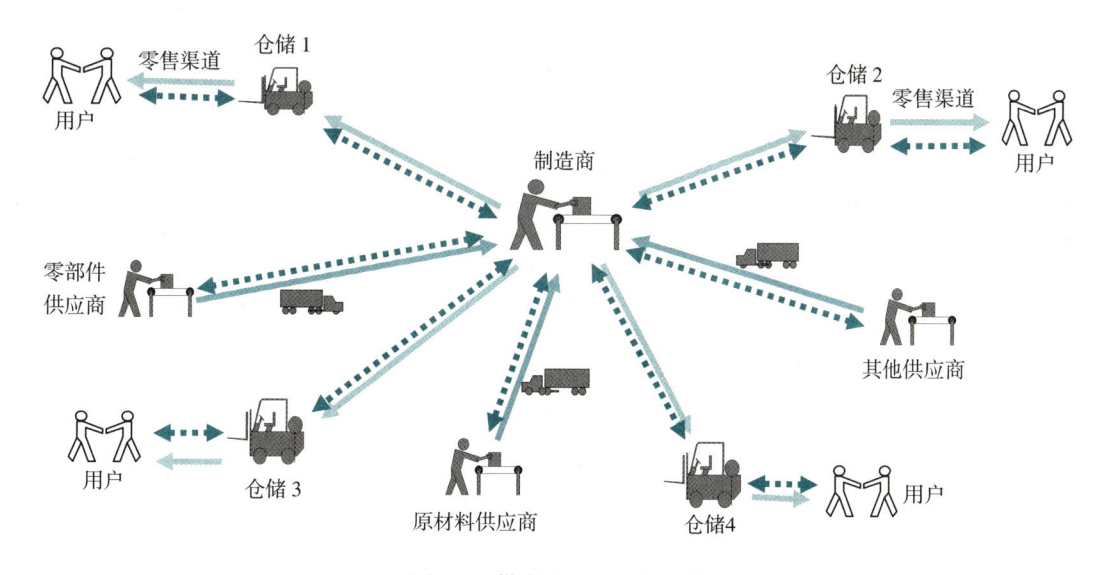

图 8-1 供应链企业计划系统

显然，供应链管理环境下企业计划运行发生了巨大的变化，具有更高的不确定性和动态性。供应链管理的目的是使企业能够适应多变的市场环境。企业置身于这样一个复杂多变的环境中，影响企业生产计划运行的外界环境的不确定性和动态性增加了。供应链管理环境下的生产计划是在不稳定的运行环境下进行的，因此要求生产计划与控制系统具有更高的柔性和敏捷性，比如提前期的柔性、生产批量的柔性等。传统的制造资源计划比较缺乏柔性，因为它以固定的环境约束变量来应对不确定的市场环境，这显然是不行的。供应链管理环境下的生产计划涉及的多是订单化生产，或者说是由客户需求驱动的，这种生产模式的动态性更强。供应链管理环境下的生产计划与控制要更多地考虑不确定性和动态性因素，使生产计划具有更高的柔性和敏捷性，从而使企业能够灵活应对市场和供应链内部变化，如需求波动、供应中断或生产能力变化，快速调整生产和分配计划。

总体来说，这些差距反映了从狭隘的以生产为中心的管理、以内部生产过程的优化为主，向全面的以供应链为中心的、数据驱动的、客户驱动的整个供应链网络协同合作的转变，这种转变反映了全球化和信息化背景下企业竞争环境的深刻变化，企业必须建立面向供应链的生产计划与控制体系以应对日益复杂的市场环境和消费者需求。

📖 供应链聚焦

空中客车公司表示，预计2024年将向客户交付约800架商用飞机，比2023年增加65架。空中客车公司强调目前的重点是完成2026年将产量增加到每月75架A320喷气式飞机的生产计划，以巩固其对主要竞争对手波音公司的领先地位。

这家欧洲飞机制造商也对"充满瓶颈的世界"和"非常复杂"的、持续存在挑战的供应链提出了警告。由于新冠疫情以及全球航空公司史无前例的订购热潮，整个行业的生产线变得紧张。很多公司都经历着产品开发延迟的打击，并面临着来自太空探索技术公司等美国公司的激烈竞争，另外，发动机制造商的问题也加剧了挑战。

法国发动机制造商赛峰集团非常同意空中客车公司关于供应链压力的评论。该集团表示，美国仍面临钛和其他金属等材料的短缺以及员工招聘问题，并预计这些问题今年将持续存在。该集团首席执行官奥利维尔·安德里斯表示，集团仍然处于有利地位，可以满足空中客车公司提高发动机交付速度的要求。他在法国电视频道 BFM Business 上表示："我们正在努力满足空中客车公司和波音公司2024年的需求，目前我们正在讨论它们2025年的需求。我们当然会做出回应，而且我们确实会紧跟这种增长步伐。"

资料来源：金融时报。

8.1.2　供应链管理环境下的生产计划与控制的流程

如上所述，供应链管理环境下和传统环境下的生产计划与控制的工作模式及流程有着很大的不同。在供应链管理环境下，人们不仅关注单个企业内部的生产计划与控制过程，而且涉及与供应商、分销商、客户等供应链各方的紧密合作。根据这一显著特点，本书提出了一个供应链管理环境下的生产计划与控制总体流程模型，如图 8-2 所示。

如图 8-2 所示，供应链管理环境下的生产计划与控制体系主要包括以下关键组成部分和工作流程。

（1）需求管理。主要涉及市场需求分析和客户订单管理。一方面，收集和分析市场数据，预测未来的需求趋势。另一方面，接收并处理客户订单，确定需求的具体规模和时间框架。

（2）供应链网络设计计划。包括选择供应商和分销商，根据产品需求和市场策略，选择合适的供应商和分销渠道。并且基于成本、效率和市场接近度，规划生产基地和配送中心的位置。

（3）物料需求和供应计划（MRP&SRP）。涵盖传统生产体系的物料需求计划，基于需求预测，计划所需原材料和组件的采购，以及**供应资源计划**（supply resource planning，SRP），协调供应商资源，确保原材料和组件的及时供应。

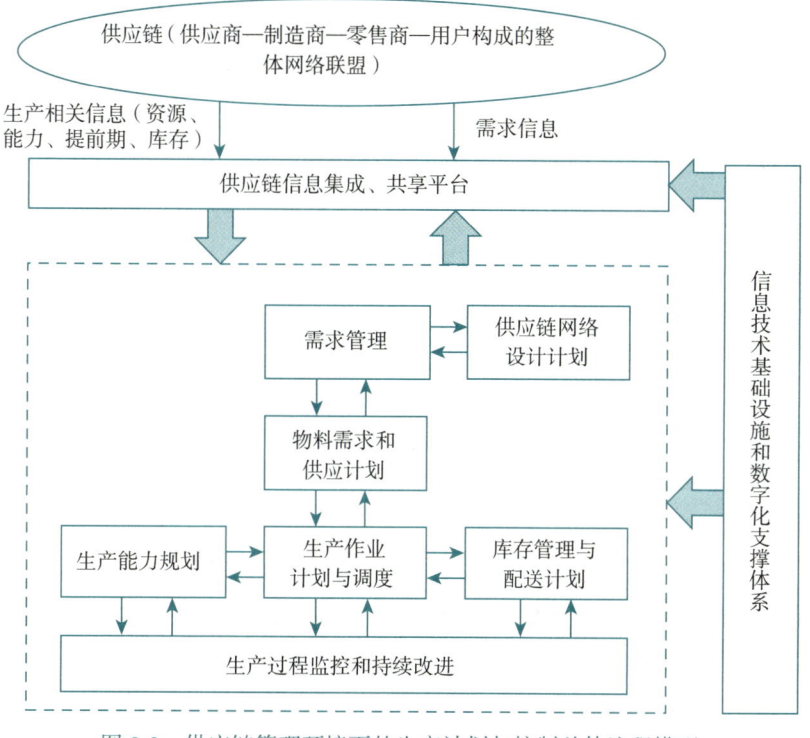

图 8-2 供应链管理环境下的生产计划与控制总体流程模型

（4）生产能力规划（CRP）。除了评估生产能力，也就是评估现有的生产线、人员和设备能力是否满足生产需求，还包括调整和优化资源分配，根据生产需求调整资源配置，优化生产效率。

（5）生产作业计划与调度。主要是制订短期的生产作业计划，包括生产任务的分配和时间安排。并且负责进行生产进度的监控和控制及调整，以确保生产活动按计划进行。

（6）库存管理与配送计划。包括库存水平控制，管理原材料、在制品和成品的库存水平，也包括物流管理与配送计划，根据客户订单和市场需求，安排产品的配送和最终交付。

（7）生产过程监控和持续改进。对生产效能进行评估，实时监控供应链的运作效率，包括生产效率、生产进度、交付时间和库存水平。持续改进是基于对生产过程水平评估的结果，持续优化生产计划和供应链管理过程。

整个模型通过高度的信息整合和流程自动化，实现供应链全环节的透明和协同工作，目的是提高供应链的响应速度、降低成本、提升客户满意度，并最终增强供应链的竞争力。

在这个模型中，现代信息技术基础设施［如 ERP 系统、供应链管理软件、APS（高级计划与排程）软件］和数字化支撑体系（如工业互联网平台、各种数字化平台）发挥了关键作用，它支持数据的实时共享和分析，以及针对制造环境的复杂关系和交互作用进行建模，并快速评估和分析不同的场景，从而促进跨职能协同、互动，打破信息孤岛，帮助各参与方实现有效的生产计划决策和协同工作。显然，信息的相互沟通与共享是这个模型的一个显著特点。因此，建立相应的供应链信息集成平台是一个重要的支撑,它不仅协调信息的发布与接收,并且可以及时反馈生产进度的有关数据,修正生产计划,以保证供应链各企业都能同步协调执行。

8.1.3 供应链管理环境下生产计划与控制的主要特点

根据以上的阐述,我们可以总结出供应链管理环境下生产计划与控制在信息组织、边界跨越、决策与管理过程等方面的主要特点。

1. 信息组织

在供应链管理环境下,生产计划信息的组织是确保供应链高效运作的关键环节。这个过程不仅需要处理来自供应链内部和外部的大量信息,还需要在多个决策点进行协调和优化。该过程具有以下几个方面的特点。

(1)信息多源性。供应链是一种网络化组织,供应链管理环境下的企业生产计划和控制过程相关的信息已跨越了组织的界限,形成了开放性的信息系统,决策的信息资源来自企业内部与外部(包括市场变化、客户需求、供应商能力等信息),并与供应链合作伙伴共享。信息多源性促进了信息的透明和共享,帮助供应链各方基于全面和实时的信息做出更有效的生产计划决策,增强了整个供应链对市场变化的响应能力。

在传统的生产计划与控制决策模式中,计划决策的信息来自企业内部的两个方面的基础数据:一是需求信息,包括用户订单和需求预测;二是资源信息,作为生产计划决策的约束条件。通过对这两个方面信息的综合,企业得到制订生产计划所需的需求信息。而在供应链管理环境下,强调供应链上下游之间的流程整合和信息共享,包括共同的规划、预测、补货和库存管理等。因此,在供应链管理环境下的资源信息不仅来自企业内部,还来自供应商、分销商和用户。信息多源性也就成了供应链管理环境下的生产计划与控制的一个重要特点。

(2)高度集成性。供应链是集成的企业群,是扩展了的企业,供应链管理环境下的企业生产计划与控制需要来自不同信息源的信息高度集成,包括集成供应商、分销商甚至消费者和竞争对手的信息,以确保生产计划的协调性和一致性。

传统生产计划与控制环境下,通常关注的是生产和相关操作的内部流程,较少涉及跨企业的协作与整合。而在供应链管理环境下,生产计划和控制过程应具备跨功能、跨组织的信息和流程的整合能力,确保供应链中的各个环节和活动能够协同工作,形成统一的生产计划决策和执行体系。集成性有助于打破信息孤岛,实现供应链上下游之间的信息流、物流和资金流的无缝衔接,提高供应链生产的整体效率和效果。

(3)实时性。供应链管理环境下,需要保证生产计划信息实时更新,以响应市场变化、客户需求、库存水平或供应状况的变化。快速的信息更新和传递机制使得整个供应链能够迅速做出反应,调整生产和物流计划。

广泛应用的先进信息技术,如 ERP 软件、供应链管理软件、物联网、大数据和人工智能等,大大提升了供应链各环节之间的信息流的准确性和透明度,以及信息反馈的实时性。

(4)准确性与可靠性。准确的数据是高效供应链管理的基础,错误的数据可能导致生产过剩或短缺、资源浪费和服务水平下降。同时,通过高级数据分析和预测模型,生产计划信息需要支持更精准的决策制定。

(5)安全性、合规性、可持续性。在供应链管理环境下,在数据共享的同时要保护生产计划信息不被未授权访问或泄露，尤其是在包含敏感数据（如客户信息、定价策略等）时。另外，生产计划信息的管理需符合相关行业和地区的法律法规，如数据保护法、出口管制等。随着企业在供应链生产过程中愈加重视环境保护和可持续性的要求，数据与信息的收集和组织应更多地考虑减少资源消耗、降低废物产生和碳排放等。

通过这些特点的实现，供应链管理环境下的生产计划可以更加高效、适应性更强，能够快速响应市场和操作变化，最终提高整个供应链的性能和竞争力。

2. 边界跨越

在供应链管理环境下，生产计划不仅涉及单个企业的生产活动，还包括与供应商、分销商和最终客户之间的协作与协调。生产计划需要综合考虑多个因素，以实现成本最低化、效率最大化以及响应市场需求的灵活性。显然，企业的生产计划与控制的边界已经有了较大的跨越。

（1）计划的循环过程突破了企业边界的限制。

当企业独立运行各自的生产计划系统时，一般有三个信息流的闭环，而且都在企业内部：

- 主生产计划—粗**能力平衡**（capacity balancing）—主生产计划；
- 投入出产计划—能力需求分析（细能力平衡）—投入出产计划；
- 投入出产计划—车间作业计划—生产进度状态—投入出产计划。

在供应链管理环境下，生产计划与控制的信息流跨越了企业的边界，从而增添了新的内容：

- 主生产计划—供应链企业粗能力平衡—主生产计划；
- 主生产计划—外包计划—外包工程进度—主生产计划；
- 外包计划—主生产计划—供应链企业生产能力平衡—外包计划；
- 投入出产计划—供应链企业能力需求分析（细能力平衡）—投入出产计划；
- 投入出产计划—上游企业生产进度分析—投入出产计划；
- 投入出产计划—车间作业计划—生产进度状态—投入出产计划。

需要说明的是，以上各循环中的信息流都只是各自循环所必需的信息流的一部分，但它们可对计划的某个方面起决定性作用。

（2）扩展了能力平衡在计划中的作用。

在通常的概念中，能力平衡只是一种分析生产任务与生产能力之间差距的手段，根据能力平衡的结果可以对计划进行修正。在供应链管理环境下的生产计划过程中，能力平衡发挥了以下作用：

- 为主生产计划和投入出产计划进行修正提供依据，这也是能力平衡的传统作用；
- 能力平衡是进行外包决策和零部件（原材料）急件外购的决策依据；
- 在主生产计划和投入出产计划中所使用的上游企业的能力数据，反映了其在合作中愿意承担的生产负荷，这可以为供应链管理的高效运作提供保证；
- 在信息技术的支持下，对本企业和上游企业的能力状态的实时更新使生产计划具有较高的可行性。

显然,在供应链管理环境下,生产计划的制订是一个动态的过程,需要不断与供应链合作伙伴进行协调以进行有效的调整和优化,从而应对市场和供应链内部环境的不断变化。

供应链聚焦

宁波方太厨具有限公司(以下简称"方太")通过对计划编排的核心要素UPH(每小时产量)、产能、人员等的梳理,按照生产计划的核心逻辑开发了APS系统,有效指导了各工厂、各车间从冲压到精加工、喷涂、组装的计划协调,并通过计划制订、下达MES执行、通过MES执行结果反馈,指导下一次计划的编排,实现计划的良性循环。ERP系统实现了销售、计划、采购、财务整个业务流程的贯通,还可以根据月度销售预测计划制订出双周生产计划,并将双周生产计划下达到APS系统进行详细的排程,从而指导最终的产线生产。

方太通过ERP系统下达双周生产计划,并运行物料需求计划生成的采购申请,指导各工厂采购人员下达采购订单,并将订单信息实时传送到供应商关系管理系统,指导供应商按计划送货。供应商在规定时间内将货物送到公司后,通过原材料MES进行无线扫描登记,将来料信息实时回传到ERP系统。同时ERP系统根据双周生产计划生成生产工单并传到MES和APS系统,通过APS系统排程实现工单从双周到双班次的具体排程,并下达到MES进行生产。MES将工单完成情况实时回传到ERP系统,ERP系统进行工时的统计、成本分析。

供应链整合及MES的实施,实现了方太全部产品从原材料开始一直到生命周期结束的全监控,保证了集成供应链可视化、产品全生命周期的可追溯管理,也保证了产品的品质管理透明化、供应链过程透明化、计划与达成可视化。该项目覆盖冲压、喷涂、精加工、组装、成品仓库出入管理、分公司仓库管理、物流管理、服务配件管理的全过程。

公司通过配送需求计划系统创建销售订单,并将销售订单数据按一定规则汇总传送至ERP系统,ERP系统下达发货指令到MES中执行发货,并通过运输管理系统进行物流配送的跟踪,确保成品完整无损、状态清晰可控地送达全国各地分仓,并由售后人员根据客户实际要求进行安装服务。售后客户关系管理系统:客户收到产品后,通过公司统一客服通知技师在约定时间进行上门安装服务,客服人员通过客户关系管理系统,对服务工单进行派工,记录客户的信息。

公司实现生产效率提升20%,运营成本降低20%,产品升级周期缩短30%,产品不良品率降低20%,单位产值能耗降低10%,设备国产化率大于80%,数据自动化采集率大于90%。

资料来源:人民网。

3. 决策与管理过程

上述总体模型展示了供应链管理环境下的生产计划与控制在决策和管理方面的一些主要特点,这些特点共同构成了其高效运作的基础。具体包括以下内容。

(1)数据驱动。在数字化时代,供应链生产计划与控制的决策和管理更加依赖于对大量实时数据和历史数据进行分析与决策,数据分析和机器学习等技术能够更准确地预测生产问题并优化生产过程。供应链中的信息流动是高度集成的,包括需求预测、订单管理、库存水平、生产进度等关键信息的共享。这种信息的实时共享与透明化是高效决策和协同工作的基础。大数据和分析工具的应用也使企业能够基于历史数据、市场趋势、消费者行为等信息进行更准确的需求预测和资源规划,从而做出更合理的生产计划决策和调整。

(2)动态适应性。供应链管理环境下的生产计划与控制具有动态性,是市场经济发展的必然。生产计划和决策过程需要不断适应供应链内外部环境变化的能力,如需求波动、供应中断、市场竞争等。动态性要求供应链管理系统具备高度的灵活性和适应性，使企业具有敏捷性和柔性，能够快速调整生产计划和决策以应对不断变化的环境。模糊的提前期和模糊的需求量要求生产计划具有更多的柔性与敏捷性。该模型要求生产控制系统能够实时监控整个供应链的生产进度、资源使用情况和产品质量等关键指标。一旦发现偏离预定计划或目标的情况，系统能够快速采取措施进行调整，如改变生产顺序、重新分配资源或调整生产速度。

（3）分布性。传统的生产计划决策模式是一种集中式决策，而供应链管理环境下的生产计划与控制决策模式是分布式的决策过程。供应链中的生产计划和决策活动通常在地理位置上分散的多个节点进行，而每个节点根据自己的特定情况和能力参与整个供应链的决策过程。分布性要求供应链具备强大的信息技术支持，以保证远距离的信息共享和协作。比如，通过互联网/EDI 等信息通信和交流工具，企业能够把分布在不同区域和不同组织的信息进行有机的集成与协调，使供应链生产活动同步进行。这种分布式的决策机制有利于利用地理分布带来的多样性和灵活性，同时提升供应链抗风险能力。

（4）端到端协同。整个模型以满足客户需求和提高客户满意度为核心目标，通过有效的需求管理、产品质量控制和配送服务来实现这一点。并且，它采用了一个全面的视角，不仅关注内部生产活动的优化，从原材料采购到最终产品交付客户手中的每一个环节都被纳入考虑范围，而且强调了跨企业间的协作和协同工作，供应商、生产商、分销商和零售商等多个独立实体在供应链中紧密合作，共享信息、资源和策略，以实现整个供应链的优化。这种端到端的协同管理有助于识别和解决供应链中的效率瓶颈。

（5）自动化。利用先进的信息技术和自动化设备，生产计划与控制过程可以实现高度自动化，从而提高生产效率和减少人为错误。在这个模型的指导下，业务流程和信息流需保持高度一致，有利于供应链生产与库存信息的跟踪和维护。自动化也体现在生产计划与控制过程能够基于大量数据进行决策，提高决策的科学性和准确性。自动化系统可以集成来自供应链各方的数据，使用高级分析工具来发掘这些数据中的洞见，指导生产计划和控制。自动化工具也提高了供应链的透明度，通过仪表板和报告使复杂数据易于理解，帮助管理者快速做出决策。

（6）质量管理与持续改进。模型不仅关注当前的生产运作效率，还强调基于性能评估的持续改进。通过定期审查和优化供应链流程，企业可以不断提升其竞争力。生产控制系统整合了质量管理的各个方面，确保产品符合质量标准和客户要求。同时，通过持续改进的方法（如六西格玛或精益生产），不断优化生产过程和提高产品质量。

总体来说，这个模型强调了数据驱动、动态适应性、分布性、端到端协同、自动化、质量管理与持续改进，旨在提高供应链生产效率和响应速度，同时确保产品质量和可持续性，满足市场和客户的需求。

供应链聚焦

2022 年，西门子公司在发展中遇到了问题。由于囤积设备及疫情放缓后需求增加，公司订单猛增 52%，订单积压达 930 亿欧元。电子电气设备供应商在备货中处于从属或被动地位，很大程度上是由于供应链各环节基本处于"信息孤岛"，信息不对称现象严重，备货完全基于企业的采购订单，因此，供应商很难合理规划自己的生产与库存。而且由于品种多、规格复杂、数量大等，电子电气产品的精细生产管理一直是难题。在大数据管理系统的加持下，西门子公司实现了更高的生产效率、更透明的生产过程和更稳定的产品质量，更可以期待切换自如的柔性生产和高度定制化的产销模式。此外，公司还做到了采购计划、库存、结算等全生命周期数据的管理，缩短了订单积压时间、提高了生产效率并减少了缺货比率。

资料来源：数商云官网。

8.2 供应链计划管理的原则及方法

8.2.1 同步化供应链企业计划

在当今顾客驱动的环境下，制造商必须具有在面对不确定性事件时不断修改计划的能力。要做到这一点，企业的制造过程、数据模型、信息系统和通信基础设施必须无缝地衔接且实时地运作，因此**同步化**（synchronization）供应链企业计划的提出是企业最终实现敏捷供应链管理的必然选择。

许多软件商目前都在推出供应链计划管理软件，如 infor、E2Open、Arkieva 及 Kinaxis 等，为企业制订周密的供应链计划提供系统支持。

同步化供应链企业计划是一种高度协调的供应链管理策略，旨在通过整个供应链的紧密协作和信息共享，实现生产活动、物流、信息流和资金流的同步运作。这种计划的核心在于确保供应链上所有环节的活动都能够以最佳的时机进行，以匹配最终客户的需求，同时最大限度地减少库存、提高效率，并降低成本。同步化供应链企业计划能使计划的修改或执行中的问题在整个供应链上获得共享与支持，物料和其他资源的管理是在实时的拉动方式下进行的。

同步化供应链企业计划通过在 ERP 中加入新的技术来实现，比如物联网和人工智能等先进技术，以支持实时数据分析、预测、流程自动化和生产计划决策制定。充分利用开放系统的概念，通过集成工具协同同步化供应链管理。同时，同步化供应链企业计划能够支持供应链分布、异构环境下的"即插即用"要求。要实现这一点，必须使供应链中的信息达到同步共享。

建立在 EDI/互联网技术上的供应链信息集成平台，为供应链企业之间的信息交流提供了共享窗口和交流渠道，同时保证了同步化供应链企业计划的实现。因此，新的供应链企业生产计划与控制系统和组织模型要充分考虑这一特点。

同步化供应链企业计划的提出是为了挑战供应链运行中的各类约束。供应链运行中有来自采购的约束，有来自生产的约束，也有来自销售的约束。这些约束的不良后果会导致"组合约束爆炸"。因此，要实现同步化供应链企业计划，一方面，要建立起不同的供应链系统之间的有效通信标准，基于互联网的 TCP/IP 协议形成信息交流和协作的规范化、标准化流程等。另一方面，要建立起协调机制和冲突管理服务。供应链系统的各个代理之间既有同步的协作功能，也有独立的自主功能，当供应链的整体利益和各个代理的个体利益相冲突时，必须得到快速的协商解决，这样供应链的同步化才能实现。因此，建立分布的协调机制对同步化供应链企业计划的实现是非常重要的。

要实现同步化供应链企业计划，必须建立起企业之间的合作机制及透明的信息共享机制。供应链企业之间的合作方式主要有同时同地、同时异地、异时同地和异时异地四种情形。因此供应链企业的合作模式表现为四种模式：同步模式、异步模式、分布式同步模式、分布式异步模式。基于多代理的供应链组织管理模式，实现了由传统的递阶控制组织模式向扁平化网络组织模式的过渡，实现了网络化管理。

8.2.2 合作计划、预测与补货

上述供应链生产计划与控制模型的一个典型应用就是**合作计划、预测与补货**（collaborative planning，forecasting and replenishment，CPFR）。CPFR 通过合作伙伴间的信息共享和协同计划来提高供应链的整体效率和响应能力。它旨在通过更准确的需求预测和更有效的库存管理，减少库存成本，提高客户满意度，并最终增加整个供应链的销售额。CPFR 模式更偏重于供应链下游的应用，而前面章节提到的 VMI 和 JMI 可以认为是供应链生产计划与控制模型在供应链上游企业之间的一种应用。

1. 问题提出的背景

在传统的供应链实际运行中，由于制造商与零售商的活动是分离的，因此经常出现信息共享缺位导致的问题。例如，某种产品的实际需求是比较平稳的，如人们日常生活中的米、面、油等。受到人类生活特征的影响，这类产品每天的消费数量比较平稳，生产企业可以根据某地区的人口预测出市场需求。但是，实际市场运行情况并非如此简单。比如说，零售商出于提高销售量的目的，经常会开展一些促销活动。显而易见，在促销期间，销售量往往会增加。实际上，很多商品在促销期间销量上升只是将未来需求提前实现而已，在促销过后的一段时间内，市场上的销售量往往会低于正常情况下的销售量，因为消费者已经在促销期间将未来需求的产品提前购买了，结果是人为地造成需求的剧烈波动，如图 8-3 所示。理论上讲，零售商的促销活动是很正常的行为，但是如果制造商不知道零售商的促销活动的话，就会出现生产的盲目性，造成库存过多或过低的情况，给制造商和零售商都带来不必要的损失。

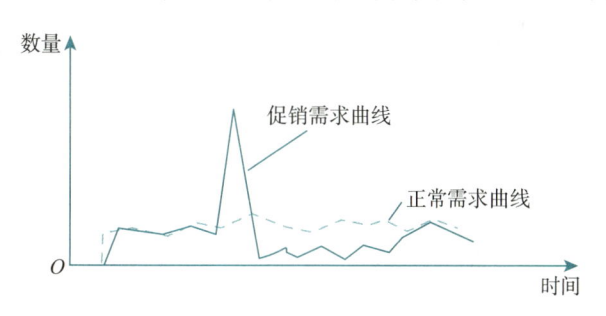

图 8-3 正常需求与促销活动下的需求特征

人们在意识到这类情况之后，开始就解决之道进行艰苦的探索。其中，贡献最大的当属 CPFR 方法的产生。

2. CPFR 的概念

CPFR 是 1995 年由沃尔玛主导和提出的供应链生产计划与控制方法，它能够克服单个企业独自制订计划带来的种种问题。

CPFR 是一种供应链计划与运作管理的新哲理，它应用一系列的处理和技术模型，提供覆盖整个供应链的合作过程，通过共同管理业务过程和共享信息来改善零售商与供应商的合作伙伴关系，提高预测的准确度，最终达到提升供应链效率、减少库存和提高消费者满意度的目的。CPFR 有三个指导性原则：

- 供应链业务伙伴框架结构和运作过程以消费者为中心，并且面向价值链运作；
- 供应链业务伙伴共同负责开发共享的消费者需求预测系统，以驱动整个价值链计划；
- 供应链业务伙伴均承诺共享预测并在消除供需过程的障碍上共担风险。

显然，CPFR 模型强调了供应链管理的合作和协同性，通过共享信息和集体智慧，实现供应链的整体优化，为供应链中的每一方带来更大的价值。

3. CPFR 的产生过程和发展

1995 年，国际著名的商业零售连锁店沃尔玛及其供应商 Warner Lambert、世界上最大的企业管理软件商 SAP、国际著名的供应链软件商 Manugistics、美国著名的咨询公司 Benchmarking Partners 等五家公司联合成立了零售供应和需求链工作组，进行 CPFR 研究和探索，其目的是开发一组业务过程，使供应链上的成员能够利用它实现从零售商到制造企业的功能合作，显著改善预测准确度，降低成本、库存总量和现货百分比，发挥出供应链的全部效率。在实施 CPFR 后，Warner Lambert 公司零售商品满足率从 87% 增加到 98%，新增销售收入 800 万美元。在 CPFR 取得初步成功后，由 30 多个单位组成了 CPFR 理事会，并与自愿行业间商业标准（voluntary inter-industry commerce standard，VICS）理事会一起致力于 CPFR 的研究、标准制定、软件开发和推广应用工作。美国商务部的有关资料表明，1997 年，美国零售商品供应链中的库存价值约为 1 万亿美元，CPFR 理事会估计，通过全面实施 CPFR，可以减少 15%～25% 的库存，即 1 500 亿～2 500 亿美元。由于 CPFR 巨大的潜在效益和市场前景，一些著名的企业软件商如 SAP、Manugistics、Logility、PeopleSoft、i2Technologies 等公司都在开发 CPFR 软件系统与从事相关的服务。

4. CPFR 与其他合作模式的关系

在 CPFR 提出之前，关于供应链伙伴的合作模式主要有**合作预测与补货**（aggregate forecasting and replenishment，AFR）和 VMI、JMI 等。AFR 是商业贸易伙伴交互作用中应用最广泛的方法，用于预测的核心数据来自辛迪加数据和历史销售数据，采用制造者推动供应链的方法。AFR 缺乏集成的供应链计划，可能会导致高库存或低订单满足率。VMI 可以避免 AFR 的一些问题，VMI 的一项关键技术是应用供应链的能力管理库存，这样需求和供应就能结合在一起，制造商就能够得到零售分销中心仓库返回数据和 POS 数据，然后利用这些信息规划整个供应链的库存配置。VMI 方法虽然有诸多优点，但缺乏系统集成。JMI 预测与补货方法相对较新，这种方法以消费者为中心，着眼于计划和执行更详细的业务，供应链经常应用**工作组**（team work）方法处理关键问题，使合作双方在了解对方运作的增强相互作用等方面得到改善，结果有助于发展贸易伙伴的信任关系。JMI 在每个公司内增加了计划执行的集成，在消费者服务水平、库存和成本管理方面取得了显著的效果，但 JMI 的建立和维护成本高。

5. CPFR 的业务模型

CPFR 的业务模型的业务活动可划分为计划、预测和补货三个阶段，包括九个主要流程活动，如图 8-4 所示。这九个步骤可以分为五个层次。

第一步，供应链合作伙伴之间达成 CPFR 合作协议。这一步是第一个层次，是供应链合作伙伴（零售商、分销商和制造商）之间为合作关系建立指南和规则，共同达成一个通用业务协议，包括对合作的全面认识、合作目标、保密协议、资源授权、合作伙伴的任务和成绩的检测。

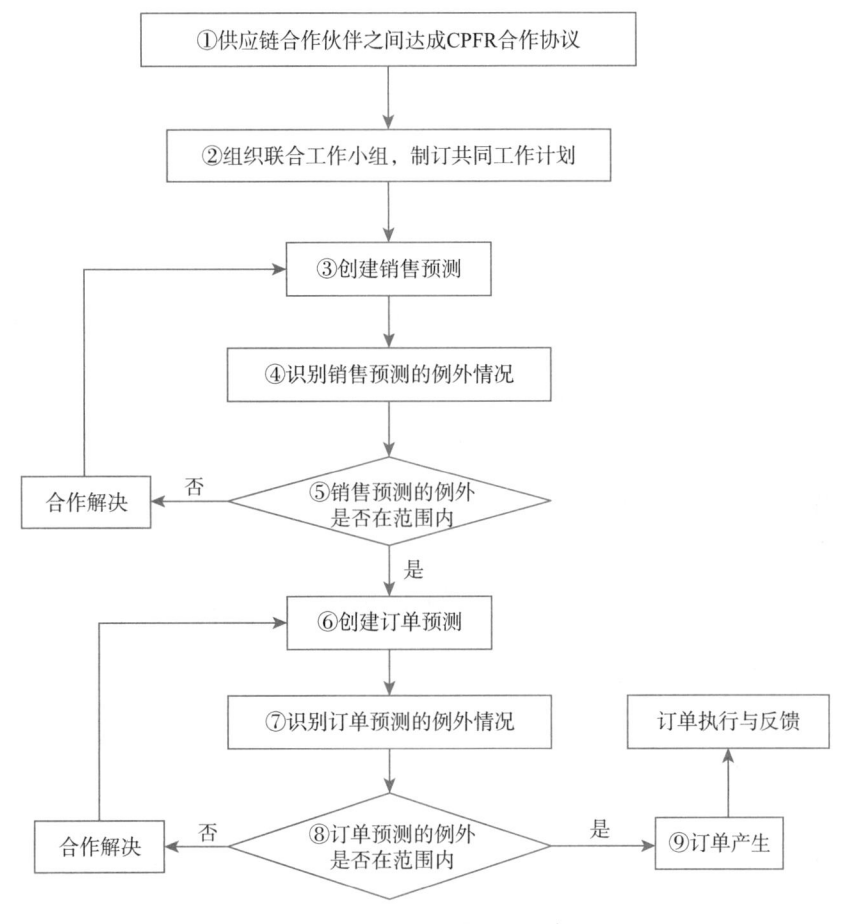

图 8-4 CPFR 的工作流程示意图

第二步，组织联合工作小组，制订共同工作计划。这是第二个层次，供应链合作伙伴相互交换战略和业务计划信息，以发展共同业务计划。合作伙伴首先建立基于合作伙伴关系的联合工作小组，然后定义分类任务、目标和策略，并建立合作项目的管理要素，如订单最小批量、交货期、订单间隔等。

第三步，创建销售预测。利用零售商 POS 数据、因果关系信息、已计划事件信息创建一个支持共同业务计划的销售预测。

第四步，识别销售预测的例外情况。识别分布在销售预测约束之外的项目，每个项目的例外准则需在第一步中得到认同。

第五步，销售预测例外项目的解决/合作，即判断销售预测的例外是否在范围内。通过查询共享数据、电子邮件、电话、交谈、会议等解决销售预测例外情况，并将产生的变化提交给销售预测（第三步）。

第三步至第五步构成第三个层次。

第六步，创建订单预测。合并 POS 数据、因果关系信息和库存策略，产生一个支持共享销售预测和共同业务计划的订单预测，提出分时间段的实际需求数量，并通过产品及接收地点反映库存目标。订单预测周期内的短期部分用于产生订单，订单预测周期外的长期部分用于计划。

第七步，识别订单预测的例外情况。识别分布在订单预测约束之外的项目，例外准则在第一步已建立。

第八步，订单预测例外项目的解决/合作，即判断订单预测的例外是否在范围内。通过查询共享数据、电子邮件、电话、交谈、会议等调查研究订单预测例外情况，并将产生的变化提交给订单预测（第六步）。

第六步至第八步构成第四个层次。

第九步，订单产生。将订单预测转换为已承诺的订单，订单产生可由制造商或分销商根据能力、系统和资源来完成。这是第五个层次。

供应链聚焦

汉高（Henkel）集团是德国一家大型清洁产品供应商，20 世纪 90 年代后期，公司深受订货预测和供应链管理实施乏力所困，存货水平高得无法接受，产品输出缓慢，运输效率低下。

汉高集团通过分析发现主要原因是公司没有一个贯穿供应链的计划系统，无法整合连续补充的预测计划，无法预测目标市场需求的确切数量，导致生产组织的盲目性。

1999 年，汉高集团与西班牙最大的零售连锁集团 Eroski，共同实施了 CPFR。

两家公司当时已有很多业务往来。但是，由于传统上单打独斗的运作方式，汉高集团的销售预测中有 50% 的误差，缺货现象十分严重，而且 Eroski 集团庞大的 500 家商店提供服务的中转仓库出货经常出错，给两家公司都带来了不利的影响。

针对这种情况，两家公司决定实施 CPFR。为此，双方成立了一个小型的工作小组来开展工作。开始时，双方每周交换一次订货信息，每 15 天交换一次销售预测，每 4 个月交换一次促销计划表。为了提高合作效率，双方还开发了基于互联网的工作平台。

随着 CPFR 合作实验的进行，1999—2000 年，平均错误率从 50% 下降到 5%。同时，控制在 20% 的合理误差率范围内的预测比率从 20% 上升到 75%。其他方面也取得了令人满意的效果：98% 的客户满意度、5 天的供货期、2% 的缺货率、大于 85% 的预测可靠性、98% 的卡车满载率等。

汉高集团与 Eroski 集团的 CPFR 实践也并非一帆风顺。其中一个困难是如何建立 CPFR 的复杂工作模式，如何打破双方保守的思维方式；其他困难包括如何改变旧有的习惯，如何鼓励数据的自由流动。通过采取措施，双方逐步解决了这些问题，使 CPFR 的实践取得了预期的效果。

资料来源：汉高集团及 Eroski 集团官网。

6. CPFR 实施中的关键因素

在 CPFR 实施过程中，获得成功的关键因素有以下几个。

（1）以"双赢"的态度看待合作伙伴和供应链的相互作用。企业必须了解整个供应链过程以发现自己的信息和能力在何处有助于供应链，进而有益于最终消费者和供应链合作伙伴。换句话说，基于 CPFR 的供应链获得成功的一个关键是从"零和竞争"的传统企业关系向"双赢"合作关系的转变。

（2）为供应链成功运作提供持续保证以及共同承担责任。这是基于 CPFR 的供应链成功运作所必需的企业价值观。每个合作伙伴对供应链的保证、权限和自身能力均不同，合作伙伴应能够调整其业务活动以适应这些不同。无论处于哪个职责层，合作伙伴坚持其保证和责任将是供应链成功运作的关键。

（3）实现跨企业、面向团队的供应链。团队不是一个新概念，建立跨企业的团队会造成一个新问题：团队成员可能参与其他团队，并与其合作伙伴的竞争对手合作。这些竞争对手之间存在"盈利/损失"关系，团队联合的深度和交换信息的类型可能造成多个 CPFR 团队中人员的冲突。在这种情况下，必须有效地构建支持完整团队和个体关系的公司价值系统。

（4）制定和维护行业标准。公司价值系统的另一个重要组成部分是对行业标准的支持。每个公司都有一个单独开发的过程，这会影响公司与其合作伙伴的联合。行业标准必须制定，既便于保证实施的一致性，又允许公司间存在不同，这样才能被有效应用。开发和评价这些标准有利于合作伙伴的信息共享和合作。

8.2.3　供应链下多工厂生产计划优化模型

企业要想完成一份订单，不能脱离上游供应商和下游分销商的支持，因此，在编制生产计划时要尽可能考虑供应链上的合作伙伴。另外，有的制造商可能在不同地域有多个工厂，每个工厂有不同的生产能力，所以，在制订生产计划时既要考虑不同企业的合作，又要考虑同一企业不同地域的生产工厂的能力及贴近市场的情况。这就是人们所说的多工厂条件下生产计划的制订问题。

在供应链管理环境下，多工厂生产计划优化模型是一种复杂的计划系统，旨在协调和优化位于不同地理位置的多个工厂的生产活动。任何企业在制订生产计划时都会考虑各个工厂的生产能力和资源约束。过去，在传统的生产管理思想的影响下，企业一般只能考虑本企业的生产能力及资源约束，没有将上下游企业的情况综合起来，因此，在完成最终市场所需要的订单时，整个供应链的总成本并不能达到最优。供应链管理理论出现之后，这种情况有所改善。现在，已有一些供应链上的核心企业在制订生产计划时将供应链作为一个整体进行优化，将供应链上的各个企业的生产能力与市场需求在总体上进行匹配，同时还考虑供应链上下游的需求和供应情况，以及物流和配送策略。这样一来就使得整个供应链在完成订单的过程中总成本达到最低，合作伙伴共同分享节省下来的成本，共同受益。

尤其是在当今全球化和数字化的时代，制造业正经历着前所未有的变革。多工厂管理成了制造企业不可或缺的一部分，这不仅因为全球供应链的复杂性日益增加，还因为新兴技术和智能系统为多工厂管理提供了前所未有的机会和挑战。协调和优化各个工厂的生产能力和资源，协调各个工厂以及上下游企业之间的生产计划，可以帮助企业优化全球供应链，降低生产和运输成本，减少库存，提高交货速度，更灵活地应对市场变化。多工厂生产计划优化模型通过综合考虑供应链的复杂性和动态性，实现资源的最优配置和生产活动的高效协调，对于提高供应链的整体竞争力具有重要意义。

假设有一个供应链系统如图 8-5 所示。该供应链上的核心制造商拥有两个工厂 1、2，可由三家供应商 1、2、3 提供零部件，生产出的产品可由三个仓储中心 1、2、3 向两个市场 1 和 2 分拨。现在的问题是，假定某一时刻获得了两个市场的需求订单，制造商的管理人员应该如何制订生产计划，以便在满足两个市场需求量的情况下使整个供应链的成本最低？

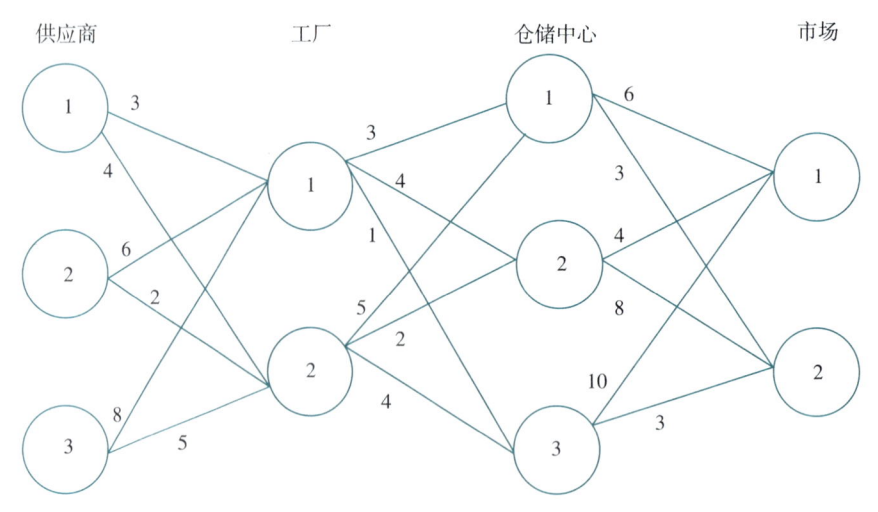

图 8-5 供应链管理环境下的多工厂生产系统

1. 符号含义

S_i——供应商 i 的生产能力，$i=1，2，\cdots，n$；
P_j——本企业工厂 j 的生产能力，$j=1，2，\cdots，m$；
W_k——仓储中心 k 的处理能力，$k=1，2，\cdots，v$；
C_p——市场 p 的需求量，$p=1，2，\cdots，x$；
FP_t——设置工厂 t 的固定成本，$t=1，2，\cdots，y$；
FW_u——设置仓储中心 u 的固定成本，$u=1，2，\cdots，z$；
S_{ij}——供应商 i 向工厂 j 交货的数量；
P_{jk}——工厂 j 向仓储中心 k 进货的数量；
W_{kp}——仓储中心 k 向市场 p 出货的数量。

图 8-5 中两个节点之间连线上的数字表示单位产品的运输成本（元/单位）。

2. 供应链下生产计划优化算例

仍以如图 8-5 所示的供应链系统为例，假设已知如下数据。

$S_1=2\,000$ 单位，$S_2=3\,000$ 单位，$S_3=4\,000$ 单位。
$P_1=5\,000$ 单位，$P_2=6\,000$ 单位。
$W_1=4\,000$ 单位，$W_2=7\,000$ 单位，$W_3=2\,000$ 单位。
$C_1=4\,000$ 单位，$C_2=3\,000$ 单位。
$FP_1=500\,000$ 元，$FP_2=750\,000$ 元。
$FW_1=80\,000$ 元，$FW_2=60\,000$ 元，$FW_3=45\,000$ 元。

根据上述决策目标，给出以下目标函数及相关约束条件。

目标函数：

$$\min TC = 3S_{11}+4S_{12}+6S_{21}+2S_{22}+8S_{31}+5S_{32}+3P_{11}+4P_{12}+P_{13}+5P_{21}+2P_{22}+4P_{23}+$$
$$6W_{11}+3W_{12}+4W_{21}+8W_{22}+10W_{31}+3W_{32}+500\,000a+750\,000b+80\,000c+60\,000d+45\,000e$$

式中，TC 为总成本；a、b、c、d、e 为 0-1 变量。约束条件分为供应约束、需求约束、仓储中心平衡约束、工厂生产能力平衡约束及其他约束，先分列如下。

供应约束：

$$对供应商 \begin{cases} S_{11} + S_{12} \leqslant 2\,000 \\ S_{21} + S_{22} \leqslant 3\,000 \\ S_{31} + S_{32} \leqslant 4\,000 \end{cases}$$

$$对工厂 \begin{cases} P_{11} + P_{12} + P_{13} \leqslant 5\,000a \\ P_{21} + P_{22} + P_{23} \leqslant 6\,000b \end{cases}$$

$$仓储中心 \begin{cases} W_{11} + W_{12} \leqslant 4\,000c \\ W_{21} + W_{22} \leqslant 7\,000d \\ W_{31} + W_{32} \leqslant 2\,000e \end{cases}$$

需求约束：

$$\begin{cases} W_{11} + W_{21} + W_{31} \geqslant 4\,000 \\ W_{12} + W_{22} + W_{32} \geqslant 3\,000 \end{cases}$$

仓储中心平衡约束：

$$\begin{cases} P_{11} + P_{21} = W_{11} + W_{12} \\ P_{12} + P_{22} = W_{21} + W_{22} \\ P_{13} + P_{23} = W_{31} + W_{32} \end{cases}$$

工厂生产平衡约束：

$$\begin{cases} S_{11} + S_{21} + S_{31} = P_{11} + P_{12} + P_{13} \\ S_{12} + S_{22} + S_{32} = P_{21} + P_{22} + P_{23} \end{cases}$$

其他约束：

a, b, c, d, e 为 0-1 变量（取 0 或 1）

非负条件：

$$S_{ij} \geqslant 0,\ P_{jk} \geqslant 0,\ W_{kp} \geqslant 0$$

以上模型建立起来之后，可以选择任何支持线性规划算法的软件进行求解。本例选用 LINGO 8.0 版本，求出的结果为

$$\min TC = 3 \times 1\,000 + 4 \times 1\,000 + 2 \times 3\,000 + 5 \times 2\,000 + 4 \times 1\,000 + 2 \times 6\,000 +$$
$$4 \times 4\,000 + 8 \times 3\,000 + 500\,000 +$$
$$750\,000 + 60\,000 = 1\,389\,000\,(元)$$

最优计划方案为：供应商 1 向工厂 1 提供 1 000 单位的零部件、向工厂 2 提供 1 000 单位的零部件，供应商 2 向工厂 2 提供 3 000 单位的零部件，供应商 3 向工厂 2 提供 2 000 单位的零部件。然后，工厂 1 向仓储中心 2 提供 1 000 单位的产品，工厂 2 向仓储中心 2 提供 6 000 单位的产品。最后，仓储中心 2 向市场 1 配送 4 000 单位的产品、向市场 2 配送 3 000 单位的产品。这样运作下来，总成本（除原材料、直接生产成本外）是 1 389 000 元，具体物流过程如图 8-6 所示。

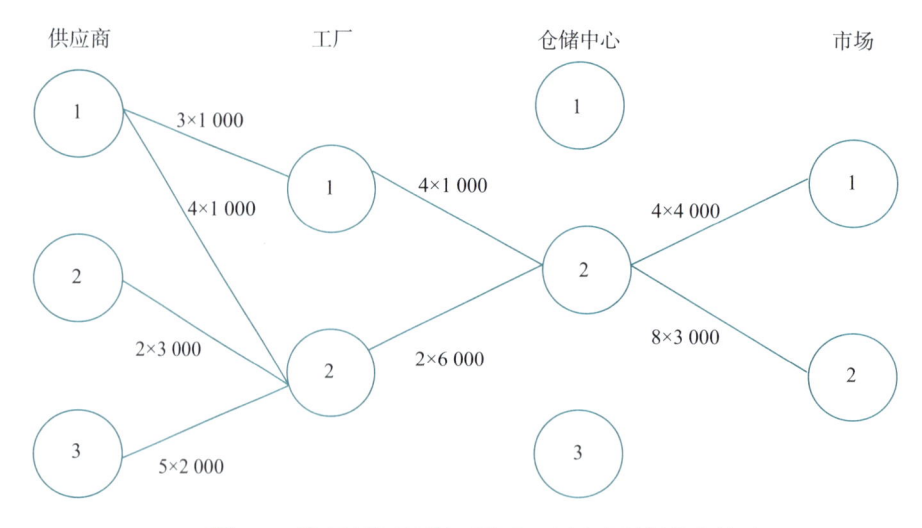

图 8-6　供应链管理环境下的多工厂生产计划优化结果

8.3　供应链管理环境下生产系统的协调机制

8.3.1　供应链生产系统的协调机制

要实现供应链生产系统的同步化运作，需要建立基于供应链的生产系统协调机制。供应链的生产系统协调机制是确保供应链各生产环节顺畅运作、提高整体性能的关键。这些机制涉及多个层面，包括信息流、物流、资金流以及合作关系管理等，旨在实现供应链中各参与方之间的有效沟通、协作和协同优化。

供应链生产系统协调机制的关键是建立起信息共享机制。一方面，通过信息技术平台实现实时数据交换，包括需求信息、库存状态、生产计划、产出水平、运输状态等，以提高整个供应链的透明度和响应速度。另一方面，采用共享的信息系统化平台，比如ERP系统或供应链管理软件，以确保信息的一致性和准确性。利用云计算、物联网、人工智能等先进技术，建立共享的技术平台，以支持高效的供应链生产系统的协调。因此，协调供应链的目的在于使信息能无缝、顺畅地在供应链中传递，减少因信息失真而导致的过量生产、过量库存现象的发生，使整个供应链能根据顾客的需求保持步调一致，也就是使供应链能够同步化响应市场需求变化。

供应链生产系统的协调机制根据协调的职能可划分为两类：一类是不同职能活动之间的协调与集成，如生产–供应协调、生产–销售协调、库存–销售协调等协调关系；另一类是同一职能的不同层次活动的协调，如多个工厂之间的生产协调。因此，供应链的生产系统协调可划分为信息协调和非信息协调。

信息协调主要关注三个方面的信息。一是与需求相关的信息，比如市场需求、订单信息、客户反馈等，以帮助供应链上下游精确预测需求，进行有效的生产计划和库存管理。二是库存和生产信息的共享，涉及库存水平、生产进度、供应能力等信息，以实现库存最优化和生产调度。三是物流信息的共享，包括运输状态、配送进度、货物位置等，用于优化物流和配送策略，减少运输成本，提高交货效率。

非信息协调涉及在供应链中协调与优化实物流动、资金流动和合作关系的活动，这些活动不仅依赖于信息的共享，还包括具体的物资处理、财务安排和合作策略。主要包括：物资流协调，如原材料供应、产品制造和配送等实物流动的协调，确保物资及时供应和产品顺畅交付；资金流协调，涉及支付条款、财务结算、利润分配等财务安排以及通过财务激励机制（如共享节约成本）促进合作伙伴之间的协同工作；合作关系的建立与维护，通过合同协议、战略联盟或合作项目等形式，建立稳定的合作伙伴关系，协调各方利益和目标。

非信息协调的成功往往以有效的信息协调作为基础，信息的共享与透明是优化实物流和资金流、建立和维护合作关系的前提。这种综合协调策略可以提高供应链的整体效率，降低成本，增加灵活性，并最终提升供应链的竞争力。

8.3.2 供应链生产系统协调模式

供应链生产系统协调模式是供应链管理中关键的概念，它决定了供应链各参与方之间如何分享信息、做出决策以及如何通过合作来提高整个供应链的效率和响应能力。基于组织结构和决策流程的不同，供应链生产系统协调模式主要可以分为中心化协调模式、非中心化协调模式和混合式协调模式三种。

中心化协调模式把供应链作为一个整体纳入系统，采用集中方式决策，供应链的生产决策和控制集中于一个中心节点（通常是主导企业，如核心制造商或主要零售商），该节点负责制定和执行供应链的整体策略，包括需求预测、库存管理、生产计划和物流安排等。这确保了决策的一致性和快速执行，易于实施供应链整体优化和资源有效配置。但它的缺点是可能忽视或未充分考虑到局部或个别供应链成员的特殊需求和条件，降低了灵活性和适应性，忽视了代理的自主性，也容易导致"组合约束爆炸"，对不确定性的反应比较迟缓，很难适应市场需求的变化。

非中心化（分散）协调模式中，各供应链成员独立进行决策和操作，各自根据自己的需求和条件来规划与控制生产、采购和库存等活动。在这种模式下，供应链成员通过市场机制来协调活动，而不是通过集中的规划。它的优势是提高了各成员的灵活性和适应性，允许快速响应局部变化和市场需求。但缺点是过分强调代理模块的独立性，对资源的共享程度低，缺乏沟通与交流，这可能导致供应链整体目标与个别成员目标之间的冲突，增加决策的不一致性和协作成本，最终很难做到供应链的同步化。

比较好的协调控制模式是分散与集中相结合的混合式协调模式。各个代理一方面保持各自的独立性运作，另一方面参与整个供应链的同步化运作体系，保持了独立性与协调性的统一。因此，混合式协调模式结合了中心化协调和非中心化协调的特点，某些关键决策和策略由中心节点或核心企业制定，而其他更具体或局部的决策则由各供应链成员根据自身情况独立制定。这既保持了供应链整体策略和目标的一致性，又提供了足够的灵活性和适应性以满足各成员的特定需求。此外，企业可以通过信息技术与合作协议促进信息共享和合作决策，但这种模式需要高度的信息共享和沟通协作机制，对管理和技术能力有较高要求。

8.3.3 供应链的信息跟踪机制

供应链的信息跟踪机制是指在整个供应链过程中，通过系统化的方法实时监控和记录信息流动的过程，包括原材料采购、产品生产制造、存储、运输、分销直至最终客户的每一个环节的信息。这种机制允许供应链中的所有参与方获取、共享和利用关键数据，以提高决策的准确性、优化操作流程、提升客户服务水平，并增强供应链的透明度和可靠性。它的核心要素包括以下四个方面。

（1）实时数据采集：利用物联网设备、条码扫描、RFID 标签等技术实时采集关键操作点的数据。

（2）数据传输与共享：通过云计算平台、ERP 系统或供应链管理软件，实现数据的即时传输和供应链各方之间的共享。

（3）数据分析与处理：应用大数据分析和人工智能技术处理与分析收集到的大量数据，提取有价值的信息，支持决策制定。

（4）可视化展示：通过仪表板、报表等形式将跟踪结果可视化，便于管理者理解信息并做出响应。

从委托代理理论的角度来看，供应链各个代理之间是服务与被服务的关系，服务信息的跟踪和反馈机制可使企业生产与供应同步进行，消除不确定性对供应链的影响。因此，应该在供应链系统中建立服务跟踪机制，以降低不确定性对供应链同步化的影响。

供应链的服务跟踪机制为两方面的供应链协调提供辅助。非信息协调方面主要指完善供应链运作的实物供需条件，采用准时制生产与采购、运输调度等；信息协调方面主要指通过企业之间的生产进度的跟踪与反馈来协调各个企业的生产进度，保证按时完成用户的订单并及时交货。

供应链企业在生产系统中使用跟踪机制的根本目的是保证对下游企业的服务质量。只有在企业集成化管理的条件下，跟踪机制才能够发挥最大的作用。跟踪机制在企业内部表现为客户（上游企业）的相关信息在企业生产系统中的渗透。其中，客户的需求信息（订单）成为贯穿企业生产系统的一条线索，成为生产计划、生产进度控制、物资供应相互衔接和协调的手段。

1. 跟踪机制的运行环境

跟踪机制的提出与对供应链管理的深入研究密不可分。供应链管理下企业间的信息集成从以下几个部门展开。

（1）采购部门与销售部门。采购部门与销售部门是企业间传递需求信息的接口。需求信息总是沿着供应链从下游传至上游，从一个企业的采购部门传向另一个企业的销售部门。因为我们讨论的是供应链管理下的销售与采购环节，稳定、长期的供应关系是前提，所以可将注意力集中在需求信息的传递上。

从常用的概念来看，企业的销售部门应该对产品交货的全过程负责，即从订单下达给企业开始，直到交货完毕的全过程。然而，当供应链管理下的战略合作伙伴关系建立以后，销售部门在供应链上下游企业间的作用更加重要了，它负责接收和管理有关下游企业需求的一切信息，除了单纯意义上的订单外，还有下游企业对产品的个性化需求，如质量、规格、交货渠道、交货方式等。这些信息是企业其他部门的工作所必需的。

同销售部门一样，在供应链管理环境下，采购部门的职责也更加重要。采购部门原有的工作是保证生产所需的物资供应。它不仅要下达采购订单，还要确保采购的物资保质、保量地按时入库。在供应链管理环境下，采购部门的主要工作是将生产计划系统的采购计划转换为需求信息，以采购订单的形式传递给上游企业。同时，它还要从销售部门获取与采购的零部件和原材料相关的客户个性化需求信息，并传达给上游企业。

（2）制造部门。制造部门的任务不仅仅是生产，还包括对采购物资的接收以及按计划对下游企业配套件的供应。在这里，制造部门实际上兼具运输服务和仓储管理两项辅助功能。制造部门能够完成如此复杂的工作，原因在于生产计划部门对上下游企业的信息集成，同时也依赖于战略合作伙伴关系中的质量保证体系。

此外，制造部门还要在制造过程中实时收集订单的生产进度信息，经过分析后提供给生产计划部门。

（3）生产计划部门。在集成化管理中，企业的生产计划部门肩负着大量的工作。企业生产计划部门集成了来自上下游生产计划部门、企业自身的销售部门和制造部门的信息，主要功能有三个。

一是滚动编制生产计划的功能。来自销售部门的新增订单信息，来自企业制造部门的订单生产进度信息，来自上游企业的外购物资的生产计划信息，以及来自上游企业的需求变动信息，这四部分信息共同构成了企业滚动编制生产计划的信息支柱。

二是保证对下游企业的产品供应的功能。下游企业的订单并非一成不变，从订单到达时起，供需双方的内外环境就一直不断变化，最终的供应时间实际上是双方不断协调的结果，其协调的工具就是双方不断滚动更新的生产计划。生产计划部门按照最终的协议指示制造部门对下游企业进行供应。这种供应是与下游企业生产计划相匹配的准时制供应。由于生产出来的产品不断发往下游企业，因此制造部门不会有过多的在制品和成品库存压力。

三是保证上游企业对本企业的供应。这一功能与上一功能是相对应的。生产计划部门在制造部门提供的实时生产进度分析的基础上结合上游企业传递的生产计划（生产进度分析）信息，与上游企业协商确定各批订单的准确供货时间。上游企业会按照约定的时间将物资发送到本企业。采购零部件和原材料的准时制供应降低了制造部门的库存压力。

图 8-7 为基于供应链的信息跟踪与传递示意图。

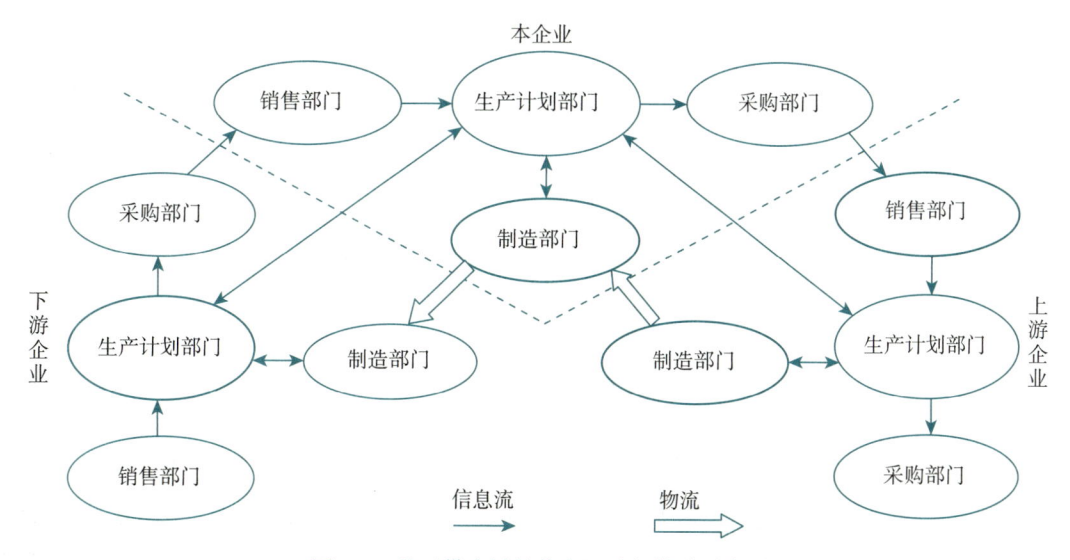

图 8-7　基于供应链的信息跟踪与传递示意图

2. 生产计划中的跟踪机制

（1）建立订单档案。在接到下游企业的订单后，建立针对上游企业的订单档案，其中包含了客户对产品的个性化需求，如规格、质量、交货期、交货方式等具体内容。

（2）外包订单跟踪分析。对于外包给合作企业的计划，要实时进行分析，根据计划执行情况采取相关措施。

（3）车间作业计划跟踪分析。车间作业计划用于指导具体的生产活动，具有高度的复杂性，一般难以严格按订单的划分来调度生产，但可以要求在加工路线单上注明本批生产任务的相关订单信息和相关度信息。在整个生产过程中实时地收集和反馈订单的生产数据，为跟踪机制的运行提供来自基层的数据。

（4）采购计划跟踪分析。采购部门接收的是按订单下达的采购信息，它可以运用不同的采购策略来完成采购计划。订单的作用主要体现在以下两个方面。

- 将采购部门与销售部门联系起来。下游企业的个性化需求可能涉及原材料和零部件的采购，采购部门可以利用订单查询这一信息，并提供给各上游企业。
- 建立需求与生产之间的联系。采购部门的重要任务之一就是在上游企业的生产过程与本企业订单之间建立对应关系。这样，企业可以了解到订单生产所需要的物资在上游企业中的生产情况，还可以提供给上游企业准确的供货时间。

3. 生产进度控制中的跟踪机制

生产控制是生产管理的重要职能，是实现生产计划和生产作业管理的重要手段。虽然生产计划和生产作业管理对生产活动已做了比较周密而具体的安排，但随着时间的推移，市场需求往往会发生变化。此外，各种生产准备工作不周全或生产现场偶然因素产生的影响，也会使计划产量和实际产量之间产生差异。因此，必须及时对生产过程进行监督和检查，发现偏差，进行调节和校正工作，保证计划目标的实现。

这里主要讨论内嵌于生产控制中的跟踪机制及其作用。生产控制有许多具体的内容，我们仅以具有普遍意义的生产进度控制作为讨论的对象。

生产进度控制的主要任务是依照预先制订的作业计划，检查各种零部件的投入和产出时间、数量以及配套性，保证产品能准时产出，按照订单承诺的交货期将产品准时送到客户手中。

由于建立了生产计划的跟踪机制，所以生产进度控制的相应工作就是在加工路线单中保留子订单信息。此外，生产进度控制运用了多种分析方法，如在生产预测分析中的差额推算法、生产均衡性控制中的均衡系数法、生产成套性控制中的甘特图等。这些方法同样可以运用到跟踪机制中，不过分析的内容不再仅是计划的执行状况，还包括对各订单的分析。

在没有跟踪机制的生产系统中，由于生产计划中隐去了订单信息，生产控制系统无法识别生产过程与订单的关系，也无法将不同的订单区别开来，所以仅能控制产品的按计划投入和产出。使用跟踪机制的作用在于对订单的生产实施控制，保证对客户的服务质量。

（1）按优先级保证对客户的产品供应。保证订单中各种物料的供给才能保证订单的准时完工，这也就意味着对客户服务质量的保证。在一个企业中，不同的订单总是有着大量的相同或类似的零部件同时进行加工。在车间生产的复杂情况下，由于生产实际与生产计划的偏差，在制品未能按时到位的情况经常发生。在产品结构树中处于低层的零部件的缺少破坏了生产的成套性，必将导致高层零部件的生产计划无法执行，这是一个逐层向上的恶性循环。

较好的办法是将这种可能产生的混乱限制在优先级较低的订单内，保证高优先级的订单的生产成套性。当发生意外情况时，默认意外发生在低优先级的订单内，使高优先级的订单能够获得物资上的保证。在低优先级订单的优先级不断上升的情况下，总是优先保证高优先级的订单，必然能够保证对客户的服务质量。相反，在不能区分订单的条件下是无法使用这种办法的。"拆东墙补西墙"式的生产调度会导致在同一时间加工却在不同时间使用的零部件互相挤占，给后续生产造成隐患。

（2）在企业间集成化管理的条件下保证下游企业所需要的实时计划信息。对本企业而言，这一要求就意味着使用精确实时的生产进度数据来修正预订单项对应的每一个订单的相关计划记录，保持生产计划的有效性。在没有相应的跟踪机制的情况下，同一个生产计划、同一批半成品都可能对应着多份订单，实际上无法度量具体订单的生产进度。可见，生产控制系统必须建立跟踪机制才能实现面向订单的数据搜集，生产计划系统才能够获得必要的信息，以实现面向客户的实时计划修正。

供应链生产计划与控制中的跟踪机制对于实现供应链的高效管理至关重要。它不仅帮助企业及时发现和解决生产过程中的问题，还为制订更加灵活和响应市场变化的生产计划提供了支持，最终促进整个供应链的优化和提升客户满意度。

📖 供应链聚焦

浙商中拓集团股份有限公司（以下简称"浙商中拓"）作为行业内领先的供应链组织者和管理者，力求实现上下游供需关系的高效匹配，深度挖掘供应链管理的价值点。

例如，在光伏行业，浙商中拓发现当前光伏组件加工的资金壁垒相对较低，市场参与者众多，行业竞争激烈。部分中小微生产制造企业订单获取能力不足，所处行业产品的同质化竞争较为严重，企业议价能力较弱，缺少销售渠道，存在闲置产能。浙商中拓的做法如下。

（1）根据客户存在相应的产品加工需求，选择生产能力较强但仍拥有闲置产能且自动化、数字化程度较高的光伏组件厂作为虚拟生产的合作者。

（2）浙商中拓设立集采中心，利用自身的价格管理和信息分析能力对组件原料进行集约化采购，建立成本优势。

（3）在组件加工生产环节，浙商中拓指派技术专员深入现场进行监督管理，并为加工工厂提供技术支持。

（4）产品加工完成后，由浙商中拓负责货物的运输及仓储，保证货物流转的效率与安全性。

2022年，浙商中拓新能源业务共实现营业收入140亿元，同比增长172%，光伏产品交易量累计超过11GW。

资料来源：中国物流与采购联合会，商务部国际贸易经济合作研究院，2023全国供应链创新与应用示范案例集，2023年。

8.4 大批量定制生产组织模式及延迟制造策略

在供应链管理环境下，生产组织模式的选择关键在于如何平衡生产效率、成本、质量和客户需求的多样性。不同的生产组织模式适用于不同的市场需求、技术条件和企业战略。除了传统的推动式、拉动式等生产组织模式，**大批量定制**（mass customization，MC）是为了应对现代消费市场对产品多样性和个性化需求日益增长的挑战而发展起来的生产组织模式，而延迟制造是它主要的实现策略之一。这种模式旨在实现高度的客户定制化和较快的响应速度，同时保持大规模生产的成本效益。数字化技术大大增强了这种模式的可行性和效率，帮助企业在满足个性化需求的同时保持成本和效率优势，增强市场竞争力。

8.4.1 MC 生产的定义与基本思想

MC 是一种既能提供个性化产品或服务，又能保持接近大规模生产成本效率的策略。这个概念最早是由斯坦·戴维斯（Stan Davis）提出的，他从哲学上的矛盾论等理论出发，提出"大批量"是整体，"定制"是部分，这两者在企业中可以不是对立关系，而是一种"对立统一"的关系，因而 MC 是一个"合成词"。MC 系统可以像大批量生产（MP）时代一样以低价格吸引客户，同时又能独立地对待客户的个性化需求。后人在戴维斯的理论的基础上将 MC 的定义升华为一种能力：通过高度敏捷、柔性和集成的过程，为每一个客户提供独立设计的产品和服务。它的核心思想之一是要求企业以类似于 MP 生产模式的时间和成本生产出具有个性化（客户化）的产品。它是一种指导企业参与市场竞争的哲学，要求企业时刻从长远利益角度来考虑其与客户的关系，以让客户满意作为最高的追求目标之一，从而吸引并永远地留住客户。

MC 的基本思想是：将手工定制的生产问题通过产品重构和过程重构转化或者部分转化为批量生产问题。对客户而言，生产的产品是定制的、个性化的；而对厂家而言，定制产品主要采用 MP 生产方式。手工定制根据某一客户的特定需要生产一种产品或提供一种服务；MC 则用一种经济的方法实现它，企业以客户为中心，在预先设计好的模块的基础上加以新的零部件设计和制造。

MC 在具体实现上表现为：企业根据市场预测，按照 MP 或 MTS 生产模式生产无个性特征的通用产品，并在此基础上，根据客户订单的实际要求，通过对通用产品的重新配置和变形设计为客户提供个性化的定制产品，从而实现**定制生产**（customized production，CP）和 MP 的有机结合。MC 模式的关键是实现产品标准化和制造柔性化之间的平衡。一方面，要通过模块化的产品设计，使得产品可以在最后阶段根据客户需求进行快速定制和组装。另一方面，部署灵活的制造系统和技术，如可快速改装的机器、柔性制造系统（FMS），以便快速适应不同产品的生产。同时，要利用先进的 IT 系统，如在线配置工具和 ERP 系统，将客户的定制需求直接转化为生产指令。

MC 是矛盾统一体：MP 使企业获得低成本产出，但无法实现多样化；定制生产可以最大限度地满足客户的个性化需求，但可能导致高成本和长交货期。这是两种完全不同的管理模式和组织方式，而 MC 则是这两者的有机统一。

MP 与 MC 在许多方面存在差异。传统的 MP 系统组织结构等级化，工人重复劳动多，提供低成本、标准化的产品和服务。而 MC 强调在可配置环境、人员、工艺和技术下的柔性与快速响应，以低价格满足客户需求，人员富有独立性，管理系统具有有效的联络机制。

在 MP 环境下，客户被动地接受标准产品，使得通过规模经济获得市场拓展和价格削减成为可能。标准产品和定制产品的价格差异使得企业追逐均质市场下的需求聚类。在不稳定的市场环境下，客户需求难以统一化，这时 MC 模式就显示出其优势，因为在 MC 模式下企业更了解也更容易满足客户需求。

从经济学角度看，MP 模式获得了**规模经济**（economy of scale）效应，MC 模式获得了**范围经济**（economy of scope）效应。如图 8-8 所示，"客户愿意支付的价格"与"MP 成本线"之间的差额构成了 MP 模式的规模经济，而"客户愿意支付的价格"与"MC 成本线"之间的差额构成了 MC 模式的范围经济。在其他因素相同的情况下，客户愿意为定制产品支付更高的价格。

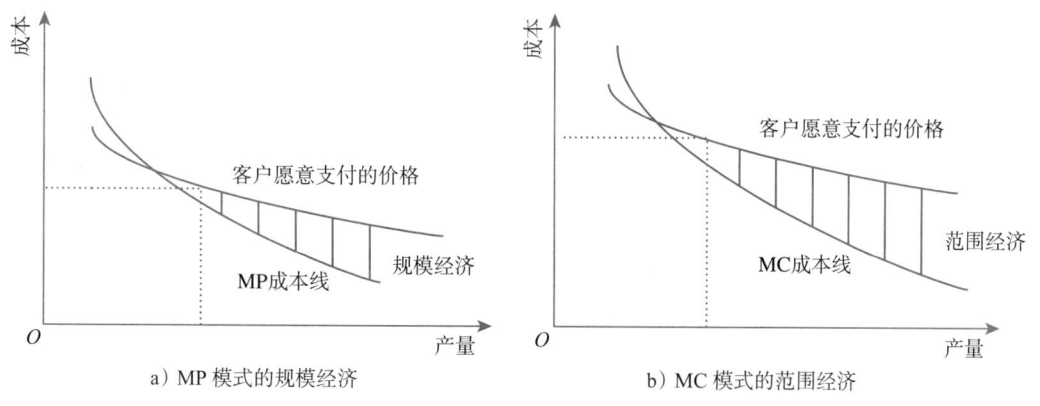

图 8-8　MP 模式的规模经济和 MC 模式的范围经济

MC 模式是建立在 MP 模式基础之上的体现个性化的一种生产模式，它显示了"低成本下的个性化"的魅力。尽管 MC 模式与传统的 MP 模式在产品生产数量上有相似之处，但这两种生产模式的本质是不同的，表 8-1 对这两种生产模式进行了比较。

表 8-1　MP 模式与 MC 模式的比较

比较项目	MP 模式	MC 模式
焦点	通过稳定性和控制力来取得高效率	通过灵活性和快速响应来实现多样化与定制化
目标	以几乎人人都买得起的低价格开发、生产、销售、支付产品和服务	开发、生产、销售、交付客户买得起的具有足够的多样化和定制化的产品与服务
关键特征	稳定的需求	分化的需求
	统一的大市场	多元化的细分市场
	低成本、质量稳定、标准化的产品和服务	低成本、高质量、定制化的产品和服务
	产品开发周期长	产品开发周期短
	产品生命周期长	产品生命周期短

此外，在 MC 模式中，技术创新扮演着重要角色，新技术的产生和应用不仅增强了产品的适应能力与产品的多样化，同时使得多品种产品的生产更加经济。

MP 技术对 MC 的实施起着非常重要的作用，比如准时制生产就从生产批量上为 MC 奠定了基础，而 MC 模式的成功与否实际上取决于企业能否在小批量上成功运用 MP 技术。从这个意义上说，MC 模式是 MP 模式的现有 MP 技术的改进和拓展。由于 MC 系统本身具有复杂性，我们还不能断言 MP 模式已经完成了历史使命；相反，许多企业还不适合采用 MC 模式，只能采用 MP 模式。

概括起来，MC 模式的基本思想主要体现在以下三个方面：

- 从产品全生命周期考虑所有的产品研制过程，通过系列化、模块化、通用化、标准化等思想降低产品的生产总成本，缩短产品的研制时间；

- 通过具有柔性和不断改变属性的有机组织,充分发挥员工的积极性、创造性和团结互助精神,增强企业的自适应能力;
- 采用自动的先进制造技术,使客户对产品的所有个性化需求得到全面、细致的反映,并与客户建立永久的"伙伴"关系,最终实现 MC 的目标。

虽然持续改善使相当多的企业获得了比传统 MP 模式更低的生产成本和更高的质量,但 MC 模式使贝尔、Atlantic 等企业更进了一步,这些企业不仅生产产品的成本低、质量高,而且可以根据单个客户的特殊要求进行定制。

供应链聚焦

酷特智能成立于 2007 年,立足于 C2M 战略,即"由需求驱动的大规模个性化定制"的经营模式,成功打造服装 C2M 产业互联网平台 SUITID,产品由西服定制逐步拓展至全品类定制,针对国内外服装品牌商、服装创业者、时尚设计师和服装经营者等客户的个性化需求,提供从研发设计、面辅料管理、生产制造到客服和物流的柔性化一站式解决方案。

公司创立了一套通过工业化手段制造个性化产品的智能制造模式,解决了传统服装企业高库存的瓶颈以及传统个性化定制高成本、无法量产的痛点。公司自主研发智能量体系统,自创"三点一线"量体方法,通过人工智能技术和大数据建模,精准模拟人体 3D 体态。公司还搭建了包括版型数据库、款式数据库、工艺数据库、BOM(物料清单)数据库在内的数据库系统,可以满足 99.99% 的人体个性化定制需求,从而实现"一件起订,一人一版,一衣一款,7 日交付"。

资料来源:东方财富证券网。

8.4.2 延迟制造策略

MC 是一项系统工程,需要经营理念、组织结构、业务流程的全方位转变,依赖众多的管理技术(如准时制生产、精益生产)和工程技术,如标准化技术、现代产品设计方法、并行工程、计算机辅助设计/计算机辅助制造集成和可重构制造系统。而在众多的 MC 实现手段中,延迟制造技术涵盖整个供应链,是实现 MC 的核心策略。

1. 延迟制造的概念

Anderson 于 1950 年提出了**延迟制造**(postponement)的概念,他认为产品可以在接近客户购买点时实现差异化,即实现差异化延迟。一般制造企业的产品生产流程包括零部件生产和装配,而基于延迟制造的供应链流程尽量延长产品的标准化生产过程,将最终的产品工艺和制造活动延迟到接受客户订单之后,在这一过程中,企业通过添加新的产品特征或采用通用模块装配个性化产品来实现定制化。表 8-2 将传统运作方式与延迟制造进行了对比,我们可以看到,延迟制造不仅解决了市场不确定性问题,在品种和批量上实现了柔性,缩短了订货周期,而且降低了生产运作的复杂性,这与 MC 要适应客户个性化需求、降低多样化成本和快速响应的目标是一致的。

MC 环境下延迟制造的目标是将由于客户个性化需求引起的活动延迟到接受客户订单之后,为实现这一目标,就必须"减少定制量",这是延迟制造策略的基本思路。"减少定制量"是指在保证满足个性化需求的条件下尽可能地减少产品中定制的部分,即要求最大限度地采用通用的、标准的或相似的零部件、生产过程或服务等，从而实现大批量和定制的统一。

表 8-2 传统运作与延迟制造的对比

比较项目	传统运作	延迟制造
不确定性	具有品种和数量的不确定性	通过延迟降低品种和数量的不确定性
批量	流水线生产，实现规模经济	定制化生产，批量柔性化
库存水平	零部件和成品库存水平高	通过模块化和柔性化降低库存水平
提前期	长	准确反应，不超过订货周期
供应链方法	限制品种，获取效率优势	降低运作复杂性，提高柔性

供应链聚焦

某涂料制造商在实施 MC 之前，由本企业设计、制造、包装所有的产品，零售商只负责销售涂料产品，如图 8-9 所示。由于企业无论怎样增加花色和品种，都无法满足客户的个性化需求，致使很多客户流失。后来，它实施基于 MC 的延迟制造策略，制造商只负责大批量地生产与配制各种涂料的基料，而将调色配制的工序下移到零售商那里，通过合作完成涂料的后续工序。零售商根据客户的爱好，完全个性化（包括色彩和需要的数量）地配制各种涂料，最大限度地满足了不同客户的需要。制造商也从减少品种、增大批量、减低成本中获得了好处。

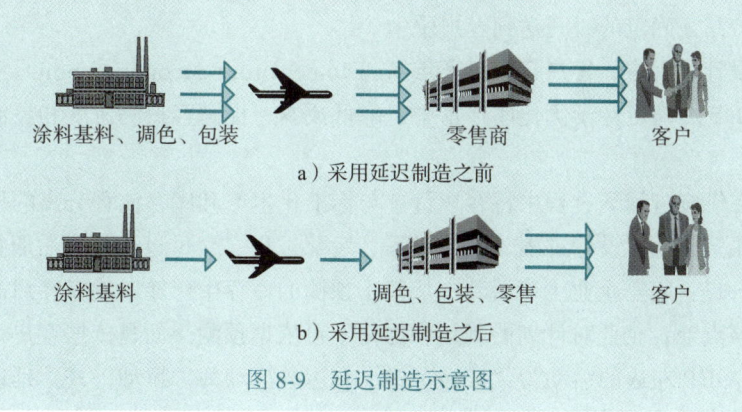

涂料基料、调色、包装 → 零售商 → 客户
a）采用延迟制造之前

涂料基料 → 调色、包装、零售 → 客户
b）采用延迟制造之后

图 8-9 延迟制造示意图

2. 面向延迟制造的供应链的特点

MP 环境下传统的集成化供应模式并不适用于延迟制造，实施延迟制造必须有相应的供应链管理模式的支持。面向延迟制造的供应链具有以下几个特点。

（1）供应链结构具有动态性。延迟制造模式下的供应链实际上是一个虚拟供应链。在 MP 环境下，企业产品品种单一且长期保持不变，因此供应链上下游之间可维持长期的合作关系。而在 MC 环境下的延迟制造中，由于市场需求具有个性化和易变性，企业为了抓住市场机遇会不断调整供应链合作伙伴以结成新的联盟。因此，相对于 MP，在延迟制造的供应链结构中，稳定是暂时的，不稳定则是长期的。

（2）它是以提高响应速度为主要目标的敏捷供应链。在 MP 环境下，供应链根据预测数据安排生产，供应链的目标在于提高供应链的效率和降低供应链的成本。与 MP 相比，在 MC 环境下的延迟制造中，供应链存在着时间上的劣势，供应链管理的主要问题在于如何快速而低成本地向客户提供产品。延迟制造环境下的供应链是以敏捷为主、敏捷与精益相结合的精敏供应链。

（3）供应链中信息流的作用更突出。传统的供应链管理分析一般都由以下三个方面的因素组成：流动于企业内部和外部各种物流网络的物理产品，即物流；供应商、制造商、分销商、零售商和客户之间的资金往来，即资金流；整个供应链上的各种信息交互，即信息流。在延迟制造模式下，制造商需要更准确和及时地获取上游供应商和下游最终客户的信息才能实现客户驱动生产，因此信息变得更加重要。

（4）它是基于互联网的信息技术密集型供应链。延迟制造的实施需要依赖以互联网为代表的现代信息技术。延迟制造与电子商务有着紧密的联系，电子商务为延迟制造提供了快捷、方便的途径，是企业与客户"一对一"对话的有效手段。供应链中的各节点（包括各层次的供应商、制造商、第三方物流、分销商）通过互联网技术相互连接，加快信息在各节点之间的相互传递和共享。

3. 面向延迟制造的供应链设计

有效的供应链管理是企业实施延迟制造获得成功的关键因素之一，关系到企业如何对资源进行重新整合、如何对优先行为进行重新排列，以及如何通过价值链获得竞争优势。面向延迟制造的供应链设计应做到：①建立一个相互联系的信息网络，包括经过挑选的供应商；②在低库存和快速交货服务中成功地获得平衡；③供应商积极参与产品设计；④以合理的交货成本高效地将正确的产品在确定的时间送到客户手中。

在具体的设计过程中，**客户订单分离点**（customer order decoupling point，CODP）是一个关键概念。CODP 的确定对于优化库存水平、降低成本、提高客户满意度和灵活响应市场变化至关重要。

CODP 是在供应链管理过程中将客户订单与标准化生产和库存流程分离的那一点，实际上就是客户订单生成过程（设计过程、制造过程、装配过程、交付过程与售后服务过程）中定制活动开始的那一点。它是企业生产活动中从基于预测的库存生产转向响应客户需求的定制生产的转折点。在该点处，企业对计划的制订和优化不再依据预测，而是依据客户订单和企业自身的资源配置。CODP 左边的活动为"推动"式，右边的活动为"拉动"式。延迟制造实质上就是实现 CODP 在供应链上的后移，从而降低制造过程的复杂性，减少因客户订单中的特殊需求而在设计、制造及装配等环节增加的各种费用。CODP 是制造过程中的某一点，也是供应链上的某一点，它是与企业供应链密切相关的。

CODP 分为**时间维 CODP**（time dimension customer order decoupling point，TCODP）与**空间维 CODP**（space dimension customer order decoupling point，SCODP）。时间维描述从客户提交订单到定制产品交付给客户的时间历程。MC 在时间维优化的关键在于通过产品设计、制造、装配、交付与售后服务等过程中的最佳资源合理利用，有效地延迟 TCODP。TCODP 就是客户订单完成过程中的某一点，在该点处，企业对过程的优化不再依据客户订单，而是依据企业自身的资源配置情况。时间维的优化主要是针对作业过程进行的，如生产计划的制订和各种方式的作业调度。对时间维的优化，企业不应采用零碎的办法，必须针对产品设计、制造和交付过程与整个供应链的配置重新进行思考，采用各种集成等方法，使企业能够以最大效率运转，以最小的库存满足客户订单。

空间维又称"结构维"或"成本维"，产品质量与成本的优化是沿着该维度进行的，主要通过对不同产品、部件或零件中的相似性部分归并处理，从而达到延迟 CODP 的目的，一般采用产品模型描述。MC 在空间维优化的关键是在充分识别、整理与利用零件、部件和产品中存在的相似性的基础之上，扩大相似零件、部件和产品的优化范围，有效地延迟 SCODP。空间维的优化主要是针对产品构成进行的，如通用件的选择、定制零部件的结构设计与定制产品的通用产品选择等。对于空间维的优化，企业同样不能采取零碎的办法，必须在对定制产品设计、制造、装配、交付与售后服务等进行综合考虑的基础上，基于企业的整个供应链进行全方位优化，以使企业以最低的成本、满足客户要求质量为客户定制个性化的产品或服务。

4. 面向延迟制造的供应链运作模型

在前面的第 3 章已介绍过供应链的推 – 拉结合的运作方式，由于 MC 环境下的延迟制造实现的是规模经济和范围经济的结合，因此在延迟制造环境下应采取"拉动为主、推拉结合"式供应链。

在"拉动为主、推拉结合"的供应链中，生产和销售是根据客户订单来安排的，供应链的后阶段是需求拉动型的，从而减少了由需求预测引起的长鞭效应。

延迟制造环境下的"拉动为主、推拉结合"式供应链模型如图 8-10 所示。这是一个以装配点为 CODP 的供应链模型，在装配之前，原材料供应商和零部件供应商都是根据需求的历史数据采用按库存生产的 MP 生产方式，而在装配中心，延迟制造得以实现，成品的装配延迟到接受客户订单之后。

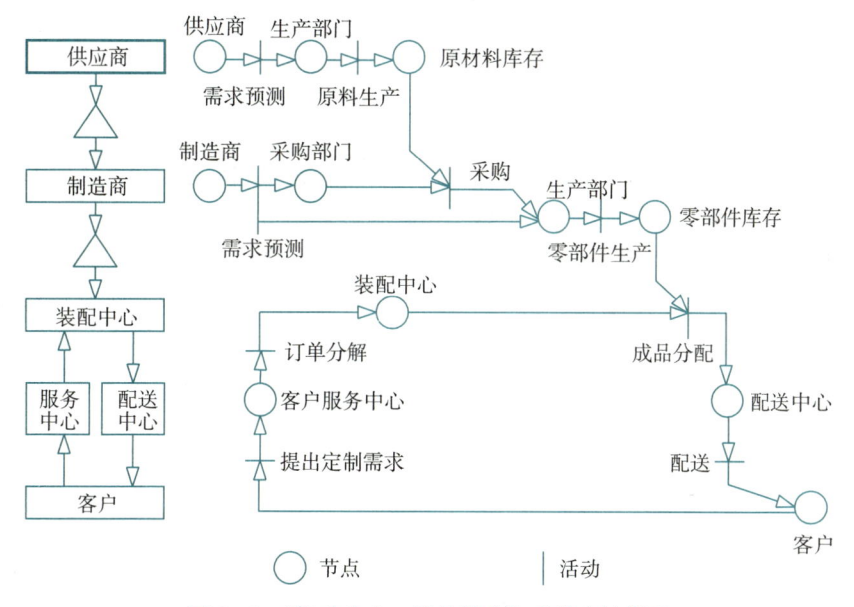

图 8-10 "拉动为主、推拉结合"式供应链模型

面向延迟制造的供应链运作模型专注于将产品定制化和最终组装推迟到尽可能靠近顾客需求的时间和地点，以减少库存成本，提高产品定制化水平，同时保持较高的顾客服务水平。这种模型通过延迟产品差异化的决策点，提高供应链的灵活性和市场响应速度。

总的来说，不同的生产组织模式反映了企业对市场需求、生产效率和成本控制的不同策略选择。随着市场环境和技术条件的变化，企业可能需要采用一种或多种模式的组合，以最有效地满足顾客需求，提升竞争优势。

> **供应链聚焦**
>
> 领先的生物技术公司美国基因泰克（Genentech）公司在其包装过程中采用了延迟策略，以应对其生物药物需求的复杂性和多变性。这种策略在生物技术行业尤为重要，因为该行业的产品通常保质期较短，且受到严格的监管。
>
> 在基因泰克公司批量生产生物药物的时候，公司会将药物保持在半成品状态，推迟最终的贴标和包装。一旦客户订单下达，基因泰克公司就会完成包装过程，根据目标市场的监管要求和客户的特定需求应用适当的标签、说明和包装材料，即将最终包装阶段推迟到收到特定订单为止。
>
> 这种方法使基因泰克公司能够灵活地应对需求波动并根据特定市场需求定制产品，而无须维持大量成品库存。同时，延迟策略将生产和包装可能无法满足市场特定需求的产品的风险降至最低，从而减少浪费和相关成本。另外，基因泰克公司可以快速适应不同地区不同的监管标准，确保产品符合每个市场的法律标准，这在生物技术行业至关重要。
>
> 资料来源：基因泰克公司官网。

8.4.3 数字化定制生产

数字化技术极大地促进了从 MC 向小批量定制乃至单件定制的转变。这种转变基于数字化技术在提高生产灵活性、减少生产成本和时间以及增强与客户互动的能力方面的显著优势。这里我们定义这种依托于现代信息技术和数字化技术的客户定制化生产组织模式为**数字化定制生产**（digital customization），其批量范围是灵活的，既可以是大批量的，也可以是小批量的。它的主要特点包括用户驱动和数据驱动，可以体现在数字化定制生产的全过程，从需求管理到设计，从生产到交付。

第一，目前的数据分析技术和人工智能大大提升了需求预测的精准度和个性化产品推荐的能力。利用大数据分析和人工智能对客户行为进行分析，可以识别人类可能无法辨别的模式和偏好，可以更准确地预测市场需求和个性化需求的趋势。这个过程可能涉及通过不同渠道（如网站、移动应用程序和社交媒体）收集有关客户行为、偏好和人口统计的数据。然后企业可以使用算法和人工智能对数据进行分析，从而进行个性化产品推荐，开展有针对性的营销活动，进而指导小批量定制化生产。

第二，数字化技术的应用提高了个性化产品设计能力，缩短了产品开发周期。比如，除了CAD（计算机辅助设计）/CAM（计算机辅助制造）系统等数字化设计工具，设计师可以快速迭代产品设计，轻松实现客户的定制需求。甚至企业可以借助在线定制平台，利用在线配置工具提供个性化选项，让客户直接参与到产品设计过程中，客户可以通过数字化工具选择或指定产品的特性、颜色、尺寸等，获得完全符合个人需求的产品。这不仅可以提高客户满意度，也可以减少传统定制流程中的沟通成本和时间。在生产前，通过数字孪生（digital twin）和其他模拟技术对产品进行虚拟测试，减少实物原型的需求，也有助于大大缩短产品开发周期。

第三，数字化技术大大提高了生产灵活性。数字化技术支持模块化产品设计和柔性生产系统，加上采用可编程的自动化设备和机器人技术，使得生产线可以快速从一个产品配置切换到另一个，从而支持小批量甚至单件定制生产。3D 打印（增材制造）技术支持直接从数字模型到物理对象的转换，也就是允许直接从数字设计文件生产出复杂的零部件和产品，这极大地提高了生产的灵活性和速度，降低了为定制产品而进行生产调整的成本。

在实际的生产过程中，广泛应用自动化设备和人工智能技术有助于提高生产效率，降低人力成本，减少错误和缺陷。企业可以通过物联网和智能传感器等技术实现实时监控生产过程，确保质量并及时调整生产异常情况，也可以利用实时数据分析和人工智能算法动态优化生产计划和资源分配，实现高效的、优化的定制生产流程和物流配送，减少因生产切换而导致的停机时间，减少浪费，提高生产效率，从而降低小批量定制化生产的成本。数字化平台和物联网技术使整个供应链实现实时可视化和高度协同，能够优化供应链中的物料流和信息流，提升整个供应链的运营效率。

显然，数字化技术促进了供应链各环节的信息共享和协同工作，使得供应链能够更灵活地响应小批量定制的需求，并提高效率、减少库存、降低成本、提高响应速度、增强客户体验。同时，数字化定制生产也有助于供应链企业更好地实现环境友好和可持续发展的目标。3D 打印技术可以实现按需生产，相比传统制造方法大大减少了材料的浪费。大数据分析和人工智能技术能够动态实时优化生产流程和物流配送，有助于降低能耗和减少碳排放，支持可持续发展战略。

数字化定制生产模式本质上是制造业数字化转型的产物，它正在推动制造业向更加个性化、灵活和高效的方向发展，为企业提供了新的增长机会，同时也带来了新的挑战。比如，数字化定制生产依赖于多种先进技术的整合，技术复杂度高、初期投资大，需要构建更灵活、更高效的供应链体系来支持快速变化的生产需求和物流配送。随着技术的进步和成本的进一步降低，预计这种生产模式将会得到更广泛的应用。

供应链聚焦

沈阳海尔电冰箱有限公司(以下简称"沈阳冰箱")是海尔集团全资子公司，2013 年 12 月正式投产，年产能达到 150 万台，单线产能是传统生产线的近 2 倍，在集团网络化战略的指引下，通过互联工厂不断的探索和实践，实现了智能自动化的高柔性生产，初步具备了大规模个性化定制的生产能力。

为顺应全球新工业革命以及互联网时代的潮流，沈阳冰箱由大规模制造向大规模定制转型，积极探索基于互联网的智能制造新模式（智能互联工厂）。在这个探索的过程当中，从一个工序的无人，到一个车间的无人，再到整个工厂的自动化，最后到整个智能工厂的示范，通过不断的积累、不断的沉淀，逐步形成了海尔智能互联工厂参考模型。

智能互联工厂为满足用户个性化需求，通过探索支撑智能制造新模式中智能工厂发展的集成应用，支持智能光电传感器、智能感应式传感器、智能环境检测传感器以及数控加工装备与机器人大规模协同安全可控应用，实现新一代信息技术产品在设计、工艺、制造、检验、物流等全生命周期的智能化要求，并通过大数据实现大规模定制、个性化生产，并实现企业显著的"两提升三降低"和制造转型升级。

沈阳冰箱柔性化制造的目标是实现智能互联，将用户个性化与工厂柔性化制造结合，形成一个机器、人、数据万物互联的社区，建立一个生生不息的柔性制造生态圈。沈阳冰箱自动化的智能升级路径是：通过智能设备、机器人和生产线，与用户全流程互联，实现人机、机机互联下的高品质、高效、柔性生产。

资料来源：工业互联网产业联盟官网。

本章小结

通过本章的介绍我们可以发现，供应链管理环境下的生产管理从内涵到外延都发生了巨大的变化。它跳出了经典生产管理理论与方法针对单个企业的范畴，向前扩展到各层供应商，向后延伸到批发商、零售商乃至最终用户。这种扩展影响了现有运作管理理论的发展。数字化时代的供应链生产计划与控制更加强调数据驱动、智能化和高度集成的信息系统，以及内外部的深度协同，为企业带来了更高的效率、灵活性和市场竞争力。在本章，通过分析传统生产计划与控制方法和供应链管理思想的差距，我们可以发现供应链管理对生产计划与控制提出了新要求，根据这些新要求，一个新的生产计划与控制总体模型被构造出来了。虽然该模型仍显得比较粗糙，但它已经反映出生产与运作管理发展的特点。在生产计划方法方面，本章介绍了CPFR的思想，它完全突破了传统的单一企业各自为政的局限，使合作企业能够共同对最终需求进行预测，大大提高了预测的准确性。在生产控制方面，强调了增加供应链合作伙伴之间的生产信息共享与信息交流，这样可以反映供应链系统中生产物流的状态，实现有目的的协调与控制。在适应供应链生产组织要求方面，介绍了基于MC及延迟制造的生产组织模式，将MP的规模效应和客户个性化效应较好地结合起来，再加上数字化技术的支持，能够适应多变的客户需求。

关键术语

生产计划与控制（production planning and control）
供应资源计划（supply resource planning）
能力平衡（capacity balancing）
同步化（synchronization）
合作计划、预测与补货（collaborative planning, forecasting and replenishment, CPFR）
大批量定制（mass customization, MC）
延迟制造（postponement）
数字化定制生产（digital customization）

思考与练习

1. 供应链管理环境下的生产计划与控制具有哪些特点？
2. 供应链管理环境下生产制造的要点是什么？
3. 供应链管理环境下生产的协调机制应从哪几个方面入手建立？
4. 供应链管理环境下企业间的信息集成主要从哪几个部门展开？举例说明。
5. CPFR的核心思想是什么？实施CPFR的难点是什么？如何才能有效应用CPFR？
6. MC的运行机制是什么？怎样才能通过供应链管理实现MC的思想？
7. 什么是延迟制造？它对供应链企业的生产组织有哪些启发？延迟制造对实现MC有何作用？
8. 选取一种数字化技术，阐述它如何支撑数字化定制生产组织模式。

讨论案例

海尔集团数字化转型下的生产计划与控制

百年变局，市场需求在变、产业趋势在变、竞争赛道在变。2022年中央经济工作会议要求，围绕制造业重点产业链，找准关键核心技术和零部件薄弱环节，集中优质资源合力攻关，保证产业体系自主可控和安全可靠，确保国民经济循环畅通。海尔集团通过数字化转型，实现了供应链管理的高效计划与控制。科技创新、管理创新、模式创新，在数字时代，转型不是想不想的问题，而是时代必然要求，否则就可能被时代淘汰。抓住时代机遇，乘风而起转型，则可在变局中育新机开新局，在创新创业创造中做大做强。

2 400 亿家电巨头 85% 产品不入库

"从冲压钣金到完成检测封箱下线,生产一台洗衣机只要 38 分钟,其中生产内筒只要 3 分钟。"站在海尔青岛中德滚筒洗衣机互联工厂车间 3 楼平台,可将生产全貌尽收眼底。工厂前工序生产总监刘泰宏说,箱体、内筒的生产,全都搭着缆车般的空中积放链或者电梯前往下一个步骤,大量工作都由自动化、智能化设备完成。不同于其他长流程制造工厂,这座工厂产线很短,也看不到物料存储、运输、调配的杂乱场面,由地面、空中积放链、地下 3 层组成的立体智能物流配送体系构建起这座立体工厂的框架,多道工序高效协同。在整个内筒生产车间,只见机械快速而有条不紊地运行,罕见工人身影。

以一体冲压线为例,传统工厂内,人工转运高达 5 次,单工序作业、换模时间长,产品也易损伤、不良率高。通过数字化改造建设互联工厂后,智能冲压精度提升了 10 倍,快速换型效率提升了 100%,人工智能视觉检测质量提升了 30%,噪声则下降了 50%,这个环节的用工数量也从 16 人下降到 2 人。

高效率意味着大产能。大产能没有高库存,更是海尔集团的新变化。这座工厂生产的洗衣机大多无须进入仓库,因为开产之前就已"名花有主",一下线就包装,再通过物流直达用户或者客户。海尔青岛中德滚筒洗衣机互联工厂年产洗衣机近 300 万台,每个工作日有超过 1 万台洗衣机流向世界各地,但厂区仓库很小,只有小面积物流中转站。

在传统制造业,曾有"库存是万恶之源"之说。许多精益管理的企业都在追求加快周转、降低库存。早在 2008 年,海尔集团就提出了"0 库存"的目标。经过多年努力,2022 年,海尔集团家电全品类不入库率已达 85%。根据海尔智家股份有限公司(以下简称"海尔智家")2022 年年报,公司全年营收 2 435 亿元,冰箱/冷柜、洗衣机、空气能源解决方案和家庭用水解决方案收入均为百亿元规模。如此巨大的产销量,如何做到 85% 产品不入库?

秘诀在于,海尔集团这几年实现了从"大规模制造"向"大规模定制"的转变。近年来,海尔智家大力推行以用户为中心的大规模个性化定制模式,从根本上保证了低库存。对于海尔集团和用户之间的距离,海尔智家董事长兼总裁李华刚用"瞬间"形容。他说,全面数字化重构提高了企业效率,提升了用户体验,海尔智家如今能"瞬间"感知和响应用户需求、了解用户口碑。围绕用户全流程的变革涵盖了数字研发平台、数字制造平台、数字业务平台、用户体验平台。

数字支撑全球研发

目前,海尔集团拥有国家科技进步奖 16 项,占整个行业的三分之二,拥有国家专利金奖累计 12 项,数量为第二名和第三名之和。2022 年,海尔集团公开专利数超过 16 000 件,为全行业第一。

早在 2015 年,卡萨帝就推出了世界上第一台双滚筒洗衣机。双滚筒洗衣机的发明具有世界级影响力,海尔集团的这项原创科技被很多企业模仿,分区洗护时代全面来临。面对追随者,海尔集团双滚筒洗衣机凭借 7 次迭代,牢牢占据细分市场 85% 以上的份额。海尔集团数字化研发平台负责人吴涛告诉记者,双滚筒洗衣机是海尔集团全球数字化研发平台孵化出的代表性产品。"我们花了 6 年时间,将 MBD(基于模型的数字化定义技术)数据源引入海尔集团。"

统一数据后,海尔集团的每一张"图样"都能在全球各大研发、制造基地无缝流转,工艺、制造、检测等各环节的标准统一起来,为全球研发中心协作奠定了基础。在统一平台上,海尔集团还搭建起一个"货架式"模块库。研发人员可以从架构、物料、功能模块库中自由取用,搭配出满足用户需求的组合。同时,海尔集团积累的模块也能得到充分应用,复用率达 91%。据介绍,在"一个平台 + 一个架构(N 个可配置模块)+ 一体化应用"数字化研发模式下,海尔集团的研发设计成本降低 20 亿元,验证一次通过率超 90%。

三翼鸟颠覆创新 卡奥斯赋能产业链

"产品会被场景替代,行业将被生态'复'盖"。根据第四次工业革命的理论,顺应数字化浪潮，海尔集团于2019年宣布进入生态品牌战略发展阶段，2020年发布了全球首个场景品牌——"三翼鸟"，囊括了客厅、卧室、厨卫等所有家居空间的智慧场景，以及居家养老全场景解决方案、全屋小家电解决方案、全屋暖通解决方案等各场景、类型解决方案。跨界是数字经济的一个特征。三翼鸟场景品牌的打造，似乎已经颠覆了传统行业单打独斗的情景。如今，三翼鸟跟国内各大硬装、软装、设计公司等结成生态合作联盟，互相导流用户、共同开发客户、协同设计施工，海尔集团实现了从卖单品到卖套系的升级，甚至成为家装的新入口。

"不愿转、不敢转、不会转"是许多传统企业数字化转型的痛点与难点。海尔集团数字化转型起步较早、程度较深，卡奥斯应运而生。从制造基因中，海尔集团提炼出工业生产的基本规律，探索出"大企业共建、小企业共享"的生态赋能模式。目前，卡奥斯已形成的十五大优势赋能产业链中，既有比家电更高端和复杂的轨道交通装备、新能源汽车、海洋装备等产业，也有更为传统且附加值较低的食品饮料、纺织服装产业。2021年，卡奥斯将大规模定制模式首次应用在汽车行业，与奇瑞汽车股份有限公司联合打造汽车行业首个大规模定制工业互联网平台。同年，卡奥斯赋能山东正凯新材料股份有限公司，为其打造了纺纱生产智造平台，实现工厂全流程数字化驱动、监控与管理。该公司的生产和研发周期显著缩短，人工成本、动力成本有效降低。

资料来源：海尔集团官网。

问题： 海尔集团的"0库存"目标给供应链管理带来了哪些挑战和机遇？海尔集团如何通过数字化手段实现供应链的高效计划与控制？

参考文献与延伸阅读

[1] 陈荣秋.生产计划与控制：概念、方法与系统[M].武汉：华中理工大学出版社，1995.
[2] GU P, SOSALE S.Product modularization for life cycle engineering[J].Robotics and computer-integrated manufacturing, 1999, 15 (5): 387-401.
[3] PINE II B, VICTOR B, BOYNTON A.Making mass customization work[J]. Harvard business review, 1993, 71 (5): 108-118.
[4] TSENG M.Design for mass customization by developing product family architecture[C]. ASME design engineering technical conferences, 1998.
[5] 周俊.MC模式下的生产输出及定制程度优化研究[D].合肥：中国科学技术大学，2002.
[6] 祁国宁，韩永生，陈俊.计算机集成产品工程[M].北京：中国经济出版社，1999.
[7] 李仁旺，祁国宁，顾新建，等.大批量定制生产及其实施方法初探[J].中国机械工程，2001, 12 (4): 405-408.
[8] 徐福缘，李敏，顾新建，等.实施大批量定制的基本思路及其时空集成优化模型[J].管理工程学报，2002, 16 (2): 50-52.
[9] 周晓，马士华.面向顾客化大量生产的MRP Ⅱ改进方案[J].工业工程，2002 (4): 26-30.
[10] 李仁旺.大批量定制的若干理论与方法问题研究[D].杭州：浙江大学，1999.
[11] 邵晓峰，季建华，黄培清.面向大规模定制的供应链模型的研究[J].制造业自动化，2001, 23 (6): 22-25.
[12] KREIPL S, PINEDO M.Planning and scheduling in supply chains:an overview of issues in practice[J].Production and operations management, 2004, 13 (1): 77-92.
[13] 卡桑，特维施.运营管理：供需匹配的视角[M].任建标，译.北京：中国财政经济出版社，2006.
[14] 霍尔韦格，皮尔.第二汽车世纪[M].陈荣秋，等译.北京：机械工业出版社，2006.
[15] 陈荣秋，马士华.生产运作管理[M].5版.北京：机械工业出版社，2017.

第 9 章　供应链管理组织设置与运行管理

本章重点理论与问题

在全球经济加速转型的背景下,企业正面临着全球供应链的重构调整,这是一个机遇与挑战并存的时代。在当今市场需求波动很大、经营模式发生变化,尤其是企业注重数字化转型的情况下,传统的供应链组织模式显现出不同程度的不适应性。因此,探讨在大变局时代的供应链管理组织设置和运行管理问题就显得十分必要。本章首先分析了企业供应链管理组织设置的现状,以使读者对企业供应链管理的组织管理有一个全面认识,然后从供应链端到端的视角阐述了供应链管理职能的作用和具体任务,从而介绍企业供应链管理的组织结构类型和供应链高层管理者的职能。在此基础上,本章还讨论了供应链管理实施的执行系统,介绍了由战略合作决策层、运作管理层和执行控制层构成的整体运作执行系统。最后,本章讨论了供应链绩效评价的指标体系与评价方法等方面的问题。

9.1　企业供应链管理组织设置现状

现代技术的发展和应用,地震、洪水、台风等自然灾害,加上地域政治激发的贸易冲突等,各种不确定性因素的叠加,严重影响着企业的经营决策与运作管理,越来越多的企业更加意识到供应链管理的重要性。这也推动了供应链管理思想的发展,特别是加深了企业对供应链管理的组织管理方面的认识。然而,虽然供应链管理思想已经提出 30 余年,但是企业在供应链管理的组织管理上依然存在很大的问题。

首先,大多数的企业并没有建立统一的供应链管理部门。主要的原因在于,虽然相当多的企业有了供应链管理的概念和意识,但是企业的组织设置与运行管理还是延续传统组织的管理模式,也就是主要以劳动分工和**职能专业化**(functional specialization)为基础。这样做的好处是组织部门的划分非常细,各职能部门的专业化程度较高。但是,供应链管理的职能也就被自然地分散在既有的采购、物料、生产、销售和物流,以及计划部门之中。而这无法从根本上实现供应链管理思想所要求的在企业内部实现对制造资源、组织、业务、流程等的有效集成。从一定程度上来说,企业内部如果具有良好的相互协调、配合能力,能实现以上方面的有效集成,是可以达成一定的供应链管理能力,但能做到这样的企业非常少。鉴于传统职能划分、专业化分工本质上可能带来的不同职能部门战略目标之间潜在的冲突,大多数的企业难以通过协调实现这样的集成能力。因此,设置一个专门的、统一的供应链管理部门依然是一个实现有效供应链管理的基本需求。如何打破原有职能部门之间的壁垒,形成更加集成的供应链管理职能,就成了这些企业必然面临的挑战。

其次,有些企业的原有职能部门改名后成为供应链管理部门。该部门虽然管理整个供应链,负责与其他职能部门之间的协调,但并没有与其他部门形成有效的集成。比如,有的公司将采购、供应、物料,或者生产部门改称供应链管理部门。一方面,这间接导致供应链职能不清、以偏概全,或者以原职能部门的眼光片面地看待供应链职能,从而无法发挥端到端供应链管理的应有效果。另一方面,这解释了为什么业内对供应链管理有不同的说法和理解,因为每位供应链管理人员都有可能是从原职能部门的角度去看待和解释供应链管理问题的。

再次,在供应链管理组织设置和运行管理中,很多的企业侧重于内部的职能整合,而忽视了与上下游组织之间的整合,包括商流、物流、信息流、资金流等内容的整合。传统的供应链侧重于每个功能,流程中的每一个环节孤立运行并单独处理,这导致整体性能低效和高成本。然而,端到端供应链却是一个整合所有供应链功能的整体视图,通过在整个供应链中的可见性实现更好的客户体验和更高的流程效率。因此,实现符合端到端供应链思想的合理、有效、清晰的供应链职能定位、组织和管理成为目前企业面临的挑战之一。

最后,供应链运作人才短缺及其组织结构中的定位不科学。在最近几年的一系列全球贸易中断事件发生以后,为了保证供应链的连续性和安全性,企业对供应链经理的需求激增,供应链管理人才短缺也成为企业面临的普遍问题。数据显示,2018—2022 年间,英国和美国在 LinkedIn(领英)上发布的供应链经理职位的数量增加了一倍多(见图 9-1)。比如,英国电信集团在 2021 年宣布为位于都柏林的新采购部门招募 70 名员工,以增强该电信集团供应链的韧性。从组织管理的角度来看,供应链人才需求的激增虽然促使曾经被忽视的供应链管理专业人士在企业中占有越来越重要的职位,然而,由于大多数企业缺乏供应链管理高级人才,因此其职位和管理功能的设置不得不削足适履。这与目前业界大部分供应链专业人才缺乏有积累的实际工作经验的现状是一致的。根据中国物流与采购联合会的统计,我国从事供应链管理工作的人员约 200 万人,但具备供应链管理理论和实践能力的人才只有 60 万人,缺口比例较高。

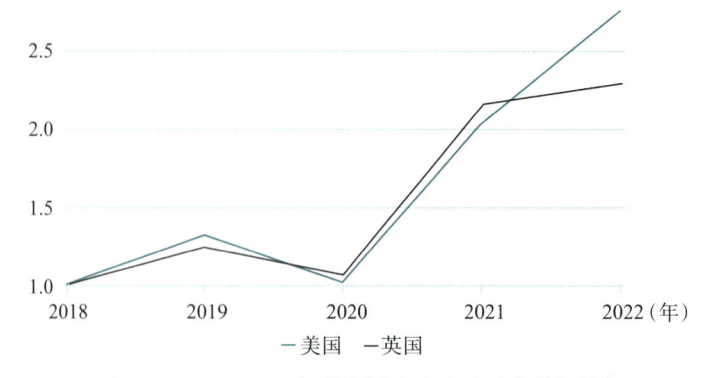

图 9-1 2018—2022 年供应链专业人才需求增长趋势

资料来源:LinkedIn 官网。

每一家企业所处的行业环境不同、在产业链中的位置不同，供应链组织和运行所面临的挑战也可能不同。但在全球供应链重构的大背景下，企业应该把握这个机会对供应链的组织设置和运行管理进行有效的调整优化，使之适配端到端供应链管理的思想和逻辑，积极努力培育和加强企业的供应链韧性，以应对未来不确定性可能带来的各种挑战和风险。

9.2 企业供应链管理组织结构类型

虽然目前供应链管理模型没有统一的范式，但不管采用哪一种模型描述供应链管理活动，在其管理体系中最基础性的工作就是组织职能的设置。组织职能是为确保企业管理活动实施所提供的人员、材料、组织结构等基础材料及组织中进行部门划分、权利分配与工作协调的过程，最终形成适应于本企业供应链管理的组织结构及日常管理体系。因此，供应链管理**组织结构**（organizational structure of supply chain management）是所有管理活动的基本保证，供应链管理中的所有职能都需要通过组织体系落实。

2010 年之后，供应链管理已在全球范围内取得了广泛认同，并成为许多企业组织创新的基础。在这样的环境下，以适应供应链管理为核心的企业组织变革进入了议事日程，出现了以供应链管理为核心职能的管理部门以及为供应链管理专设的高层管理人员。根据德勤公司在一项报告中提到的，2004 年《财富》世界 500 强公司中只有 8% 的公司仅有一名主管负责整个供应链，到 2016 年，这一数字已经上升到 68%。越来越多的供应链管理人员逐渐走上了高层岗位（也就是 Chief-Level 岗位，简称 C-Level）。对于供应链管理的高层岗位，目前较为普遍的称呼为**首席供应链官**（chief supply chain officer，CSCO）。

随着供应链管理作用的壮大，高层供应链管理人员的职责范围也在不断扩大。例如，2019 年，美国梅西百货公司任命丹尼斯·穆拉希（Dennis Mullahy）为首席供应链官，其职责范围覆盖了该百货公司所有产品从采购到店内和网上分销的全过程，并处理供应链系统、可持续性和供应商多样性等问题。根据 Gartner 公司 2022 年的报告，越来越多的企业甚至把风险管理和质量管理等相关领域的领导权也交给高层供应链管理人员。

从组织管理理论可知，为了加强对供应链管理的领导，企业必须明确对供应链的领导方式的设置。但每家企业因其所处行业的特征不同、自身经营历史和状况的不同，供应链管理高层岗位的设置也大有不同。本章对 Gartner 公司评选的 2023 年和 2024 年全球供应链 25 强公司以及亚马逊、苹果公司、宝洁公司和联合利华公司四家供应链大师的组织结构进行了综合比较分析，总结归纳了以下几种常见的供应链主管岗位设置和组织结构。这里为了突出供应链主管在组织管理中的层级位置和职责，会对案例公司的其余职能进行简化。

9.2.1 第二层设置供应链主管

越来越多的企业实行以总部直接管控供应链运行为主导的方式，为此，企业在首席执行官或总裁之下直接设置专职的供应链副总裁或首席供应链官。比如，已连续两年位列 Gartner 公司评选的全球供应链 25 强第一名的施耐德电气就是典型的例子，其组织结构设置如图 9-2 所示。图中的全球供应链执行副总裁（executive vice president，EVP）负责公司整个供应链组织的运营、转型、物流和网络设计，以及整个供应链社区（包括业务供应链领导力）的改进。

```
                          ┌──────────────┐
                          │  首席执行官    │
                          └──────┬───────┘
  ┌──────┬──────┬──────┬─────────┼─────────┬──────┬──────┬──────┬──────┐
┌───┐ ┌───┐ ┌───┐ ┌───┐ ┌────────┐ ┌──────┐ ┌────┐ ┌────┐ ┌────┐ ┌────┐
│首席│ │首席│ │首席人力│ │首席│ │EVP,CSCO,│ │EVP,中国│ │EVP,│ │EVP,│ │EVP,│ │EVP,│
│财务官│ │营销官│ │资源官│ │创新官│ │全球供应链│ │和东亚运营│ │北美运营│ │欧洲运营│ │能源管理│ │工业自动化│
└───┘ └───┘ └───┘ └───┘ └────────┘ └──────┘ └────┘ └────┘ └────┘ └────┘
```

图 9-2　施耐德电气的组织结构

（供应链计划、采购和寻源、制造和生产、物流和配送、质量控制、技术和创新、可持续性和合规性、客户服务与支持、地区和全球运营；物流中心、分销商事业部、客户支持中心等）

从 2012 年开始，为了让不同类型的客户需求都得到最大化满足，施耐德电气对整个供应链模式进行了改造升级，针对不同类型的客户遵循不同的供应链模式来进行产品生产和客户服务。但这种为了更好服务客户的定制化供应链战略也相应地增加了供应链管理的难度和复杂度。因此，施耐德电气在内部流程优化以及外部密切协作的同时，大力推进了端到端供应链的数字化转型，也更好地实现了供应链的集中管理。如图 9-2 所示，施耐德电气的供应链部门也叫全球供应链，遵循了前面所述的端到端供应链管理的思想：从客户下单开始，到最终把产品送到客户门口，中间整个环节所有的活动都属于供应链管辖的范围，包括工厂制造、物流中心、运输、采购、质量管理等各个环节。其所提倡的端到端绿色供应链管理聚焦了其中的四大领域：绿色设计、绿色采购、绿色制造和绿色交付。

类似地，耐克公司也直接在首席执行官之下设置首席供应链官，负责从原材料、采购、制造、物流到履行的端到端供应链。高露洁公司的首席供应链官负责监督整个全球供应链团队（设有不同地区的供应链副总裁），包括制造、外包和采购等职能。可口可乐公司的供应链组织设置也类似，首席供应链和创新官（chief supply chain & innovation officer，CSCIO）负责的职能除采购外，还覆盖了全球原料供应、供应链服务、供应链规划和数字化。特斯拉公司的首席执行官之下设有专门的供应链副总裁，承担广泛的领导职责，包括全球采购、供应商制造工程、工厂运营和项目管理。

葛兰素史克（GSK）公司设有一位负责全球供应链的总裁，负责药品（包括创新药品）的制造和供应，并领导着一个拥有 18 000 名员工的供应链团队。在沃尔玛，有专门为山姆会员商店设置的专职首席供应链官，负责在会员和俱乐部需要时为其提供合适的产品，职能涵盖山姆会员商店的综合规划、流程规划，以及对配送中心、履行中心、运输和最后一英里运营的管理。

在惠普公司，首席供应链官全面负责端到端供应链，包括供应链规划、战略与转型、战略采购、制造运营、物流与客户关怀以及企业质量团队。其全球供应链每年通过惠普公司和 ODM 工厂（原始设计制造商）、物流提供商以及其他重要合作伙伴组成的复杂网络向客户交付超过 1 亿件产品。为了构建更具弹性的供应链，惠普公司在首席供应链官之下还设置了几个职位分管具体供应链职能，以支持供应链战略目标的实现。

首席供应链官这个角色已经被企业广泛接受，但同样的职位在不同的公司却有不同的称呼。比如，在 Gartner 公司评选的供应链大师之一的联合利华公司，这个职位被称为首席商业运营和供应链官（chief business operations and supply chain officer，CBOSCO）。在强生公司，这个职位被称为首席全球供应链官（chief global supply chain office，CGSCO），其职责覆盖公司的三大业务领域：消费者健康、医疗器械和药品，涉及公司供应链战略、创新和部署、规划、采购、制造、分销和客户服务、可持续性和跨部门供应链团队。在联想公司，这个职位被称为全球首席供应链和采购官（global chief supply chain & procurement officer，GCSCPO）。而在 Inditex 集团，这一职位是首席物流官（chief logistics officer，CLO），负责在位于西班牙的集团总部管理集团全球物流系统，保证在很短的时间内能从设计、制造和分销的角度对供应链的任何变化做出反应。

9.2.2 第三层设置供应链主管

不同于第一种结构模式，鉴于企业规模的不同，尤其是市场覆盖面和产品多样化程度的不同，企业会将分管供应链的主管设置在第三层，向第二层的职能主管汇报工作。根据企业的情况不同，又可分为以下几种形式。

1. 在运营主管之下设置供应链主管

大多数的企业在第二层设置副总裁分管企业运营，然后在其之下设置专职的供应链执行官，专司整个公司供应链的管理并直接向上级领导汇报。

图 9-3 为思科公司的组织结构图。在首席运营官（COO）之下设置供应链运营高级副总裁（senior vice president，SVP）分管供应链，主要职能包括新产品介绍、产品生命周期管理、采购和供应商管理、规划、制造、物流和质量等。供应链运营 SVP 领导其团队负责加速创新，保障思科公司供应链高度多样化、广泛且全球化，以实现盈利增长并提供无与伦比的客户体验。

同样地，在英特尔公司，首席执行官之下设有首席全球运营官（chief global operations officer，CGOO），第三层设有专职的副总裁监管产品供应链的整体运行，以构建一个负责任、有弹性和多样化的全球供应链，确保提供客户需要的产品，创建释放数据潜力的技术解决方案。

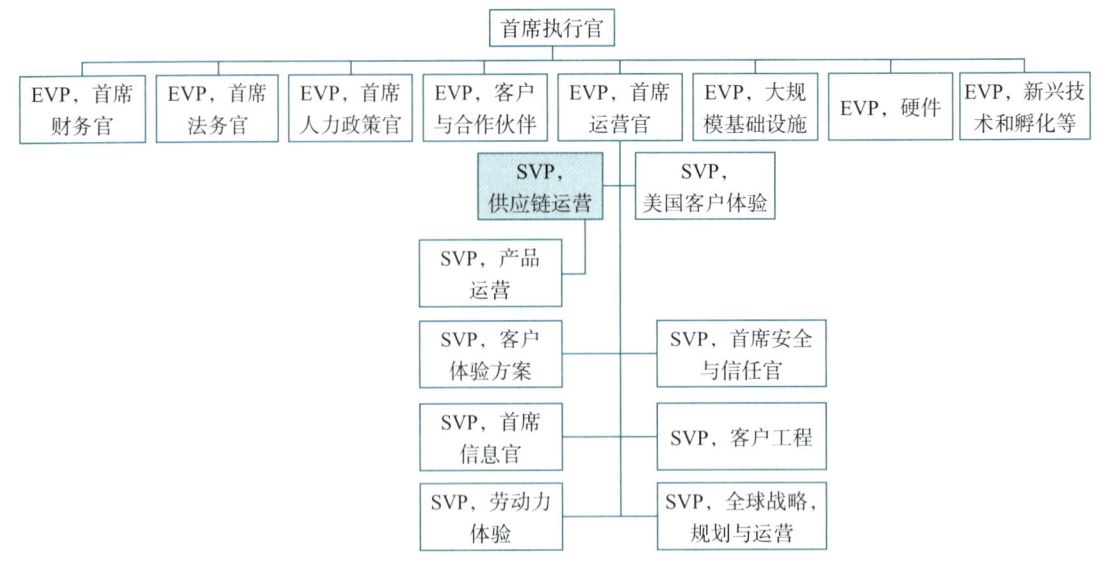

```
                                    首席执行官
     ┌──────┬──────┬──────┬──────┼──────┬──────┬──────┐
  EVP,首席  EVP,首席  EVP,首席  EVP,客户   EVP,首席   EVP,大规   EVP,硬件  EVP,新兴技
  财务官   法务官   人力政策官 与合作伙伴  运营官    模基础设施          术和孵化等
                                   │
                            ┌──────┴──────┐
                         SVP,           SVP,
                         供应链运营      美国客户体验
                            │
                         SVP,产品
                         运营
                            │
                         SVP,客户      SVP,首席安全
                         体验方案       与信任官
                            │
                         SVP,首席      SVP,客户工程
                         信息官
                            │
                         SVP,劳动力    SVP,全球战略,
                         体验          规划与运营
```

图 9-3　思科公司的组织结构

戴尔公司采取的是跟思科公司类似的结构，但在首席供应链官之下有更细致的职能划分。首席供应链官负责端到端供应链，包括供应链规划、战略与转型、战略采购、制造运营、物流与客户关怀以及企业质量团队。

蝉联供应链大师的苹果公司、宝洁公司、亚马逊也采取同样的结构模式。比如，苹果公司在首席运营官下设 SVP 分管全球供应链；宝洁公司在首席运营官下设首席产品供应官（chief product supply officer，CPSO）负责整个供应链的制造、规划、采购、工程、质量和项目管理。亚马逊在全球运营官下设 SVP 全球运营主管负责供应链管理。

2. 在其他职能主管之下设置供应链主管

有较多的企业非常强调采购和供应职能，或者说其供应链运营是以采购和供应为驱动的，这些企业已经在其组织结构的第二层设置了主管负责采购和供应，它们还会在这个职位之下设置供应链主管。

比如，在辉瑞公司，采购和供应是其从成本驱动战略转变为具有竞争优势的供应链战略的关键，因此公司已经在第二层设置了副总裁（VP）负责全球采购、全球寻源以及全球商务服务，还在首席全球供应官之下就设置了一个 SVP 专门负责供应链运营，如图 9-4 所示。这个职位主要负责业务开发、供应网络设计、生产系统管理、绩效报告和全球供应链管理。近两年，辉瑞公司还对其供应链进行了全面改革，扩大了其制造能力。辉瑞公司斥资 7 亿美元建立了两条平行的供应链，以重新确定产能的优先级，并采用准时制系统进行分销。因此，该职位也承担了全球制造网络的设计和优化工作。

而阿斯利康（Astra Zeneca）公司则把同样的职位设置在了负责运营和 IT 的 EVP 之下，该副总裁全面负责从新产品发布到整个产品生命周期的端到端供应链平台和产品供应战略的开发与执行，包括产品收购和整合撤资，并且还负责确保公司在整个供应链网络中拥有正确的资产网络以及正确的供应链流程和能力，以打造具备更高敏捷性和灵活性的供应链，满足细分市场日益多样化以及对以患者为中心的产品和设备的需求。通过对全球 57 000 家供应商提出高标准，阿斯利康公司确保了供应链的稳定并以此来扩大公司的全球影响力。

图 9-4 辉瑞公司的组织结构

3. 在区域主管之下设置供应链主管

值得注意的是，有些企业已经有很明显的基于市场区域划分的组织结构，因此会在相应的区域主管下面设置供应链主管。如图 9-5 所示，百事公司的运营具有很强的区域划分属性，在欧洲、非洲、亚太地区、北美等都有独立的首席执行官分管该地区的运营，在其之下设有首席供应链官负责该地区的供应链计划和网络管理。帝亚吉欧（Diageo）公司、麦当劳公司也有类似的供应链组织设置，后者的首席供应链官作为 SVP 直接向麦当劳美国公司的总裁汇报，其职责包括执行麦当劳公司供应链的战略方向，包括监督美国和加拿大的 15 000 多家餐厅的近 140 亿美元的食品和饮料、设备、包装、赠品以及分销。此职位也负责培养强大的团队来推动质量和食品安全、战略采购和成本管理、物流和供应链整合、新产品商业化、现场执行和供应商多元化方面的业务成果。

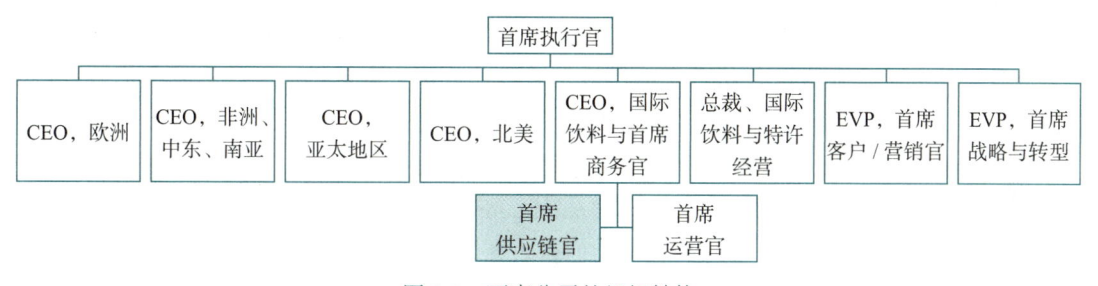

图 9-5 百事公司的组织结构

4. 在产品主管之下设置供应链主管

除了市场区域，产品也是影响组织结构设置的一个重要因素。很多的企业会根据自己的不同产品线设置供应链主管，负责整个产品的供应链运营。

比如微软公司，作为全球最大的软件制造商，其硬件产品业务发展迅速。公司在产品经理之下设置了设备供应链总经理，负责管理硬件的端到端供应链，包括 Surface、Surface Hub、HoloLens、游戏和配件。

9.2.3 由第二层职能主管分管供应链

前面介绍的类型都是企业在不同层次设置了主管供应链的人员，但有些企业并没有设置专门的供应链管理职位，而是由其他职能部门主管来分管供应链职能。

欧莱雅公司就是一个比较典型的代表（图 9-6），其首席运营官领导整个欧莱雅公司的全球供应链：包装设计、产品开发、采购、制造和市场物流运营（超过 60 亿种产品）。首席运营官及其团队实施制胜供应战略，并领导运营部门的重大转型，包括电子商务加速、工业 4.0 和可持续发展。公司通过建立更柔韧、响应速度更快以及更具可持续性的运营模式，满足消费者日益增长的需求。同时，公司以更负责任的方式，在产品的设计、生产及交付的端到端供应链中的每一个环节不断创新，为公司的可持续转型做出积极贡献。

图 9-6 欧莱雅公司的组织结构

而在雀巢公司，其运营主管负责从采购原材料到向客户交付成品的一系列工作，供应链战略侧重于确保端到端供应链的质量、效率、响应能力和可持续性。该公司与供应商合作，确保其产品和组件具有最高质量且可持续生产。该公司还确保其供应商遵守国际标准和法规。一旦原材料采购完毕，雀巢公司供应链战略的重点是确保成品高效生产并按时交付给客户。该公司投资了现代制造技术和集成供应链系统，旨在优化运营和降低成本，以实现这一目标。英伟达（NVIDIA）公司的 EVP 负责公司的 IT、运营和供应链职能，其中包括制造产品和测试工程、铸造业务、供应商/合同制造管理、供应计划、后勤、设施，以及公司的质量管理体系。达能（Danone）公司的首席运营官也负责采购、制造和供应链。在陶氏化学公司（Dow Chemical Company），负责运营、制造和工程的 SVP 同时承担着整个公司供应链运营的职责。

另外，由于多数企业重视采购和供应职能，所以很多的企业逐渐将其职能范围扩大到供应链管理。比如，帝亚吉欧公司由全球供应与采购总裁负责全球供应链的运营和可持续性发展。宝马公司的采购和供应商网络总监负责公司供应链运营。而在西门子公司，其首席采购官（chief procurement officer，CPO）负责供应链管理，使其更加多样化，在全球和本地之间创造更好的平衡。在百威公司，其首席供应官（chief supply officer，CSO）承担全球 150 多家啤酒厂和设施的运营、质量保证、原材料和产品创新职责。

9.2.4　电商平台的供应链组织：供应链平台化、数字化

在以上所述的几种模式中，这些职位和结构的设置目标都是为了更有效地直接管理供应链的运营。而对于电商平台企业来说，与上述企业很大的一个不同就是它们并不直接生产产品，而只是一个产品交易的平台。但是，从客户（不管是企业还是消费者）的角度来看，其满意程度不仅仅受到在电商平台上购物体验的影响，同时也受到从下订单到接收货物的整个端到端流程质量的影响。因此，电商平台企业也必须考虑如何实现更好的供应链管理，从而为顾客提供更高质量的服务。比如，物流业务是京东的重要组成部分，在京东运营中起到关键作用，通过自建物流体系，京东向消费者提供具有保障的全链路服务。

阿里巴巴也是一个典型的代表。它成立了数字供应链事业部，设有副总裁领导该部门。数字供应链事业部专门负责阿里巴巴零售供应链的建设和优化工作，支持了千亿级别的零售行业以及数以百万计的商品，支撑了天猫超市、天猫进出口、盒马、零售通、消费电子、Lazada 等零售供应链行业的智能决策体系。该部门核心职责是保障供应链效率、降低供应链成本，同

时提升零售行业的经营决策效率，提升广大消费者的购物和服务体验。公司通过数字化开放协同，与品牌和生态形成合力，打造一个开放共赢的供应链平台（平台化）。阿里巴巴利用互联网的思想和技术，全面重构人、货、场，实现从原产地到消费者，从商品的生产规划、销售到流通、配送，端到端供应链的数字化。

如同企业中的其他职能部门一样，供应链管理组织的设置对实现供应链管理目标具有十分重要的作用。一个好的供应链组织体系及功能配置，可以有效地推动供应链战略落地与实施，并取得供应链战略实施的预期效果。因此，设计好并且能够运行好的供应链管理组织体系非常重要。以上分析仅限于 2023 年和 2024 年 Gartner 公司评选的全球供应链 25 强和四家大师级公司，而且这些公司主要来自科技、消费品、零售业和医药行业。归纳总结的组织结构类型不能直接套用于不同行业或者不同企业。每家企业供应链组织内的具体结构和角色可能因地区和业务部门而异。企业也应该意识到，组织可以调整和重组其供应链功能，以适应其不断发展的业务战略和市场动态。因此，建议企业应根据自身实际情况以及发展需要对供应链组织设置和运行管理进行设计与优化。尤其是在当前数字化技术被普遍采用、可持续性和 ESG 目标被广泛整合、供应链韧性需求越来越迫切的大环境下，企业应抓住机遇，学习优秀供应链企业的成功经验，并独立自主创新供应链的组织设置和运行管理，为企业在不确定性的环境下带来更大的竞争优势。

国内企业对供应链管理越来越重视，在组织结构设置上做了大量工作，与国际上优秀供应链管理的企业相比虽有一定差距，但是也在积极探索供应链管理的组织建设问题。国内一些较大的企业采用供应链管理委员会的形式比较多，如中国交通建设集团有限公司、华润无锡医药有限公司、中车株机公司等。

9.2.5 构建新的管理组织时应注意的问题

要成功实施新的端到端供应链管理模式，需要遵循以下原则或注意以下问题。

（1）实现从职能管理到面向业务流程管理的转变。强调管理面向业务流程，将业务的审核与决策点定位于业务流程执行的地方，缩短信息沟通的渠道和时间，从而提高对顾客和市场的反应速度。

（2）注重供应链整体流程最优的系统思想。要求理顺和优化业务流程，强调流程中每一个环节上的活动尽可能实现最大化增值，尽可能减少无效的或不增值的活动。并从端到端供应链思想出发，追求整体流程全局最优（而不是局部最优）的目标，设计和优化流程中的各项活动，消除本位主义和利益分散主义。

（3）建立"扁平化"组织。要求先设计流程，而后依据流程建立企业组织，尽量消除纯粹的"中层领导"。这不仅降低了管理费用和成本，更重要的是提高了供应链各层组织的运转效率及对市场的反应速度。

（4）充分发挥每个人在整个业务流程中的作用。业务流程重构要求权力下放，将决策点定位于业务流程执行的地方，这要求业务处理流程上的人员提高整体素质并富有团队合作精神，将个人的成功与其所处流程的成功作为一个整体考虑，同时构建具有自我学习机制的有机组织。

Gartner 公司评选的全球供应链 25 强公司大多具有一个共同点，即以人为本的战略。而近年来，越来越多的企业开始使用人工智能来重新设计流程，从而减少人员之间的工作摩擦。企业应该充分认识到这个大趋势，进而考虑重新定义供应链运作中的技能、角色、关系和组织结构，以推动绩效的改善。

（5）面向客户和供应商整合企业业务流程。当前时代的竞争不是单一企业与单一企业的竞争，而是一个企业的供应链（供应商、企业制造车间、分销商、客户等组成的一个关系紧密的供应链）与另一个企业的供应链之间的竞争，这要求企业在实施业务流程重构时不仅要考虑企业内部的业务处理流程，还要对客户、企业自身与供应商组成的整个供应链业务流程进行重新设计，并尽量使企业与外部实现单点接触，这不仅有利于流程畅通，而且有利于提高内、外部客户的满意度。

（6）利用数字化手段协调业务分散与管理集中的矛盾。在手工管理方式下，由于受到人的管理能力局限性的约束，企业一般采用授权分工管理方式，而授权分工管理必然会在一定程度上导致决策分散化，影响决策的有效性。因此在设计和优化企业供应链的业务流程时，要尽可能利用现代数字化手段实现信息的一次处理与共享使用机制，将串行工作流程改造为并行工作流程，协调业务分散与管理集中之间的矛盾，实现企业供应链的全面数字化转型。Gartner 公司评选的全球供应链 25 强公司也正在积极评估生成式人工智能（GenAI）在改善客户服务、规划和制造方面的潜力，以从人工智能驱动的进步中获益更多。

此外，供应链管理组织结构设置还要特别处理好供应链管理与企业其他职能的关系，如销售管理、生产管理、人力资源管理、财务管理等，既要让原有的职能部门参与到供应链整合与协调运作中来，又不能越俎代庖。

总之，实施新的管理模式可以帮助企业在正确的时间、正确的地点，以最低的成本提供正确数量的合格原材料、零部件和产品。这是一种"共赢"的局面——供应商、生产商、销售商、客户等可通过因特网/物联网/EDI整合成一体，使信息快速、准确地流动，从而使每一方都获得最大效益。新的经营管理模式可以提高企业整体经营决策水平，从而使企业在激烈的市场竞争中把握机会，脱颖而出！

9.3 供应链管理部门及主官的主要职能

9.3.1 供应链管理部门的主要职能

供应链管理的核心思想是集成和同步企业内部以及与上下游组织之间的关键流程成为一个连续的工作流程，以更好地为最终顾客提供产品、服务和信息。这个完整的、集成的、连续流程就是我们所说的端到端供应链管理，它涉及从产品设计到原材料采购，再到计划、生产，最后将成品交付给客户。根据业务性质，它还可以进一步扩展到售后服务和逆向物流。

值得注意的是，与传统孤立供应链中一系列松散连接的操作形成鲜明对比的是，端到端供应链更关注它们相互之间的交互以构建一个企业供应链的整体视图。因此，其中的每一个功能的优化都应该强调整体的连接性和集成度。通过掌控整个供应链，企业可以确定优化以创建更精简、更高效的运营，从而节省成本、减少浪费，并提高客户满意度。

不管供应链管理部门设置在企业组织结构的哪一层，从端到端供应链的角度出发，都应该能够完成其基本的职能。以一个典型的生产型企业的供应链管理为例，传统的管理职能划分方法将企业的计划、采购、制造和物流管理安排给不同的部门分别负责管理，这些部门往往习惯从部门利益最大化出发考虑问题，不同职能部门间容易产生冲突。而按照端到端供应链管理的思想，与供应链运作有关的活动集中在一个部门（不同企业的部门名称会有不同），由供应链部门领导统一协调和控制这些管理职能，企业因此可在一张办公桌上做出统一决策，避免顾此失彼。

下面简要叙述供应链管理部门的几个主要职能。

1. 做好供应链管理体系建设

为了更好地支持和保障端到端供应链管理，企业必须进行有效的、有针对性的组织设置和运行管理。其中，在供应链管理的组织体系的建设上，供应链管理部门的主要职能为以下几点。

（1）确定供应链管理体系建设的路线图。作为供应链管理的专职部门，供应链管理部门首先要在企业经营战略的指导下，确定本企业供应链管理体系建设的路线图，用于指导整个企业供应链管理体系的建设与发展。

（2）制定供应链竞争战略。供应链管理部门承担本企业的供应链竞争战略的制定与实施，要根据具体情况，确定采用适合本企业的供应链竞争战略，并为其他相关部门在落实供应链战略时提供指导。

（3）设计多运营主体协调与兼容的治理结构。供应链管理的对象既包括企业的各个职能部门，也包括企业外部的各类合作伙伴，如供应商、零售商等，因此，供应链管理部门要对各类主体（都有各自的利益诉求）进行统一协调，设计出合理的治理结构，保证企业供应链整体利益最大化。

（4）创新供应链合作共赢机制。通过供应链合作共赢机制，企业能够实现与合作伙伴的价值共创、资源共享、合作共赢，使得供应链能够持续、稳定地向前发展。

（5）制定数字化供应链实施策略。供应链数字化转型已经成为发展趋势及提高竞争力的必由之路，供应链管理部门要制定出适合企业供应链数字化转型升级的实施策略，并将该策略落实到位。

2. 做好订单交付履约工作

端到端供应链管理，说到底就是要保证客户订单的按时交付，准时履行订单交付职能。销售团队获取订单后，供应链体系需要根据生产计划、库存记录和当前成本，通过端到端的供应链管理，组织和协调各种资源，从以下几个方面行使管理职能。

（1）保证订单及时交付。
（2）缩短订单履行周期。
（3）快速响应紧急客户订单。
（4）控制供应链总成本。
（5）加快产成品库存周转速度。

3. 做好寻源、采购及供应商关系管理工作

采购不仅仅是以最优惠的价格采购和订购原材料，它还包括估计生产提前期、检查库存水平以有效分配供应以及管理仓库收货。如果没有管理良好的采购运作，工厂将无法获得生产商

品所需的材料。端到端供应链管理着眼于采购的所有这些方面，以确保生产部门在需要的时间和地点拥有他们所需的一切，以保持生产的高效运转。简单而言，采购包含寻源和采购管理，其中寻源主要涵盖供应商选择、供应商开发和供应商交付协议，采购管理主要是指基于供应计划/订单管理的采购订单管理。除此之外，还要做好日常的供应商管理工作，包括关系管理、绩效考核与评估、供应商激励机制建立等。具体包括以下方面。

（1）根据客户订单及企业产品创新寻源及采购。

（2）负责供应商选择与绩效考核管理。

（3）及时处理紧急采购订单。

（4）缩短采购周期，降低采购成本。

（5）提高原材料库存周转率。

4. 做好制造过程中的组织与协调工作

生产/制造，是制造企业的核心过程。制造过程中的延误可能会造成店面缺货和客户订单延期交付。为了在端到端供应链中适当优化制造过程，原材料需要具有足够高的质量，以避免工人必须分类和去除劣质部件而造成浪费和延误。产品生产完成后，必须进行组织和分类以便分发。仓库可能已经完善了其流程，但如果货物分配不当，订单履行可能会因运输延误和产品丢失而受到影响。供应链管理部门应重点做好以下工作。

（1）及时完成下达的生产订单。

（2）压缩制造周期，降低在制品及产成品库存。

（3）及时响应并完成紧急订单。

（4）提高精益生产管理水平，降低制造成本。

（5）提高产能利用率。

5. 做好仓储与物流管理工作

企业存储材料、半成品和成品，是为了应对供应端和需求端的随机变化，是提高供应链韧性及客户体验的重要手段。但是，存储的物料过多会导致存储成本偏高，如果保质期短，还可能造成货物浪费。存储的物料太少会导致延期交货和利润损失，因为不满意的客户会转向企业的竞争对手来满足他们的需求。因此，供应链管理部门需要管理好从采购、制造到最终目的地的整个仓储网络，以确保供应链流程中的每个步骤都拥有有效满足客户需求所需的资源。

此外，供应链管理部门要做好物流配送的组织与管理工作，包含陆海空运输、多式联运、通关事务，以及最后一公里配送。重点做好以下各项工作。

（1）在供应链战略的指导下，设计和组建物流网络，选择物流合作伙伴，确定物流运作模式——自营或者外包。

（2）及时完成入厂物流和出厂物流任务，完美履行订单交付及末端配送任务。

（3）压缩物流运作周期，及时响应及交付紧急物流任务。

（4）协调供应链物流运作，降低物流管理总成本。

（5）实施逆向物流（退货和换货）、再制造物流，提高绿色供应链能力。

6. 协助做好质量和工艺工程的持续改进工作

质量是企业的生命线。做好产品质量保证工作，也是供应链管理的重要职能之一。供应链管理部门要与质量管理专职部门一起,从供应链整合的角度,协助质量专员做好如下工作。

(1)提高产品合格率。

(2)提高质检响应速度。

(3)提高检验设备利用率。

另外,产品的整体质量与生产率都与工艺技术问题相关,因此,供应链管理部门也应从以下几个方面协助做好工作。

(1)及时解决工程技术问题。

(2)提高紧急工程技术问题的解决速度。

(3)提高设备利用率。

当然,不同的企业对供应链管理部门的职能设置有所不同,端到端供应链所覆盖的范围也有所不同,可以根据实际需要科学设置部门的工作职能。

> **供应链聚焦**
>
> 最近几年,各大跨国公司纷纷任命新的首席供应链官,这些任命凸显了大型跨国公司越来越重视供应链领导力的战略地位,尤其是在面临持续的全球供应链挑战,以及对可持续性和创新日益关注的情况下。
>
> 宝洁公司:2023年2月,宝洁公司宣布任命乔斯·梅德拉诺(Jose Medrano)为新任首席供应链官。梅德拉诺在宝洁公司拥有30多年的工作经验,负责监督公司的端到端供应链运营、提高效率和增强供应链弹性。
>
> 百事可乐公司:2023年3月,百事可乐公司任命帕梅拉·卡尔佩珀(Pamela Culpepper)为新任首席供应链官。卡尔佩珀在百事可乐公司工作了20多年,在物流和运营方面拥有丰富的经验。她将专注于精简全球供应链并加强公司内部的可持续发展工作。
>
> 联合利华公司:2023年4月,联合利华公司宣布威廉·乌伊杰恩(Willem Uijen)将担任首席供应链官。他曾领导联合利华公司北美地区的供应链运营,其任务是推动供应链实践创新,以实现公司的可持续发展目标。
>
> 雀巢公司:2024年1月,雀巢公司任命戴维·伦尼(David Rennie)为新任首席供应链官。伦尼在雀巢公司工作了20多年,预计将领导公司的供应链转型,重点关注可持续性和数字化,与雀巢公司的长期战略目标保持一致。
>
> 资料来源:以上公司官网。

9.3.2 首席供应链官的主要职能

一般而言,以供应链管理为主导的管理组织和领导体系都要设置首席供应链官或其他称谓的专职岗位。尤其是在充满不确定性的市场环境下,企业可能面临着通货膨胀、经济衰退、战乱和全球各个角落的罢工行动等各种状况的冲击与挑战。供应链是任何组织的生命线,越来越多的企业开始重视追求供应链的可持续性和弹性,这使得首席供应链官变得更加重要。

如前所述,目前越来越多的企业开始任命专职的供应链高层管理人员,负责监督和管理供应链组织,包括供应链战略、安全、仓储、运输、运营、采购、持续改进等方面的工作。

作为一位高级管理人员,首席供应链官负责使供应链战略与更广泛的业务目标保持一致,负责监督供应链组织的整个端到端运营；更重要的是，负责打造公司的竞争优势并提供卓越的客户体验，从而为整个组织创造价值。该岗位的功能和作用十分重要，其主要职责包括以下方面。

（1）制订和组织实施供应链战略规划和年度供应链计划。

（2）优化企业的（全球）供应链体系。

（3）统筹整个供应链的信息流、物流、资金流的整合。

（4）负责供应链运营指标制定与考核，提高企业供应链的运营能力。

（5）战略供应寻源，调查和掌握供应渠道，确定供应商层级及战略定位，制定准入规则、管理和考核办法。

（6）在企业发生并购、收购活动时，负责了解标的企业的供应链状况，为日后的供应链整合提供依据和支撑。

（7）打造集团绿色、低碳供应链，履行社会责任。

（8）负责供应链管理团队建设、人才培养。

鉴于首席供应链官是行政级别的职位，其职业道路需要广泛的教育和多年的经验。许多人的职业生涯始于供应链经理或物流师，然后逐渐晋升为高级供应链经理。无论选择哪条道路，重要的是要确保拥有适当的专业基础和足够的经验积累，才能在工作中取得成功。虽然成为首席供应链官所需的教育基础在所有行业并不统一，但随着供应链的发展进一步转向数字化和自动化，大多数企业期望首席供应链官至少接受过大学教育或者具有硕士学位。

首席供应链官的角色对当代企业来说非常有价值，特别是在近年来大规模的供应链遭到破坏、运行中断之后。该角色的价值不仅体现在端到端的供应链运营之中，而且体现在整个公司的业务中，使整个公司的各项业务（不仅仅是供应链）获得更加宽广的可见性。这种全面的可见性不仅对于供应链的创新、长期可持续性发展和韧性至关重要，而且对于企业在追求整体创新方面所需的多方紧密协作也都极为重要。

9.4 供应链管理实施的执行系统

全球信息网络技术的发展、全球化市场的形成及技术变革的加速，给企业带来了难得的机遇和严峻的挑战，企业面临着不断缩短交货期、提高质量、降低成本和改进服务的压力，所有这些都要求企业应具备对不断变化的市场需求做出科学预测和快速反应的能力。供应链作为"由获取物料并加工成中间件或成品，再将成品送到用户手中的一些企业和部门构成的网络"，包括从订单的发送和获取、原材料的获得、产品制造到产品交付给用户的整个过程，涉及原材料供应商、零部件加工者及标准件供应商、最终产品制造商、产品批发分销商和最终用户，并将他们看成企业经营的合作伙伴。应该用系统工程统筹规划企业的各种物流、信息流、资金流和工作流，减少损失，从而降低整个供应链的成本，以求整体活动的最优化。供应链已成为现代企业进行全球市场竞争的重要战略。

9.4.1 供应链管理实施的方式

供应链管理实施的方式主要有两种：中枢式、平台式。

中枢式的供应链管理实施通常由重点的某个或少数几个企业巨头牵头。这少数的几个企业往往是某行业或某地区的核心企业，是在某些方面具有领导性的企业。供应链管理实施的原始目标或者是解决这几个企业间的协同作业问题，或者是解决核心企业与外围供应商及代理商间的协作问题。核心企业通常是供应链管理的主导方，也是资源的投入方，当然也是收益最大方，因为在协同作业的模式上往往由其主控。外围企业通过参与这种供应链管理也会获益。这体现在：它们同核心企业协同作业实现信息共享，通过参与来提升自身的管理能力。

平台式的供应链管理实施通常由某行业协会或行业联盟或某个平台型企业牵头。它采用的模式通常是：把平台型企业看作供应链的整合者，由其定义供应链各方的协作模式并组织实施和管理事务。供应链企业是这个平台的使用者，按照服务协议缴纳服务使用费。这种方式的特点是：供应链的参与者不具有太强的垄断性；供应链管理模式由多方参与定义；平台型企业作为经营者须兼顾多方的利益。

其实供应链管理实施的两种方式各有所长，有时候在运作模式上也是相互借鉴的。比方说，东南亚的电子与半导体产业就有这两种模式：我国台湾地区的光宝集团与威盛电子股份有限公司同英特尔公司和戴尔公司的供应链协同就采用中枢式；在东南亚较有名的 E2open 公司采用平台式。随着供应链管理服务这一新的业态在我国的快速发展，供应链企业借助供应链服务企业的平台实现管理目标的案例越来越多。

9.4.2 供应链运行管理的核心目标：协同

供应链管理实施的核心内容是倡导供应链协同运行。如前面几章所介绍的那样，供应链管理的本质是客户和供应商通过有效的协调运作，消除由于传统管理模式的不协同（或称不协调）而产生的浪费（即不增值的活动），以及因局部利益最大化而产生的价值损失。提高供应链协同运行水平给企业带来的效益是巨大的。

供应链协同运行在业务流程层面主要包括以下几个方面的内容：需求和预测数据的协同、采购订单作业协同、生产计划和供应能力协同、质量管理与品质认证协同、价格与成本信息共享等。依据协同运行的范围又可分为企业与外部合作伙伴间的协同、企业内部各部门或各事业部间的协同。

> **供应链聚焦**
>
> VMI、ECR 和 CPFR 都可以用来改善供应链的协同运行水平。例如，Nabisco 公司是一家全球性的食品生产商，Wegmans 公司是一家美国的食品零售商，两家公司在计划、预测和供货方案等方面进行合作，使得 Nabisco 公司果仁种植者的销售收入提高了 32%，同时 Wegmans 公司的销售额增长了 29%，供货周期缩短了 17%。
>
> 资料来源：FoodOnline。

9.4.3 供应链执行管理系统模型

实施供应链协同运行的难度是很大的，因为供应链上的企业都是独立的利益实体，追求商业利益最大化是企业的天性，所以，实现供应链的协同运行需要有机制及组织上的保证。

为了实现供应链协同管理的目标，供应链企业除了需要建立一种长期合作的战略伙伴关系外，还需要建立完整的供应链执行管理系统，包括合作伙伴选择、协调契约、激励机制、风险防范机制、供应链动态信息获取与集成、提供供应链运行状态信息，以便为决策者提供有效信息。这里提出了一个一体化的供应链系统运行管理与动态控制解决思路，如图 9-7 所示。这一模型将战略合作决策层、运作管理层和执行控制层集成起来，使其成为保证供应链管理系统有效运行的支持体系。

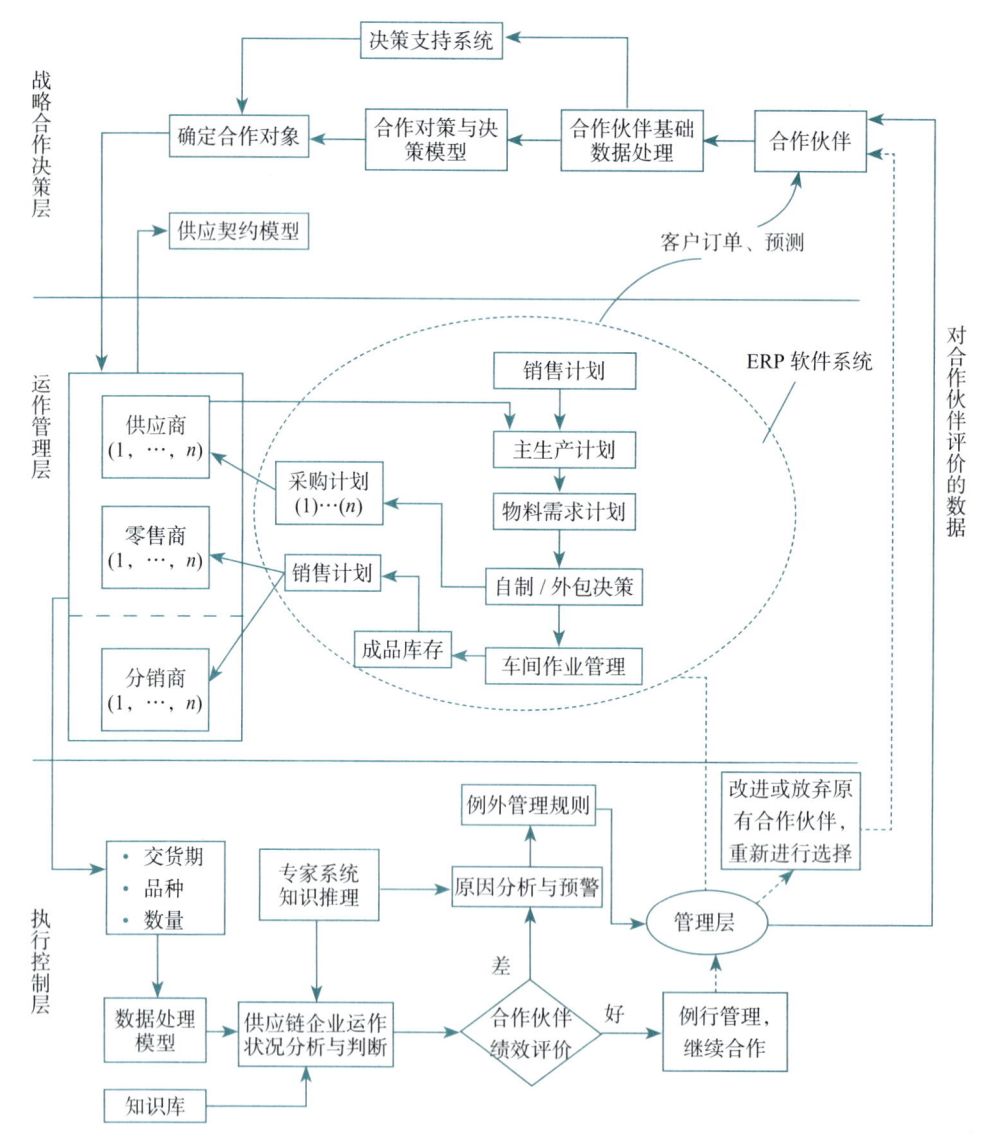

图 9-7 供应链系统运行管理的整体解决思路框架模型

1. 战略合作决策层

第一个层次是战略合作决策层，它是指供应链系统中的某个需求方企业在把相关业务委托给供应链中的供给方企业时，为了能更有效地达到资源共享、共同占领市场的目的而选择合作伙伴的决策过程。合作伙伴选择不当会给将来的供应链系统运行埋下风险隐患。因此，这一层